Die rechtlichen Grundlagen der Steuern auf das Einkommen von Handelsgesellschaften in Deutschland und Griechenland

Verfassungs- und Verwaltungsrecht unter dem Grundgesetz

Herausgegeben von
Paul Kirchhof, Edzard Schmidt-Jortzig, Rainer Wahl

Band 38

PETER LANG
Frankfurt am Main · Berlin · Bern · Bruxelles · New York · Oxford · Wien

Dimitrios Gialouris

Die rechtlichen Grundlagen der Steuern auf das Einkommen von Handelsgesellschaften in Deutschland und Griechenland

PETER LANG
Internationaler Verlag der Wissenschaften

Bibliografische Information der Deutschen Nationalbibliothek
Die Deutsche Nationalbibliothek verzeichnet diese Publikation in der Deutschen Nationalbibliografie; detaillierte bibliografische Daten sind im Internet über http://dnb.d-nb.de abrufbar.

Zugl.: Heidelberg, Univ., Diss., 2009

Umschlaggestaltung:
Atelier Platen, Friedberg

Gedruckt auf alterungsbeständigem,
säurefreiem Papier.

D 16
ISSN 0175-1425
ISBN 978-3-631-60425-0

www.peterlang.de

Meinen Eltern
in Dankbarkeit gewidmet

Vorwort

Die vorliegende Arbeit wurde unter dem Titel ‚*Die Besteuerung der Personen- und Kapitalgesellschaften. Ein internationaler Rechtsvergleich aus ertragsteuerlicher Sicht in der Bundesrepublik Deutschland und Griechenland*' im Wintersemester 2009/2010 von der juristischen Fakultät der Universität Heidelberg als Dissertation zur Erlangung des Doktorgrades der Rechte angenommen.

An erster Stelle möchte ich mich bei meinem hochverehrten Doktorvater Herrn Prof. Dr. Dr. h.c. mult. Kirchhof, Bundesverfassungsrichter a.D. herzlich bedanken, der durch seine Anregungen während meiner Dissertation die vorliegende Arbeit vielfältig gefordert hat, sowie für seine gesamte Betreuung.

Ein besonderer Dank gilt auch Prof. Dr. Ekkehart Reimer für die Erstellung des Zweitgutachtens, sowie für seine hilfsreichen Anmerkungen über meine Arbeit.

Dankbar bin ich auch dem Herrn Dr. Ulrich Palm, wissenschaftlicher Assistent an Lehrstuhl des Prof. Dr. Kirchhof für seine wertvolle Hilfe und Gesprächsbereitschaft in Bezug auf meine Dissertation.

Meiner Familie gilt auch ein besonders herzlicher Dank, ohne deren Ermutigung und vielfältige Unterstützung die Anfertigung dieser Arbeit nicht möglich wäre. Ihr ist diese Arbeit gewidmet.

Ferner möchte ich Herrn Rechtsanwalt Dr. Konstantinos Papadiamantis (LL.M. mult.), Herrn Rechtsanwalt Alexandros Kortesis (LL.M.) und Herrn Rechtsanwalt Anastasios Christianopoulos (LL.M.), die mit ihrer Unterstützung und ihren wertvollen Hinweisen zur Anfertigung der vorliegenden Arbeit beigetragen haben.

Heidelberg, den 20. Januar 2010 Dimitrios Gialouris

Vorwort

Inhaltsverzeichnis

Abkürzungsverzeichnis

a. A.	anderer Auffassung
Abs.	Absatz
AcP	Archiv für die civilistische Praxis (Zeitschrift)
AE	Anteilseigner
a. F.	alte Fassung
AfA	Absetzung für Abnutzung
AG	Aktiengesellschaft
AK	Anschaffungskosten
AktG	Aktiengesetz
AO	Abgabenordnung
AöR	Archiv des öffentlichen Rechts (Zeitschrift)
Arm.	Armenopoulos (griechische Zeitschrift)
Art.	Artikel
AuslInvG	Ausländisches Investitionsgesetz
AV	Anlagevermögen
BA	Betriebsausgaben
BB	Betriebsberater (Zeitschrift)
BC	Bilanzbuchhalter und Controller (Zeitschrift)
BE	Betriebseinnahmen
BFH	Bundesfinanzhof
BFHE	Entscheidungen des Bundesfinanzhofes
BGB	Bürgerliches Gesetzbuch
BGBl	Bundesgesetzblatt
BGH	Bundesgerichtshof
BGHZ	Entscheidungen des Bundesgerichtshofs in Zivilsachen
BilMoG	Bilanzrechtsmodernisierungsgesetz
BMF	Bundesministerium der Finanzen
BStBl.	Bundessteuerblatt (Teil I, II)
Buchst.	Buchstabe
BV	Betriebsvermögen
BverfG	Bundesverfassungsgericht

BverfGE	Entscheidung des Bundesverfassungsgerichts
BverfGG	Bundesverfassungsgerichtsgesetz
bzw.	Bbeziehungsweise
CrID	Chronika Idiotikou Dikaiou (Ereignisse des Privatrechts – griechische Zeitschrift)
DBA	Doppelbesteuerungsabkommen
DB	Der Betrieb (Zeitschrift)
DEE	Dikaio Etairion kai Epixeiriseon (Recht der Gesellschaften und der Betriebe – griechische Zeitschrift)
DFN	Deltio Forologikis Nomothesias (Bulletin der steuerlichen Gesetzgebung – griechische Zeitschrift)
d. h.	das heißt
DiDik	Dioikitiki Diki (Der Verwaltungsprozess – griechische Zeitschrift)
DÖV	Die öffentliche Verwaltung (Zeitschrift)
DStJG	Deutsche Steuerjuristische Gesellschaft
DStR	Deutsches Steuerrecht (Zeitschrift)
DVBl	Deutsches Verwaltungsblatt (Zeitschrift)
EDDD	Epitheorisi Dimosiou kai Dioikitikou Dikaiou (Zeitschrift für öffentliches und Verwaltungsrecht)
EempD	Epitheorisi Emporikou Dikaiou (Rundschau des Handelsrechts – griechische Zeitschrift)
EGMR	Europäischer Gerichtshof für Menschenrechte
EGV	Vertrag der Europäischen Gemeinschaften
EGLS	Elliniko Geniko Logistiko Schedio (der Allgemeine Griechische Kontenplan)
EG	Europäische Gemeinschaft
EGBGB	Einführungsgesetz zum Bürgerlichen Gesetzbuch
Einl.	Einleitung
ElDik.	Elliniki Dikaiosini (griechische Gerechtigkeit – griechische Zeitschrift)
EpiskED	Episkopisi Emporikou Dikaiou (Überblick des Handelsrechts – griechische Zeitschrift)
ErbStG	Erbschaftsteuergesetz
Est	Einkommensteuer
EstDV	Einkommensteuer-Durchführungsverordnung
EstGB	Einkommensteuergesetzbuch

EStG – E	Einkommensteuergesetzentwurf
EStG	Einkommensteuergesetz
EstR	Einkommensteuer-Richtlinien
EU	Europäische Union
EuGH	Europäischer Gerichtshof
e. V.	eingetragener Verein
EWIV	Europäische Wirtschaftliche Interessengemeinschaft
FA	Finanzamt
FamRZ	Zeitschrift für das gesamte Familienrecht
ff.	Fortfolgende
FinArch.	FinanzArchiv (Zeitschrift)
FN	Fußnote
FördG	Förderungsgesetz
FÜR	Familie – Partnerschaft – Recht (Zeitschrift)
FS	Festschrift
GA	Gewinnausschüttung
GbR	Gesellschaft bürgerlichen Rechts
gem.	Gemäß
GewSt	Gewerbesteuer
GewStDV	Gewerbesteuer – Durchführungsverordnung
GewStG	Gewerbesteuergesetz
GewStR	Gewerbesteuer-Richtlinien
GG	Grundgesetz
ggf.	Ggegebenenfalls
GmbH & CO	Gesellschaft mit beschränkter Haftung und Compagnie
GmbHG	Gesetz betreffend die Gesellschaften mit beschränkter Haftung
GmbH	Gesellschaft mit beschränkter Haftung
GoB	Grundsätze ordnungsgemäßer Buchführung
gr.	Griechisch
GrS	Großer Senat
GuV	Gewinn und Verlust
Halbs.	Halbsatz
HGB	Handelsgesetzbuch
HK	Herstellungskosten
h. M.	herrschende Meinung
Hrsg.	Herausgeber

IAS	International Accounting Standards
i. d. F.	in der Fassung der/des
i. e. S.	im engeren Sinne
IFA	International Fiscal Association
IFRS	International Financial Reporting Standards
i. H. v.	in Höhe von
inkl.	Inklusive
InvStG	Investitionssteuergesetz
IPR	Internationales Privatrecht
i. R. d.	Iim Rahmen der/des
i. R. v.	Iim Rahmen von
i. S. d.	im Sinne der/des
IstR	Internationales Steuerrecht (Zeitschrift)
i. S. v.	im Sinne von
i. V. m.	Iin Verbindung mit
i. w. S.	im weiteren Sinne
JöR	Jahrbuch des öffentlichen Rechts der Gegenwart (Zeitschrift)
JStG	Jahressteuergesetz
JZ	Juristen Zeitung (Zeitschrift)
KapCoRiLiG	Kapitalgesellschaften- und Co- Richtlinie- Gesetz
KFE	Kodikas Forologias Eisodimatos (das griechische Einkommensteuergesetzbuch)
KG	Kommanditgesellschaft
KgaA	Kommanditgesellschaft auf Aktien
krit.	Kkritisch
KSt	Körperschaftsteuer
KStG	Körperschaftsteuergesetz
KStR	Körperschaftsteuer-Richtlinien
KStDV	Körperschaftsteuer-Durchführungsverordnung
KVS	Kodikas Vivlion kai Stoixeion (das griechische Buchführungsgesetzbuch)
lit.	Litera
LStDV	Lohnsteuer-Durchführungsverordnung
LStR	Lohnsteuer-Richtlinien
m. a. W.	mit anderen Worten

MoMiG	Gesetz zur Modernisierung des GmbH-Rechts und zur Bekämpfung von Missbräuchen
n. F.	neue(r) Fassung
NJW	Neue Juristische Wochenschrift
NoV	Nomiko Vima (juristisches Podium- griechische Zeitschrift)
Nr.	Nummer
NVwZ	Neue Zeitschrift für Verwaltungsrecht
NZG	Neue Zeitschrift für Gesellschaftsrecht
NZI	Neue Zeitschrift für das Recht der Insolvenz und Sanierung
NZS	Neue Zeitschrift für Sozialrecht
OECD	Organisation for Economic Cooperation and Development
OHG	Offene Handelsgesellschaft
OG	Organgesellschaft
OT	Organträger
Peir. Nom.	Peiraiki Nomologia (Piräischer Rechtsprechung – griechische Zeitschrift)
PV	Privatvermögen
RdNr.	Randnummer
RegE	RegierungsEntwurf
S; s.	Satz; Seite; siehe
SBV	Sonderbetriebsvermögen
SE	Societas Europaea
SEStEG	Gesetz über steuerliche Begleitmaßnahmen zur Einführung der Europäischen Gesellschaft und zur Änderung weiterer steuerrechtlicher Vorschriften
sog.	so genannt(e/n)
StÄndG	Steueränderungsgesetz
StB	Steuerberater (Zeitschrift)/ Steuerbilanz
SteuerStud	Steuer & Studium (Zeitschrift)
StR	Griechischer Staatsrat (das oberste griechische Verwaltungsgericht)
StRE	Entscheidung des griechischen Staatsrates
StRK	Steuerrechtsprechung in Karteiform

StuW	Steuer und Wirtschaft (Zeitschrift)
ToS	To Syntagma (Die Verfassung – griechische Zeitschrift)
u. a.	unter anderem, und andere
UmwStG	Umwandlungssteuergesetz
und Co.	und Compagnie
UntStFG	Unternehmenssteuerfortentwicklungsgesetz v. 20.12.2001
UntStRefG 2008	Unternehmensteuerreformgesetz 2008 v. 14.8.2007
US – GAAP	Generally Accepted Accounting Principles (USA)
usw.	und so weiter
u. U.	unter Umständen
v.	von, vom
vE	verdeckte Einlage
Verf.	Verfassung
VerwGE	Entscheidung des Verwaltungsgerichts
vGA	verdeckte Gewinnausschüttung
vgl.	Vergleiche
v. H.	von Hundert
VSt	Vermögensteuer
VVDStRL	Veröffentlichungen der Vereinigung der Deutschen Staatsrechtslehrer (Zeitschrift)
VZ	Veranlagungszeitraum
WG	Wirtschaftsgut/-güter
WJ	Wirtschaftsjahr
z. B.	zum Beispiel
ZGB	Griechisches Zivilgesetzbuch
ZHR	Zeitschrift für das gesamte Handels- und Wirtschaftsrecht
ZIP	Zeitschrift für Wirtschaftsrecht
ZRP	Zeitschrift für Rechtspolitik
zust.	Zustimmend
zzgl.	Zuzüglich

Einleitung

I. Die Ertragsbesteuerung von Unternehmen als Teil der steuerrechtlichen (Teil-) Rechtsordnung

„*Gerechtes Steuerrecht ist einfaches Recht; es ist aber nicht einfach zu haben*“.[1] Dieses Zitat fasst die Philosophie, den Zweck, die Aufgabe aber auch die Schwierigkeiten der Steuerrechtswissenschaft zusammen. Ein „*Dauerbrenner*“[2] des modernen Steuerrechts ist die Besteuerung sowohl des Unternehmens als auch des Unternehmers, deren ertragsteuerlicher Teil den Untersuchungsgegenstand der vorliegenden Arbeit bildet. Es handelt sich dabei um die steuerliche Belastung von Unternehmen nach den Vorgaben der Einkommen-, Körperschaft- und Gewerbesteuer.

Diese Teil-Steuern[3] sind Bestandteile einer pluralistischen Steuerrechtsordnung[4] im Rahmen eines freiheitlichen und demokratischen Rechtstaates[5], „*dessen Auftrag an den Gesetzgeber durch den Dreiklang von Auswählen, Verstehen und Verallgemeinern bestimmt wird*“.[6] Die Steuerrechtsordnung steht in der Gesamtrechtsordnung als Teilrechtsordnung[7] neben den anderen Teilrechtsordnungen.[8] Außer dem europäischen Recht wird Vorrang dem Verfassungsrecht gewährt[9]

---

1 Kirchhof, Empfiehlt es sich, das Einkommensteuerrecht zur Beseitigung von Ungleichbehandlungen und zur Vereinfachung neu zu ordnen?, Gutachten F für den 57. Deutschen Juristentag, 1988, F 9.

2 Frenz, Unternehmensteuerkonzeptionen im Lichte des Eigentumsgrundrechts und des Leistungsfähigkeitsprinzips, StuW 1997, S. 116.

3 Tipke, Die Steuerrechtsordnung I, 2. Auflage 2000, S. 95.

4 Tipke, Die Steuerrechtsordnung II, 2. Auflage 2003, S. 569.

5 Zum Rechtsstaat s. Schmidt-Aßmann, in: Isensee/ Kirchhof, Handbuch des Staatsrechts, Band II, 3. Auflage 2004, § 26.

6 Kirchhof, Steuergleichheit nach Vereinfachung, DStJG 21 (1998), S. 9 (10).

7 Zum Steuerrecht als Teilrechtsordnung s. Crezelius, Steuerrecht II, 1991, S. 5 ff.

8 Müller-Franken, Das Verbot des Abzugs der „Zuwendung von Vorteilen“ nach dem Jahressteuergesetz 1996, StuW 1997, S. 3 (19); so auch Walz, „Der Buchstabe tötet, aber der Geist macht lebendig“ – 2. Korinther, 3, Vers 6, StuW 1984, S. 170 (173).

9 Friauf, Verfassungsrechtliche Anforderungen an die Gesetzgebung über die Steuern vom Einkommen und vom Ertrag, DStJG 12 (1989), S. 3 (4).

und durch das Verfassungsrecht wird die Einheit der Rechtsordnung[10] gefordert.[11]

Ferner sind die Einheit der Verfassung und die Einheit der Rechtsordnung durch festgestellte Verbindungslinien gebunden.[12] *„Das Grundgesetz mit der Eigenschaft der ranghöchsten Normenquelle fungiert als die Bindung aller Rechtsordnungen*".[13] Demzufolge werden durch das Verfassungsrecht die einzelnen Teilrechtsordnungen kraft allgemeiner verfassungsrechtlicher Prinzipien in eine einheitliche Rechtsordnung integriert.[14] In diesem Sinne stellt das Leistungsfähigkeitsprinzip das Verknüpfungsmerkmal zwischen der Steuerrechts- und der Verfassungsrechtsordnung dar.

Die Steuerrechtsordnung ist eine Wertordnung[15] und das Steuerrecht ist ein wertbezogenes Recht[16], *„das auf Prinzipien beruht, [...] sich aber auch auf Kompromisse*" stützt.[17] Das Steuerrecht ist ein Zweig des öffentlichen Rechts[18] und stellt innerhalb des öffentlichen Rechts ein eigenständiges rechtliches Subsystem dar.[19] Es handelt sich dabei um *ein Teilgebiet des Verwaltungsrechts*.[20]

An erster Stelle des inhaltlichen oder inneren Steuersystems[21] steht das Fundamentalprinzip der Besteuerung nach der individuellen Leistungsfähigkeit, auf das das Steuerrecht bei der Verteilung der Steuerlasten zurückgreift.[22] Damit kommt die Problematik der Steuerrechtfertigung zum Vorschein.[23]

---

10 Krit. gegen das Postulat der Einheit der Rechtsordnung als eine abstrakte Leerformel und zugleich zum Vorschlag des Grundsatzes der Einheit der wirtschaftsrechtlichen ordre public, Walz, Steuergerechtgkeit und Rechtsanwendung, 1980, S. 199 ff.

11 Felix, Einheit der Rechtsordnung, 1998, S. 9 ff.; auch zur Einheit der Rechtsordnung s. Tipke, Die Steuerrechtsordnung I, 2. Auflage 2000, S. 57 ff. In diesem Sinne kann auch von der Einheit der Steuerrechtsordnung die Rede sein. Hierzu vgl. *„das Ideal der Einheit der Steuerrechtsordnung, nachdem [sich] die erhobenen Steuern auf das Leistungsfähigkeitsprinzip als übergeordnete Ordnungs- und Wertungsidee zurückführen lassen und miteinander harmonieren*". Tipke, Über die Einheit der Steuerrechtsordnung, in: FS für K.H. Friauf, 1996, S. 741.

12 Bergmann, Die Einheit der Rechtsordnung – nur ein Schlagwort?, FR 1981, S. 292.

13 Felix, Einheit der Rechtsordnung, 1998, S. 12.

14 Kirchhof, Steuerumgehung und Auslegungsmethoden, StuW 1983, S. 173 (182).

15 Kirchhof, Die Steuerrechtsordnung als Wertordnung, StuW 1996, S. 3.

16 Tipke, Die Steuerrechtsordnung I, 2. Auflage 2000, S. 6.

17 Kirchhof, Der verfassungsrechtliche Auftrag zur Besteuerung nach der finanziellen Leistungsfähigkeit, StuW 1985, S. 319.

18 Tipke, Steuerrecht und bürgerliches Recht, JuS 1970, S. 149.

19 Tipke, Das Steuerrecht in der Rechtsordnung, JZ 1975, S. 558 (559).

20 Vogel, Verwaltungsrecht und Allgemeines Abgabenrecht, DVBl. 1962, S. 435 (436).

21 Vgl. hierzu die Differenzierung zwischen äußerem und inhaltlichem oder innerem Steuersystem. Lang, in: Tipke/Lang, 19. Auflage 2008, § 4, Rdnr. 5 ff.

22 Tipke, Das Steuerrecht in der Rechtsordnung, JZ 1975, S. 558 (559).

23 Hierzu s. auch die Unterscheidung zwischen allgemeiner und besonderer Steuerrechtfertigungstheorie. Tipke, Die Steuerrechtsordnung I, 2. Auflage 2000, S. 228.

Was bedeutet aber Rechtfertigung? Nach einer in der Literatur vertretenen Meinung bedeutet rechtfertigen „*etwas Ungerechtes gerecht machen oder etwas dem ersten Anschein nach Ungerechtes als gerecht erweisen*“.[24] Mit anderen Worten handelt es sich um das Bemühen um die Ausstattung eines Rechtsinstituts mit rechtlicher und moralischer Überzeugungskraft.

Die Frage nach Steuerrechtfertigung ist eine Legitimierungsaufgabe, die einer Frage nach Legalität und Legitimität oder nach Gesetzlichkeit und Rechtmäßigkeit (Gerechtigkeit) entspricht.[25] Daraus könnte abgeleitet werden, dass eine überzeugende Antwort auf die Frage nach der Rechtfertigung von Steuern sowohl mit der formellen als auch mit der materiellen Rechtsstaatlichkeit korrespondieren muss. Im Folgenden werden die beiden dazu im Schrifttum überwiegend vertretenen Meinungen dargestellt.

Einerseits wird die Auffassung vertreten, dass die Rechtfertigung der Besteuerung auf der „*Freiheitlichkeit des Staates*“[26] beruht. Sie liegt in dem staatlichen Beitrag zum Entstehen und Bestand des zu besteuernden Wirtschaftsgutes.[27] Darüber hinaus lässt sich eine Steuer, wenn sie besonders an Einkommen und Konsum anknüpft, nicht ausschließlich verfassungsrechtlich, sondern auch auf einer marktbezogenen Ebene rechtfertigen. Die Steuer ist „*Ausdruck der Gemeinschaftsabhängigkeit und der Gemeinschaftsgebundenheit marktbezogenen Erwerbens und Nachfragens*“.[28] Vor diesem Hintergrund spielt der Belastungsgrund bei der Rechtfertigung der Steuer eine bedeutende Rolle, so dass dem Gesetzgeber die Aufgabe zukommt, die Auswahl eines bestimmten Steuergegenstandes zu erklären.[29]

Andererseits wird die Meinung vertreten, dass die Rechtfertigung von Steuern nicht auf dem Belastungsgrund basiert. Nach einer Entscheidung des BVerfG gewinnt der Steuereingriff „*seine Rechtfertigung gerade aus der Gleichheit der*

---

24 Ausführlich zur Steuerrechtfertigung Vogel, Rechtfertigung der Steuer: eine vergessene Vorfrage, Der Staat 25 (1986), S. 481 (484); vgl. auch die Meinung, dass „*Rechtfertigung der Steuern heißt, Steuern nicht nur als gerecht hinzustellen, sondern sie gerecht auszugestalten*“. Birk, Gleichheit und Gesetzmäßigkeit der Besteuerung, StuW 1989, S. 212.

25 Tipke, Die Steuerrechtsordnung II, 2. Auflage 2003, S. 569.

26 Hierzu ausführlich Kirchhof, Die verfassungsrechtliche Rechtfertigung der Steuern, in: Steuern im Verfassungsstaat, 1996, S. 27 (32 ff.); vgl. auch die Unterscheidung zwischen staatstheoretischer und dazu das neu formulierte Reproduktivitätsprinzip und verfassungsrechtlicher Rechtfertigung der Steuern. Vogel/Waldhoff, Grundlagen des Finanzverfassungsrechts, 1999, S. 260 ff.

27 Kirchhof, Die Verfassungsrechtliche Rechtfertigung der Steuern, in: Steuern im Verfassungsstaat, 1996, S. 27 (36).

28 Kirchhof, Die Verfassungsrechtliche Rechtfertigung der Steuern, in: Steuern im Verfassungsstaat, 1996, S. 27 (53); ders., Die Steuer als Ausdruck der Staatsverfassung, in: FS für Sendler, 1991, S. 65 (72 ff).

29 Kirchhof, Besteuerung im Verfassungsstaat, 2000, S. 10.

Lastenzuteilung".[30] Demzufolge wird die Frage nach einem sachgerechten Prinzip oder Maßstab für die Steuerbelastung gestellt. Das Leistungsfähigkeitsprinzip beantwortet diese Frage, so dass eine Steuer gerechtfertigt ist, wenn eine Besteuerung entsprechend der Leistungsfähigkeit vorliegt.[31]

Zutreffend wird die Meinung vertreten, dass „*erst der Rechtfertigungsgrund [...] das Steuerrecht zum Gerechtigkeitsrecht*" macht.[32] Die Gerechtigkeit lässt sich aber nicht nur vom positiven Recht ableiten[33], sondern sie ist auch zu „moralisieren".[34] In diesem Sinne ist die Frage nach der Rechtfertigung von Steuern, eine Frage der Staatsphilosophie und der Moral.[35]

Die oben vertretenen Auffassungen beantworten auf verschiedene Fragen, die aber auf die moralische Substanz der Steuergerechtigkeit abzielen. Die Auffassung, dass der Belastungsgrund dem Rechtfertigungsgrund entspricht, beantwortet die Fragestellung, warum der Steuerpflichtige besteuert werden sollte. Andererseits entspricht die Auffassung von der Rechtfertigung von Steuern gemäß einem sachgerechten Prinzip, dem Leistungsfähigkeitsprinzip, der Problematik der Verteilung der Steuerlast. Im Ergebnis handelt es sich um einen zweistufigen Vorgang, der die Rechtfertigung von Steuern mit moralischer Substanz und materialer Rechtsstaatlichkeit ausstattet. Das bedeutet, dass die Rechtfertigung von Steuern im Rahmen der Steuergerechtigkeit als Element der materiellen Rechtsstaatlichkeit[36] sowohl eines überzeugenden Belastungsgrundes im Sinne der „Freiheitlichkeit des Staates"[37] als auch eines sachgerechten Fundamentalprinzips im Sinne des Leistungsfähigkeitsprinzips[38] zur Verteilung der Steuerlasten bedarf. Sowohl der Belastungsgrund als auch der Lastverteilungsmaßstab verstärkt die Überzeugungskraft von Steuern. In der Tat handelt es sich um die zwei Seiten derselben Medaille. Erst nach Erfüllung dieser zwei Bedingungen lassen sich Steuern im Sinne der Legitimität vollends rechtfertigen. Auf der Ebene der Legalität basiert die Steuererhebung auf dem Vorbehalt des Gesetzes[39] als Element der formalen Rechtsstaatlichkeit. Es handelt sich um die sog. Gesetzmäßigkeit

---

30 BVerfGE 84, 239 (269).

31 Zur Steuerrechtfertigung nach dem Leistungsfähigkeitsprinzip Tipke, Die Steuerrechtsordnung II, 2. Auflage 2003, S. 576 ff.; in diesem Sinne auch Isensee, Steuerstaat als Staatsform, in: FS für H.P. Ipsen, 1977, S. 409 (418).

32 Tipke, Die Steuerrechtsordnung II, 2. Auflage 2003, S. 579.

33 Larenz, Richtiges Recht, 1979, S. 37.

34 Zippelius, Rechtsphilosophie, 5. Auflage 2007, S. 57.

35 Vogel, Rechtfertigung der Steuer: eine vergessene Vorfrage, Der Staat 25 (1986), S. 481 (484); über die Steuer- und Staatsmoral Hessdörfer, Der Rechtsstaat, 1961, S. 47 ff.

36 Tipke, Die Steuerrechtsordnung I, 2. Auflage 2000, S. 236 ff.

37 Siehe FN 26.

38 Siehe FN 31.

39 Hierzu Kirchhof, Besteuerung nach Gesetz, in: FS für H.W.Kruse, 2001, S. 17 ff.

der Besteuerung, nach der die Erfüllung eines gesetzlichen Tatbestandes erforderlich ist (sog. Tatbestandsmäßigkeit der Besteuerung).[40]

In diesem Rahmen stellt die Besteuerung von Unternehmen einen besonderen Teil der steuerlichen Rechtsordnung dar, das als Unternehmensteuerrecht bezeichnet wird. Vor einer Darstellung des deutschen und griechischen Unternehmensteuerrechts ist aber die Frage nach der Rechtfertigung der Besteuerung von Unternehmen[41] zu beantworten. Auch im Bereich des Unternehmensteuerrechts lässt sich die Rechtfertigung der Besteuerung von Unternehmen einerseits aus dem Belastungsgrund und andererseits aus dem Leistungsfähigkeitsprinzip ableiten. Belastungsgrund der Unternehmen als Teilnehmer am freiheitlichen Wirtschaftsleben ist auch, wie dargestellt, ihre Marktabhängigkeit[42], während im Rahmen des Leistungsfähigkeitsprinzips gilt, „*dass die individuelle Steuerbelastung von Unternehmen nach deren Fähigkeit bemessen werden muss, Steuerleistungen aus dem Gewinn im Verhältnis zum Gewinn erbringen zu können*“.[43]

II. Die Problemstellung

„*Das* “*Weltbild der Unternehmensbesteuerung*“ *ist bunt; und es ändert sich ständig*“.[44] Dieses Zitat fasst die ganze Problematik des Unternehmensteuerrechts zusammen. Ausgangspunkt der Problemstellung ist, dass sowohl das deutsche als auch das griechische Unternehmensteuerrecht sich an einem Dualismus[45] nach der Rechtsform des Unternehmens orientieren und infolgedessen entweder die Vorschriften der Einkommen- oder der Körperschaftsteuer anzuwenden sind.

Im Mittelpunkt steht die Steuerbehandlung von Unternehmen und deren Gesellschaftern; dieses Thema wird auf zwei Ebenen diskutiert: Zum einen durch einen Rechtsvergleich des Unternehmensteuerrechts in der Bundesrepublik Deutschland und in Griechenland, und zum anderen durch eine Erläuterung der

---

40 Tipke, Die Steuerrechtsordnung I, 2. Auflage 2000, S. 120 ff.; vgl. hierzu auch den Bestimmtheitsgrundsatz, Papier, Der Bestimmtheitsgrundsatz, DStJG 12 (1989), S. 61 ff.; zum Begriff des Bestimmtheitsgrundsatzes und zur Differenzierung vom Klarheitsgrundsatz Jehke, Bestimmtheit und Klarheit im Steuerrecht, 2005, S. 30.

41 Hierzu Tipke, Die Steuerrechtsordnung II, 2. Auflage 2003, S. 1193.

42 Kirchhof, Die verfassungsrechtliche Rechtfertigung der Steuern, in: Steuern im Verfassungsstaat, 1996, S. 27 (53); ders., Empfiehlt es sich, das Einkommensteuerrecht zur Beseitigung von Ungleichbehandlungen und zur Vereinfachung neu zu ordnen?, Gutachten F für den 57. Deutschen Juristentag, 1988, F 14 ff.

43 Tipke, Leistungsfähigkeitsprinzip und Steuergrenzen in der Verfassung?, StuW 1994, S. 58 (59).

44 Tipke, Die Steuerrechtsordnung II, 2. Auflage 2003, S. 1192.

45 Hey, in: Tipke/Lang, Steuerrecht, 19. Auflage 2008, § 18, Rdnr. 1.

ertragsteuerrechtlichen Behandlung der gewerblich tätigen Betriebe in den Rechtsformen des Einzelunternehmens, der Personengesellschaft und der Kapitalgesellschaft.

Vor diesem Hintergrund stellt das Fehlen eines eigenständigen Unternehmenssteuersystems sowohl in der deutschen als auch in der griechischen Rechtsordnung ein zentrales Problem dar. Das Unternehmensteuerrecht beider Staaten sieht zahlreiche Steuerarten und eine Vielzahl von Steuerobjekten und Bemessungsgrundlagen vor.[46] Demzufolge leiden beide Steuersysteme an Irrationalität und werden als „*Steuerkonglomerat*" bezeichnet.[47]

Die Steuersubjekte werden durch unterschiedliche Steuergesetze geregelt. Entscheidend für die Steuerbehandlung des gewerblich tätigen Unternehmens ist seine Rechtsform und zur Erfüllung dieser Voraussetzung sind nicht nur die steuerrechtlichen Regelungen, sondern auch die Vorschriften des Zivil-[48], Handels- und Gesellschaftsrechts anzuwenden.[49] Anschließend ist das Problem der sog. Einkünftequalifikation in jeder Rechtsordnung vorzustellen. Demzufolge ergeben sich auch bei wirtschaftlich vergleichbaren Sachverhalten unterschiedliche Rechtsfolgen und infolgedessen erhebliche Belastungsdifferenzen.

III. Abgrenzung des Themas

Im Rahmen dieser Arbeit wird die Problematik des Unternehmensteuerrechts aus ertragsteuerlicher Sicht vorgestellt. Aufbauend auf die Grundlagen der deutschen Ertragsteuern werden die entsprechenden Vorgaben des griechischen Unterneh-

---

46 Zum Übermaß von Steuerregelungen in beiden Ländern sowie zur Bewertung des deutschen Steuerrechtsystems siehe Tipke, Die Steuerrechtsordnung II, 2. Auflage 2003, S. 572 ff.

47 Das geltende Steuersystem ist kein „*ethisch rationales Steuersystem*, sondern *ein Steuerkonglomerat*", hierzu Tipke, Vom Konglomerat herkömmlicher Steuern zum System gerechter Steuern, BB 1994, S. 437 (438); zum griechischen Steuerrecht vgl. Kaldis, Konglomerat von Funktionsstörungen das geltende Steuersystem, DFN 2004, S. 1812.

48 Hierzu Hallerbach, Der Einfluss des Zivilrechts auf das Steuerrecht, DStR 1999, S. 2125; auch zum Einfluss des Steuerrechts auf das Zivilrecht Odersky, Das Steuerrecht als Ursache für die Fortbildung des Zivilrechts, in: FS für 75 Jahre Reichsfinanzhof – Bundesfinanzhof, 1993, S. 519 ff; a.A. Crezelius, Steuerrechtliche Rechtsanwendung und allgemeine Rechtsordnung, 1983, S. 178 ff. Zur *Vorherigkeit* des Zivilrechts gegenüber dem Steuerrecht Kirchhof, Steuerumgehung und Auslegungsmethoden, StuW 1983, S. 173 (181).

49 Das Steuerrecht wird als „*unerwünschte Rechtsquelle*" des Gesellschafts-, Handelsbilanz- und Vertragsrechts bezeichnet. Zu den Grenzen des Steuerrechts, Raupach Darf das Steuerrecht andere Teile der Rechtsordnung stören?, in: FS für Tipke, 1995, S. 105; im griechischen Steuerrecht wird die Gewährung der Einheit der Rechtsordnung als die Grenze zur Selbständigkeit des Steuerrechts angesehen, Foufopoulos, Die rechtliche Grundlage der Unterscheidung des Steuer- vom Zivilrecht, DFN 2005, S. 836 (837).

mensteuerrechts untersucht, damit der Rechtsvergleich zwischen den beiden Steuerrechtsordnungen umfassend und eindeutig ist.

Diese grundsätzliche Darstellung lässt aber einige Aspekte des Themas außer Betracht. Hierzu gehören grundsätzlich die Problematik der Organschaft sowie handelsrechtliche Probleme, die mit dem Anwendungsbereich des Handels- und Unternehmensrechts zusammenhängen.

Darüber hinaus beschränkt sich die Untersuchung auf die Darstellung der geltenden nationalen Rechtslage, so dass die grenzüberschreitenden Tätigkeiten und Beziehungen zwischen den Unternehmen auf europäischer oder internationaler Ebene im Rahmen dieser Arbeit nicht berücksichtigt werden können.

IV. Untersuchungsvorhaben und Gliederung der Arbeit

Diese Arbeit zielt, aufbauend auf den verfassungsrechtlichen Grundlagen des Steuerrechts, auf eine de lege lata vergleichende Entwicklung der wichtigsten Schwerpunkte des deutschen und griechischen Unternehmensteuerrechts mit Hinblick auf die Besonderheiten des Gesellschaftsrechts gemäß der Rechtsform des Unternehmens ab. Durch den Vergleich werden die Vor- und Nachteile beider Steuersysteme verdeutlicht, damit geklärt werden kann, an welchen Elementen beider Steuerrechtsordnungen festzuhalten ist bzw. welche zu vermeiden sind. Dabei wird de lege ferenda eine Lösung auf der Basis der schon vorgeschlagenen Entwürfe und eine wechselseitige Integration von Elementen beider Steuersysteme vorgeschlagen.

Den Ausgangspunkt der Untersuchung im ersten Teil dieser Arbeit stellen die verfassungsrechtlichen Rahmenbedingungen des Steuerrechts und die Verbindung zwischen der Besteuerung und dem Verfassungsstaat (Kapitel 1) dar. Die Frage, wie die Belastungsobergrenze der Finanzpolitik gesetzt wird, lässt sich vorwiegend mit dem Hinweis auf den Anwendungsbereich der Grundrechte beantworten. Anschließend wird das Verhältnis zwischen der Besteuerung und den Grundrechten, sowohl in Deutschland als auch in Griechenland, im zweiten Kapitel dargestellt.

Der zweite Teil der Arbeit ist in zwei thematische Bereiche aufgeteilt. Kapitel 1 beschäftigt sich mit den gesellschafts- bzw. handelsrechtlichen Grundlagen sowie mit einer systematischen Einordnung des Einkommensteuerrechts. Es folgt die Darstellung der Besteuerung von Personengesellschaften in der deutschen Rechtsordnung.

Im Anschluss beschäftigt sich Kapitel 2 mit der Steuerbehandlung von Personengesellschaften nach dem griechischen Recht. Anknüpfend daran werden die Ähnlichkeiten sowie die Unterschiede zwischen den beiden Rechtsordnungen herausgestellt. Einführend werden die zivilrechtlichen Grundlagen der wichtigsten griechischen Personengesellschaften entwickelt. Zunächst werden hierbei die Hauptmerkmale des griechischen Einkommensteuerrechts behandelt, woraufhin die Steuerbehandlung des Einzel- und Personenunternehmens und seiner Sondergesellschaftsformen in der griechischen Steuerrechtsordnung vorgestellt werden.

Der dritte Teil ist in vier Kapitel aufgeteilt. Das erste und zweite Kapitel sind der steuerlichen Belastung der Kapitalgesellschaften nach dem deutschen und griechischen Steuerrecht gewidmet, während im dritten und vierten Kapitel die Gewerbesteuer in den Rechtsordnungen beider Länder behandelt wird.

Schließlich versucht die Untersuchung nach Verdeutlichung der oben erwähnten Differenzen zu einem Ergebnis durch den Vorschlag einer vollständigen Reform im Bereich der Besteuerung von Unternehmen sowohl in Deutschland als auch in Griechenland zu kommen, wobei diese sich auf die in den letzten Jahren bereits entwickelten Reformentwürfe stützt.

Erster Teil

Kapitel 1. Die Besteuerung als Instrument des Verfassungsstaates

Der Einfluss der öffentlichen Wirtschaft auf das gesamte Wirtschaftsgeschehen ist so gravierend, dass ein weiter Teil des Lebens- und Funktionsbereiches des Staates und seiner Bürger durch Struktur und Mechanismen des öffentlichen Finanzwesens mitbestimmt wird.

Zusätzlich verdeutlichen *„die verfassungsrechtlich vorgesehene «staatliche Steuergewalt» und das Recht des Einzelnen zur Nutzung seines privaten Eigentums, [...] das staatliche Interesse zur Deckung seines Finanzbedarfs*[50] *durch Beteiligung am Erfolg privaten Wirtschaftens*".[51] In diesem Sinne ist die Steuer *als Forderung zur staatlichen Bedürfnisbefriedigung anzusehen.*[52] Der Finanzbedarf kann aber nicht willkürlich zu beliebigen Steuern führen.[53] Erst das öffentliche Interesse[54] an der Erfüllung der auf den Staat zukommenden Aufgaben[55] spricht für die Steuererhebung[56] durch Gesetz.[57] Demzufolge wird in der Literatur die

50 Die Steuer dient dem *allgemeinen* Finanzbedarf und grundsätzlich keinem Finanzierungszweck besonderer Aufgaben, Lang, in: Tipke/Lang, Steuerrecht, 19. Auflage 2008, § 3, Rdnr. 15.

51 Kirchhof, Die Kunst der Steuergesetzgebung, NJW 1987, S. 3217 (3224).

52 Leisner, Der Steuerstaat – Weg der Gleichheit zur Macht, StuW 1986, S. 305 (306).

53 Tipke, Die Steuerrechtsordnung II, 2. Auflage 2003, S. 584.

54 Vgl. Hirsch, Wirtschaftliches Prinzip und öffentliches Interesse als Leitideen des Steuersystems, FinArch. 27 (1968), S. 5 (7 ff.).

55 Zur Unterscheidung zwischen öffentlichen und Staatsaufgaben, sowie zu Arten der Staatsaufgaben Isensee in: Isensee/Kirchhof, Handbuch des Staatsrechts, Band III, Das Handeln des Staates, 2. Auflage 1996, § 57, Rdnr. 136 ff., 150 ff.

56 Die Besteuerung ist *kein originärer Staatszweck*, sondern *Mittel zum Zweck.* Vgl. Tipke, Die Steuerrechtsordnung I, 2. Auflage 2000, S. 2; die Besteuerung könnte auch als *„instrumentale Staatsaufgabe*" bezeichnet werden, vgl. hierzu Vogel/Waldhoff, Grundlagen des Finanzverfassungsrechts, 1999, S. 3; vgl. auch die Meinung, dass die Steuerpflichtigkeit der Preis einer rechtlich gesicherten wirtschaftlichen Freiheit ist. Dazu Friauf, Verfassungsrechtliche Anforderungen an die Gesetzgebung über die Steuern vom Einkommen und vom Ertrag, DStJG 12 (1989), S. 3 ff.; auch Uelner, Empfiehlt es sich, das Einkommensteuerrecht zur Beseitigung von Ungleichbehandlungen und zur Vereinfachung neu zu ordnen?, Sitzungsbericht N über die Verhandlungen der steuerrechtlichen Abteilung, zum 57. Deutschen Juristentag, 1988, N 12.

57 Die Grundsätze des Rechtsstaates fordern, dass die Norm, die eine Steuerpflicht begründet, nach Inhalt, Gegenstand, Zweck und Ausmaß hinreichend bestimmt und begrenzt ist, vgl. BVerfGE 13, 153 (160); vgl. auch das *Gebot des Parlamentsvorbehaltes der Besteuerung*, Drüen, in: Tipke/

Auffassung vertreten, dass es sich um eine „*Rechtfertigungs-Äquivalenz*“[58] handelt. Die Steuer beruht aber nicht auf dem Äquivalenzprinzip, weil sie nicht von einer Gegenleistung abhängt. Aus diesem Grund könnte von einem Kausalzusammenhang zwischen den Steuern und dem staatlichen Finanzbedarf anhand staatlicher Aufgaben die Rede sein.

Durch die staatliche Beteiligung[59] am Ertrag der produzierenden Wirtschaft bei gleichzeitiger Trennung von Staat und Wirtschaft wird die sog. *Steuerstaatlichkeit* entwickelt.[60] Die Steuerstaatlichkeit Deutschlands wird im Grundgesetz sowohl auf der Ebene der Finanzverfassung als auch auf der Ebene der Wirtschaftsverfassung verdeutlicht.[61]

Die Finanzverfassung[62] (Art. 104a-108 GG) bestimmt durch konstitutionelle Regeln, die sich auch direkt auf den Staatshaushalt beziehen – und hier insbesondere auf die Haushaltsverfassung (Art. 109-114 GG) –, das staatliche Ausgaben- und Einnahmenfeld. Sie begrenzt die Ausgaben- oder Steueraufkommenshöhe und regelt weitere Parameter, wie etwa Steuersätze, Bemessungsgrundlagen, Steuerpreise oder Kostenbegrenzungen.[63] M. a. W. „*legitimiert sie die Steuergewalt*“[64].

Kruse, AO – Kommentar, § 3, Rdnr. 32 ff.; Kirchhof, Besteuerung nach Gesetz, in: FS für H. W. Kruse, 2001, S. 17 ff.

58 Tipke, Die Steuerrechtsordnung I, 2. Auflage 2000, S. 232.

59 Durch den Anwendungsbereich der Grundrechte (Art. 1 Abs. 1; 2 Abs. 1; 12 Abs. 1; 14 Abs. 1; 6 Abs. 1 GG) ergibt sich „*ein verfassungsrechtlicher Vorrang des eigenverantwortlichen Erwerbs vor staatsvermittelter Subsistenz*“, Wendt, Familienbesteuerung und Grundgesetz, in: FS für Tipke, 1995, S. 47 (59). Die Rechtfertigung der staatlichen Teilhabe lässt sich im Hinblick auf den *Verhältnismäßigkeitsgrundsatz* i. S. d. jeweiligen Interessen begründet werden. Die Grundsätze der *Verhältnismäßigkeit* und des *Übermaßverbotes* ergeben sich als übergreifende Leitregeln allen staatlichen Handelns zwingend aus dem Rechtsstaatsprinzip und sind deshalb mit Verfassungsrang ausgestattet. Vgl. BVerfGE 38, 348 (368); 43, 101 (106). Voraussetzung einer staatlichen Beteiligung ist, dass die Erwerbsgrundlage nicht wegen Notwendigkeit zur staatlichen Aufgabenerfüllung beschädigt wird, Elicker, Der Grundsatz der Verhältnismäßigkeit in der Besteuerung, DVBl 2006, S. 480 (486).

60 Zur Steuerstaatlichkeit Vogel, in: Isensee/Kirchhof, Handbuch des Staatsrechts, Band II, Verfassungsstaat, 3. Auflage 2004, § 30, Rdnr. 59.

61 Vogel, in: Isensee/Kirchhof, Handbuch des Staatsrechts, Band II, Verfassungsstaat, 3. Auflage 2004, § 30, Rdnr. 69.

62 Die Finanzverfassung des GG bildet eine in sich geschlossene Rahmen- und Verfahrensordnung. Sie zeichnet sich durch Formenklarheit aus und ist auf Formenbindung angelegt. BVerfGE 67, 256 (288).

63 Neumärker, Finanzverfassung und Staatsgewalt in der Demokratie, 1995, S. 15; zur Steuerhoheit als Hauptbestandteil der staatlichen Finanzhoheit Wendt, in: Isensee/Kirchhof, Handbuch des Staatsrechts, Band IV, Finanzverfassung – Bundesstattliche Ordnung, 2. Auflage 1999, § 104, Rdnr. 16.

64 Kirchhof, Steuergerechtigkeit und sozialstaatliche Geldleistungen, JZ 1982, S. 305 (307).

Primärzweck der Finanzverfassung[65] ist es sicherzustellen, dass einerseits die Bürger nicht unangemessen belastet werden[66] und andererseits, dass diese Aufgabe im Rahmen einer *„staatlichen Gesamtordnung durch eine strukturelle Regelung des Besteuerungswesens“* erfolgreich durchgeführt wird.[67] Eckpfeiler dieses finanzverfassungsrechtlichen Ziels sind die sozialstaatliche, die demokratische und die rechtsstaatliche Dimension der Finanz- und Haushaltsordnung.[68]

Vor diesem Hintergrund besteht die erste Aufgabe darin, den Begriff und die Hauptmerkmale der Steuer darzustellen.

Nach § 3 Abs. 1 AO sind Steuern *„Geldleistungen, die nicht eine Gegenleistung für eine besondere Leistung darstellen und von einem öffentlich-rechtlichen Gemeinwesen zur Erzielung von Einnahmen allen auferlegt werden, bei denen der Tatbestand zutrifft, an den das Gesetz die Leistungspflicht knüpft“*.[69]

Ausgangspunkt dieser Auffassung ist eine *Losgelöstheit* bzw. *Voraussetzungslosigkeit* der Steuer.[70] Wegen dieser Voraussetzungslosigkeit der Steuer werden die Steuererhebung und die Ausgabe des Steueraufkommens getrennt, damit sich der Staat gegenüber seinen Financiern distanzieren kann. Durch diese Distanz wird die staatliche Ausgabenpolitik mit Unbefangenheit gegenüber der Gesamtheit der Bürger ausgestattet.[71] Der Steuerpflichtige jedoch muss vom Staat nicht weit distanzieren, weil er sonst steuerethisch entfremdet wird und die Auferlegung der Steuer moralisch nicht vollzogen werden könnte. In diesem Rahmen

---

65 In Art. 104a Abs. 1 GG ist ein für die Finanzverfassung *grundlegendes* Prinzip, das sog. *Konnexitätsprinzip* von *Aufgabenverantwortung* und *Ausgabenlast,* verankert. Hierzu Siekmann, in: Sachs, GG-Kommentar, 4. Auflage 2007, Art. 104a, Rdnr. 2.

66 Zu Kennzeichen einer gerechten Steuer gehört nicht nur *„die Gleichheit, sondern auch ihre Begrenzung in der Last“*. Di Fabio, Steuern und Gerechtigkeit, JZ 2007, S. 749; *„die gerechte Verteilung der Gesamtsteuerlast auf die Steuerpflichtigen ist vorrangig und unabhängig von der angemessenen Verteilung des Steueraufkommens auf Bund, Länder und Gemeinden“*, Tipke, Die Steuerrechtsordnung III, 1993, S. 1093. Vgl. auch die *Belastungs-* und *Gestaltungswirkungen* einer Steuer. Arndt, Gleichheit im Steuerrecht, NVwZ 1988, S. 787 (791).

67 Jürgens/Piduch/Cohrs, Finanzverfassung, Steuern und öffentlicher Haushalt, 1981, S. 2 ff.

68 Maurer, Staatsrecht I, 5. Auflage 2007, S. 693; zu Demokratie-, Sozialstaats- und Rechtsstaatsprinzip Sommermann, in: v. Mangoldt/Klein/Starck, GG-Kommentar, Band 2, 5. Auflage 2005, Art. 20, Rdnr. 63 ff.

69 Zu Merkmalen des Steuerbegriffs Tipke, Die Steuerrechtsordnung III, 1993, S. 1056 ff.; vgl. außer dem gesetzlichen Steuerbegriff des § 3 Abs. 1 AO auch drei weitere Steuerbegriffe; den verfassungsrechtlichen, den staatstheoretischen und einen gemeinschaftsrechtlichen Steuerbegriff. Vogel/Waldhoff, Grundlagen des Finanzverfassungsrechts, 1999, S. 236 ff.

70 Kirchhof, Die Steuer als Ausdruck der Staatsverfassung, in: FS für Sendler, 1991, S. 65 (70 ff.).

71 Kirchhof, Empfiehlt es sich, das Einkommensteuerrecht zur Beseitigung von Ungleichbehandlungen und zur Vereinfachung neu zu ordnen?, Gutachten F für den 57. Deutschen Juristentag, 1988, F 12; ders., Die verfassungswidrige Investitionshilfeabgabe im System öffentlicher Abgaben, ZIP 1984, S. 1423.

fungiert das neuformulierte Reproduktivitätsprinzip[72] komplementär, gemeinsam mit dem Leistungsfähigkeitsprinzip[73], als der taugliche Maßstab zur Bestimmung der geeigneten Distanz zwischen dem Staat und seinen Financiers und zur Gewährleistung der Unbefangenheit des Staates gegenüber dem Einzelnen. Diese Unabhängigkeit von einer Gegenleistung und allein die Tatbestandserfüllung einer gesetzlichen Festlegung machen die Steuer zum wichtigsten Finanzierungsinstrument[74] des modernen Finanzstaates[75], der auch als Steuerstaat bezeichnet wird.

Steuerstaat ist ein „*Mischbegriff*"[76], der mit dem Rechtsstaat eine untrennbare Einheit bildet[77] und dessen Grundlage die Deckung seines Finanzbedarfs durch die Steuern ist.[78] Der Aufbau des modernen Steuerstaates beruht nicht nur auf der finanziellen Bedarfsdeckung, sondern auch auf sozial- und wirtschaftspolitischen Motiven.[79] Infolgedessen fungiert er als „*eine rechtsstaatliche Idealform zur Sicherung von proportionaler Gleichheit und Freiheit*".[80]

---

72 Siehe FN 26.

73 Kirchhof, Der verfassungsrechtliche Auftrag zur Besteuerung nach der finanziellen Leistungsfähigkeit, StuW 1985, S. 319 (320).

74 Im Schrifttum wird die Steuer als „*Regel- oder Vorrangtypus der Finanzierung öffentlicher Aufgaben*" bezeichnet, Gawel, Das Steuerstaatsgebot des Grundgesetzes, Der Staat 39 (2000), S. 209 (210). Darüber hinaus ist die Entscheidung für das Finanzierungsinstrument der Steuer grundsätzlich *eine Entscheidung für die Freiheit*. Zur Steuer als freiheitliches Finanzierungsinstrument des Staates, Kirchhof, Die Grundidee der Steuerreform: Freiheit, in: FS für H. O. Solms, 2005, S. 1 (2); zur Steuer als „*eine staatspolitische Bedingung einer freiheitlichen Wirtschaftsverfassung*" Kirchhof, Der Vertrag – ein Instrument zur Begründung steuerlicher Ungleichheit?, in: FS für Röhricht, 2005, S. 919 (921).

75 Zum Begriff des Finanzstaates Vogel, in: Isensee/Kirchhof, Handbuch des Staatsrechts, Band II, Verfassungsstaat, 3. Auflage 2004, § 30, Rdnr. 3 ff.; ders. Der offene Finanz- und Steuerstaat, 1991, S. 346 (347 ff.); „*Der Finanzstaat ist gleichzeitig eingreifender Staat, planender Sozialstaat, gewährender Leistungsstaat und ein für reale ökonomische Freiheit engagierter Rechtsstaat*", Kirchhof, Die Steuerung des Verwaltungshandelns durch Haushaltsrecht und Haushaltkontrolle, NVwZ 1983, S. 505 (507).

76 Zum Steuerstaat als „Mischbegriff", sowie zum „sozialen Steuerstaat" Vogel/Waldhoff, Grundlagen des Finanzverfassungsrechts, 1999, S. 229 ff.

77 Tipke, Die Steuerrechtsordnung I, 2. Auflage 2000, S. 105.

78 Zu Begriff und Elementen des Steuerstaates Isensee, Steuerstaat als Staatsform, in: FS für H. P. Ipsen, 1977, S. 409; auch Vogel, in: Isensee/Kirchhof, Handbuch des Staatsrechts, Band II, Verfassungsstaat, 3. Auflage 2004, § 30, Rdnr. 51 ff.; ders., Der offene Finanz- und Steuerstaat, 1991, S. 346 (369 ff); zum Steuerstaat auf europäischer Ebene, Seiler, Steuerstaat und Binnenmarkt, in: FS für Isensee, 2007, S. 875.

79 Isensee, Steuerstaat als Staatsform, in: FS für H. P. Ipsen, 1977, S. 409 (410).

80 Elicker, Der Grundsatz der Lastengleichheit als Schranke der Sonderabgaben, Inpflichtnahmen und Dienstleistungspflichten, NVwZ 2003, S. 304.

Im Mittelpunkt des Steuerstaates befindet sich ein *„zwangsweiser Wertetransfer“*[81], nämlich die Besteuerung, deren Subjekte der Steuerpflichtige (Zensit) und der Steuerberechtigte (Obrigkeit) sind.[82] In diesem Sinne wurde das Steuerrecht im Schrifttum als *öffentliches Schuldrecht*[83] bezeichnet[84], dessen Aufgabe und Anspruch es ist, einen gerechten Beitrag des Einzelnen zur Gemeinschaft festzulegen. Steuertechnisch ist die Steuer von anderen Sonderabgaben, Beiträgen und Gebühren abzugrenzen, die für eine begrenzte Personengruppe erhoben werden.[85]

Darüber hinaus wird im geltenden Steuerrecht zwischen den Fiskalzwecknormen, den Sozialzwecknormen (Lenkungs-, Umverteilungsnormen) und den Vereinfachungszwecknormen unterschieden. Die Fiskalzwecknormen orientieren sich an der Deckung des notwendigen Finanzbedarfes der öffentlichen Haushalte (Primärfunktion) und haben wirtschaftliche und soziale Wirkungen (Nebenwirkungen). Die Sozialzwecknormen führen zu Steuerentlastungen oder zusätzlichen Steuerbelastungen oder Sondersteuern. Weitgehend sind sie in Lenkungsnormen, die ein bestimmtes Gemeinwohlverhalten des Steuerpflichtigen hervorrufen, und Umverteilungsnormen, die auf eine Wohlstandskorrektur zu Gunsten eines sozialen Ausgleichs abzielen, zu unterscheiden. Schließlich spielen Vereinfachungszwecknormen eine besondere Rolle bei der Steuerrechtsanwendung.[86] Insbesondere ist hinsichtlich der Sozialzwecke zu bemerken, dass sie durch das Transfergerechtigkeitsprinzip verwirklicht werden.[87] Der Begriff „Transfer“ umfasst alle

---

81 Tipke, Steuerrechtswissenschaft und Steuersystem, in: FS für G. Wacke, 1972, S. 211; auch Birk, Steuergerechtigkeit und Transfergerechtigkeit, ZRP 1979, S. 221.

82 Homburg, Allgemeine Steuerlehre, 4. Auflage 2004, S. 10.

83 Tipke, Forum: Das Einkommen als zentraler Begriff des öffentlichen Schuldrechts, JuS 1985, S. 345.

84 U.a. wird das Steuerrecht im Schrifttum als *„schnelllebiges Gemeinschaftsrecht“* gekennzeichnet. Zu den Charakteristika des Steuerrechts Tipke, Die Steuerrechtsordnung I, 2. Auflage 2000, S. 6 ff.

85 Zu Besonderheiten von Gebühren, Beiträgen und Sonderabgaben Lang, in: Tipke/Lang, Steuerrecht, 19. Auflage 2008, § 3, Rdnr. 20 ff.; insbesondere ist die Sonderabgabe nur als *„seltene Ausnahme“* zulässig. Zu Sonderabgaben Kirchhof, Die Sonderabgaben, in: FS für K. H. Friauf, 1996, S. 669; zu verfassungsrechtlichen Rahmenbedingungen von Gebühren, Musil, Verfassungsrechtliche Vorgaben für Gebühren im Steuerstaat in FS: für Isensee, 2007, S. 929; zum Spannungsfeld von Abgaben im griechischen Steuerrecht s. Mathioudakis, Die verfassungsrechtlichen Voraussetzungen zur Erhebung von Abgaben, DFN 2004, S. 773.

86 Zu allen Normgruppen Lang, in: Tipke/Lang, Steuerrecht, 19. Auflage 2008, § 4, Rdnr. 19 ff. Insbesondere wird das Lenkungssteuerrecht in der Literatur als *„Verwaltung mit den Mitteln des Steuerrechts“* bezeichnet. Zu Lenkungssteuern vgl. Weber-Grellet, Lenkungssteuern im Rechtssystem, NJW 2001, S. 3657. In der Literatur wird die Terminologie der Normgruppen nicht einheitlich verwendet. Zu weiteren Besonderheiten und Unterscheidungsgruppen im Schrifttum, Tipke, Die Steuerrechtsordnung I, 2. Auflage 2000, S. 75.

87 Zum sozialen Staat Bull, Daseinsvorsorge im Wandel der Staatsformen, Der Staat 47 (2008), S. 1 (6 ff.); das Sozialstaatsprinzip enthält einen Gestaltungsauftrag an den Gesetzgeber BVerfGE

direkten oder *indirekten Vermögensübertragungen* zwischen dem Staat und den Bürgern. In diesem Sinne ist zwischen positiven (staatliche Sozialleistungen an die Bürger) und negativen (Leistungen der Einzelnen an den Staat durch erhobene Steuern und Abgaben) Transfers zu unterscheiden.[88]

Gemäß dieser Auffassung wird anerkannt, dass „*das Steuerrecht und das Sozialrecht sich in ihren Regelungsbereichen gegenseitig ausschließen und inhaltlich zugleich aneinander anschließen*"[89]. Durch das Verhältnis zwischen Steuer- und Sozialrecht wird die sog. „soziale Gleichheit" verwirklicht.[90]

Darüber hinaus wird durch den Übergang vom staatlichen Nehmen zum staatlichen Geben und umgekehrt „*ein rechtlicher Basis – Solidarverbund aller Bürger in der Finanzierung und im Konsum der allgemeinen Staatsleistungen erstellt*".[91] Ausgangspunkt dieser Solidargemeinschaft ist, dass die Besteuerung nicht die den Bürgern zu gewährende Sozialhilfe benachteiligen darf.[92]

50, 57 (108). Zum Inhalt des Sozialstaatsprinzips s. auch BVerfGE 22, 180 (204); den Zwecken des Sozialstaates gehört nicht nur „eine gerechte Verteilung der Lasten, sondern vielmehr der Güter" Birk, Steuergerechtigkeit und Transfergerechtigkeit, ZRP 1979, S. 223.

88 Becker, Transfergerechtigkeit und Verfassung, 2001, S. 3. Auch zum Besteuern und Leisten als Elemente eines einheitlichen Finanzstaates Kirchhof, Die Steuerung des Verwaltungshandelns durch Haushaltsrecht und Haushaltkontrolle, NVwZ 1983, S. 505 (507).

89 Kube, Komplementarität und Eigenständigkeit – zum Verhältnis zwischen Steuerrecht und Sozialrecht am Beispiel von § 33b Abs. 6 EStG, NZS 2004, 458 (459); Seiler, Steuer- und Sozialrecht als Ort sozialpolitischer Gestaltung, NZS 2007, S. 617 (620). Zur finanziellen Ausstattung des Sozialstaats s. Kirchhof, Finanzierungsinstrumente des Sozialstaats, DStJG 29 (2006), S. 39 ff. Der Einkommensbegriff im verfassungsrechtlichen Steuerstaat hat die tatsächliche Leistungsfähigkeit, *spiegelbildlich* zur tatsächlichen Bedürftigkeit des Subventionsempfängers, sachgerecht zu erfassen, Kube/Palm/Seiler, Finanzierungsverantwortung für Gemeinwohlbelange – Zu den finanzverfassungsrechtlichen Maßstäben quersubventionierenden Preisinterventionen, NJW 2003, S. 927 (932); Auch zur Notwendigkeit einer übereinstimmenden Abstimmung des Einkommensbegriffs im steuer- bzw. sozialrechtlichen Spannungsfeld Franz, Einkommensbegriffe im Steuer- und Sozialrecht, StuW 1988, S. 17. Zum „*sozialharmonisierten*" Einkommensteuerrecht Brandis, Bemessungsgrundlagen im Steuerrecht und im Sozialrecht – Aus der Sicht des Steuerrechts, DStJG 29 (2006), S. 93 (107 ff.); auch Wiebe, Die Harmonisierung von Sozialrecht und Steuerrecht als rechtspolitische Aufgabe, ZRP 1981, S. 25; vgl. auch die Neuformulierung des Reproduktivitätsprinzips, Vogel, in: Isensee/ Kirchhof, Handbuch des Staatsrechts, Band II, 3. Auflage 2004, § 30, Rdnr. 67.

90 Birk, Steuergerechtigkeit und Transfergerechtigkeit, ZRP 1979, S. 223.

91 Zur Solidargemeinschaft des Steuer- und Leistungsstaates Kube, Staatsaufgaben und Solidargemeinschaften, DStJG 29 (2006), S. 11 (16 ff.).

92 Kirchhof, Empfiehlt es sich, das Einkommensteuerrecht zur Beseitigung von Ungleichbehandlungen und zur Vereinfachung neu zu ordnen?, Gutachten F zum 57. Deutschen Juristentag, 1988, F 59; auch Isensee, Empfiehtl es sich, das Einkommensteuerrecht zur Beseitigung von Ungleichbehandlungen und zur Vereinfachung neu zu ordnen?, Sitzungsbericht N über die Verhandlungen der steuerrechtlichen Abteilung, zum 57. Deutschen Juristentag, 1988, N 55.

Vor diesem Hintergrund erhält das Steuerrecht eine zentrale Bedeutung für die Rechtsbeziehungen zwischen Bürgern und Staat, die als *öffentliche Steuerschuldverhältnisse*[93] qualifiziert werden könnten, wobei die verfassungsrechtlichen Grenzen dieser steuerrechtlichen Beziehung im Grundgesetz festgelegt sind. Das Steuerrecht als *Regelfall des staatlichen Eingriffs*[94] bzw. als *„klassisches"*[95], *grundrechtsgebundenes*[96] und vielmehr als quantifiziertes Eingriffsrecht, dessen Eingriff durch die Gesamtsteuerlast im Vermögen des Steuerpflichtigen quantifiziert festgesetzt wird, findet seine Einschränkungen im Anwendungs- und Geltungsbereich der Grundrechte, die eine gleichmäßige Verteilung der Steuerlasten fordern.[97]

Für die weitere Untersuchung spielen insbesondere der Gleichheitssatz, die Eigentumsgarantie und der Schutz von Ehe und Familie eine besondere Rolle, welche durch Art. 3 Abs. 1, Art. 14 Abs. 1 bzw. Art. 6 Abs. 1 GG gesichert werden.[98]

---

93 Tipke, Forum: Das Einkommen als zentraler Begriff des öffentlichen Schuldrechts, JuS 1985, S. 345.

94 Birk, Rahmenbedingungen für den Grundrechtsschutz im Steuerrecht in Europa, in: FS für Vogel, 2000, S. 157 (160).

95 Das Steuerrecht wird als „klassisches" Eingriffsrecht im Dreieck Abkommens-, Europa- und Verfassungsrecht gesehen Gosch, Vielerlei Gleichheiten – Das Steuerrecht im Spannungsfeld von bilateralen, supranationalen und verfassungsrechtlichen Anforderungen, DStR 2007, S. 1553. Vgl. auch die Auffassung von einer *ambivalenten Rechtsnatur* des Steuerrechts gleichermaßen als Eingriffs- und Verteilungsrecht, Drüen, Zur Rechtsnatur des Steuerrechts und ihrem Einfluss auf die Rechtsanwendung, in: FS für H. W. Kruse, 2001, S. 191 ff. Für die Auslegung aus der Natur des Steuerrechts ergibt sich, dass *„das Gesetz selbst Art und Umfang des Eingriffs ausdrücklich angeben muss"*, Weber-Grellet, Die Bedeutung der Rechtsnatur des Steuerrechts für dessen Anwendung und Auslegung, StuW 1993, S. 97 (100 ff.); Höhn, Zweck(e) des Steuerrechts und Auslegung„ in: FS für Tipke, 1995, S. 213; zur Auslegung der steuerlichen Vorschriften nach den verfassungsrechtlichen Vorgaben, Kirchhof, Verfassungsrechtliche Maßstäbe für die Auslegung von Steuergesetzen, in: FS für 75 Jahre Reichsfinanzhof – Bundesfinanzhof, 1993, S. 285; vgl. auch Birk, Verfassungskonforme Auslegung im Steuerrecht, StuW 1990, S. 300.

96 Kirchhof, Das verfassungsrechtliche Maß steuerlicher Belastung, in: FS für D. Merten, 2007, S. 149 (151).

97 Funk/Kirchhof, Notwendigkeit und Grundlinien einer Steuerreform – Verfassungsrechtlich Gebotenes, demokratisch Erwünschtes und politisch Erreichbares in der Steuerpolitik, 1998, S. 18. Vgl. hierzu die Problematik, ob eine juristische Person fähig ist, Träger von Grundrechten zu sein, Kirchhof, Die Gleichheit der Steuerschuldner vor dem Einkommensteuergesetz, in: FS für Reiß, 2008, S. 359 (366 ff.).

98 Hierzu einführend vgl. die Aufgabe der Grundrechtsdogmatik, Jarass, Bausteine einer umfassenden Grundrechtsdogmatik, AöR 120 (1995), S. 345.

Kapitel 2. Besteuerung und Grund- bzw. Individualrechte in der Verfassungsordnung beider Länder

A. Der allgemeine Gleichheitssatz

I. Der Gleichheitssatz nach deutschem Recht

Das in Art. 3 Abs. 1 GG verankerte Grundrecht des allgemeinen Gleichheitssatzes bestimmt, dass alle Menschen vor dem Gesetz gleich sind.[99] Der Gleichheitssatz bezieht sich sowohl auf die sog. *Rechtsanwendungsgleichheit* als auch auf die sog. *Rechtsetzungsgleichheit*.[100] Darüber hinaus hängt der Gleichheitssatz mit dem Prinzip der Gesetzmäßigkeit der Besteuerung zusammen.[101] Beim Gleichheitssatz ist zwischen der *rechtlichen* und der *faktischen Gleichheit* zu unterscheiden.[102] Er wird in der Literatur als „*Kristallisationspunkt des Gerechtigkeitsgedankens*"[103], als „*Schlüsselbegriff der Gerechtigkeit*"[104] und einer Auffassung nach als „*kein beschränkungsfähiges prima facie Recht*"[105] bezeichnet. Dabei handelt es sich vielmehr um ein „*Persönlichkeitsrecht*"[106], das über eine freiheitsrechtliche Dimension verfügt.[107]

---

99 Zu Ansprüchen des Gleichheitssatzes Zippelius, Der Gleichheitssatz, VVDStRL 47 (1989), S. 7 (8 ff.).

100 Lang, in: Tipke/Lang, Steuerrecht, 19. Auflage 2008, § 4, Rdnr. 70.

101 Birk, Gleichheit und Gesetzmäßigkeit der Besteuerung, StuW 1989, S. 212 (213).

102 Vgl. Starck, in: v. Mangoldt/Klein/Starck, Kommentar zum Grundgesetz, Band 1, Präambel, 5. Auflage 2005, Art. 3 Rdnr. 3 ff.; ausführlich zur rechtlichen Gleichheit Kube, Rechtliche Gleichheit und tatsächliche Verschiedenheit, in: Gleichheit im Verfassungsstaat, 2008, S. 23 ff.

103 Wendt, Der Gleichheitssatz, NVwZ 1988, S. 778.

104 Zippelius, Der Gleichheitssatz, VVDStRL 47 (1989), S. 7 (23); auch Lang, in: Tipke/Lang, Steuerrecht, 19. Auflage 2008, § 4, Rdnr. 74.

105 Huster, Gleichheit und Verhältnismäßigkeit, JZ 1994, S. 541 (542).

106 Sachs, Der Gleichheitssatz als eigenständiges subjektives Grundrecht, in: FS für K. H. Friauf, 1996, S. 309 (319).

107 In diesem Sinne Kirchhof, Die Gleichheit als staatsrechtlicher Auftrag, in: Gleichheit im Verfassungsstaat, 2008, S. 1 ff.

Der Gleichheitssatz wurde zunächst vom BVerfG als *Willkürverbot*[108] anerkannt, wodurch der Gesetzgeber angehalten ist, wesentlich Gleiches nicht willkürlich ungleich und wesentlich Ungleiches nicht willkürlich gleich zu behandeln. Dabei ist davon auszugehen, dass sich die Anwendung des Art. 3 Abs. 1 GG immer auf den Vergleich von Lebensverhältnissen bezieht, die nicht insgesamt, sondern stets nur in einzelnen Aspekten gleich sind. Welche Aspekte für eine gleiche oder ungleiche Behandlung maßgeblich sind, entscheidet dann grundsätzlich der Gesetzgeber[109], dem der Angleichungsauftrag mit hoher Verantwortung gewährt wird.[110] Später erkannte das BVerfG eine *neue Formel* als Ersatz der bisherigen Willkürformel an. Nach dieser Formel wird der Gleichheitsgrundsatz verletzt, wenn eine Gruppe von Normadressaten anders behandelt wird, obwohl zwischen beiden Gruppen keine Unterschiede solcher Art und von solchem Gewicht bestehen, dass sie die ungleiche Behandlung rechtfertigen könnten.[111]

Der besondere Inhalt des Gleichheitssatzes wird durch zahlreiche Bestimmungen der Verfassungsordnung konkretisiert.

In der Literatur wird die Meinung einer vielseitigen Entwicklung des Gleichheitssatzes im Grundgesetz vertreten. Dies geschieht insbesondere auf dreierlei Ebenen: „es handelt sich nämlich um einen *persönlichkeitsbezogenen Gleichheitssatz* des Art. 3 Abs. 1 GG; um einen eng mit der Freiheit der Eigentumsgarantie des Art. 14 GG zusammenhängenden *sachbereichsbezogenen Gleichheitssatz* des Art. 3 Abs. 1 GG; und um *das Objektivitätsgebot*[112] (Willkürverbot), das sich vom Rechtsstaatsprinzip ableiten lässt“[113].

Ausgehend von dieser dreistufigen Entwicklung des Gleichheitssatzes ist das Verhältnis des allgemeinen Gleichheitssatzes des Art. 3 GG mit den Gleichheitssätzen der Art. 6 und 14 GG zu bestimmen. Nach der Rechtsprechung gilt Art. 6 GG als *besonderer Gleichheitssatz* gegenüber dem Gleichheitssatz des

108 BVerfGE 50, 177 (186); 51, 295 (300); 86, 81 (87).

109 BVerfGE 13, 181 (202); 26, 302 (310); 83, 395 (401).

110 Kirchhof, Die Gleichheit als staatsrechtlicher Auftrag, in: Gleichheit im Verfassungsstaat, 2008, S. 1 ff.

111 BVerfGE 87, 1 (36); 88, 87 (96 ff.); 89, 15 (22 ff.). Zur Rechtfertigung einer vom Gesetzgeber vorgenommenen unterschiedlichen Behandlung vergleichbarer Sachverhalte ist eine mehrstufige Gleichheitsprüfung erforderlich, Wendt, Der Gleichheitssatz, NVwZ 1988, S. 778 (780). Insbesondere sind die Prinzipien der *Sachgerechtigkeit*, des *Gedankens der Systemgerechtigkeit* und der *Konsequenz* (*Folgerichtigkeit*) entscheidende Kriterien für den Gestaltungsspielraum des Gesetzgebers, Rüfner, in: Bonner Kommentar zum GG, Art. 3 Abs. 1, Rdnr. 29 ff.; Osterloh, in: Sachs, GG-Kommentar, 4. Auflage 2007, Art. 3, Rdnr. 90 ff.

112 Zum Objektivitätsgebot vgl. Kirchhof, Steuerrechtsprechung und Verfassungsrechtsprechung, in: FS. für Offerhaus, 1999, S. 83 (89 ff.).

113 Kirchhof, in: Isensee/Kirchhof, Handbuch des Staatsrechts, Band V, 3. Auflage 2007, § 118, Rdnr. 172.

Art. 3 GG.[114] Entsprechendes gilt auch für den Gleichheitssatz des Art. 14 GG, der zwischen Eigentümern und Nichteigentümern unterscheidet und die Steuerbelastung der Ersteren gestattet.[115]

II. Der Gleichheitssatz nach griechischem Recht

Nach Art. 4 Abs. 1 der griechischen Verfassung *sind alle Griechen vor dem Gesetz gleich.* Mit dieser Bestimmung wird das verfassungsrechtliche Prinzip der Gleichheit im Gesetz verankert. Eine dem deutschen Recht entsprechende Unterscheidung des Gleichheitssatzes in rechtliche und faktische Gleichheit kennt auch die griechische verfassungsrechtliche Ordnung. Weitgehend ist bei der rechtlichen Gleichheit zwischen der *formellen* und der *materiellen Gleichheit* zu unterscheiden.[116] Hierin besteht ein grundlegender Unterschied zwischen den beiden Rechtsordnungen hinsichtlich des Gleichheitssatzes. Während das deutsche Grundgesetz die Gleichheit aller Menschen regelt, werden nach der griechischen Verfassung vom Anwendungsbereich des Gleichheitsrechtes nur die Griechen erfasst. Die griechische Verfassung bestimmt aber die Gleichheit aller Menschen in Bezug auf andere Grundrechte, wie z. B. im Art. 22 Abs. 1 S. 2 gr. Verf. bezüglich des angemessenen Honorars im Vergleich zur geleisteten Arbeit. Darüber hinaus lässt sich der Gleichheitssatz aus der verfassungsrechtlichen Sicherung der persönlichen, sozialen und teilweise wirtschaftlichen Freiheit aller Bürger ableiten. Außerdem kann der Gesetzgeber die Gleichbehandlung aller Bürger durch Gesetze sichern, weil im Grundgesetz das *Minimum* und nicht das *Maximum* des Grundrechtsschutzes gesichert ist.[117] Der Gleichheitssatz lässt sich auch aus

114 BVerfGE 99, 216 (232).

115 Kirchhof, in: Isensee/Kirchhof, Handbuch des Staatsrechts, Band V, 3. Auflage 2007, § 118, Rdnr. 173.

116 Nach der formellen Gleichheit sind alle Staatsbürger vor dem Gesetz gleich, während sich die materielle Gleichheit an den „*gleichheitsmäßigen Inhalt des Gesetzes*" wendet. Infolgedessen ergibt sich die Pflicht des Gesetzgebers zur Schaffung von gleichheitskonformen Regelungen. Zu den Begriffen formeller und materieller Gleichheit nach dem griechischen Recht, Dimitropoulos, Verfassungsrechte, Bes. Teil, Band III-B, 11. Auflage 2005, S. 19 ff. Die gr. Rechtsprechung hat auch klargestellt, dass die Unterlassung des Gesetzgebers den Gleichheitssatz verletzt. Hierzu VerwGE 2. Instanz von Athen 14210/87, ToS. 1988, S. 173 ff.; Auch StRE 2080/1950; 9/1988; 1016/1983. Der Gleichheitssatz wird durch ein Gleichbehandlungsgebot und ein Diskriminierungsverbot konkretisiert, Dagtoglou, Verfassungsrecht, Individuelle Rechte, Band B, 1991, S. 1050.

117 Dagtoglou, Verfassungsrecht, Individuelle Rechte, Band B, 1991, S. 1055 ff.

Art. 2 Abs. 1 gr. Verf. ableiten. Nach diesem Artikel gehören der Respekt und der Schutz des *Menschenwertes*[118] zu den primären Aufgaben des Staates.[119]

Schon seit Anfang des 20. Jahrhunderts wird die Meinung vertreten, dass die Verfassung nicht nur die Gleichheit vor dem Gesetz, sondern auch die Gleichheit des Gesetzes selbst sichert.[120] Das bedeutet, dass sich der Gleichheitssatz nicht nur auf die Anwendung, sondern auch auf die Durchsetzung des Gesetzes bezieht.[121]

III. Die Problematik des Gleichheitsprinzips im Bereich der Gerechtigkeit

In Zusammenhang mit der obigen Erläuterung des allgemeinen Gleichheitssatzes stellt sich die Frage, was unter den Begriffen „gleich" und „ungleich" zu verstehen ist[122] und wie der Gleichheitssatz im Bereich der Eingriffsrechte anwendbar ist.[123] Diese Frage hat schon den Kern der aristotelischen Lehren dargestellt. Nach aristotelischer Auffassung sollte die Auflösung des Spannungsfeldes zwischen zwei verschiedenen Aufgaben der Gleichbehandlung zur Gerechtigkeit führen. Die erste Aufgabe besteht darin, gerecht auszugleichen und die zweite darin, die Güter und Lasten angemessen zu verteilen.[124] Diese Problematik der Gleichheitsbestimmung kommt deutlich im Bereich des Abgaben- und Leistungsrechts zum Vorschein. Im Abgabenrecht vertreten Literatur und Rechtsprechung einstimmig die Meinung, dass der Gleichheitssatz bei der Auferlegung von Steuern eine *Belastungsfreiheit*

118 Im Gegensatz zum deutschen Grundgesetz, das in Art. 1 Abs. 1 GG den Schutz der Menschenwürde verankert. Zur Menschenwürde Kirchhof, Menschenbild und Freiheitsrecht, in: FS für Starck, 2007, S. 275; Papier, Die Würde des Menschen ist unantastbar, in: FS für Starck, 2007, S. 371; zum Menschenwürdeinhalt der Grundrechte, v. Bernstorff, Pflichtenkollision und Menschenwürdegarantie, Der Staat 47 (2008), S. 21 (29 ff).

119 Zur weiteren Entwicklung der Unterschiede zwischen der Menschenwürde im deutschen GG und dem Menschenwert in der griechischen Verfassung Dimitropoulos, Verfassungsrechte, Bes. Teil, Band III-B, 11. Auflage 2005, S. 4 ff.; Manitakis, Das Subjekt der Verfassungsrechte nach Art. 25 Abs. 1 gr. Verf., 1981, S. 123 ff.

120 Dagtoglou, Verfassungsrecht, Individuelle Rechte, Band B, 1991, S. 1038.

121 Saripolos, Das Staatsrecht des Königreichs Griechenland, 1909, S. 32 „... Die Rechtsgleichheit aller Staatsangehörigen ist garantiert durch Art. 3 der Verf. Dieser Artikel enthält eine Bestimmung des objektiven Rechts und schränkt besonders die Gewalt des Gesetzgebers ein ..."; Vgl. auch Areopag-Entscheidung 261/1932; StRE 2176/1947.

122 Uhländer, Rechtsfortbildung im Steuerrecht durch das BVerfG, StB 1999, S. 91 (93); vgl. auch Kruse, Über die Gleichmäßigkeit der Besteuerung, StuW 1990, S. 322.

123 Im Bereich des Belastungserfolgs führt der Gleichheitssatz durch die normative Struktur des Steuerrechts zu gleichen Lasten, Kirchhof, Der Weg zur verfassungsgerechten Besteuerung – Bestand, Fortschritt, Zukunft –, StuW 2002, S. 185 (189).

124 Zippelius, Rechtsphilosophie, 5. Auflage 2007, S. 82.

der Bürger verlangt.[125] Anders ist es im Leistungsrecht, wobei Art. 3 Abs. 1 GG Leistungsansprüche, somit *Teilhaberechte*, gewährt.[126]

Zum Verhältnis zwischen Gerechtigkeit und Gleichheit ist das folgende Schema zu beachten: „*Gerechtigkeit – Gerechtigkeit durch Gleichbehandlung – soziale Gerechtigkeit – gleichmäßige, sozial gerechte Besteuerung nach einem sachangemessenen Maßstab*".[127] Insbesondere ist im steuerrechtlichen Bereich zwischen „*vertikaler*" und „*horizontaler*" Steuergerechtigkeit zu differenzieren.[128]

Von besonderer Bedeutung für die weitere Untersuchung sind die steuerliche Gleichheit und die Frage, wie der Gleichheitssatz im Bereich des Steuerrechts seine Anwendbarkeit findet.

IV. Die steuerliche Gleichheit

1. Auf der Ebene des deutschen Verfassungsrechts

„*Mit der Gleichheit steht und fällt die Steuer*"[129]. In diesem Satz wird die Bedeutung des Gleichheitsgebots für das Steuerrecht zusammengefasst. Der Gleichheitssatz könnte als eine grundlegende Maxime der Steuerrechtswissenschaft qualifiziert werden, weil sich der Grundsatz der gleichmäßigen Besteuerung aus dem Steuergerechtigkeitsgebot ableiten lässt.[130]

Ausgangspunkt des steuerlichen Gleichheitssatzes ist ein Vergleichsmaßstab zur gerechten Verteilung der Steuerlasten nach der Belastbarkeit des Steuerpflichtigen.[131] Es handelt sich um den Aspekt der Lastengleichheit.[132]

Darüber hinaus zielt der Gleichheitssatz auf die Schaffung einer allgemeinen Steuergesetzgebung ab. Die tatbestandliche Bestimmung des Steuergesetzes muss zwei Leitlinien folgen. „*Das Gebot der Ausrichtung der Steuerlast nach dem finanziellen Leistungsfähigkeitsprinzip und das Gebot der Folgerichtigkeit*"[133] sind zu

125 Becker, Transfergerechtigkeit und Verfassung, 2001, S. 77. Zum Gleichheitsgrundsatz im Bereich des Abgabenrechts Kirchhof, Sozialversicherungsbeitrag und Finanzverfassung, NZS 1999, S. 161 (163).

126 Heun, in: Dreier, GG–Kommentar, Band I, 2. Auflage 2003, Art. 3, Rdnr. 81.

127 Tipke, Die Steuerrechtsordnung I, 2. Auflage 2000, S. 284 ff.

128 Zu „vertikaler" und „horizontaler" Steuergerechtigkeit Badura, Staatsrecht, Systematische Erläuterung des Grundgesetzes, 3. Auflage 2003, S. 732.

129 Isensee, Vom Beruf unserer Zeit für Steuervereinfachung, StuW 1994, S. 3 (7).

130 Tipke, Die Steuerrechtsordnung I, 2. Auflage 2000, S. 306; ders., Steuergerechtigkeit, StuW 2007, S. 201 (203); a. A. BVerfGE 66, 214 (223).

131 Kirchhof, Steuergleichheit, StuW 1994, S. 297 (301).

132 Wendt, Empfiehlt es sich, das Einkommensteuerrecht zur Beseitigung von Ungleichbehandlungen und zur Vereinfachung neu zu ordnen?, DÖV 1988, S. 710 (712).

133 Badura, Staatsrecht, Systematische Erläuterung des Grundgesetzes, 3. Auflage 2003, S. 738.

beachten. In diesem Sinne wird der Gleichheitssatz durch eine rechtlich und tatsächlich gleiche Steuerbelastung der Steuerpflichtigen durch das Steuergesetz konkretisiert. Hauptmerkmale der Steuergleichheit sind die *Gleichheit der normativen Steuerpflicht* und die *Gleichheit bei deren Durchsetzung in der Steuererhebung.*[134]

Im Gegensatz zu der obigen Gleichheit in der Steuererhebung steht die vom Gleichheitsgrundrecht abgeleitete politische Freiheit des Parlaments, die Steuerquellen, -sätze und -subventionen auszuwählen.[135]

Darüber hinaus fordert der Gleichheitssatz, die Steuertatbestände der Gesamtrechtsordnung widerspruchsfrei anzupassen und die Einzelsteuer *widerspruchsfrei* innerhalb der steuerrechtlichen Rahmen einzubeziehen. Ob die Steuerlast gleichgemäß ist, ist nicht auf Grundlage der Einzelsteuer, sondern nach Gesamtbelastung des einzelnen Steuerpflichtigen zu beurteilen. Gleiches gilt auch für die *Folgerichtigkeit* der getroffenen Belastungsentscheidungen in ihren Einzeltatbeständen, die dem Gleichheitsgrundsatz folgen müssen.[136]

2. *Auf der Ebene des griechischen Verfassungsrechts*

Im griechischen (Steuer-)Verfassungsrecht soll die Steuerbelastung zwischen den Steuerpflichtigen durch das Steuergleichheitsprinzip verteilt werden, das aus dem *Allgemeinheitsprinzip*[137] und dem *Steuergerechtigkeitsprinzip* besteht.[138] Diese Entwicklung ist an Art. 4 Abs. 1 und 5 gr. Verf. gekoppelt. Nach Abs. 5 „*tragen die griechischen Staatsbürger ohne Unterschied entsprechend ihren Kräften die öffentlichen Lasten*". Gemäß diesem Satz wird die steuerliche Gleichheit in der griechischen Verfassungsordnung vorgeschrieben.[139] Erläuterungen

---

134 Leibholz/Rinck, GG-Kommentar, Art. 3 Rdnr. 496; BVerfGE 84, 239.

135 Zu den Grenzen der gesetzgeberischen Gestaltungsfreiheit Kannengießer, in: Schmidt-Bleibtreu/Hofman/Hopfauf, GG-Kommentar, 11. Auflage 2008, Art. 3, Rdnr. 32 ff.; Leibholz/Rinck, GG-Kommentar, Art. 3, Rdnr. 541 ff.

136 Kirchhof, in: Isensee/Kirchhof, Handbuch des Staatsrechts, Band V, 3. Auflage 2007, § 118, Rdnr. 176 ff; „*Der Gleichheitssatz stellt den Geltungsgrund dieses Folgerichtigkeitsgebots dar, dessen Wurzeln sich aber im Rechtsstaats- und im Bundesstaatsprinzip befinden*", Kirchhof, Die staatsrechtliche Bedeutung der Steuerreform, JöR 54 (2006), S. 1 (29). Zur Folgerichtigkeit, Schwarz, „Folgerichtigkeit" im Steuerrecht, in: FS für Isensee, 2007, S. 949; Prokisch, Von der Sach- und Systemgerechtigkeit zum Gebot der Folgerichtigkeit, in: FS für Vogel, 2000, S. 293 (305 ff.); Tipke, Steuergerechtigkeit, StuW 2007, S. 201 (205 ff); vgl. auch die Auffassung, dass es keine Systembindung im Steuerrecht erforderlich ist. Kischel, Gleichheitssatz und Steuerrecht – Gefahren eines dorgmatischen Sonderwegs, in: Gleichheit im Verfassungsstaat, 2008, S. 175 (183 ff.).

137 StRE 2113/1963.

138 Anastopoulos/Fortsakis, Steuerrecht, 2. Auflage 2003, S. 111; Finokaliotis, Das Steuergerechtigkeitsprinzip und die Verfassung, 1986, S. 213 ff.

139 In der ersten griechischen Verfassung von 1822 war auch die Steuergerechtigkeit vorgesehen. Nach dieser Verfassung sollten „sämtliche Steuereinnahmen gerecht verteilt werden" (§ η').

bezüglich der Problematik der steuerlichen Gleichheit und ihrer Differenzierung in horizontale und vertikale Steuergleichheit haben sowohl die griechische Literatur[140] als auch die Rechtsprechung[141] entwickelt.

Das Willkürverbot wird auch aus Entscheidungen des griechischen StR hergeleitet.[142] Hierbei ist es wichtig zu beachten, dass nach Art. 4 Abs. 1 und 5 gr. Verf. die steuerliche Gleichheit – wie die allgemeine Gleichheit – *nur für die Griechen vorstellbar ist*. Nach der griechischen Rechtsprechung ist die unterschiedliche Steuerbehandlung – zugunsten oder zulasten – von Ausländern verfassungskonform.[143]

In Wirklichkeit handelt es sich um einen Anachronismus, der mit dem Rechtsstaatsprinzip unvereinbar ist und im Zuge einer Modernisierung der griechischen Verfassung verändert werden dürfte. Im Rahmen des modernen Rechtsstaates wird die Gesamtheit der Bürger unabhängig von ihrer Staatsangehörigkeit erfasst und geschützt. Im Mittelpunkt der griechischen Verfassung (Art. 2 Abs. 1) befindet sich der Menschenwert und nicht der Wert des Staatsangehörigen. Demzufolge kann nicht im Hinblick auf das Rechtsstaatsprinzip angenommen werden, dass Gleichheit nur für die Griechen vorstellbar ist. Entsprechendes gilt auch für juristische Personen, die im griechischen Staat tätig sind. Eine Alternative, die in die griechische Verfassung aufgenommen werden könnte, wäre es das Wort „*griechische Staatsbürger*" mit dem Wort „*alle steuerpflichtigen Personen*" zu ersetzen.

In den letzten Jahren wurde dieses Problem jedoch durch die Anwendbarkeit der Regelungen des EG-Rechts gelöst, die den nationalen Gesetzen gegenüber Vorrang haben. Der EuGH hat die Notwendigkeit der *gleichen* Steuerbehandlung der Bürger und Unternehmen der Mitgliedsstaaten mit den griechischen Bürgern und Unternehmen betont.[144]

Zur ausdrücklichen Bestimmung der Steuergerechtigkeit in der griechischen Verfassungsordnung, Saripolos, Verfassungsrecht, Band III, 4. Auflage 1923, S. 40. Zur steuerlichen Gleichheit nach der gegenwärtigen Verfassung, Maliotis, Die Anwendung des verfassungsrechtlichen Prinzips der steuerlichen Gleichheit (Art. 4 Abs. 5 gr. Verf.), DFN 2008, S. 810.

140 Finokaliotis, Steuerrecht, 3. Auflage 2005, S. 136.

141 StRE 2060/1990.

142 In einem Fall hat der StR die Regelung des § 18 Abs. 3 S. 3 der gr. Verordnung 3323/1955 als verfassungswidrig gegen den Art. 4 gr. Verf. anerkannt, die als steuerpflichtig die Übertragung des Nießbrauches einer Immobilie an eine juristische Person vorsah, während eine entsprechende Übertragung an eine natürliche Person unter den gleichen Umständen steuerfrei war, StRE 648/1995, DiDik 1995, S. 1423.

143 StRE 1067-1069/1990, DiDik 1991, S. 195; StR 3205/1983.

144 Griechenland wurde vom EuGH für den Verstoß gegen Art. 90 EGV verurteilt. Diese Entscheidung betraf steuerliche Diskriminierungen hinsichtlich des Kaufs gebrauchter Wagen, die nach Griechenland aus anderen Mitgliedsstaaten importiert wurden, im Vergleich zum Kauf gebrauchter Wagen des griechischen Marktes, EuGH C-375/95 vom 23.10.1997, Kommission/Griechenland, DiDik 1998, S. 551, Anastopoulos/Fortsakis, Steuerrecht, 2. Auflage 2003, S. 115 ff.

V. Das Leistungsfähigkeitsprinzip

1. Die Leistungsfähigkeit auf Ebene des deutschen Verfassungsrechts

Das Leistungsfähigkeitsprinzip[145] ist ein *unbestimmtes* aber durchaus *bestimmbares* Prinzip[146], das als *Konkretisierung* des Gleichheitssatzes verstanden wird.[147] Grundlegend muss nach diesem Prinzip die steuerliche Belastung des Einzelnen seinen Fähigkeiten entsprechen. Die ausgewählten und gestalteten Steuerbemessungsgrundlagen fungieren als Konkretisierungspunkte des Leistungsfähigkeitsprinzips. Als Indikatoren sind „das Einkommen", „das Vermögen" und „der Konsum" anzusehen.[148] In der Literatur werden verschiedene Meinungen vertreten, die das Leistungsfähigkeitsprinzip als *„Fundamentalprinzip gerechter Besteuerung"*[149], als *„ethisches Axiom"*[150], als *„Gerechtigkeitsprinzip"*[151], als *„gerechte[n] Besteuerungsschlüssel"*[152] oder als *„ein[en] Akt der Verfassungsauslegung bei der Anwendung des Gleichheitssatzes"*[153] bezeichnen.

Das BVerfG hat das Leistungsfähigkeitsprinzip als ein aus dem Gleichheitssatz ableitbares Prinzip anerkannt. Deswegen bezeichnet es dieses Prinzip „nicht nur als Hilfsmittel zur Beschreibung der Realität oder der Steuerpolitik, sondern

---

145 Als Alternativen zu einem am Leistungsfähigkeitsprinzip ausgerichteten Steuerrecht wurden das Kopfsteuerprinzip und das Äquivalenzprinzip vorgeschlagen und abgelehnt. Zu Besonderheiten dieser Prinzipien, Tipke, Die Steuerrechtsordnung I, 2. Auflage 2000, S. 473 ff. Besonders zum Äquivalenzprinzip vgl. auch Schön, Steuergesetzgebung zwischen Markt und Grundgesetz, in: Erneuerung des Verfassungsstaates, Symposion aus Anlass des 60. Geburtstages von Prof. Dr. P. Kirchhof, 2003, S. 143 (156 ff.).

146 Hierzu Tipke, Die Steuerrechtsordnung I, 2. Auflage 2000, S. 492 ff.

147 BVerfGE 82, 60 (86 ff); 89, 346 (352 ff).

148 Bach, Die Perspektiven des Leistungsfähigkeitsprinzips im gegenwärtigen Steuerrecht, StuW 1991, S. 116 (120); zu weiteren Konkretisierungsindikationen des Leistungsfähigkeitsprinzips Lang, Konkretisierungen und Restriktionen des Leistungsfähigkeitsprinzips, in: FS für H. W. Kruse, 2001, S. 313 (326 ff.). In der Literatur werden auch die Begriffe *„Einkommenserwerb"*, *„Einkommensverwendung"* und *„Vermögen"* gebraucht, Tipke, Die Steuerrechtsordnung I, 2. Auflage 2000, S. 501; zur gleichmäßig orientierten Besteuerung nach der wirtschaftlichen Leistungsfähigkeit im Unternehmensbereich Jachmann, Besteuerung von Unternehmen als Gleichheitsproblem, DStJG 23 (2000), S. 9 (11 ff.).

149 Lang, in: Tipke/Lang, Steuerrecht, 19. Auflage 2008, § 4, Rdnr. 83; Kruse, Die Einkommensteuer und die Leistungsfähigkeit des Steuerpflichtigen, in: FS für K. H. Friauf, 1996, S. 793 (794).

150 Kirchhof, Besteuerung im Verfassungsstaat, 2000, S. 21.

151 Lehner, Einkommensteuerrecht und Sozialhilferecht, 1993, S. 302 ff.; ders., Wirtschaftliche Betrachtungsweise und Besteuerung nach der wirtschaftlichen Leistungsfähigkeit, in: FS für Tipke, 1995, S. 237.

152 Clemm, Wirtschaftliche versus formalrechtliche Betrachtung im Steuer- und Bilanzrecht, in: FS für F. Klein, 1994, S. 715 (734).

153 Birk, Zum Stand der Theoriediskussion in der Steuerrechtswissenschaft, StuW 1983, S. 293 (295).

als ein *normatives* und *verfassungsrechtlich* verankertes Prinzip“[154].[155] Im Verhältnis zur Besteuerungsgleichheit ist das Leistungsfähigkeitsprinzip auf einen vierstufigen Vorgang zur Bestimmung der Steuergesetzgebung und der Gesetzesanwendung ausgerichtet.[156]

Dabei ist zwischen dem Leistungsfähigkeitsprinzip als „Teil des Einkommensteuerrechts (im Zusammenhang mit dem objektiven Nettoprinzip)“ einerseits, und als „verfassungsrechtliches Prinzip“ andererseits zu unterscheiden.[157]

Das Leistungsfähigkeitsprinzip ist auch als *fundamentaler Vergleichsmaßstab* für Fiskalzwecknormen anzusehen, während für Sozialzwecknormen von der Leistungsfähigkeit abweichende Prinzipien gelten.[158] Mit der höheren Leistungsfähigkeit korrespondiert im Sozialstaat eine höhere soziale Verantwortung.[159]

Darüber hinaus verwirklicht sich das Leistungsfähigkeitsprinzip im Steuerrecht durch zwei *Subprinzipien* hinsichtlich der Abziehbarkeit der erwerbssichernden und existenzsichernden Aufwendungen:[160] Erstens als *objektive Leistungsfähigkeit*, die an die Nettoeinnahmen und nicht an die Bruttoeinnahmen geknüpft ist und zweitens als *subjektive Leistungsfähigkeit*, die ein individuelles und familiäres Existenzminimum[161] steuerfrei lässt.[162] Das Leistungsfähigkeitsprinzip als *Ist-*

---

154 Kirchhof, Besteuerung im Verfassungsstaat, 2000, S. 22.

155 Vgl. auch den Vorschlag zur Aufnahme des Leistungsfähigkeitsprinzips ins Grundgesetz. Hierzu s. Schneider, Sollten Leistungsfähigkeitsprinzip und Steuergrenzen in die Verfassung aufgenommen werden?, StuW 1994, S. 58.

156 Zu diesem vierstufigen Vorgang Kirchhof, Der verfassungsrechtliche Auftrag zur Besteuerung nach der finanziellen Leistungsfähigkeit, StuW 1985, S. 319 (321).

157 Liesenfeld, Das steuerfreie Existenzminimum und der progressive Tarif als Bausteine eines freiheitsrechtlichen Verständnisses des Leistungsfähigkeitsprinzips, 2005, S. 75; vgl. auch das Leistungsfähigkeitsprinzip im Spannungsfeld des Steuer- und Unterhaltsrechts, Nickl, Wertungsdivergenzen zwischen Steuer- und Unterhaltsrecht, NJW 1986, S. 2544 (2546 ff.).

158 Die Rechtfertigung einer Durchbrechung des Leistungsfähigkeitsprinzips soll dem *Gemeinwohl-*, dem *Bedürfnis-* und dem *Verdienstprinzip* entsprechen, Lang, in: Tipke/Lang, Steuerrecht, 19. Auflage 2008, § 4, Rdnr. 124 ff.

159 Jachmann, Die Korrespondenz von Sozialrecht und Einkommensteuerrecht, NZS 2003, S. 281 (282); „*Den Steuerpflichtigen trifft eine Mitverantwortung für die allgemeinen staatlichen Belange*“, Jachmann, Zur Kumulation von Ertragsteuern und (besonderen) Verbrauchsteuern, in: FS für Reiß, 2008, S. 339 (340). Zum Sozialverantwortungsprinzip Kirchhof, Finanzierungsinstrumente des Sozialstaats, DStJG 29 (2006), S. 39 (47).

160 Tipke, Das Nettoprinzip – Angriff und Abwehr, dargestellt am Beispiel des Werkstorprinzips, BB 2007, S. 1525 (1527).

161 Das Existenzminimum ist durch Art. 1 Abs. 1 GG i. V. m. dem Sozialstaatsprinzip gem. Art. 20 Abs. 1 GG gesichert, Palm, Verfassungsmäßigkeit einer Quellenbezogenen Mindestbesteuerung im Ertragsteuerrecht, DStR 2002, S. 152 (155).

162 Birk, Steuerrecht, 10. Auflage 2007, § 2, Rdnr. 154, S. 51 ff. Zum objektiven Nettoprinzip Arndt/Jenzen, Verlustverrechnung und Verfassungsrecht, DStR 1998, S. 1818; Norbert/Briesemeister, Systematische und grundsätzliche Anmerkungen zur Einschränkung der steuerlichen Verlustnutzung, DStR 1999, S. 1377 (1382).

Prinzip knüpft an das tatsächlich erzielte Einkommen an und nicht an das Einkommen, das der Steuerpflichtige hätte erzielen sollen (*Soll-Einkommen*).[163] Umstritten ist hierbei, ob das Leistungsfähigkeitsprinzip auch bei den indirekten Steuern anzuwenden ist.[164]

Eine weitere Auffälligkeit des Leistungsfähigkeitsprinzips hängt mit der Progressivität des Steuertarifs zusammen. Nach einer Auffassung vieler Ökonomen ist das Leistungsfähigkeitsprinzip abzulehnen, weil es nur als Rechtfertigungsmittel der Progressivität der Einkommensteuer verstanden wird und demzufolge wenden sie sich dem Äquivalenzprinzip zu.[165]

Diese Auffassung ist aber abzulehnen, weil „das Leistungsfähigkeitsprinzip aus juristischer Sicht nicht durch Steuerprogression und Umverteilung konkretisiert wird, sondern durch *leistungsfähigkeitsgerecht Steuerarten und andere Indikatoren steuerlicher Leistungsfähigkeit,* die zur Schonung der Belastung der Steuerpflichtigen zielen".[166] Zu Recht wird die Auffassung vertreten, dass der Aufbau eines gerechten Steuerrechts auf einer gerechten Bemessungsgrundlage beruhen muss, so dass die Bemessungsgrundlage im Vergleich mit dem Tarif vorrangig ist. Allein der Tarif gewährt keine Steuergerechtigkeit,[167] so dass nicht nur eine progressive Steuer, sondern auch ein proportionaler Steuersatz dem Leistungsfähigkeitsprinzip entspricht.[168]

2. *Die Leistungsfähigkeit auf Ebene des griechischen Verfassungsrechts*

Das Leistungsfähigkeitsprinzip ist in der griechischen Rechtsordnung im Grundgesetz gesichert. Wie oben erwähnt, tragen nach Art. 4 Abs. 5 gr. Verf. die griechischen Staatsbürger ohne Unterschied entsprechend ihren Kräften die öffentlichen

163 Lindberg, in: Frotscher, EStG-Kommentar, § 2, Rdnr. 32 ff.; Tipke, Die Steuerrechtsordnung II, 2. Auflage 2003, S. 631 ff.

164 Zur Nichtanwendbarkeit des Leistungsfähigkeitsprinzips bei indirekten Steuern Kirchhof, in: Isensee/Kirchhof, Staatliche Einnahmen, Handbuch des Staatsrechts, Band IV, § 88, Rdnr. 122; zur Gegenmeinung Lang, in: Tipke/Lang, Steuerrecht, 19. Auflage 2008, § 4 Rdnr. 85.

165 Lang, Besteuerung von Einkommen – Aufgabe, Wirkungen, und europäische Herausforderungen, NJW 2006, S. 2209 (2210 ff.).

166 Lang, in: Tipke/Lang, Steuerrecht, 19. Auflage 2008, § 4, Rdnr. 84. Zu einer *freiheitsrechtlichen Dimension* des Leistungsfähigkeitsprinzips Kirchhof, Besteuerung im Verfassungsstaat, 2000, S. 17 ff.

167 Tipke, Die Steuerrechtsordnung II, 2. Auflage 2003, S. 838.

168 Flockermann, Gedanken zum Einkommensteuertarif, in: FS für F. Klein, 1994, S. 393 (396); in diesem Sinne auch Jachmann, Leistungsfähigkeitsprinzip und Umverteilung, StuW 1998, S. 293 (295).

Lasten.[169] Es handelt sich hierbei um ein *originäres, direkt* in der griechischen Verfassung verankertes Prinzip. Es kann nicht nur von einem Konkretisierungsmaßstab der steuerlichen Gleichheit die Rede sein, sondern vielmehr von einer *verfassungsrechtlichen Realisierungsnorm* auf dem Weg der Steuergerechtigkeit, die den griechischen Steuergesetzgeber bindet. Darüber hinaus werden die Bedeutung und die Rolle der Steuern durch die Koppelung des Leistungsfähigkeitsprinzips (im Zusammenhang mit dem Privateigentumsschutz) in der griechischen Verfassung als ranghöchstes Prinzip des griechischen Steuerrechts verdeutlicht und demzufolge kann der moderne griechische Staat als *ein am Sozialstaatsprinzip ausgerichteter Steuerstaat* bezeichnet werden.

Nach diesem Prinzip wird ein Übermaßverbot gegenüber einer willkürlichen Steuerbelastung der Steuerpflichtigen ausgesprochen.[170]

Angesichts der verfassungsrechtlichen Anweisung zur Gleichbehandlung von Personengruppen mit gleicher Leistungsfähigkeit wurde die Frage gestellt, was die Bemessungsgrundlage der Leistungsfähigkeit sei.

In der Literatur wird die Meinung vertreten, dass als *Indikator der Leistungsfähigkeit*[171], das Einkommen, das Vermögen und die Aufwendungen in Betracht kommen.[172]

Hinsichtlich der Aufwendungen sieht der griechische Gesetzgeber zur Begrenzung der Steuerhinterziehung die Beachtung von *Steuerkriterien* vor, von denen manche *unwiderlegbar* waren (z. B. die Steuerkriterien des Gesetzes 820/1978 hinsichtlich der jährlichen Lebensaufwendungen oder der Aufwendungen zum Erwerb neuer Vermögenswerte). Diese Kriterien waren als Bemessungsgrundlage der tatsächlichen Leistungsfähigkeit des Einzelnen anzuwenden, wenn die Ermittlung des zu versteuernden Einkommens auf andere Weise nicht möglich war.

Lange Zeit war umstritten, ob eine solche Bemessungsgrundlage für die Leistungsfähigkeit des Einzelnen verfassungskonform ist. In der Literatur und der Rechtsprechung wurden teilweise unterschiedliche Meinungen vertreten.

Einer Meinung nach, die bis heute sowohl in der Literatur als auch in der Rechtsprechung vertreten wird, waren die unwiderlegbaren Steuerkriterien verfassungswidrig, weil sie gegen das Steuergleichheitsprinzip des Art. 4 Abs. 1 und 5 gr. Verf. und gegen das Grundrecht auf Gerichtsschutz des Art. 20 Abs. 1 gr. Verf. ver-

169 Der Satz „*entsprechend ihren Kräften*" wurde zum ersten Mal in Art. 3 Abs. 1 der griechischen Verfassung von 1911 eingefügt.

170 StRE 380/1990; 541/1988.

171 Theoxaropoulos, Finanzwirtschaft, Band I, 1975, S. 201; StRE 3008/1986; 1402/1987.

172 Finokaliotis, Steuerrecht, 3. Auflage 2005, S. 137 ff.

stoßen.[173] Zusätzlich hat das Verwaltungsgericht von Thes/niki durch seine Entscheidung anerkannt, dass diese unwiderlegbaren Steuerkriterien einen mittelbaren Verstoß gegen Art. 5 Abs. 1 (Recht auf freie Entfaltung der Persönlichkeit) und Art. 2 Abs. 1 (Schutz des Menschenwertes) gr. Verf. darstellten.[174] Gegen die Anwendung solcher unwiderlegbaren Steuerkriterien hat auch der EGMR geurteilt.[175]

In der Rechtsprechung wird aber auch die Meinung vertreten, dass die Ermittlung des zu versteuernden Einkommens durch vermutbare Steuerkriterien verfassungskonform ist.[176] Dazwischen stand die Meinung, dass diese Steuerkriterien nur dann verfassungswidrig seien, wenn der Steuerpflichtige ein geringeres zu versteuerndes Einkommen als das vermutete Einkommen der Steuerkriterien beweisen konnte.[177]

Schließlich hat der StR durch zahlreiche Beschlüsse entschieden, dass der Gesetzgeber eine *weite Legitimation* zur Gestaltung des geeigneten Steuersystems bezüglich der Ermittlung der tatsächlichen Leistungsfähigkeit des Steuerpflichtigen hat.[178] Zusätzlich wurde nach den Entscheidungen des StR angenommen, dass diese Steuerkriterien nicht zur Steuerbelastung eines *fiktiven* zu versteuernden Einkommens führen, sondern zum allgemeinen Ermittlungssystem eines *existierenden* aber *unsichtbaren* zu versteuernden Einkommens.[179]

Die unwiderlegbaren Steuerkriterien des Gesetzes 820/78 wurden schließlich abgeschafft und durch die Regelungen des § 6 Abs. 5 des Gesetzes 1249/82 ersetzt, nach denen der Steuerpflichtige gegen die gesetzlich geregelten Steuerkriterien ein Widerspruchsrecht hat.[180]

Problematisch ist auch die Frage, ob nach dem verfassungsrechtlich verankerten Leistungsfähigkeitsprinzip nur die progressive Besteuerung des Einkommens gestattet ist. Heute wird angenommen, dass nach Art. 4 Abs. 5 gr. Verf. nur Steuerarten, wie z. B. die Kopfsteuer, ausgeschlossen sind, der Gesetzgeber aber

---

173 Beys, Die unwiderlegbaren Steuerkriterien sind verfassungswidrig, D. 9, Dike 1978, S. 761; Kypraios, Die Kontrolle der Verfassungsmäßigkeit der unwiderlegbaren Steuerkriterien, DFN 1979, S. 454 ff.; ders., Die verfassungswidrigen unwiderlegbaren Kriterien des Gesetzes 820/78), DFN 1980, S. 679; so auch die Rechtsprechung, VerwGE 1. Instanz von Athen 102/80; VerwGE 1. Instanz von Thessaloniki 1903/80; 1932/80; VerwGE 2. Instanz von Chania 35/82.

174 VerwGE 1. Instanz von Thessaloniki 1903/80.

175 EGMR Urteil v. 15.11.1995, Tsomtsos/Griechenland, Reports 1996-V; EGMR Urteil v. 15.11.1995, Katikaridis/Griechenland, Reports 1996-V; EGMR Urteil v. 25.3.1999, Papahelas/ Griechenland, Reports 1999-II.

176 VerwGE 1. Instanz von Athen 1231/80, 2191/80; StRE 434/83, 1246/83; VerwGE 2. Instanz von Athen 1344/80, 23/82, 223/82.

177 VerwGE 1. Instanz von Athen 6864/80 .

178 StRE 4340/83; 4897/87; 2065/88; 2767/89; 1192/90; 1145/91.

179 Vgl. ebenso StRE 1796/93; 454/94; 5201/96.

180 Hierzu Finokaliotis, Steuerrecht, 3. Auflage 2005, S. 147 ff.

ansonsten *frei zwischen der progressiven oder der proportionalen Besteuerung auswählen kann.*[181]

B. Die Eigentumsgarantie

I. Die Eigentumsgarantie nach deutschem Recht

Art. 3 Abs. 1 GG und Art. 4 Abs. 1 und 5 gr. Verf. gewährleisten das Gleichheitsprinzip und das von ihm abgeleitete Leistungsfähigkeitsprinzip als Gleichmaß der Steuerbelastung der Bürger. Es stellt sich die Frage, wie die Steuerpflichtigen vor einer übermäßigen Steuerbelastung geschützt werden können. Der Maßstab dieses Übermaßverbotes wird durch das *elementare* Grundrecht[182] der Eigentumsgarantie, die intern mit der Garantie der persönlichen Freiheit zusammenhängt[183], in Art. 14 GG gesichert.[184] Dabei erfasst der Sachbereich der Eigentumsgarantie ein staatsrechtliches Verbot und zwar wird der *Eigentümerstaat* verboten.[185]

„*Die Steuer bestätigt und bedroht das private Eigentum*".[186] Durch dieses Zitat kommt die Bedeutung des Eigentumsrechts für das Steuerrecht zum Vorschein. Mittels Art. 14 Abs. 1 GG wird die „*apriorische Grundpflicht aller Staatsbürger zur solidarischen und gemeinschaftlichen Tragung der Gemeinwesenslasten*" grundrechtlich beschränkt[187] und zugleich wird die *ökonomisch erfolgreich privatinitiierte Leistung* geschützt[188].

Nach der Rechtsprechung des BVerfG zu Art. 14 Abs. 1 GG wird das Recht, Sach- und Geldeigentum zu besitzen, es zu nutzen, es zu verwalten und über es

181 Anastopoulos/Fortsakis, Steuerrecht, 2. Auflage 2003, S. 118 ff.

182 BVerfGE 14, 263 (277); 42, 64 (76).

183 BVerfGE 42, 64 (76).

184 Art. 14 GG schützt das besteuerbare Privatvermögen gegenüber der durch die Finanzverfassung legitimierten Steuergewalt, Kirchhof, Steuergerechtigkeit und sozialstaatliche Geldleistungen, JZ 1982, S. 305 (307); der persönliche Anwendungsbereich erfasst nicht nur natürliche Personen, sondern auch juristische Personen, BVerfGE 4, 7 (17).

185 Kirchhof, Besteuerung und Eigentum, VVDStRL 39 (1981), S. 213 (215) (232 ff).

186 Kirchhof, Besteuerung und Eigentum, VVDStRL 39 (1981), S. 213 (215).

187 Depenheuer, in: v. Mangholdt/Klein/Starck, GG-Kommentar, Band 1 Präambel, 5. Auflage 2005, Art. 14, Rdnr. 384.

188 Seer, Der sog. Halbteilungsgrundsatz als verfassungsrechtliche Belastungsobergrenze der Besteuerung, FR 1999, S. 1280 (1283).

zu verfügen, gewährleistet.[189] Die Eigentumsgarantie erfasst nämlich *das Erworbene und die Erwerbsgrundlage.*[190]

In Art. 14 Abs. 1 GG wird auch das Erbrecht als Rechtsinstitut und als Individualrecht gewährleistet.[191] Die Steigerung der Leistungsfähigkeit durch das Erben rechtfertigt eine steuerliche Belastung des Vermögenszuwachses.[192] Der Schutz aber sowohl des Erben als auch des Erblassers fällt in den Geltungsbereich der Grundrechte.[193]

Auf Verfassungsebene stellt Art. 14 Abs. 1 GG eine *„erste grundlegende, normativ verpflichtende, weiteren Konkretisierungen zugängliche, diese ermöglichende und bedingende Konstituierung des Eigentums"*[194] dar.

Es war lange Zeit umstritten, ob der Eigentumsbegriff nur das Sacheigentum umfasst. Heute ist anerkannt, dass der Eigentumsbegriff auch die *geldwerten Forderungen* des Berechtigten, das geistige Eigentum und insgesamt *alle rechtlich ausgeformten vermögenswerten Rechtspositionen* umfasst.[195] Es ist zudem zunächst fraglich, ob nach Art. 14 Abs. 3 GG jede Besteuerung als Enteignung anzusehen ist.[196] Die Antwort hierauf gibt Art. 14 Abs. 1 S. 2 GG, der die Steuer als Inhalts- und Schrankenbestimmung[197] des Eigentums und nicht als Enteignung kennzeichnet.[198] Darüber hinaus ist die Besteuerung des Erfolgs des Eigentumsgebrauchs im Rahmen der Sozialpflichtigkeit des Eigentums (Art. 14 Abs. 2 GG) gestattet.[199]

---

189 BVerfGE 97, 350 (370).

190 Kirchhof, Empfiehlt es sich, das Einkommensteuerrecht zur Beseitigung von Ungleichbehandlungen und zur Vereinfachung neu zu ordnen? Gutachten F für den 57. Deutschen Juristentag, 1988, F. 15.

191 BVerfGE 97, 1 (6).

192 Leibholz/Rinck, GG-Kommentar, Art. 14, Rdnr. 1027.

193 BVerfGE 97, 1 (6); das bestehende Erbschaftsteuerrecht sieht das Familienprinzip als eine weitere Grenze für das Maß der Steuerbelastung vor, BVerfGE 93, 165 (174).

194 Depenheuer, in: v. Mangoldt/Klein/Starck, GG-Kommentar, Band 1 Präambel, 5. Auflage 2005, Art. 14, Rdnr. 32.

195 Kirchhof, in: Isensee/Kirchhof, Handbuch des Staatsrechts, Band V, 3. Auflage 2007, § 118, Rdnr. 120 ff.

196 Wesensmerkmal der Enteignung ist der staatliche Zugriff auf das Eigentum des Einzelnen. Zum Enteignungsbegriff, Leibholz/Rinck, GG-Kommentar, Art. 14, Rdnr. 1081 ff.

197 Nur durch die verfassungsrechtlichen Regeln kann der Inhalt des Eigentums gesetzlich bestimmt werden. Eine wirksame Konstitution und Beschränkung des Eigentums können nur durch eine *„verfassungsmäßige Inhaltsbestimmung"* erfolgen, Ossenbühl, Ausgleichspflichtige Inhaltsbestimmungen des Eigentums, in: FS für K. H. Friauf, 1996, S. 391 (393).

198 Kirchhof, in: Isensee/Kirchhof, Handbuch des Staatsrechts, Band V, 3. Auflage 2007, § 118, Rdnr. 117.

199 Zur Sozialbindung des Eigentums Kirchhof, Empfiehlt es sich, das Einkommensteuerrecht zur Beseitigung von Ungleichbehandlungen und zur Vereinfachung neu zu ordnen? Gutachten F für den 57. Deutschen Juristentag, 1988, F. 14 ff.; ders., Besteuerung und Eigentum, VVDStRL 39 (1981), S. 213 (243).

Zweck der Eigentumsgarantie ist es lediglich, den Betroffenen gegen eine *übermäßige Belastung* zu schützen und eine *gerechte* Besteuerung nach ihren Vorgaben zu gestalten.[200]

Von besonderer Bedeutung ist auch die Frage, ob die Steuer Umverteilungsmittel ist und deswegen nicht durch die Eigentumsgarantie begrenzt werden darf. Diese Meinung wurde zu Recht verneint, weil die Steuer als Umverteilungsmittel in Art und Intensität keine Einschränkung erkennen will und meist die Freiheit des Einzelnen außer Betracht lässt. Es handelt sich bei der Steuer nämlich um ein Finanzierungsmittel, das die Zuteilungs- bzw. Umverteilungsentscheidungen des Finanzstaates ermöglicht.[201]

II. Die Eigentumsgarantie nach griechischem Recht

In der griechischen Rechtsordnung ist der Eigentumsschutz gem. Art. 17 gr. Verf. Aufgabe des Staates. Nach Art. 17 Abs. 1 gr. Verf. *„[wird] das Eigentum [...] vom Staat geschützt"*, sollen aber dennoch *„die Eigentumsrechte [...] nicht zu Lasten der Allgemeinheit ausgeübt werden"*.[202] Daraus geht hervor, dass *die griechische Verfassung das Eigentum unter staatlichen Schutz stellt, während das deutsche Grundgesetz das Eigentumsrecht garantiert.* Darüber hinaus wird jedoch auch im griechischen Schrifttum anerkannt, dass jeder das Recht hat, Eigentum zu besitzen, es zu nutzen, es zu verwalten und über es zu verfügen.[203]

In Bezug auf den Eigentumsinhalt wurde früher durch die griechische Literatur[204] und Rechtsprechung[205] die Auffassung vertreten, dass nur das Sacheigentum und nicht die Schuldrechte unter dem staatlichen Schutz stehen. In den letzten Jahren

200 BVerfGE 82, 159 (190).

201 Kirchhof, in: Isensee/Kirchhof, Handbuch des Staatsrechts, Band V, 3. Auflage 2007, § 118, Rdnr. 125; „… liegt die Rechtfertigung des progressiven Einkommensteuersatzes […] der überproportionalen Beteiligung des Steuerpflichtigen an den von der Rechtsgemeinschaft bereit gestellten Erwerbschancen vor. Infolgedessen darf der Staat […] überproportional am wachsenden Einkommen teilhaben …", Kirchhof, Der Grundrechtsschutz des Steuerpflichtigen, AöR 128 (2003), S. 1 (17).

202 Zu Besonderheiten des Satzes „die Eigentumsrechte sollen nicht zu Lasten der Allgemeinheit ausgeübt werden" s. Veniselos, Das Allgemeininteresse und die Einschränkungen der individuellen Rechte, 1990, S. 57.

203 Dagtoglou, Verfassungsrecht, Individuelle Rechte, Band B, 1991, S. 905 ff.

204 Aravantinos, Griechisches Verfassungsrecht, 1904, Band B', S. 237; Sgouritsas, Verfassungsrecht, Heft B', Band B', 1966, S. 170; Venizelos, Die Grenzen einer Änderung der Verfassung des Jahres 1975, 1984, S. 160 ff.; Lytras, Der Begriff der verwaltungsrechtlichen Geldstrafe und die Verfassungsmäßigkeit ihrer Erhebung, 1986, S. 269.

205 StRE 598/53; Areopag – Entscheidung 444/1969, NoV 1970, S. 33; StRE 1094/87, ToS. 1987, S. 279.

wird aber auch in Griechenland die Meinung vertreten, dass das Eigentum nicht nur das Sacheigentum, sondern auch die Schuldrechte und alle rechtlichen Vermögenswerte umfasst.[206] Der persönliche Anwendungsbereich des Art. 17 gr. Verf. erstreckt sich auf alle natürlichen und juristischen Personen, und zwar auch auf die juristischen Personen privaten Rechts. Andererseits gehört der Staat nicht zu den Trägern des Eigentumsschutzrechtes, weil der Staat sich nicht selbst entgegenstehen kann. In diesem Sinne wird das staatliche Eigentum nicht vom Anwendungsbereich des verfassungsrechtlichen Schutzes erfasst.[207] Gleiches gilt auch für das Eigentum der juristischen Personen öffentlichen Rechts.[208]

Ebenfalls ergibt sich aus der Regelung des Art. 17 Abs. 1 gr. Verf., dass erstens *der absolute Charakter des Eigentumsrechts* durch dieses Missbrauchsverbot zugunsten der Allgemeinheit *abgeschwächt wird*, und dass zweitens der *Sozialinhalt* des Eigentumsrechts anerkannt wird.[209] Dies bedeutet, dass bei der Ausübung des Eigentumsrechtes nicht nur Rechte, sondern auch Pflichten gegenüber der Allgemeinheit in Betracht kommen. Die Schrankenbestimmungen des Eigentums liegen auch beim griechischen Gesetzgeber.[210]

Problematisch ist es, dass Art. 17 gr. Verf. nicht zu den unantastbaren Regelungen der griechischen Verfassung gehört und durch eine Verfassungsänderung auf ihn eingegriffen werden kann. Wenn eine Abschaffung des Eigentumsrechts nur für bestimmte Personengruppen in Betracht käme, würde dies gegen das Gleichheitsprinzip des Art. 4 Abs. 1 gr. Verf. verstoßen. Auf der anderen Seite würde eine allgemeine Abschaffung des Eigentumsrechts das Recht auf freie Entfaltung der Persönlichkeit bzw. auf Beteiligung der Staatsbürger am Wirtschaftsleben des Landes gemäß Art. 5 Abs. 1 gr. Verf. verletzen. Diese beiden verfassungsrechtlichen Bestimmungen gehören nach Art. 110 Abs. 1 gr. Verf. zu den Bestimmungen, die ausdrücklich von einer Verfassungsänderung nicht betroffen werden dürfen.

---

206 Dagtoglou, Allgemeines Verwaltungsrecht, 2. Auflage 1984, S. 535 ff.; Kasimatis, Die verfassungsrechtlichen Grenzen des Eigentums, 1972, S. 45; ders., Der Verfassungsbegriff des Eigentums und seine Ausweitung, EDDD 1974, S. 205 (220); Tachos, Griechisches Verwaltungsrecht, 3. Auflage 1991, S. 524; Tsatsos, Der Verfassungsschutz der individuellen Vermögensrechten, 1928, S. 87 ff.; Karakostas, Eigentum und sein „übergesetzlicher“ Schutz, DFN 2005, S. 580 (584).

207 Dagtoglou, Verfassungsrecht, Individuelle Rechte, Band B, 1991, S. 912.

208 Tsatsos, Der verfassungsrechtliche Schutz des Eigentums der juristischen Personen öffentlichen Rechts, 1958, S. 172 ff.; a. A. Dimitropoulos, Verfassungsrechte, Bes. Teil, Band III-B, 11. Auflage 2005, S. 346. Vgl. auch die Auffassung, dass nur das private und nicht das öffentliche Eigentum der juristischen Personen öffentlichen Rechts geschützt wird, Dagtoglou, Verfassungsrecht, Individuelle Rechte, Band B, 1991, S. 904.

209 Dimitropoulos, Verfassungsrechte, Bes. Teil, Band III-B, 11. Auflage 2005, S. 348.

210 Dagtoglou, Verfassungsrecht, Individuelle Rechte, Band B, 1991, S. 919.

Ebenfalls stünde eine Abschaffung des Eigentumsrechts durch eine Verfassungsänderung dem EG-Recht entgegen.

Durch Art. 17 Abs. 1 gr. Verf. wird das *Erworbene* geschützt. Das Recht des Einzelnen *zu erwerben* bzw. *zu erben* wird nicht vom Schutzbereich des Art. 17 Abs. 1 gr. Verf. erfasst. Die Rechtsfähigkeit der Bürger zum Erwerben bzw. zum Erben beruht auf der freien Entfaltung der Persönlichkeit, die Art. 5 Abs. 1 gr. Verf. anerkennt.[211] Es handelt sich hierbei um ein aus Art. 5 Abs. 1 gr. Verf. verfassungsrechtlich hergeleitetes Recht. Eine entsprechende Auffassung gibt es auch im deutschen Verfassungsrecht, nach dem der Erwerb nicht durch Art. 14 Abs. 1 GG, sondern durch andere Grundrechte wie, Art. 2 Abs. 1 GG oder durch Art. 12 Abs. 1 GG gewährleistet wird.[212]

III. Die Grenzen der Steuerbelastung

Die Eigentumsgarantie nach dem deutschen Grundgesetz und die staatliche Pflicht zum Schutz des Eigentums nach der griechischen Verfassung setzen die Unter- bzw. Obergrenze der Steuerbelastung fest.

Das BVerfG hatte zuerst beschlossen, dass Art. 14 Abs. 1 GG das Vermögen gegen Eingriffe durch Auferlegung von Geldleistungspflichten und insbesondere gegen die Einkommensteuer nicht schützt,[213] es sei denn, dass diese den Betroffenen übermäßig belastet und ihn grundlegend in seinen Vermögensverhältnissen beeinträchtigt[214] (*Konfiskations-* bzw. *Erdrosselungswirkung*).[215] Einstimmig wird in der Literatur und in Rechtsprechung der Begriff „Konfiskation“ statt des Begriffes „Enteignung“ verwendet, weil die finale Funktion der Konfiskation die Person des bisherigen Eigentümers betrifft, während die Enteignung für den Verwendungszweck des entzogenen Gutes in Betracht kommt. Die Enteignung steht nur zum Wohle der Allgemeinheit zur Verfügung im Gegensatz zur Konfiskation, die auch politischen Zwecken dient.[216] Diese Richtung wurde durch das BVerfG verändert, so dass Art. 14 GG das Vermögen als Ganzes schützt.[217]

---

211 Dagtoglou, Verfassungsrecht, Individuelle Rechte, Band B, 1991, S. 897 ff.

212 Wernsmann, Die Steuer als Eigentumsbeeinträchtigung?, NJW 2006, S. 1169 (1170).

213 BVerfGE 4, 7 (17); 75, 108 (154); 81, 108 (122).

214 BVerfGE 81, 108 (122).

215 BVerfGE 19, 119 (128 ff); 23, 288 (315); 30, 250 (272); zu den Kriterien der konfiskatorischen Besteuerung Mußgnug, Verfassungsrechtlicher und gesetzlicher Schutz vor konfiskatorischen Steuern, JZ 1991, S. 993 (994).

216 Kimminich, in: Bonner Kommentar zum Grundgesetz, Art. 14 GG, Rdnr. 207 ff.

217 „... Das geschützte Freiheitsrecht darf nur so weit beschränkt werden, dass dem Steuerpflichtigen ein Kernbestand des Erfolges eigener Betätigung im wirtschaftlichen Bereich in Gestalt der grundsätzlichen Privatnützlichkeit des Erworbenen und der grundsätzlichen Verfügungsbefugnis über

Anschließend hat im Bereich der Vermögenssteuer, die sowohl in die Handlungsfreiheit (Art. 2 Abs. 1 GG) als auch in das Eigentum (Art. 14 GG) eingreift, der Beschluss des 2. Senats des BVerfG mit dem sog. Halbteilungsgrundsatz eine neue Steuerbelastungsobergrenze festgelegt.[218] Durch den Halbteilungsgrundsatz kann der Staat insgesamt nur auf maximal die Hälfte des privaten Eigentums zugreifen,[219] so dass staatliche Forderungen, die diese Grenze überschreiten, verfassungswidrig sind.[220] Es handelt sich hierbei um eine *konstitutionell hergeleitete Begrenzung der Steuerlasten.*[221]

Bemerkenswert und umstritten war im Schrifttum, ob der Begriff „zugleich" des Art. 14 Abs. 2 GG „zu gleichen Teilen" bedeutet[222] oder sich auf die Notwendigkeit zur Berücksichtigung eines grundrechtlichen Prinzips bezieht.[223]

Hierauf folgte ein neuer Beschluss des BVerfG, nach dem diese Obergrenze teilweise aufgegeben wurde. Der „Halbteilungsgrundsatz" ist zwingend nur auf eine vermögenssteuerspezifische Belastungssituation anzuwenden.[224] Eckpfeiler

---

die geschaffenen vermögenswerten Rechtspositionen erhalten bleibt ...", BVerfGE 87, 153 (169); a. A. BVerfGE 95, 267 (300); Birk, Rechtfertigung der Besteuerung des Vermögens aus verfassungsrechtlicher Sicht, DStJG 22 (1999), S. 7 (19 ff.).

218 „Die VSt. darf nur so bemessen werden, dass sie in ihrem Zusammenwirken mit den sonstigen Steuerbelastungen die Substanz des Vermögens unberührt lässt [...]. Andernfalls führte eine Vermögensbesteuerung zu einer schrittweisen Konfiskation [...]. Die VSt. darf deshalb zu den übrigen Steuern auf den Ertrag nur hinzutreten, soweit die steuerliche Gesamtbelastung [...] in der Nähe einer hälftigen Teilung zwischen privater und öffentlicher Hand verbleibt [...]", vgl. BVerfG – Beschluss v. 22.06.1995 – 2 BvL 37/91, DB 1995, S. 1740 (1742).

219 In der Literatur wird die Auffassung vertreten, dass ein Gesamteingriff zu bilden ist, sofern sich die Beeinträchtigungen des Grundrechtsträgers auf dasselbe Grundrecht beziehen und die Eingriffe im Wesentlichen dem gleichen Zweck zielen. Zu Voraussetzungen und weiteren Besonderheiten einer kumulativen Belastung Kirchhof, Kumulative Belastung durch unterschiedliche staatliche Maßnahmen, NJW 2006, S. 732 (734 ff.). Auch vgl. die Elemente der Gesamtsteuerlast, Rose, Der Steuer – Plafondierungsbefehl des BVerfG und seine Durchsetzung, DB 1997, S. 494 (496); anschliessend vgl. die Meinung, dass der Halbteilungsgrundsatz als „*Gesamtabgabengrenze*" für alle steuerpflichtigen Personen angesehen werden könnte. Butzer, Der Halbteilungsgrundsatz und seine Ableitung aus dem Grundgesetz, StuW 1999, S. 227 (230).

220 Neben den direkten Steuern sind auch die indirekten Steuern zuzurechnen. Zu Konsequenzen des Halbteilungsgrundsatzes, Klein, Das neue Steuerverfassungsrecht – Eine Chance für den Steuerzahler?, BB 1996, 1807 (1810).

221 Lang, in: Tipke/Lang, Steuerrecht, 19. Auflage 2008, § 4, Rdnr. 223; ein Zugriff auf die Vermögenssubstanz ist nur unter besonderen Voraussetzungen erlaubt, BVefGE 93, 121 (138).

222 BVefGE 93, 121 (138).

223 Sieckmann, Grundrechtliche Abwägung als Rechtsanwendung – Das Problem der Begrenzung der Besteuerung, Der Staat 41 (2002), S. 385 (388). Nach einer anderen Auffassung ist die 50%-Marke eher als Richtwert und nicht als strikte Obergrenze anzusehen, Möstl, Verfassungsrechtliche Grenzen der Besteuerung – Dargestellt am Beispiel der Vermögenssteuer, Veräußerungsgewinnbesteuerung und Abgeltungssteuer, DStR 2003, S. 720 (726).

224 „... Der „Halbteilungsgrundsatz" wird allein aus der vermögensteuerspezifischen Belastungssituation entwickelt und bezieht sich daher nur auf solche Belastungen, die mitursächlich auf eine

der obigen Entscheidung des BVerfG ist, dass der Halbteilungsgrundsatz nur dann eingreift, wenn die VSt. mit anderen Steuerarten kumulativ zustande kommt. Andernfalls unterliegen die steuerlichen Schrankenbestimmungen des Eigentums wie andere Schrankenziehungen den allgemeinen Eingriffsbegrenzungen. Besondere Bedeutung kommt dabei dem Verhältnismäßigkeitsgrundsatz mit seinen Anforderungen an ein hinreichendes Maß an Rationalität (Eignung und Erforderlichkeit der Beeinträchtigung) und an Abgewogenheit beim Ausgleich zwischen den beteiligten individuellen Belangen und denen der Allgemeinheit zu.[225]

Hieraus lässt sich ableiten, dass erstens die Grenze des Grundrechtsschutzes im Verhältnis zu den Steuerarten durch ein Abwägungsmodell bestimmt wird und dass zweitens der Grundrechtsschutz gegenüber der Festsetzung des Steuersatzes Vorrang hat.[226]

Als entscheidende Merkmale dieses Abwägungsmodells sind zu berücksichtigen: *„a) die eine möglichst weitgehende Umsetzung grundrechtlicher Interessen oder Schutzgüter fordernden Grundrechtsprinzipien, b) das Entgegenstehen solcher Prinzipien mit anderen verfassungsrechtlichen Prinzipien und c) die Festsetzung von Vorrangverhältnissen infolge der abgewogenen und entgegenstehenden Prinzipien“.*[227]

VSt.-Belastung zurückzuführen sind, bei denen also die VSt. zu den übrigen Steuern „hinzutritt“. Es ging allein um die „Grenze der Gesamtbelastung des Vermögens“ durch eine VSt., die neben der ESt. erhoben wird. Entsprechend knüpfen die verwendeten Begriffe („Vermögensstamm“, „Substanz des Vermögens“, „Vermögensertrag“, „Sollertrag“) nicht an Begriffe des ESt.- und GewSt.-Rechts an und sind vor dem Hintergrund einer hinzutretenden VSt.-Belastung zu betrachten …“, BVerfG – Beschluss v. 18.01.2006 – 2 BvR 2194/99, DB 2006, 756 ff. Hierzu vgl. auch BFH – Urteil v. 11.8.1999 – XI R 77/97 – BStBl II 1999, S. 771. Nach diesem Beschluss des BFH wurde festgestellt, dass für die Entscheidung über die Verfassungsmäßigkeit der Belastung durch Einkommen- und Gewerbeertragsteuer keine Bindung gem. § 31 Abs. 1 BVerfGG an den sog. „Halbteilungsgrundsatz“ besteht, so dass eine Belastung mit Einkommen- und Gewerbeertragsteuer von insgesamt rund 60% des zu versteuernden Einkommens nicht verfassungswidrig ist. Dazu auch Lang, Wider Halbteilungsgrundsatz und BVerfG, NJW 2000, S. 457.

225 BVerfG – Beschluss v. 18.01.2006, DB 2006, S. 756 (758). Zur Konkretisierung des Verhältnismäßigkeitsgrundsatzes sind auch die Anhaltspunkte der *Geeignetheit*, der *Zumutbarkeit* und der *Erforderlichkeit* zu beachten, zu diesen Lang, in: Tipke/Lang, Steuerrecht, 19. Auflage 2008, § 4, Rdnr. 209 ff. Zusätzlich ist auch das *Subsidiaritätsprinzip* zu beachten, Lang, Vom Verbot der Erdrosselungssteuer zum Halbteilungsgrundsatz, in: FS für Vogel, 2000, S. 173 (183).

226 Sieckmann, Grundrechtliche Abwägung als Rechtsanwendung – Das Problem der Begrenzung der Besteuerung, Der Staat 41 (2002), S. 385 (390).

227 Sieckmann, Grundrechtliche Abwägung als Rechtsanwendung – Das Problem der Begrenzung der Besteuerung, Der Staat 41 (2002), S. 385 (390 ff.). Zudem ist auch das *Problem der Grundrechtskompensation* zu beachten, Hey, Saldierung von Vor- und Nachteilen in der Rechtfertigung von Grundrechtseingriffen und Ungleichbehandlungen, AöR 128 (2003), S. 226. Vgl. auch die Auffassung zur Rechtssicherung des „Halbteilungsgrundsatzes“ durch ein *Ausführungsgesetz*. Hierzu Tipke, Die Steuerrechtsordnung I, 2. Auflage 2000, S. 458.

Ausgehend davon, dass das Steuerrecht die Besonderheit besitzt, quantitativ in die Privatsphäre der Betroffenen eingreifen zu können, ist die Begründung einer Steuerbegrenzung durch ein Abwägungsmodell nach den allgemeinen Eingriffsbegrenzungsprinzipien problematisch hinsichtlich der Objektivitätsabwägung über Maß und Ziel staatlicher Besteuerung. Gegen den quantitativen Eingriff des Steuerrechts – durch die Steuersätze – dürften die Betroffenen quantitativ durch ein verfassungsrechtlich hergeleitetes Begrenzungsprinzip geschützt werden.[228] Aus den vorausgegangenen Ausführungen folgt, dass die hälftige Teilung des Art. 14 Abs. 2 GG für die Gesamtsteuerlast in Betracht kommen dürfte. Aufgrund des Komplementärverhältnisses zwischen staatlichem Besteuerungsanspruch und privatnützigem Eigentumsrecht[229] erscheint die Ableitung des Halbteilungsgrundsatzes aus der Eigentumsgarantie nicht nur gerechtfertigt, sondern diese Steuerbelastungsgrenze könnte als vernünftiger Schritt auf dem Weg zu einer steuerlichen Rationalisierung der Verfassungsordnung bezeichnet werden. Durch den „Halbteilungsgrundsatz" wird eine „*kontinuierliche, verlässliche Rechtsordnung* ermöglicht, *die dem Eigentumsschutz eine steuerrechtliche Grundlage gibt*".[230]

Die griechische Verfassung kennt keine Art. 14 Abs. 2 GG entsprechende Regelung mit quantitativem Inhalt. Dies bedeutet, dass der Gebrauch des Eigentums nicht *zugleich* dem Wohle der Allgemeinheit dienen soll. Trotzdem erkennt die griechische Rechtsordnung den Sozialinhalt des Eigentums an, wie oben erwähnt wurde.

Der StR hat durch Entscheidungen ebenso wie das BVerfG anerkannt, dass die Steuerbelastung nicht in die Eigentumssubstanz eingreifen soll. Insbesondere werden in der Rechtsprechung die Begriffe „*Abbau des Sinnes und der Nutzung des Eigentums*"[231] und „*nutzloses und seinem Zweck nach untätiges Eigentum*"[232] verwendet. Dementsprechend wirkt sich nach der griechischen Rechtsprechung auch eine übermäßige Steuerbelastung des Betroffenen konfiskatorisch aus.[233] Ebensowenig soll die Erbschaftsteuer das Erbrecht des Einzelnen gefährden.

Das Problem der Begrenzung der Besteuerung unterliegt jedenfalls dem allgemeinen Verhältnismäßigkeitsgrundsatz, der in Art. 25 Abs. 1 gr. Verf. gesichert

---

228 Kirchhof, in: Isensee/Kirchhof, Handbuch des Staatsrechts, Band V, 3. Auflage 2007, § 118, Rdnr. 132; ders., Das verfassungsrechtliche Maß steuerlicher Belastung, in: FS für D. Merten, 2007, S. 149 (159 ff.). Für eine Quantifizierung des Verhältnismäßigkeitsgrundsatzes auch Rose, Zur Quantifizierung des verfassungsrechtlichen Verhältnismäßigkeitsgebots im Steuerrecht, DB 2000, S. 993.

229 v. Armin, Besteuerung und Eigentum, VVDStRL 39 (1981), S. 286 (290).

230 Kirchhof, in: Isensee/Kirchhof, Handbuch des Staatsrechts, Band V, 3. Auflage 2007, § 118, Rdnr. 124; für den Halbteilungsgrundsatz auch Vogel, Vom Eigentums- zum Vermögensschutz – eine Erwiderung, NJW 1996, S. 1257 (1258).

231 StRE 1192/1955; 112/1959; 1968/1974, ToS. 1975, S. 698.

232 StRE 223/1929; 1192/1955; 112/1959.

233 StRE 1395/56; 2307/63; 1131/1965.

wird. Nach dem Wortlaut des ersten und vierten Satzes des Art. 25 Abs. 1 gr. Verf. *„stehen die Rechte des Menschen als Individuum und Mitglied der Gesellschaft unter der Garantie des Staates [...]. Die erhobenen Schranken sollen entweder direkt von der Verfassung oder vom Gesetz, unter einem in der Verfassung enthaltenen Gesetzesvorbehalt, vorgesehen werden und dem Verhältnismäßigkeitsgrundsatz entsprechen*“. Es handelt sich nämlich um *„eine Schranke der Einschränkungen (Schranken-Schranke) der Grundrechte*“.[234]

Der Verhältnismäßigkeitsgrundsatz ist aber zumindest im steuerrechtlichen Bereich eine wörtliche Formel, die ad hoc Lösungen bietet. Demzufolge wäre gegenüber dem quantifizierten Eingriff der Besteuerung ein entsprechend mit den Vorgaben des deutschen Steuerrechts quantifizierter Schutz des Steuerpflichtigen und seines Eigentums zu empfehlen. In diesem Sinne wäre mehr Rechtssicherheit im Bereich des Steuerrechts erreicht, wenn man dem allgemeinen Verhältnismäßigkeitsgrundsatz (Art. 25 Abs. 1 gr. Verf.) bei steuerrechtlicher Anwendung einen besonderen quantitativen Inhalt in Bezug auf das privatnützige Eigentum zugewiesen hätte.[235]

Zum Quantifizierungsvorgang des Verhältnismäßigkeitsgrundsatzes entsprechend der Entwicklungen in der deutschen Steuerrechtsordnung ist Folgendes zu beachten: Jede Steuer belastet einen bestimmten Steuergegenstand, der durch das jeweilige Steuergesetz konkretisiert wird. Alle Steuerpflichtigen tragen aber die Gesamtsteuerlast mit ihrem privatnützigen Eigentum[236], dessen Erwerb aus zwei gleichrangigen Elementen besteht. Das Erwirtschaften von Eigentum hängt zum einen von einem staatlichen Verzicht auf Gewährung von Finanzquellen durch staatliche ökonomische Tätigkeit ab, während die vom Staat bereitgestellten Erwerbschancen zu Gunsten der Privatautonomie behalten werden.[237] Zum anderen ist aber zu beachten, dass das Erwerben auch auf eigener Kraft und auf der Entfaltung der persönlichen Fähigkeiten nach dem Eigenwillen des Erwerbstätigen beruht.[238] Demzufolge kommt der Staat als Mitwirkender gemeinsam mit dem Einzelnen bezüglich des Erwerbsvorgangs in Betracht. In diesem Rahmen wirkt die Besteuerung als das Verteilungsmittel des erworbenen Eigentums zwischen den

---

234 Doris, Die Geltung von Grundrechten in Privatrechtsbeziehungen, für die sich diese Rechte eignen (Art. 25 Abs. 1 S. 3 gr. Verfassung), in: FS für C. W. Canaris, Band II, 2007, S. 535 (537).

235 Kirchhof, Das verfassungsrechtliche Maß steuerlicher Belastung, in: FS für D. Merten, 2007, S. 149.

236 „(...) Das Steuerrecht zieht nur den Eigentümer, nicht jeden erwerbsfähigen Bürger zur Finanzierung der Staatsaufgaben heran (...) “. Kirchhof, Besteuerung und Eigentum, VVDStRL 39 (1981), S. 213 (226); ders., Empfiehlt es sich, das Einkommensteuerrecht zur Beseitigung von Ungleichbehandlung und zur Vereinfachung neu zu ordnen?, Gutachten F für den 57. Deutschen Juristentag, 1988, F 13.

237 Isensee, Steuerstaat als Staatsform, in: FS für H.P. Ipsen, 1977, S. 409 (414 ff); Kirchhof, Steuern im Verfassungsstaat, 1996, S. 32 ff.

238 Kirchhof, Das verfassungsrechtliche Maß steuerlicher Belastung, in: FS für D. Merten, 2007, S. 149 (153).

zwei Mitwirkenden ein. An dieser Stelle stellt sich aber die Frage nach einer gerechten Verteilung des Erworbenen unter Berücksichtigung der Verfassungsordnung. Zu Beantwortung dieser Frage, die eine Angelegenheit der iustitia distributiva darstellt, ist aber auf die übergreifenden rechtsstaatlichen Prinzipien zurückzugreifen.[239]

Darüber hinaus wird nach einem philosophischen Ansatz die verteilende Gerechtigkeit als „*Jedem das Gleiche*" angesehen.[240] Dieser Ansatz in einem quantifiezierten Sinne könnte als eine Verteilung des privatnützigen Eigentums in gleichen Teilen zwischen den zwei Mitwirkenden, nämlich dem Staat und dem Einzelnen, verstanden werden.

Darüber hinaus darf das Eigentum nur unter Berücksichtigung des Verhältnismäßigkeitsprinzips des Art. 25 Abs. 1 gr. Verf. beschränkt werden. In diesem Sinne könnte vorgeschlagen werden, dass der Quantifizierungsvorgang des Verhältnismäßigkeitsgrundsatzes in Bezug auf eine staatliche Teilhabe durch das Steuerrecht in das Privateigentum unter Berücksichtigung des oben Dargestellten zu geschehen hat. Demzufolge kann ein staatlicher Eingriff insgesamt nur bis zur Hälfte des privatnützigen Eigentums nach den inhaltlichen Vorgaben eines besonderen Steuerverhältnismäßigkeitsgrundsatzes gestattet sein.[241] In diesem Sinne kann in Richtung des schon im deutschen Steuerrecht entwickelten Halbteilungsgrundsatzes von einem Halbteilungsverhältnismäßigkeitsgrundsatz gesprochen werden.

IV. Das Existenzminimum

Die Eigentumsgarantie setzt nicht nur eine Belastungsobergrenze, sondern gewährleistet den Betroffenen auch eine Untergrenze, *ein unantastbares Existenzminimum.*[242] Die Absicht des Gesetzgebers, den Bürgern ein menschenwürdiges Leben zu gewähren, wird in Art. 1 und 2 GG unter Berücksichtigung des Art. 6 GG und des Sozialstaatsprinzips (Art. 20 Abs. 1 GG) kundgetan.[243]

Unter dem Begriff Existenzminimum versteht man „*die Summe der Güter und Leistungen, die der Mensch bezogen auf einen bestimmten Zeitraum zur Erhaltung seiner Existenz benötigt*"[244]. Das Existenzminimum steht im Mittelpunkt der

239 Tipke, Die Steuerrechtsordnung I, 2. Auflage 2000, S. 256 ff.

240 Zu Regeln Perelmans s. Tipke, Die Steuerrechtsordnung I, 2. Auflage 2000, S. 261 ff.

241 Kirchhof, Das verfassungsrechtliche Maß steuerlicher Belastung, in: FS für D. Merten, 2007, S. 149 (159).

242 Tipke, Die Steuerrechtsordnung I, 2. Auflage 2000, S. 420.

243 Die Person „*als Subjekt der Menschenwürde stellt die leitende Ordnungsidee des Verfassungssystems dar*". Hierzu Palm, Die Person als ethische Rechtsgrundlage der Verfassungsordnung, Der Staat 47 (2008), S. 41 (49).

244 Leisner, Existenzsicherung im Öffentlichen Recht, 2007, S. 67 ff.

Existenzsicherung als staatliche Aufgabe und stellt gemeinsam mit der *Existenzgrundlage* und *Existenzförderung* ihre Elemente dar[245]. Im Schrifttum wird zwischen physischer und kultureller Existenz unterschieden. Das physische Existenzminimum besteht aus Bedürfnissen wie Kleidung, Wohnung u. s. w., während zu dem kulturellen Existenzminimum Leistungen wie Fernsehen, Zeitungen u. a. gehören.[246] Darüber hinaus wird eine Differenzierung des Existenzminimums im Bereich des Sozialrechts gegenüber dem des Steuerrechts vorgenommen.[247] Das Sozialrecht erkennt den individuellen Bedarf des einzelnen Bedürftigen nach den Verhältnissen des Einzelfalles an. Für das EStG hingegen regelt der Gesetzgeber den existenzsichernden – anders als den erwerbssichernden – Aufwand in einem für alle Einkommensteuerpflichtigen einheitlichen Betrag.[248] Damit das Existenzminimum gerecht bestimmt und quantifiziert werden kann,[249] findet zunächst ein weiteres Verfahren statt, das *Bedarfsbemessungsverfahren*.[250] Die Durchführung dieses Verfahrens muss „*rational nachvollziehbar, an empirischen Daten orientiert und methodisch konsistent und konsequent*“[251] sein.

Die Gewährleistung des Existenzminimums nicht nur unter Berücksichtigung der Einkommensteuer, sondern in Bezug auf alle Steuern, die die private Existenz betreffen, so auch auf die Sollertragsteuern[252], kommt nicht nur für den Steuerpflichtigen sondern auch für seine Familie in Betracht.[253] Entscheidend in diesem Zusammenhang war eine Reihe von kinderbezogenen Beschlüssen des BVerfG.[254] Ebenso hat die Rechtsprechung im Bereich des Erbschaftsteuerrechts für die Fortführung der Familiengüter durch die Kinder gegenüber einem übermäßigen Erbschaftsteuerzugriff entschieden.[255]

---

245 Leisner, Existenzsicherung im Öffentlichen Recht, 2007, S. 67 ff.

246 Kaiser-Plessow, Bedeutung und Ermittlung des steuerlichen Existenzminimums, FPR 2005, S. 479 (480); in der Literatur wird das Existenzminimum auch als das „Lebensführungsvermögen“ bezeichnet, Kirchhof, Der Grundrechtsschutz des Steuerpflichtigen, AöR 128 (2003), S. 1 (18).

247 Die Steuerfreiheit des Existenzminimums muss über dem Sozialhilfeniveau angesetzt werden, BVerfGE 82, 60 (86).

248 BVerfGE 87, 153 (172).

249 Kirchhof, in: Isensee/Kirchhof, Handbuch des Staatsrechts, Band V, 3. Auflage 2007, § 118, Rdnr. 138.

250 BVerfGE 87, 153 (173 ff.); Grundlage des Bemessungsverfahrens zur Bestimmung des Existenzminimums sind „die *tatsächlichen, statistisch ermittelten Verbrauchsausgaben von Haushalten in unteren Einkommensgruppen*“. Hierzu Soria, Das Recht auf Sicherung des Existenzminimums, JZ 2005, S. 644 (649).

251 Rothkegel, in: Gagel, SGB III, Vorbemerkungen zu §§ 19 ff., Rdnr. 25.

252 Tipke, Die Steuerrechtsordnung I, 2. Auflage 2000, S. 424.

253 Lang, Verfassungsrechtliche Gewährleistung des Familienexistenzminimums im Steuer- und Kindergeldrecht, StuW 1990, S. 331.

254 BVerfGE 82, 60; 82, 198; 99, 216 (231 ff.).

255 BVerfGE 93, 165 (175).

Es ist an dieser Stelle erforderlich, das Verhältnis von Menschenwürde und Existenzminimum eindeutig zu klären. Das Existenzminimum ist als ein bloßes Dasein[256] anerkannt und dies bedeutet, dass der Betroffene um das tägliche Überleben kämpfen muss. Dieses Leben entspricht aber nicht der Menschenwürde, die eine Variante von Möglichkeiten zur freien Gestaltung des menschlichen Lebens eröffnet oder gewährleistet.[257] Aus diesem Grund wird das Existenzminimum auch als der *Mindestrahmen der Menschenwürdegarantie* bezeichnet.[258]

C. Der Schutz von Ehe und Familie

I. Der Schutz von Ehe und Familie nach deutschem Recht

Besondere Bedeutung in der deutschen Rechtsordnung hat Art. 6 GG, der die Ehe und die Familie unter staatlichen Schutz stellt. Art. 6 Abs. 1 GG enthält neben einer Institutionsgarantie auch ein *Benachteilungsverbot* und ein *Förderungsgebot*.[259] Zweck des Art. 6 GG ist es, Ehe und Familie als *ursprüngliche Schicksalsgemeinschaften* mit den staatlichen Mitteln *ideell* zu achten, *rechtlich* zu schützen und *materiell* zu fördern.[260] Nach der Rechtsprechung des BVerfG ist eine Ehe die Verbindung eines Mannes und einer Frau zur grundsätzlich *unauflöslichen Lebensgemeinschaft*[261], die *„die alleinige Grundlage einer vollständigen Familiengemeinschaft und Voraussetzung für die bestmögliche Entwicklung von Kindern ist“*[262].

Ebenfalls hat das BVerfG durch ständige Rechtsprechung den Begriff der Familie entwickelt. Unter einer Familie ist die umfassende Gemeinschaft von Eltern und Kindern zu verstehen, in der den Eltern vor allem Rechte und Pflichten zur

---

256 Zu Begriffen „Dasein“ und „Daseinvorsorge“ s. Bull, Daseinsvorsorge im Wandel der Staatsformen, Der Staat 47 (2008), S. 1.

257 BVerwGE 72, 354 (357).

258 Neumann, Menschenwürde und Existenzminimum, NVwZ 1995, S. 426 (430).

259 BVerfGE 6, 55 (76). Zum Inhalt des Grundrechts auch Axer, Die Familie zwischen Privatrecht, Sozialrecht und Steuerrecht, DStJG 29 (2006), S. 175 (176 ff.); Seer/Wendt, Die Familienbesteuerung nach dem sog. „Gesetz zur Familienförderung“ vom 22.12.1999, NJW 2000, S. 1904; Art. 6 Abs. 1 GG garantiert gegenüber der Steuergewalt das *familiäre Gebrauchs-* und *Vorsorgevermögen*, Lang, in: Tipke/Lang, Steuerrecht, 19. Auflage 2008, § 4, Rdnr. 251.

260 Di Fabio, Der Schutz von Ehe und Familie: Verfassungsentscheidung für die vitale Gesellschaft, NJW 2003, S. 993 (994); Vgl. die Meinung, dass der Schutz der Ehe anders als ihn der Familie ist. Zeidler, Verfassungsrechtliche Fragen zur Besteuerung von Familien- und Alterseinkommen, StuW 1985, S. 1 (5).

261 BVerfGE 10, 59 (66); 31, 58 (82).

262 Kirchhof, Maßstäbe für eine familiengerechte Besteuerung, ZRP 2003, S. 73 (74).

Pflege und Erziehung der Kinder zukommen.[263] Die Regelung des Art. 6 Abs. 1 GG enthält einen besonderen Gleichheitssatz. Dieser verbietet es, Ehe und Familie gegenüber anderen Lebens- und Erziehungsgemeinschaften schlechter zu stellen.[264]

Außer dieser grundrechtlichen Bedeutung stehen diese beiden Rechtsinstitute aufgrund ihrer besonderen Steuerumstände auch im Mittelpunkt des Steuerrechts. Die deutsche Rechtsordnung kennt kein eigenständiges Familiensteuerrecht, aber trotz des Fehlens eines solchen kann man in den Steuergesetzen verschiedene Sonderregelungen finden, die die Sonderumstände der Familie betreffen. Deswegen hat sich im Schrifttum der Begriff „*Familienbesteuerung*" zur Beschreibung der steuerlichen Behandlung von Ehe und Familie durchgesetzt, obwohl keine Voraussetzung für eine Bedingung zwischen den beiden Rechtsinstituten besteht.[265]

Die Ehe ist auch als eine *Erwerbsgemeinschaft* anerkannt.[266] Entscheidendes Kriterium zur Beurteilung der zwischen den Ehegatten oder zwischen Eltern und Kindern abgeschlossenen Gesellschafts- und Arbeitsverträge ist der Vergleich dieser Verträge mit einem zwischen Fremden abgeschlossenen Vertrag. Dieser Vergleich verstößt nicht gegen den besonderen Gleichheitssatz des Art. 6 GG.[267]

Die Besteuerung der Ehegatten wird durch das sog. *Ehegattensplitting* verwirklicht.[268] Andererseits wurde durch das BVerfG geurteilt, dass eine Ausdehnung des Familiensplittings auf Alleinstehende mit Kindern nicht geboten ist.[269]

---

263 BVerfGE 10, 59 (66).

264 BVerfGE 67, 186 (195); 75, 382 (393).

265 Kanzler, Grundfragen der Familienbesteuerung, FamRZ 2004, S. 70; Familienbesteuerung ist als „*realitätsgerechte, mit dem Sozialrecht abgestimmte Steuerfreiheit des Existenzminimums und die realitätsgerechte Berücksichtigung von Unterhaltsverpflichtungen*" zu betrachten, Wendt, Familienbesteuerung und Grundgesetz,, in: FS für Tipke, 1995, S. 47 (50).

266 BVerfGE 61, 319 (345 ff.).

267 Kirchhof, in: Isensee/Kirchhof, Handbuch des Staatsrechts, Band V, 3. Auflage 2007, § 118, Rdnr. 158.

268 BVerfGE 6, 55 (80); Nach einer in der Literatur vertretenen Meinung muss das Ehegattensplittingsystem aufgrund des Gleichberechtigungssatzes abgeschafft werden, Sacksofsky, Steuerung der Familie durch Steuern, NJW 2000, S. 1896; a. A. Stöcker, Die Kappung des Ehegattensplitting ist verfassungswidrig, BB 1999, S. 234 (237 ff.); vgl. auch, dass das Ehegattensplitting *verfassungsrechtlich „haltbar"* ist ohne jedoch *verfassungsrechtlich zwingend* zu sein, Söhn, Kappung des Ehegattensplittings?, in: FS für Vogel, 2000, S. 639 (645); zu Vorschlägen zur Reform der Ehegattenbesteuerung nach einer Individual- bzw. gemeinsamen Besteuerung Winhard, Das Ehegattensplitting – Ein Dauerbrenner der steuerpolitischen Diskussion, DStR 2006, S. 1729 (1731). Nach einer Auffassung erscheint als die Ideallösung die Wirklichkeit des sog. Familienrealsplittingmodells, Kanzler, Grundfragen der Familienbesteuerung, FamRZ 2004, S. 70 (74 ff.); zust. Lang, Reform der Familienbesteuerung, in: FS für Klein, 1994, S. 437 (451). Zur Einführung eines „Familiensplittings" als Alternative zum Schutz der Familie vgl. Papier, Ehe und Familie in der neueren Rechtsprechung des BVerfG, NJW 2002, S. 2129 (2130); Birk/Wernsmann, Der Schutz von Ehe und Familie im Einkommensteuerrecht, JZ 2001, S. 218 (222). Auf der anderen Seite werden geschiedene Ehegatten durch ein begrenztes Realsplitting

Die Rechtsgemeinschaft soll die Entfaltung der Ehe- und Familienfreiheit in dem Sinne unterstützen, dass andere Freiheitsrechte nicht zu Lasten der Ehe- und Familienfreiheit entfaltet werden sollen. Die Ehe ist außer der Grundlage der Familie auch *potenzielle Elternschaft*, weshalb sie in der Rechtsordnung besonders geschützt werden sollte.[270] Das Splittingsystem wurde dementsprechend durch die Rechtsprechung des BVerfG nicht als Steuerbegünstigung, sondern als eine am Schutzgebot des Art. 6 GG orientierte und sachgerechte Besteuerung entwickelt.[271]

Im Gegensatz zur Ehe ist die Familie als *Unterhalts- und Erziehungsgemeinschaft* definiert.[272] Die Eltern sind verpflichtet, den Unterhalt ihrer Kinder zu gewähren. Deshalb ist das Kind im Steuerrecht auch nicht als Steuerpflichtiger, sondern als *Unterhaltsbedürftiger*[273] zu betrachten, dessen Ansprüche zur Minderung der steuerlichen Leistungsfähigkeit der Eltern führen.[274] Die Verantwortung der Eltern zur Entwicklung der Fähigkeiten ihres Kindes erfordert nicht bloß einen Mindestsachbedarf, sondern auch einen Erziehungs- und Betreuungsbedarf.[275]

Während das Existenzminimum am Sozialhilferecht orientiert ist, kommt der Kindesunterhalt als Abzugsbetrag für den Betreuungsbedarf in Betracht. Demzufolge sind dem Familienleistungsausgleich die Vorschriften des § 31 EStG über das Kindergeld und des § 32 EStG über den Kinderfreibetrag gewidmet. Darüber hinaus sind die Freibeträge des § 32 Abs. 6 EStG ein Maßstab für die Verwirklichung einer horizontalen Gerechtigkeit zwischen Steuerpflichtigen gleichen Einkommens mit und ohne Kinder.[276]

Auf ähnliche Weise wie im Bereich des Einkommensteuerrechts ist die steuerliche Belastung im Erbschaftsfall unter Berücksichtigung des Familienprinzips

---

besteuert. Die jährlichen Zahlungen des Unterhaltsverpflichteten können mit der Zustimmung des Empfängers bis zu einem bestimmten Betrag als Sonderausgaben abgezogen werden. Der Empfänger muss zivilrechtlich zuzustimmen, soweit er finanziell nicht benachteiligt wird. Zum Realsplitting Heinicke, in: Schmidt, EStG Kommentar, 27. Auflage 2008, § 10, Rdnr. 50 ff.

269 BVerfGE 61, 319 (345).

270 Kirchhof, Ehe- und familiengerechte Gestaltung der Einkommensteuer, NJW 2000, S. 2792 (2793 ff.).

271 BVerfGE 61, 319 (347).

272 Kirchhof, Ehe- und familiengerechte Gestaltung der Einkommensteuer, NJW 2000, S. 2792 (2793).

273 BVerfGE 82, 60 (89).

274 Schön, Die Kinderbetreuung, das BVerfG und der Entwurf eines Gesetzes zur Familienförderung, DStR 1999, S. 1677 (1678 ff.).

275 BVerfGE 99, 216 (231 ff.); 112, 268 (280).

276 Söhn, Steuerliche Berücksichtigung der Minderung der Leistungsfähigkeit durch Kinder, in: FS für Klein, 1994, S. 421, (424); nach einer anderen Auffassung ist das Kindergeld steuersystematisch eine *Steuersubvention*. Vgl. Jachmann, Die Korrespondenz von Sozialrecht und Einkommensteuerrecht, NJS 2003, S. 281 (283); Kinderfreibetrag und Kindergeld sind in einem *dualen System* angeschlossen. BVerfGE 82, 60 (78 ff.); darüber hinaus zu § 32 IV 2 EStG vgl. Seer/ Wendt, Kindergeld/ Kinderfreibetrag und wirtschaftliche Leistungsfähigkeit des Kindes, NJW 2006, S. 1.

zu beschränken. Nach der Rechtsprechung des BVerfG hat das Erbrecht die Funktion, das Privateigentum als Grundlage der eigenverantwortlichen Lebensgestaltung mit dem Tode des Eigentümers nicht untergehen zu lassen, sondern seinen Fortbestand durch Rechtsnachfolge zu gewähren.[277] Darüber hinaus soll das Erbrecht der mitberechtigten Kinder beachtet werden und deswegen gibt es im Erbschaft- und Schenkungsteuerrecht viele Privilegvorschriften in Bezug auf die Besteuerung der Ehe und der Familie.[278] Ähnlich kommt auch im Bereich der Vermögensteuer eine Verschonung des notwendigen Vermögens zur Lebensführung des Steuerpflichtigen und seiner Familie in Betracht.[279]

II. Der Schutz von Ehe und Familie nach griechischem Recht

In Griechenland stehen nach Art. 21 Abs. 1 gr. Verf. „sowohl die Familie als Grundlage der Erhaltung und Förderung der Nation, als auch die Ehe, die Mutterschaft und die Kindheit unter dem Schutze der staatlichen Ordnung". Der Satz „die Familie als Grundlage der Erhaltung und Förderung der Nation" wird im griechischen Schrifttum als „ideologisch aufgeladene Formulierung" des Art. 21 Abs. 1 gr. Verf. bezeichnet.[280]

In der griechischen Rechtsordnung wird der Schutz von Ehe und Familie wie in Deutschland als staatliche Aufgabe anerkannt.[281] Als Elemente der Familie sind nach der vorherrschenden Meinung in Griechenland die Ehe und die Verwandtschaft zu betrachten.[282] Aus der verwendeten Reihenfolge des Gesetzgebers geht hervor, dass die Ehe auf Verfassungsebene als eigenständiges Subjekt gegenüber der Familie ein Recht auf staatlichen Schutz hat. Gleiches gilt auch für die Mutterschaft und die Kindheit.[283]

Im Gegensatz zu der deutschen Rechtsordnung, die die Familie als Unterhaltsgemeinschaft anerkennt, ist die Familie in Griechenland als *Zusammenle-*

---

277 BVerfG – Beschluss v. 22.6.1995 – 2 BvR 552/91, FamRZ 1995, S. 1261 (1263).

278 Schlünder/Geißler, Ehe und Familie im Erbschaft- und Schenkungssteuerrecht, Teil I, FamRZ 2005, S. 73.

279 Im Bereich der Vermögen- bzw. Erbschaftsteuer BVerfGE 93, 121 (145); 93, 165 (175).

280 Chrisogonos, Individual- und Sozialrechte, 2002, S. 501.

281 Zu den Begriffen „Ehe" und „Familie" in der griechischen Verfassungsordnung sowie zum positiven bzw. negativen Inhalt des Individualrechts des Art. 21 Abs. 1 gr. Verf. Chrisogonos, Individual- und Sozialrechte, 2002, S. 501 ff.

282 Gazis, in: Georgiadis/Stathopoulos, ZGB – Kommentar, Heft VII, 1991, S. 4. Die Verwandtschaft ist ein Hauptmerkmal einer nichtehelichen Familie, der sog. „naturellen Familie". Zu weiteren Elementen der „naturellen Familie" Dagtoglou, Verfassungsrecht, Individuelle Rechte, Band A, 2005, S. 393.

283 Dimitropoulos, Verfassungsrechte, Besonderer Teil, Band III-B, 11. Auflage 2005, S. 159.

bensgemeinschaft zwischen Eltern und Kindern definiert.[284] Aus dem oben Erwähnten ergibt sich, dass Hauptmerkmal der Familie die *Existenz von Kindern* ist.[285] In der Literatur wird jedoch die Meinung vertreten, dass für die Gründung einer Familie die Ehegatten genügen, während zum erweiterten Familienkreis auch die Eltern der Ehegatten gehören.[286]

Im Bereich des Steuerrechts hat die griechische Rechtsprechung einen dem deutschen Diskriminierungsverbot entsprechenden Gleichheitssatz ausschließlich für das Steuerrecht entwickelt. Durch Beschlüsse des StR wurde festgelegt, dass es nicht gestattet ist, Ehe und Familie gegenüber anderen Lebensgemeinschaften schlechter zu stellen.[287]

Steuertechnisch ist die Familie in Griechenland zu einem höheren Freibetrag und in einigen Sonderfällen zu milderen Steuersätzen berechtigt. Im griechischen Einkommensteuerrecht wird in Art. 7 KFE die Leistungsfähigkeit des Steuerpflichtigen um einen abziehbaren Betrag als Aufwand für die unterhaltsberechtigten Personen gemindert.[288] Darüber hinaus kommen der Familie im Bereich des Erbschaftssteuerrechts günstigere Steuersätze[289] und den der Steuerklasse A Zugehörigen ein höherer Steuerfreibetrag zugute.[290]

Das griechische Steuerrecht verfolgt kein dem deutschen Ehegattensplittingverfahren ähnliches Verfahren zur Berechnung der Einkommensteuer von Ehegatten. In Griechenland wird jeder Ehegatte für das von ihm selbst erzielte Einkommen besteuert.[291]

---

284 Vidalis, Die verfassungsrechtliche Dimension der staatlichen Gewalt in der Ehe und der Familie: Individualfreiheiten und institutionelle Umformungen, 1996, S. 100.

285 Kasimatis, Das Thema der Drittwirkung der Individual- und Sozialrechte, ToS. 1981, S. 32; Besila-Vika, Die Verfassungsrechtliche Sicherung der Ehe- und Familienrechte, 1989, S. 101.

286 Dagtoglou, Verfassungsrecht, Individuelle Rechte, Band A, 2005, S. 392.

287 StRE 910/1994, DiDik 1994, S. 1214; StRE 1154/1983, ToS. 1983, S. 217; StRE 1773/1985; 264/1989.

288 Nach Art. 7 Abs. 1 KFE gehören zum Kreis der unterhaltsberechtigten Personen u. a.: a) der Ehepartner ohne steuerpflichtiges Einkommen, b) die minderjährigen ledigen Kinder, c) die erwachsenen studierenden Kinder, soweit sie nicht das 25. Jahr ihres Lebens überschritten haben, und d) ledige Kinder, solange sie zum Wehrdienst einberufen sind.

289 Art. 29 Abs. 1 und 3 des Gesetzes 2961/2001.

290 Hierzu Art. 29 Abs. 1 und 2 des Gesetzes 2961/2001.

291 Zur weiteren Darstellung der Besteuerung von Ehegatten und Familie unter Teil II, Kapitel 2, Abschnitt B, II – 3, IV; früher wurde das System einer kumulativen Ehegattenbesteuerung angewandt. Dieses System wurde aber wegen Beeinträchtigung des Individualbesteuerungsprinzips abgeschafft. Zudem s. Papadimitriou, Das Verfassungsprinzip des Schützes von Ehe und Familie im Steuerrecht (Teil I), DFN 2004, S. 107, (115).

Zweiter Teil

Kapitel 1. Die Besteuerung von Personengesellschaften in der Bundesrepublik Deutschland

A. Die Rechtsformen der Personengesellschaften im deutschen Recht

I. Die Gesellschaft bürgerlichen Rechts

Die GbR ist die Grundform der Personengesellschaften und ist in §§ 705-740 BGB geregelt. Sie besteht aus Gesellschaftern, die einen gemeinsamen Zweck[292] erreichen wollen. Da die GbR keine Handelsgesellschaft ist, kann auf ihrer Grundlage kein Handelsgewerbe im Sinne des HGB betrieben werden.[293] Andererseits kann sie jeden legalen und damit nicht nur einen betrieblichen Zweck verfolgen, so dass ihr Ziel *wirtschaftlich* oder *kulturell* (z. B. Organisation einer Theateraufführung), *dauerhaft* (z. B. Ausübung eines freien Berufes) oder *einmalig* sein kann.[294]

Die erforderliche Mindestzahl für die Gründung einer GbR sind zwei Personen[295], während es keine Höchstzahlgrenze gibt. Gesellschafter einer GbR können natürliche oder juristische Personen werden. Beschränkt geschäftsfähige Personen sind auch zur Teilnahme als Gesellschafter berechtigt. Damit der abgeschlossene Vertrag wirksam ist, muss die Mitwirkung des gesetzlichen Vertreters erfolgen. Juristische Personen des privaten und des öffentlichen Rechts können sich ebenfalls an einer GbR beteiligen.

Zu den notwendigen Voraussetzungen der Gründung einer GbR gehört der Abschlussvertrag (§ 705 BGB), der als *Schuld- und organisatorischer Vertrag* zu bezeichnen ist.[296] Der Vertrag ist regelmäßig formfrei.[297] Für die Entstehung

---

292 Im Schrifttum wird der gemeinsame Zweck als *konstitutives Kriterium jeder Gesellschaft* bezeichnet, Grunewald, Gesellschaftsrecht, 7. Auflage 2008, S. 6; zum gemeinsam verfolgten Zweck s. auch Wiedemann/Schultz, Grenzen der Bindung bei langfristigen Kooperationen, ZIP 1999, S. 1.

293 Niehus/Wilke, Die Besteuerung der Personengesellschaften, 3. Auflage 2005, S. 6.

294 Giefers/Ruhkamp, Die Gesellschaft bürgerlichen Rechts, 5. Auflage 2003, S. 27 ff.

295 A. A. Raiser, Gesamthand und juristische Person im Lichte des Umwandlungsrechts, AcP 194 (1994), S. 495 (509).

296 Eisenhardt, Gesellschaftsrecht, 13. Auflage 2007, S. 32.

einer GbR ist die Eintragung ins Handelsregister keine erforderliche Voraussetzung. Darüber hinaus ist die Leistung der versprochenen Beiträge oder die Pflicht der Vertragspartner, ein Gesamthandsvermögen zu bilden, keine Entstehungsvoraussetzung.[298] Grundsätzlich sind zur Geschäftsführung und Vertretung der GbR alle Gesellschafter gemeinsam berechtigt. In § 709 BGB ist das Prinzip der *Gesamtgeschäftsführungsbefugnis* vorgesehen. Die Regelung des § 709 BGB ist dispositives Recht, so dass eine abweichende Vereinbarung (Einzelgeschäftsführungsbefugnis) im Gesellschaftsvertrag vorgeschrieben werden kann. Zum Außenverhältnis gilt i. V. m. § 714 BGB entsprechend grundsätzlich die *Gesamtvertretungsmacht*.[299] Sowohl die Geschäftsführungsbefugnis als auch die Vertretungsmacht beruhen auf dem sog. *Prinzip der unmittelbaren Gesellschafterselbstverwaltung*, im Gegensatz zum *Prinzip der mittelbaren Organverwaltung*, das für die Körperschaften gilt.[300]

Bei der GbR ist zwischen Außen- und Innengesellschaft zu unterscheiden. Einerseits ist nach der Rechtsprechung die Außengesellschaft, die im Schrifttum als *kleine Schwester der OHG*[301] bezeichnet wurde, als Gesamthandsgemeinschaft ihrer Gesellschafter rechtsfähig, wenn sie im Rechtsverkehr auftritt und eigene Rechte und Pflichten begründen kann.[302] Andererseits hat eine Innengesellschaft zwei typische Merkmale: Zum einen tritt sie nicht im Rechtsverkehr auf und zum anderen ist die Bildung von Gesamthandsvermögen umstritten.[303] Eine weitere Voraussetzung der Innengesellschaft i. w. S. ist, dass der handelnde Gesellschafter

---

297 Zum Gesellschaftsvertrag Stürner, in: Jauernig, BGB–Kommentar, 12. Auflage 2007, § 705, Rdnr. 17 ff; zur Problematik der sog. „unvollständigen" Verträge bei Personengesellschaften Koller, „Unvollständige" Personengesellschaftsverträge des Handelsrechts, in: FS für Canaris, Band II, 2007, S. 147.

298 Ulmer, Gesellschaft bürgerlichen Rechts und Partnergesellschaft, Systematischer Kommentar, 3. Auflage 1997, S. 53.

299 Zu Geschäftsführung und Vertretung der GbR Stürner, in: Jauernig, BGB – Kommentar, 12. Auflage 2007, § 709, Rdnr. 1 ff. Zu Definitionen der Geschäftsführung bzw. Vertretung und zum Grundsatz der *Selbstorganschaft*, Uloth, in: Arens, Anwaltsformulare – Gesellschaftsrecht, 3. Auflage 2007, S. 82 ff; zur Problematik einer ausgerichteten den §§ 125, 126 HGB Vertretungsmacht bei der Außen – GbR s. Canaris, Die Übertragung des Regelungsmodells der §§ 125-130 HGB auf die Gesellschaft bürgerlichen Rechts als unzulässige Rechtsfortbildung contra legem, ZGR 2004, S. 69.

300 Beuthien, Gibt es im Gesellschaftsrecht eine gesetzliche Stellvertretung?, in: FS für Canaris, Band II, 2007, S. 41.

301 Schmidt, Fünf Jahre „neues Handelsrecht", JZ 2003, S. 585 (587).

302 BGHZ 146, 341 (343); hierzu vgl. auch Leipold, Einige Bemerkungen zur Rechts- und Parteifähigkeit der BGB-Gesellschaft und des nicht eingetragenen Vereins, in: FS für Canaris, Band II, 2007, S. 221.

303 Zur Entwicklung der Problematik in Bezug auf die Gesellschaften mit und ohne Gesellschaftsvermögen, Schmidt, Gesellschaftsrecht, 4. Auflage 2002, S. 1695 ff.

im Interesse der Gesellschaft, aber im eigenen Namen tätig ist.[304] Ebenfalls ergibt sich eine unterschiedliche Behandlung von Außen- und Innengesellschaften während der Auflösung.[305]

Interessant ist an dieser Stelle das Problem der Haftung für Gesellschaftsverbindlichkeiten. Ausgangspunkt des Problems war die Existenz zweier Theorien in Bezug auf die Gesellschafterhaftung. Der *Akzessorietätstheorie* nach sind die §§ 128, 129 HGB analog anzuwenden, während nach der sog. *Doppelverpflichtungs-Theorie* der Handelnde zugleich eine Haftung der Gesellschaft und ihrer Gesellschafter festlegt.[306]

Durch die Rechtsprechung des BGH[307] wurde die persönliche Haftung der Gesellschafter einer GbR für die Verbindlichkeiten der Gesellschaft kraft Gesetzes im Hinblick auf die OHG (Akzessorietät) festgestellt.[308] Die nach der neuen Rechtsprechung des BGH gesetzliche Haftung der Gesellschafter kann nur individuell durch eine gesellschaftsvertragliche Vereinbarung mit dem Gläubiger beschränkt werden.[309]

Der geschäftsführende Gesellschafter kann gesellschaftsvertraglich dazu verpflichtet werden, bei jedem abzuschließenden Rechtsgeschäft mit dem jeweiligen Vertragspartner ausdrücklich eine Haftungsbeschränkung auf die Höhe des Gesamthandsvermögens zu vereinbaren.[310]

Die GbR wird aufgrund der in den § 723 ff. BGB genannten Gründe aufgelöst. Danach folgt das Liquidationsverfahren nach § 730 ff. BGB und die GbR wird zur Abwicklungsgesellschaft umgeformt. Die GbR wird mit der Verteilung des Gesellschaftsvermögens vollständig beendet.[311]

---

304 Ulmer, Gesellschaft bürgerlichen Rechts und Partnergesellschaft, Systematischer Kommentar, 3. Auflage 1997, S. 152.

305 Schmidt, Gesellschaftsrecht, 4. Auflage 2002, S. 1697.

306 Müller, in: Beck'sches Handbuch der Personengesellschaften, 2. Auflage 2002, § 4, Rdnr. 217, S. 377 ff.

307 BGHZ 142, 315 (321); 146, 341.

308 Zur Problematik der „akzessorischen" Gesellschafterhaftung Canaris, Die Übertragung des Regelungsmodells der § § 125-130 HGB auf die Gesellschaft bürgerlichen Rechts als unzulässige Rechtsfortbildung contra legem, ZGR 2004, S. 69; auch Habersack, Die Anerkennung der Rechts- und Parteifähigkeit der GbR und der akzessorischen Gesellschafterhaftung durch den BGH, BB 2001, S. 477 (481).

309 Schmidt, Gesellschaftsrecht, 4. Auflage 2002, S. 1794; zu Besonderheiten bei der Haftungsbeschränkung für Anlegegesellschafter geschlossener Immobilienfonds in GbR-Form s. BGH-Urteil v. 21.1.2002, NJW 2002, S. 1642.

310 Uloth, in: Arens, Anwaltsformulare – Gesellschaftsrecht, 3. Auflage 2007, S. 94.

311 Zur Problematik der Konkursfähigkeit einer GbR Schmidt, Zur Vermögensordnung der Gesamthands – BGB – Gesellschaft, JZ 1985, S. 909 (914).

II. Die Offene Handelsgesellschaft

Die OHG ist eine Handelsgesellschaft, die als *Personenhandelsgesellschaft* bzw. *Gesamthandsgemeinschaft* bezeichnet werden kann.[312] Nach § 105 HGB richtet sich die OHG auf den Betrieb eines Handelsgewerbes[313] unter einer gemeinschaftlichen Firma. Alle Gesellschafter haften unbeschränkt und persönlich als Gesamtschuldner gegenüber den Gläubigern. In diesem Sinne wird sie im Schrifttum als *persönlichkeitsbezogene Haftungsgemeinschaft* sowie *persönlichkeitsbezogene Arbeitsgemeinschaft* gekennzeichnet.[314]

Auf die OHG sind nach § 105 HGB die Regelungen des BGB §§ 705 ff. über die GbR anwendbar, solange keine abschließenden Regelungen vorgesehen werden.

Zur Entstehung einer OHG i. S. d. § 1 HGB ist im Innenverhältnis der Abschluss des Gesellschaftsvertrages erforderlich[315], während die gesellschaftliche Wirksamkeit im Außenverhältnis gegenüber Dritten gem. § 123 Abs. 1 HGB nach der Eintragung ins Handelsregister entsteht.[316] Trotzdem wird die OHG gem. § 123 Abs. 2 HGB, wenn sie Geschäfte vor der Eintragung ins Handelsregister aufnimmt, zu diesem Zeitpunkt wirksam vorbehaltlich der §§ 2 und 105 Abs. 2 HGB.

Der Gesellschaftsvertrag, der grundsätzlich formlos sein kann,[317] soll zwischen mindestens zwei Gesellschaftern abgeschlossen werden. Für die Gesellschafter sind die Regelungen des Gesellschaftsvertrages unter der Bedingung verbindlich, dass sie zwingendem Recht nicht entgegenstehen. In § 109 HGB wird der *Primat des Gesellschaftsvertrages* festgelegt.[318]

---

312 Eisenhardt, Gesellschaftsrecht, 13. Auflage 2007, S. 128; zudem wird auch die OHG als *Spezialfall der BGB – Gesellschaft* bezeichnet, hierzu Grunewald, Gesellschaftsrecht, 7. Auflage 2008, S. 96.

313 Zum Handelsgewerbe §§ 1–3 HGB.

314 Balser/Bokelmann/Meyer/Piorreck, OHG-KG-Einzelkaufmann, 6. Auflage 1994, S. 108.

315 Für die OHG genügt nach §§ 2, 3, 105 Abs. 2 HGB nicht der Abschluss des Gesellschaftsvertrages, sondern erst die Eintragung ins Handelsregister hat eine konstitutive Wirkung. Nach dem Vertragabschluss und vor der Eintragung der OHG ins Handelsregister handelt es sich um eine GbR.

316 Die Eintragung handelsgewerbetreibender OHG des § 1 Abs. 2 HGB wirkt sich *deklaratorisch* aus.

317 Vgl. zum Gesellschaftsvertrag, Grunewald, Gesellschaftsrecht, 7. Auflage 2008, S. 9 ff. und 98; Eisenhardt, Gesellschaftsrecht, 13. Auflage 2007, S. 133 ff.; zum Vertrag im Steuerrecht s. Kirchhof, Der Vertrag – ein Instrument zur Begründung steuerlicher Ungleichheit?, in: FS für Röhricht, 2005, S. 919 ff.

318 Enzinger, in: Münchener Kommentar, HGB, 2. Auflage 2006, Band 2, § 109, Rdnr. 1; Eisenhardt, Gesellschaftsrecht, 13. Auflage 2007, S. 143.

Die OHG entwickelt ihre betriebliche Tätigkeit unter einer Firma nach § 105 Abs. 1 HGB, die gem. § 19 Abs. 1 Nr. 2 HGB den Zusatz „offene Handelsgesellschaft“ oder eine aus ihm hergeleitete Abkürzung (OHG) zur Abgrenzung von anderen Gesellschaftsformen enthalten muss. Die OHG kann eigenständig unter ihrer Firma sowohl Rechte und Eigentum erwerben als auch Verbindlichkeiten eingehen. Es handelt sich bei ihr nämlich um eine *„rechtsfähige Personengesellschaft“*[319]. Ebenfalls wird das Gesellschaftsvermögen als *Gesamthandsvermögen* bezeichnet.[320]

Die Gesellschafter haben das Recht und die Pflicht, die Geschäfte zu führen (§ 114 HGB)[321] – dies wird auch als die *Einzelgeschäftsführungsbefugnis* der Gesellschafter bezeichnet.[322] Ebenfalls ist jeder Gesellschafter nach § 125 Abs. 1 HGB zur Vertretung der Gesellschaft ermächtigt. Nach § 125 Abs. 2 HGB kann aber die Gesamtvertretung im Gesellschaftsvertrag vorgesehen werden. Wenn der Umfang der Vertretungsmacht eingeschränkt ist, ist eine solche Beschränkung nach § 126 Abs. 2 HGB im *Außenverhältnis* unwirksam.

Grundsätzlich haben alle Gesellschafter gleiche Rechte und Pflichten.[323] Für jeden Gesellschafter besteht u. a. eine Beitrags- bzw. Treupflicht, ein Wettbewerbsverbot sowie das Recht zu, die Pflicht eines Gesellschafters gegenüber der Gesellschaft auf Leistung an die Gesellschaft geltend zu machen (actio pro socio).[324] Diese Regelung ist zwingendes Recht, so dass eine Einschränkung nicht möglich ist.

Nach § 120 HGB ergibt sich die Pflicht der OHG zur Aufstellung eines Jahresabschlusses anhand der Bilanz und einer Gewinn- und Verlustrechnung zur Gewinn- bzw. Verlustermittlung der Gesellschaft und der Gesellschafteranteile. Für diese Aufgabe sind die geschäftsführenden Gesellschafter zuständig; der Jahresabschluss ist jedoch von allen persönlich haftenden Gesellschaftern zu unterzeichnen (§ 245 HGB). Die Gesellschafter haben die Möglichkeit, die zu erbringenden

---

319 Schmidt, in: Münchener Kommentar HGB, 2. Auflage 2006, Band 2, § 124, Rdnr. 1.

320 Zum Gesamthandsvermögen Grunewald, Gesellschaftsrecht, 7. Auflage 2005, S. 108; auch Wiedemann, Gedanken zur Vermögensordnung der Personengesellschaft, in: FS für Odersky, 1996, S. 925; zur historischen Entwicklung der Gesellschaftsvermögenstheorien s. Ulmer, Hundert Jahre Personengesellschaftsrecht: Rechtsfortbildung bei OHG und KG, ZHR 161 (1997), S. 102 (107 ff.).

321 Für alle Personengesellschaften gilt der sog. *Grundsatz der Selbstorganschaft*. Besonders dazu Buß, in: Sudhoff, Personengesellschaften, 8. Auflage 2005, S. 110 ff.; Huber, Betriebsführungsverträge zwischen selbstständigen Unternehmen, ZHR 152 (1988), S. 1 (13 ff.).

322 Schmidt, Gesellschaftsrecht, 4. Auflage 2002, S. 1389 ff.

323 Zum Gleichbehandlungsgrundsatz Hopt, in: Baumbach/Hopt, Handelsgesetzbuch, 33. Auflage 2008, § 109, Rdnr. 29 ff.

324 Ensthaler, in: Ensthaler, HGB, 7. Auflage 2007, § 109, Rdnr. 3.

Bar- und Sachleistungen frei zu bestimmen, soweit diese Bewertung den guten Sitten nicht entgegensteht.[325]

Sollte die Gesellschaft einen Jahresgewinn erwirtschaften, dann gebührt nach § 121 HGB jedem Gesellschafter ein Anteil von 4% seines Kapitalanteils. Dieser Anteil wird in der Literatur als *Vordividende* bezeichnet.[326] Der diesen Anteil übersteigende Jahresgewinn ist ebenso wie ein Verlust nach § 121 Abs. 3 HGB auf die Gesellschafter nach *Köpfen* zu verteilen. Die Regelungen der §§ 120 und 121 sind nach § 109 HGB dispositives Recht.

Gem. § 122 HGB wird jedem Gesellschafter ein Entnahmerecht in Höhe von 4% seines letzten jährlichen Anteils zugestanden. Voraussetzung dafür ist, dass die Entnahme nicht zum offenbaren Schaden für die Gesellschaft führt. In der Literatur wird betont, dass es sich im Halbsatz 1 um ein *Kapitalentnahmerecht*, im Halbsatz 2 hingegen um ein *Gewinnentnahmerecht* handelt.[327] Dieses Recht kann nach § 717 S. 2 BGB verpfändet, gepfändet und abgetreten werden.[328]

Auflösungs- bzw. Ausscheidensgründen einer OHG behandelt § 131 HGB. Die Aufzählung der Auflösungsgründe wird in der Literatur als *„nicht abdingbar“*[329] bezeichnet. Die Umwandlung einer OHG in eine andere Gesellschaft führt nicht zur Auflösung der Gesellschaft. Das Gleiche gilt auch im Fall einer *Vermögenslosigkeit* der Gesellschaft.[330]

Andernfalls werden die Ausscheidensgründe in Abs. 3 aufgezählt.[331] Diese Gründe aber sind nicht zwingend und die Gesellschaft kann durch die sog. *Fortsetzungsklausel* fortgesetzt werden.[332] Ein Gesellschafter kann aus bestimmten Gründen, wie z. B. u. a. aufgrund seines Todes (Abs. 3 S. 1 Nr. 1)[333] oder durch Eröffnung des Insolvenzverfahrens über sein Vermögen (Abs. 3 S. 1 Nr. 2), ausgeschieden werden.[334] Der Anteil des Ausscheidenden kann erworben oder

---

325 Vgl. die Wertansätze der §§ 252-256 HGB, insbesondere das *Anschaffungswertprinzip* des § 253 Abs. 1 S. 1 HGB.

326 Koller, in: Koller/Roth/Morck, Handelsgesetzbuch – Kommentar, 6. Auflage 2007, § 121, Rdnr. 2.

327 Priester, in: Münchener Kommentar, HGB, 2. Auflage 2006, Band 2, § 122, Rdnr. 1.

328 Enstahler, in: Ensthaler/Fahse, OHG-KG-Stille Gesellschaft, Kompakt Kommentar zu den §§ 105-237 HGB, 2002, S. 87.

329 Koller, in: Koller/Roth/Morck, Handelsgesetzbuch – Kommentar, 6. Auflage 2007, § 131, Rdnr. 1a.

330 Landgericht Koblenz, Beschluss v. 19.6.2001 – 4 HAT 3/01, DB 2001, S. 2707.

331 Kritisch Schmidt, HGB – Reform und gesellschaftliche Gestaltungspraxis, DB 1998, S. 61 (63 ff.).

332 Hopt, in: Baumbach/Hopt, Handelsgesetzbuch, 33. Auflage 2008, § 131, Rdnr. 83 ff.

333 Zur Problematik des § 131 Abs. 3 Nr. 1 HGB s. Schmidt, Fünf Jahre „neues Handelsrecht“, JZ 2003, S. 585 (593 ff.).

334 Zu Rechtsfolgen des Ausscheidens gehören die *„Anwachsung“*, die *Haftung*, die *Rückgabe*, die *Schuldbefreiung* und der *Abfindungsanspruch*, Koller, in: Koller/Roth/Morck, Handelsgesetzbuch – Kommentar, 6. Auflage 2007, § 131, Rdnr. 9 ff.

übertragen werden (Eintritts- bzw. Nachfolgeklausel[335]). Mit der Auflösung wird die OHG als Abwicklungsgesellschaft anerkannt und es folgt das Liquidationsverfahren, während die Beendigung der Gesellschaft nach der Abwicklung erst mit der Eintragung ins Handelsregister wirksam wird. Die Eintragung wirkt nur *deklaratorisch*.[336]

III. Die Kommanditgesellschaft

Das Wesen einer KG ist in § 161 Abs. 1 HGB geregelt. Es handelt sich hierbei um eine rechtsfähige Personengesellschaft ebenso wie die OHG, die das Ziel hat, einen gewerblichen Betrieb unter gemeinschaftlicher Firma zu führen. Die KG ist eine Gesellschaft nach § 705 BGB und wird wie die OHG als *Gesamthandsgemeinschaft* und im Vergleich mit der OHG als ihrer *Sonderform* bezeichnet.[337] Der Unterschied zwischen einer OHG und einer KG liegt in der Haftung der beteiligten Gesellschafter. Neben den unbeschränkt haftenden Gesellschaftern (Komplementären) gibt es in der KG auch Gesellschafter (Kommanditisten), deren Haftung sich nur bis zur Höhe einer bestimmten Vermögenseinlage (Haftsumme)[338] erstreckt. Der Umfang der Haftung des Kommanditisten wird in der Literatur verdeutlicht: „*Der Kommanditist haftet nicht mit seiner Einlage, sondern entweder (ausnahmsweise) unbeschränkt nach § 176 HGB, oder er haftet nach §§ 171 Abs. 1, 172 Abs. 4 HGB summenmäßig beschränkt mit seinem ganzen Vermögen, oder er haftet überhaupt nicht*“[339].

Der Gesellschaftsvertrag kann auch bei einer KG *formfrei* abgeschlossen werden. Abweichend von dieser Regel ist eine *notarielle Beurkundung* erforderlich, wenn ein formbedürftiges Rechtsgeschäft erfasst wird.[340]

Die Anmeldung und die Eintragung der Einlage eines Kommanditisten ins Handelsregister wirken *konstitutiv* für seine Haftung.[341] Solange die gewerbetreibende KG nicht eingetragen ist, haftet jeder Kommanditist für alle mit seiner Zustimmung aufgenommenen Verbindlichkeiten der Gesellschaft bis zum Zeitpunkt der Eintragung unbeschränkt und persönlich, ebenso wie ein Komplementär,

---

335 Vgl. zu Eintritts- bzw. Nachfolgeklauseln, Eisenhardt, Gesellschaftsrecht, 13. Auflage 2007, S. 184 ff.

336 Grunewald, Gesellschaftsrecht, 7. Auflage 2008, S. 126 ff.

337 Grunewald, Gesellschaftsrecht, 7. Auflage 2008, S. 128; Eisenhardt, Gesellschaftsrecht, 13. Auflage 2007, S. 210.

338 Zu Unterscheidung der Begriffe „Einlage“ und „Haftsumme“ s. Schmidt, Gesellschaftsrecht, 4. Auflage 2002, S. 1560 ff.

339 Schmidt, in: Münchener Kommentar HGB, 2. Auflage 2007, Band 3, §§ 171, 172, Rdnr. 4.

340 S. zu Folgen eines Formverstoßes §§ 125, 139 BGB.

341 Schmidt, in: Münchener Kommentar HGB, 2. Auflage 2007, Band 3, §§ 171, 172, Rdnr. 25.

sofern der Gläubiger keine Kenntnis von seiner Beteiligung als Kommanditist hatte.[342] Zum Inhalt der Anmeldung einer KG gehören auch persönliche Angaben der Kommanditisten wie Name, Vorname, Wohnort u. a.[343] Bei der ordnungsgemäßen Veröffentlichung der Eintragung in den öffentlichen Blättern werden nur die Zahl und der Einlagebetrag der Kommanditisten angegeben.[344]

Die Kommanditisten sind grundsätzlich nach §§ 164, 170 HGB von der Geschäftsführung und der Vertretung der KG ausgeschlossen.[345] Der Kommanditist hat dagegen ein Kontroll- und Auskunftsrecht nach § 166 HGB.

Allen Gesellschaftern, auch den Kommanditisten, gehört das Entscheidungsrecht für Änderungen des Gesellschaftsvertrages durch den Gesellschafterbeschluss.[346]

Im Fall des Todes eines Kommanditisten wird die KG nach der *dispositiven* Regelung des § 177 HGB mangels abweichender Bestimmung im Gesellschaftsvertrag mit den Erben fortgesetzt. In diesem Fall wird keine *Nachfolgeklausel* in Bezug auf den Kommanditisten gefordert. Aus diesem Grund stellt der Tod des Kommanditisten keinen hinreichenden Kündigungsgrund dar.[347] Zu den Auflösungsgründen gehört der Tod des letzten Komplementärs. Sofern aber der Betrieb der KG von den Kommanditisten fortgesetzt wird, haften sie persönlich und unbeschränkt als OHG-Gesellschafter.[348]

Bei einem Gesellschafterwechsel mittels Doppelvertrages oder Abtretung durch Übertragung der Mitgliedschaft spielt der übertragene Kommanditanteil für die sich ergebende Haftung eine besondere Rolle. Bei Bekanntmachung der Rechtsnachfolge im Handelsregister durch einen Nachfolgevermerk erstreckt sich die Haftung des Eintretenden gem. §§ 173, 171, 172 HGB auf die Höhe der Haftsumme, die nicht geleistet wurde. Wenn kein Rechtsnachfolgevermerk eingetragen wurde, dann haftet der Ausscheidende. Durch eine Umbuchung der Hafteinlage auf den Eintretenden unter der Voraussetzung, dass der Ausscheidende zugestimmt hat, wird die Haftung des Eintretenden ausgeschlossen.[349]

---

342 Balser/Bokelmann/Meyer/Piorreck, OHG-KG-Einzelkaufmann, 6. Auflage 1994, S. 137.

343 Grunewald, in: Münchener Kommentar HGB, 2. Auflage 2007, Band 3, § 162, Rdnr. 1.

344 Balser/Bokelmann/Meyer/Piorreck, OHG-KG-Einzelkaufmann, 6. Auflage 1994, S. 145.

345 § 164 HGB ist dispositives Recht. Die Geschäftsführungsbefugnis ist an den persönlich haftenden Gesellschafter nicht zwingend gebunden, so dass diese einem oder mehreren Kommanditisten übertragen werden kann. Hierzu vgl. BGHZ 51, 198 (201); dagegen ist die Regelung des § 170 HGB zwingend, so dass die organschaftliche Vertretungsmacht der §§ 125, 126 HGB *höchstpersönlich* und *nichtübertragbar* ist, Hopt, in: Baumbach/Hopt, Handelsgesetzbuch, 33. Auflage 2008, § 125, Rdnr. 6.

346 Mutter, in: Gummert, Personengesellschaften, Münchener Anwalts Handbuch, 2005, § 1, Rdnr. 72, S. 19.

347 Schmidt, in: Münchener Kommentar HGB, 2. Auflage 2007, Band 3, § 177, Rdnr. 5.

348 BGH Urteil v. 23.11.1978, NJW 1979, S. 1705, 1706.

349 Lichtenwimmer, in: Arens, Anwaltsformulare – Gesellschaftsrecht, 3. Auflage 2007, § 4, Rdnr. 51, S. 193.

Eine besondere Gesellschaftsform der KG ist die GmbH & Co KG, die eine „*Grundtypvermischung*“[350] darstellt und als eine alternative Lösung zur Haftungsbeschränkung der natürlichen Personen gegründet wurde. Komplementär der GmbH & Co KG ist eine Kapitalgesellschaft und Kommanditisten sind natürliche Personen, die bis zur Höhe ihrer Haftsumme haften.[351] Die GmbH & Co KG tritt im Rechtsverkehr in verschiedenen Erscheinungsformen auf, wie z. B. der Publikums-GmbH & Co KG oder der Familien- GmbH & Co KG.

IV. Die stille Gesellschaft

Die stille Gesellschaft ist nicht gesetzlich, sondern nur durch das Schrifttum definiert.[352] In der Literatur wird die stille Gesellschaft als eine „*Innengesellschaft*“[353], weil sie nicht nach außen auftritt, als eine „*Sonderform*“[354] oder ein „*Spezialfall*“[355] der GbR bezeichnet. Die stille Gesellschaft ist auch als eine echte Gesellschaft zu bezeichnen.[356]

Zu den wichtigsten Merkmalen einer stillen Gesellschaft als Innengesellschaft gehören, dass sie kein Gesellschaftsvermögen, keine Rechtsfähigkeit und keine Wirkung gegenüber Dritten hat, und dass sie nicht unter einer Gesellschaftsfirma auftritt.[357] Anschließend ist die stille Gesellschaft als *Personengesellschaft* im Hinblick auf die Unterscheidung von Personen- und Kapitalgesellschaften zu betrachten.[358]

Die stille Gesellschaft wird in der Gruppe der so genannten mittelbaren Unternehmensbeteiligungen. Ein besonderes Merkmal der mittelbaren Unternehmensbeteiligungen liegt darin, dass der mittelbare Teilhaber nicht Mitglied der Außengesellschaft ist, sondern dass seine Beteiligung in einem internen wirtschaftlichen Zusammenhang mit der Gesellschaft steht.[359] Für die stille Gesell-

---

350 Mueller-Thuns, in: Hesselmann/Tillmann/Mueller-Thuns, Handbuch der GmbH & Co KG, 19. Auflage 2005, S. 1.

351 Fichtelmann, Die GmbH & Co KG im Steuerrecht, 8. Auflage 1998, S. 25.

352 Zum Begriff der stillen Gesellschaft s. Schmidt, in: Münchener Kommentar HGB, 2. Auflage 2007, Band 3, § 230, Rdnr. 2.

353 Zutt, in: HGB-Großkommentar, 4. Auflage 2004, § 230, Rdnr. 7 ff.

354 Fahse, in: Ensthaler/Fahse, OHG-KG-Stille Gesellschaft, Kompakt Kommentar zu den §§ 105-237 HGB, 2002, S. 416.

355 Schmidt, in: Münchener Kommentar HGB, 2. Auflage 2007, Band 3, § 230, Rdnr. 4.

356 Zu Erläuterung der stillen Gesellschaft als *echte Gesellschaft* s. Blaurock, Handbuch der Stillen Gesellschaft, 6. Auflage 2003, § 4, S. 60 ff.

357 Blaurock, Handbuch der Stillen Gesellschaft, 6. Auflage 2003, § 4, S. 61 ff.

358 Schmidt, in: Münchener Kommentar HGB, 2. Auflage 2007, Band 3, § 230, Rdnr. 5.

359 Singhof, in: Singhof/Seiler/Schlitt, Mittelbare Gesellschaftsbeteiligungen – Stille Gesellschaft, Unterbeteiligung, Treuhand, 2004, S. 1.

schaft sind die Regelungen der §§ 230-236 HGB anwendbar und ergänzend kommen die §§ 705 ff. BGB in Betracht, soweit die Bestimmungen des HGB keine Sonderregelungen enthalten. Während der Inhaber eines Handelsgeschäfts Kaufmann[360] sein muss, kann ein stiller Gesellschafter jede natürliche und juristische Person des privaten und öffentlichen Rechts, sowie ein Kaufmann bzw. Nichtkaufmann, sein.[361]

Durch diese Gesellschaftsform hat der stille Gesellschafter mit dem Übergang einer Vermögenseinlage ins Vermögen des Geschäftsinhabers die Möglichkeit einer Beteiligung am Handelsgeschäft des Inhabers.[362] Das Vorliegen eines *handelsrechtlichen, also kaufmännischen Unternehmens* ist nach hM Voraussetzung einer stillen Gesellschaft – die *Beteiligung an einem nichtkaufmännischen Unternehmen* begründet hingegen eine BGB-Innengesellschaft.[363]

Eine weitere Voraussetzung für das Bestehen einer stillen Gesellschaft ist die Beteiligung des stillen Gesellschafters am Gewinn, die nach § 231 Abs. 2 Halbs. 2 HGB nicht ausgeschlossen werden kann. Dies setzt jedoch keine Beteiligung am *Gesamtgewinn des Handelsgewerbes* voraus, sondern am *Bilanzgewinn* des Unternehmens.[364] Eine Beteiligung an den Gewinnen einer Niederlassung, Zweigstelle oder bestimmter Geschäftsarten kann ausreichend sein. Dagegen ist die Beteiligung an einzelnen Handelsgeschäften nicht als Gewinnbeteilung zu betrachten. Anschließend stellt die bloße Umsatzbeteiligung keine Gewinnbeteiligung dar[365], es sei denn, dass es sich um eine Gewinnanteilsberechnung handelt.[366] Das Gleiche gilt auch im Fall einer Festverzinsung.[367] Auf der anderen Seite kann der stille Gesellschafter nach § 231 Abs. 2 Halbs. 1 HGB vom Verlust ausgeschlossen werden. Ein Ausschluss des Geschäftsinhabers sowohl vom Gewinn als auch vom Verlust ist ebenfalls möglich.[368]

Normalerweise hat eine stille Gesellschaft eine zweigliedrige Struktur, die jedoch nicht zwingend ist. Sie kann auch aus mehreren Teilhabern (die sog. mehrgliedrige stille Gesellschaft) bestehen.

Zur Errichtung der stillen Gesellschaft ist es erforderlich, einen Gesellschaftsvertrag abzuschließen. Eine schriftliche Form des Vertrages ist nicht zwingend,

---

360 Zum Begriff des Kaufmannes Schäfer, Das Handelsrechtsreformgesetz nach dem Abschluss des parlamentarischen Verfahrens, DB 1998, S. 1269 ff.

361 Fahse, in: Ensthaler, HGB, Gemeinschaftskommentar, 7. Auflage 2007, § 230, Rdnr. 21 ff.

362 Im Schrifttum wird die Vermögenseinlage als *bilanzierungsfähiger Vermögenswert* bezeichnet, Zutt, in: HGB-Großkommentar, 4. Auflage 2004, § 230, Rdnr. 12.

363 Schmidt, in: Münchener Kommentar HGB, 2. Auflage 2007, Band 3, § 230, Rdnr. 19.

364 Schmidt, Gesellschaftsrecht, 4. Auflage 2002, S. 1845.

365 Blaurock, Handbuch der Stillen Gesellschaft, 6. Auflage 2003, § 7, S. 120 ff.

366 Schmidt, in: Münchener Kommentar HGB, 2. Auflage 2007, Band 3, § 230, Rdnr. 38.

367 Schmidt, in: Münchener Kommentar HGB, 2. Auflage 2007, Band 3, § 230, Rdnr. 41.

368 Zutt, in: HGB-Großkommentar, 4. Auflage 2004, § 231, Rdnr. 10 ff.

da er auch mündlich oder stillschweigend abgeschlossen werden kann.[369] Die Entstehung der stillen Gesellschaft knüpft bei fehlender Eintragung ins Handelsregister an der Wirksamkeit des Gesellschaftsvertrages an.[370]

Die Gestaltung der Vertragsverhältnisse durch die Vertragsfreiheit kann zu einer Erweiterung der (Vermögens-)Rechte des stillen Gesellschafters führen. In diesem Fall handelt es sich um eine *atypische stille Gesellschaft*, die von der *typischen stillen Gesellschaft* zu differenzieren ist. Diese Unterscheidung ist besonders im Bereich des Steuerrechts von Bedeutung.[371]

Die stille Gesellschaft ist von anderen mittelbaren Gesellschaftsbeteiligungen wie der Unterbeteiligung zu unterscheiden. Die Unterbeteiligung betrifft „*die Beteiligung an dem auf den Gesellschafter entfallenden Gewinn bzw. Verlust und nicht insgesamt auf das Ergebnis der Gesellschaft*"[372]. Es handelt sich also um eine anteilige Beteiligung an der Gesellschaft.

Die stille Gesellschaft wird infolge der im § 234 Abs. 1 HGB aufgezählten Gründen aufgelöst. Diese Regelung ist dispositives Recht. Falls eine beteiligte Gesellschaft am stillen Gesellschaftsverhältnis aufgelöst wird, führt dies zugleich nicht zur Auflösung der stillen Gesellschaft. Es kann die Rede nur vom einen Kündigungsgrund sein.[373]

Infolge des schuldrechtlichen Zusammenhangs zwischen dem Geschäftsinhaber und dem stillen Gesellschafter und des Fehlens eines Gesamthandsvermögens findet nach der Auflösung der stillen Gesellschaft keine Liquidation statt.[374]

V. Die Unterbeteiligung

Unter dem Begriff Unterbeteiligung versteht man die Teilhabe einer weiteren Person (des Unterbeteiligten) am Anteil des Hauptgesellschafters an einer Ge-

---

369 Fleischer/Thierfeld, Stille Gesellschaft im Steuerrecht, 7. Auflage 1998, S. 50; zum Wesen des Gesellschaftsvertrages als *Schuldvertrag* sowie als *gemeinschaftsbegründeter*, *sozial-* und *personerechtlicher Vertrag*, kein aber *gegenseitiger Vertrag* i.S.d. §§ 320 ff. BGB, Blaurock, Handbuch der Stillen Gesellschaft, 6. Auflage 2003, § 9, S. 154 ff.

370 Blaurock, Handbuch der Stillen Gesellschaft, 6. Auflage 2003, § 9, S. 154.

371 Zutt, in: HGB-Großkommentar, 4. Auflage 2004, § 230, Rdnr. 30 ff.; auch zu Unterscheidung zwischen der typischen und atypischen stillen Gesellschaft s. Schmidt, Gesellschaftsrecht, 4. Auflage 2002, S. 1845 ff; zu Besonderheiten der Steuerbehandlung sowie bei der Gewinnermittlung der atypischen stillen Gesellschaft, Groh, Die atypische stille Gesellschaft als fiktive Gesamthandsgemeinchaft,, in: FS für H. W. Kruse, 2001, S. 417 (419 ff.).

372 Weigl, Stille Gesellschaft und Unterbeteiligung, 2. Auflage 2004, S. 2.

373 Schmidt, in: Münchener Kommentar HGB, 2. Auflage 2007, Band 3, § 234, Rdnr. 22 ff.

374 Fleischer/Thierfeld, Stille Gesellschaft im Steuerrecht, 7. Auflage 1998, S. 186; Zutt, in: HGB-Großkommentar, 4. Auflage 2004, § 234, Rdnr. 2 ff; zur Vollbeendigung der stillen Gesellschaft vgl. auch Schmidt, in: Münchener Kommentar HGB, 2. Auflage 2007, Band 3, § 234, Rdnr. 26 ff.

sellschaft bezüglich seiner Gewinnbeteiligung, u. U. auch Verlustbeteiligung. Im Schrifttum wird die Unterbeteiligung als die *„Beteiligung an einer Beteiligung“* bezeichnet.[375] Bei der Unterbeteiligung sind auch die §§ 230 ff. HGB und die §§ 705 ff. BGB anzuwenden.

Der vollständige Begriff der Unterbeteiligung umfasst vier Voraussetzungen: i) eine Hauptbeteiligung, ii) einen Gesellschaftsvertrag zwischen dem Hauptbeteiligten und dem Unterbeteiligten, iii) die Teilhabe des Unterbeteiligten mit einer Einlage an der Hauptbeteiligung und iv) die Gewinnteilhabe des Unterbeteiligten.[376] Die Unterbeteiligung ist eine Form der BGB-Innengesellschaft.[377] Dementsprechend kann die Unterbeteiligung kein Gesellschafts-(Gesamthands-) Vermögen haben.[378] Folglich hat die Unterbeteiligung keine Rechts- und Insolvenzfähigkeit, sie kann nicht klagen oder verklagt werden. Hauptgesellschafter kann jeder werden, der eine Gesellschafterposition einnehmen kann, während als Unterbeteiligter alle Träger von Rechten und Pflichten betrachten können.[379]

Bei der Unterbeteiligung wird zwischen *typischer* (Teilhabe am jährlichen Gewinn und Anspruch auf Rückzahlung der Einlage nach Beendigung der Gesellschaft) und *atypischer Unterbeteiligung* (Teilhabe an den stillen Reserven bei der Beendigung des Gesellschaftsverhältnisses) unterschieden.[380] Weitere Erscheinungsformen der Unterbeteiligung sind die *offene* und die *stille*, sowie die *mehrgliedrige* und die *mehrstufige Unterbeteiligungsgesellschaft*.[381]

Der Gesellschaftsvertrag zum Zustandekommen der Unterbeteiligung verbindet nur der Unterbeteiligten mit dem Hauptgesellschafter. Die Rechtsverhältnisse des Unterbeteiligten mit dem Hauptgesellschaft oder ihren Gesellschaftern werden durch die Mitgliedschaft des Hauptgesellschafters und seine drittschützenden Treupflichten bestimmt.[382]

Die Geschäftsführungsaufgaben können vertraglich vereinbart werden. Falls keine vertragliche Vereinbarung zusteht, ist es die Geschäftsführungsaufgaben entsprechend ihrer Rechtsnatur zu verteilen. Die bei der Hauptgesellschaft Hand-

---

375 Bärwaldt, in: Beck'sches Handbuch der Personengesellschaften, 2. Auflage 2002, § 14, Rdnr. 1, S. 1016; auch zur Definition und Rechtsnatur der Unterbeteiligung Schmidt, in: Münchener Kommentar HGB, 2. Auflage 2007, Band 3, § 230, Rdnr. 192.

376 Schmidt, in: Münchener Kommentar HGB, 2. Auflage 2007, Band 3, § 230, Rdnr. 195 ff.

377 BGH – Urteil v. 13.6.1994 – II ZR 259/92, BB 1994, S. 1597 (1598).

378 BGH – Urteil v. 26.6.1989 – II ZR 128/88, NJW 1990, S. 573 (574); Gehrlein, Der Konsortialkredit als Modell einer Innengesellschaft, DStR 1994, S. 1314.

379 Bärwaldt, in: Beck'sches Handbuch der Personengesellschaften, 2. Auflage 2002, § 14, Rdnr. 2 ff., S. 1017.

380 Giefers/Ruhkamp, Die Gesellschaft bürgerlichen Rechts, 5. Auflage 2003, S. 346.

381 Bärwaldt, in: Beck'sches Handbuch der Personengesellschaften, 2. Auflage 2002, § 14, Rdnr. 4 ff., S. 1017 ff.

382 Schmidt, Gesellschaftsrecht, 4. Auflage 2002, S. 1870 ff.

lungsbedürftigen Geschäftsführungsaufgaben stehen dem Hauptgesellschafter zu. Im Rahmen einer das schuldrechtliche Verhältnis zwischen Hauptgesellschafter und Unterbeteiligten betroffenen Geschäftsführungsaufgabe sind beide Beteiligten berechtigt.[383]

VI. Weitere Gesellschaftsformen

Außer den oben genannten Personengesellschaften gibt es weitere Gesellschaftsformen, die als Arten von Personengesellschaften anerkannt sind. Diese Gesellschaftsformen erfassen unter anderem die Partenreederei, die EWIV, die Metagesellschaft, die Partnerschaftsgesellschaft, das Joint Venture sowie ausländische Gesellschaften und verdeckte Gesellschaftsverhältnisse.

B. Das deutsche Einkommensteuerrecht

Der Rechtfertigungsgedanke der Besteuerung basiert auf der Vorstellung, dass der Einzelne als Teil eines Rechtsstaates den Schutz der Rechtsordnung genießt und alle Facetten *„eines politisch geformten und staatlich garantierten Marktes als Ort freier wirtschaftlicher Begegnung“*[384] nutzt – wie z. B. das Bank- oder Währungssystem –, um seine Erwerbstätigkeit zu entwickeln. Aus diesem Grund muss die Rechtsgemeinschaft das Erwirtschaftete des Einzelnen[385] *nur im Rahmen dieses Marktes* besteuern lassen. Diese Rechtfertigung der Besteuerung entspricht der sog. Markteinkommenstheorie[386], weshalb die Einkommensteuer auch als *„Marktzuwachssteuer“*[387] bezeichnet und nach der individuellen Zahlungsfä-

383 Bärwaldt, in: Beck'sches Handbuch der Personengesellschaften, 2. Auflage 2002, § 14, Rdnr. 24 ff., S. 1021.

384 Di Fabio, Der offene Staat in der Wirtschaftsgesellschaft, in: FS für Vogel, 2000, S. 3 (13).

385 Zudem vgl. auch das *Subjektsteuerprinzip* oder den Grundsatz der *Individualbesteuerung*, nach dem die einzelne Person mit ihrem eigenen erzielten Einkommen Steuersubjekt ist. Heuermann, in: Blümich, EStG § 26, Rdnr. 8-13; Weber-Grellet Steuern im modernen Verfassungsstaat, 2001, S. 178; Kirchhof, Maßstäbe für eine familiengerechte Besteuerung, ZRP 2003, S. 73 (74).

386 Zu verschiedenen Konzeptionen der Markteinkommenstheorie Kirchhof in: Isensee/Kirchhof, Handbuch des Staatsrechts, Band V, 3. Auflage 2007, § 118, Rdnr. 186; Wendt, Empfiehlt es sich, das Einkommensteuerrecht zur Beseitigung von Ungleichbehandlungen und zur Vereinfachung neu zu ordnen?, DÖV 1988, S. 710, (714 ff); Jakob, Einkommensteuer, 3. Auflage 2003, S. 3 ff; Wittmann, Besteuerung des Markteinkommens – Grundlinien einer freiheitsschonenden Besteuerung, StuW 1993, S. 35; Söhn, Erwerbsbezüge, Markteinkommenstheorie und Besteuerung nach der Leistungsfähigkeit, in: FS für Tipke, 1995, S. 343.

387 Kirchhof, in: Kirchhof, EStG Kompakt Kommentar, 8. Auflage 2008, Einl. Rdnr. 4.

higkeit bemessen wird.[388] Dabei greift die Einkommensteuer auf das zu versteuernde Einkommen[389] der natürlichen Personen zu, während die Körperschaftsteuer das Einkommen juristischer Personen betrifft.[390] Diese beiden Steuerformen gehören zusammen mit ihren Annexsteuern (z. B. dem Solidaritätszuschlag) zu den Steuern auf das Einkommen und bilden eine Untergruppe der direkten Personensteuern. Das bedeutet auch, dass diese Steuerformen als Personensteuern den persönlichen Umständen des Steuersubjekts Rechnung tragen müssen.

I. Allgemeines

Die Einkommensteuer ist gemäß Art. 106 Abs. 3 GG eine Gemeinschaftsteuer, deren Steuerhoheit dem Bund und den Ländern zusteht. Die Gemeinden erhalten nach Art. 106 Abs. 5 GG einen Anteil am Einkommensteueraufkommen. Die Gesetzgebungskompetenz obliegt dem Bund (Art. 105 Abs. 2 GG).

Die Rechtsgrundlagen der ESt. ergeben sich aus dem EStG, aus der Einkommensteuer-Durchführungsverordnung (EStDV), aus der Lohnsteuer-Durchführungsverordnung (LStDV) und weiteren Nebenverordnungen. In der Verwaltungspraxis besitzen außerdem die Einkommensteuer- und Lohnsteuerrichtlinien (EStR, LStR) besondere Bedeutung. Bei diesen Richtlinien handelt es sich um Verwaltungsvorschriften, die aufgrund der Richtlinienkompetenz der Bundesregierung mit Zustimmung des Bundesrates erlassen werden (Art. 108 Abs. 7 GG).

Die Einkommensteuer ist eine progressive Steuer, deren Einkommensteuertatbestand[391] aus den in den materiellen Steuerrechtsnormen enthaltenen Tatbestandsmerkmalen besteht, die das Entstehen des Steueranspruchs (§ 38 AO) begründen. Zusätzlich betrifft das Einkommensteuerrecht das *Ist*- und nicht das *Solleinkommen*.[392]

In § 1 Abs. 1 S. 1 EStG wird die *unbeschränkte persönliche Steuerpflicht* etabliert. Einer Auffassung nach ist der Steuerpflichtige weder sittlich noch demokratisch, sondern wirtschaftlich mit einem Standort verbunden. Infolge dieser

388 Kirchhof, Steuergerechtigkeit und sozialstaatliche Geldleistungen, JZ 1982, S. 305 (307).

389 Zum Begriff „Einkommen" s. Kirchhof, in: Kirchhof/Söhn/Mellinghof, EStG-Kommentar, § 2, Rdnr. A 67 ff; auch Brandis, Einkommen als Rechtsbegriff, StuW 1987, S. 289.

390 Sowohl für Personensteuern als auch für Unternehmensteuern gibt es nur eine *Steuerquelle*. Für Personensteuern ist *das disponible Einkommen* und für Unternehmensteuern *der Gewinn* maßgeblich. Tipke, Vom Konglomerat herkömmlicher Steuern zum System gerechter Steuern, BB 1994, S. 437 (441).

391 Vgl. Seeger, in: Schmidt, EStG Kommentar, 27. Auflage 2008, § 2, Rdnr. 18.

392 BFH – Urteil v. 26.11.1992, XR 187/87, BStBl. II 1993, S. 298 (299).

wirtschaftlichen Verbindung wird seine Finanzierungsverantwortung fundiert.[393] Die unbeschränkte Steuerpflicht im Anschluss mit dem sog. *Territorialitätsprinzip*[394] setzt den inländischen Wohnsitz (§ 8 AO) oder den gewöhnlichen Aufenthalt der Person (§ 9 AO) im Inland voraus. Darüber hinaus wird sie durch das sog. *Welteinkommens-* oder *Universalitätsprinzip* erweitert.[395] In § 1 Abs. 2 EStG wird der persönliche Anwendungsbereich der sog. *erweiterten unbeschränkten Steuerpflicht* beschrieben. Mit § 1 Abs. 3 EStG wird die sog. *fiktive unbeschränkte Steuerpflicht* vorgeschrieben, während die *beschränkte Steuerpflicht* durch die *Residualvorschrift* des § 1 Abs. 4 EStG gesichert wird (*Territorialitätsprinzip*).[396]

Die ESt. ist eine *Jahressteuer*[397] (§ 2 Abs. 7 S. 1 EStG). Sie erfasst periodisch und sukzessiv das innerhalb eines Kalenderjahres bezogene Einkommen (*Periodizitätsprinzip*).[398] Zudem beinhaltet das geltende EStG eine Aufzählung der Einkunftsarten (§ 2 Abs. 1 EStG)[399], während § 2 Abs. 2 EStG die sieben Einkunftsarten „*dualistisch*" in *zwei Hauptgruppen des Einkommens* unterteilt:[400] Einkünfte[401] aus Land- und Forstwirtschaft, Gewerbebetrieb und selbstständiger Arbeit werden als Gewinneinkunftsarten bezeichnet, während die Übrigen als Überschusseinkünfte definiert werden.

Zur Ermittlung der Einkünfte[402] hat die Finanzwissenschaft ein dualistisches System entwickelt, das als *Subsystem im Binnenbereich des EStG* anerkannt

---

393 Schön, Steuergesetzgebung zwischen Markt und Grundgesetz, in: Erneuerung des Verfassungsstaates, Symposion aus Anlass des 60. Geburtstages von Prof. Dr. P. Kirchhof, 2003, S. 143 (165).

394 Zum Wesen des Territorialitätsprinzips Wendehorst, Münchener Kommentar zum BGB, Band 10, Anhang zu Art. 46 EGBGB – IPR, 4. Auflage 2006, Rdnr. 13 ff.

395 Ebling, in: Blümich, EStG, § 1, Rdnr. 23 ff.

396 Gosch, in: Kirchhof, EStG – Kompaktkommentar, 8. Auflage 2008, § 1, Rdnr. 1.

397 Zum Jahressteuerprinzip Kirchhof, in: Kirchhof, EStG – Kompaktkommentar, 8. Auflage 2008, § 2, Rdnr. 153 ff.

398 Lang, in: Tipke/Lang, Steuerrecht, 19. Auflage 2008, § 9 Rdnr. 44.

399 Zu Verfassungsrahmenbedingungen einer Gleichbehandlung der Einkunftsarten s. Schön, Steuerreform in Deutschland – Anmerkungen zum verfassungsrechtlichen Rahmen, in: FS für H. O. Solms, 2005, S. 263 (265 ff.); auch zur Gleiwertigkeit aller Einkunftsarten Tipke, Einkunftsarten – Kästchendenken versus Systemdenken, StuW 1990, S. 246.

400 Bauer, Der Dualismus Betriebsausgaben – Werbungskosten, 1974, S. 42; im deutschen Steuerrecht wird der Begriff „*Einkünftedualismus*" verwendet, s. hierzu Jakob, Einkommensteuer, 3. Auflage 2003, S. 27; Birk, Steuerrecht, 10. Auflage 2007, S. 187 ff.

401 Zum Begriff „Einkünfte" i. R. d. EStG und im Vergleich mit anderen Gesetzen s. Kirchhof, in: Kirchhof/Sohn/Mellinghof, EStG-Kommentar, § 2, Rdnr. B 4 ff.

402 Zu Ermittlung der Einkünfte vgl. das *Nominalwertprinzip*. Nach dem Begriff des Nominalismus oder Nominalwertprinzips stellt nicht das Geld den Wert einzelner Güter oder Leistungen dar, sondern es bildet „als Zahlungsmittel und Wertmesser ein Gut eigener und deshalb nur sich selbst gleicher Art", hierzu Hahn, Währungsrecht, 1990, S. 77; Stuhrmann, in: Blümich, EStG § 20, Rdnr. 23 ff.; Seeger, in: Schmidt, EStG Kommentar, 27. Auflage 2008, § 2, Rdnr. 13; Jakob, Einkommensteuer, 3. Auflage 2003, S. 15.

worden ist.[403] Einerseits erfolgt die Ermittlung der Gewinneinkünfte durch Bilanzierung (Betriebsvermögensvergleich), wenn das Steuersubjekt durch Gesetz dazu verpflichtet ist oder freiwillig Buch führt. Insbesondere ist es hier zu beachten, dass dem allgemeinen Betriebsvermögensvergleich nach § 4 Abs. 1 S. 1 EStG der spezielle Betriebsvermögensvergleich nach § 5 Abs. 1 S. 1 EStG gegenüber steht.

Andererseits findet in entsprechender Weise die Überschusseinkunftsermittlung durch eine vereinfachte Überschussrechnung für die nicht buchführungspflichtigen Steuersubjekte statt.[404] Dieses *Mischsystem*[405] basiert auf folgenden Theorien:

- *Quellentheorie*: Gemäß der sog. Quellentheorie nach Fuisting ist Einkommen „die Gesamtheit aller Sachgüter, die dem Einzelnen innerhalb einer bestimmten Periode als Erträge dauernder Quellen der Gütererzeugung … zur Verfügung steht". Der Quellentheorie entsprechen die Überschusseinkünfte (§ 2 Abs. 2 S. 2 EStG).
- *Reinvermögenszugangstheorie*: Nach dieser Theorie, die durch von Schanz begründet wurde, „ist Einkommen der Zugang von Reinvermögen während einer gegebenen Periode". Der Reinvermögenszugangstheorie entsprechen die Gewinneinkünfte (§ 2 Abs. 2 S. 1 EStG).[406]

Die ermittelten Einkünfte können auch negativ sein und werden dann als Verluste oder negative Einkünfte bezeichnet.[407] Negative Einkünfte einer Einkunftsart können im Entstehungsveranlagungszeitraum (innerperiodisch) mit positiven Einkünften derselben Einkunftsart verrechnet werden (dies wird als *interner horizontaler Verlustausgleich* bezeichnet). Zudem gilt der *externe vertikale Ausgleich*, nach welchem Einkünfte verschiedener Arten ausgeglichen werden können.[408] Der Verlustausgleich als ein vom *Leistungsfähigkeitsprinzip ausgeprägtes* Rechtsinstitut[409]

---

403 Kirchhof, Die Kunst der Steuergesetzgebung, NJW 1987, S. 3217 (3226).

404 Zu Besonderheiten zwischen den verschiedenen Gewinnermittlungsarten sowie zum *Grundsatz der Gesamtgewinngleichheit*, Wied, in: Blümich, EStG § 4, Rdnr. 49 ff.

405 Lindberg, in: Frotscher, EStG-Kommentar, § 2, Rdnr. 17.

406 Jakob, Einkommensteuer, 3. Auflage 2003, S. 3; Lindberg, in: Frotscher, EStG-Kommentar, § 2, Rdnr. 13 ff; Auch zur Quellen- bzw. Reinvermögenszugangstheorie, Reif, Reform der Besteuerung des Einkommens, 2005, S. 37 ff; Zur Regel- bzw. Unregelmäßigkeit der zugeflossenen Konsummöglichkeiten und ihre Konkretisierungsproblematik nach der Quellen- bzw. Reinvermögenszugangtheorie, s. Moxter, Betriebswirtschaftliche Gewinnermittlung, 1982, S. 9 ff.

407 In der Literatur wird es auch der Begriff „*Unterschuß*" verwendet. Lindberg, in: Frotscher, EStG-Kommentar, § 2, Rdnr. 56.

408 Zur Systematik der Verlustverrechnung vgl. Herzig/Briesemeister, Systematische und grundsätzliche Anmerkungen zur Einschränkung der steuerlichen Verlustnutzung, DStR 1999, S. 1377 (1378 ff.).

409 Kirchhof/Geserich, in: Kirchhof/Sohn/Mellinghof, EStG-Kommentar, § 2, Rdnr. D 25.

gilt i. R. d. EStG grundsätzlich uneingeschränkt. Hiervon ausgenommen sind die der Abgeltungsteuer unterliegenden Einkünfte aus Kapitalvermögen. Beim Verlustausgleich bleiben sowohl die begünstigten, nicht entnommenen Gewinne des § 34a EStG als auch andere Bereiche des Einkommensteuerrechts außer Betracht. Im Schrifttum werden die Kriterien zur Beschränkung des Verlustausgleiches in drei Gruppen unterschieden: *a) als Konsequenz des Nettoprinzips, b) aufgrund der Abgrenzung des Umfangs der Einkünfte* und *c) aufgrund von Sonderregelungen.*[410]

Die nicht ausgeglichenen Verluste können nach § 10d EStG abgezogen werden.[411] In der Literatur wird der Verlustabzug als *interperiodische Verlustverrechnung* bezeichnet,[412] deren Unterformen ein *einjähriger, betragsmäßig begrenzter* Verlustrücktrag und ein *zeitlich unbegrenzter*, aber unter bestimmten Voraussetzungen *quotal beschränkter* Verlustvortrag sind.[413] Der Verlustabzug setzt eine *Personenidentität* voraus.[414] Abzugsfähig sind nur solche Einkünfte, bei denen ein Verlustausgleich möglich ist. § 10d EStG wird durch das Nettoprinzip gerechtfertigt und zugleich „*konkretisiert er ein Verfassungsgebot*".[415]

Zudem können im Ausland gemachte Verluste, die nach § 2a Abs. 1 S. 1 EStG der Verlustausgleichsbeschränkung unterliegen, nur mit positiven Einkünften der gleichen Art und desselben Landes ausgeglichen werden (*innerstaatlicher Verlustausgleich*). Bei Unmöglichkeit eines Verlustausgleichs kann nach § 2a Abs. 1 S. 3 EStG ein *artgleicher innerstaatlicher Verlustvortrag* in Betracht kommen.[416]

---

410 Scheffler, Besteuerung von Unternehmen I, 10. Auflage 2007, S. 130 ff. Zu weiteren Beschränkungen sowohl des Verlustausgleichs als auch des Verlustsabzugs s. Lang, in: Tipke/Lang, Steuerrecht, 19. Auflage 2008, § 9 Rdnr. 65 ff.

411 Der Verlustausgleich ist im Vergleich mit dem Verlustabzug vorzugehen. Lang, in: Tipke/Lang, Steuerrecht, 19. Auflage 2008, § 9 Rdnr. 62; vgl. auch den Unterschied zwischen dem vorrangigem Verlustabzug und Sonderausgaben bzw. außergewöhnlichen Belastungen. Scheffler, Besteuerung von Unternehmen I, 10. Auflage 2007, S. 134, 136.

412 Bohnenblust/Menger/Zöchling, Verlustverrechnung im Ertragsteuerrecht (Teil I) – Rechtsvergleich Deutschland – Österreich – Schweiz –, DStR 1991, S. 433 (435).

413 Scheffler, Besteuerung von Unternehmen I, 10. Auflage 2007, S. 135.

414 BFH – Urteil v. 29.10.1986, IR 202/82, BStBl. II 1987, S. 308; BFH – Urteil v. 29.10.1986, IR 318 – 319/83, BStBl. II 1987, S. 310.

415 Die Regelung des § 10d EStG wird im Schrifttum als *Steuerwürdigkeitsentscheidung* anerkannt, hierzu v. Groll, in: Kirchhof/Sohn/Mellinghof, EStG-Kommentar, § 10d, Rdnr. A 43, A 70.

416 Biergans, Einkommensteuer, 6. Auflage 1992, S. 1199 ff.

II. Grundprinzipien des Einkommensteuerrechts

1. Das Nettoprinzip

Das Nettoprinzip stellt die *Konkretisierung*[417], ein *Subprinzip*[418] des Leistungsfähigkeitsprinzips oder ein *indisponibles Prinzip*[419] für den Gesetzgeber dar.

Weitgehend ist zwischen objektivem und subjektivem Nettoprinzip zu unterscheiden:[420]

- *objektives (erwerbssicherndes) Nettoprinzip*: Hiernach müssen Aufwendungen (Betriebsausgaben bzw. Werbungskosten) während der Einkommenserzielung abgezogen werden.
  Die staatliche Teilhabe am erwirtschafteten Einkommen des Steuerpflichtigen muss auch eine *aufwands- bzw. risikogemeinschaftliche* Dimension haben.[421] Die Vorschrift des § 2 Abs. 2 EStG stellt die Verwirklichung des objektiven Nettoprinzips dar.[422]
- *subjektives (existenzsicherndes) Nettoprinzip*: Tatsächlich handelt es sich um abziehbare unvermeidliche Privataufwendungen.[423] Nach diesem Prinzip gehört das Einkommen des Einzelnen, das für ein Existenzminimum und ein menschenwürdiges Leben des Steuerpflichtigen und seiner Familie notwendig ist, nicht zu dem zu versteuernden Einkommen. Diesen Konsens hat auch das BVerfG mit entsprechenden Beschlüssen bestätigt.[424]

Das Gebot des Existenzminimums erfasst Beträge, die z. B. die Nahrung, Kleidung und Unterkunft des Menschen oder für die Betreuung und Erziehung seiner Kinder notwendig sind.

Außerdem folgt aus Art. 6 Abs. 1 GG, der eine Grundlage des Familienschutzes darstellt, dass „die Familienbeziehungen keine nachteiligen steuerlichen Nachfolgen haben" dürfen.[425]

---

417 Birk, Steuerrecht, 10. Auflage 2007, S. 51.

418 Tipke, Das Nettoprinzip – Angriff und Abwehr, dargestellt am Beispiel des Werkstorprinzips, BB 2007, S. 1525 (1526 ff.).

419 Lindberg, in: Frotscher, EStG-Kommentar, § 2, Rdnr. 28.

420 Zum objektiven bzw. subjektiven Nettoprinzip s. Birk, Steuerrecht, 10. Auflage 2007, S. 52; ebenfalls Jakob, Einkommensteuer, 3. Auflage 2003, S. 11.

421 Kirchhof, in: Kirchhof/Sohn/Mellinghof, EStG-Kommentar, § 2, Rdnr. A 128.

422 Arndt/Schumacher, Einkommensbesteuerung und Grundrechte, AöR 118 (1993), S. 513 (520).

423 Hierzu ausführlich Tipke, Steuerrechtsordnung II, 2. Auflage 2003, S. 784 ff.

424 BVerfG, Beschluss v. 29.5.1990 – 1 BvL 20/84 –, NJW 1990, S. 2869 ff.; BVerfG, Beschluss v. 12.6.1990 – 1 BvL 72/86 –, NJW 1990, S. 2876 ff.

425 Kirchhof, in: Kirchhof, EStG Kompakt Kommentar, 8. Auflage 2008, Einl. Rdnr. 7.

Zutreffend wird im Schrifttum die Meinung vertreten, dass eine reduzierte Leistungsfähigkeit auf das disponible Einkommen einer verfassungskonformen Besteuerung entspricht.[426]

2. *Das Veranlassungsprinzip*

Nach dem Veranlassungsprinzip[427], das grundlegende Bedeutung für die betriebliche Gewinnermittlung hat, wird im Bereich des Einkommen- bzw. Körperschaftsteuerrechts eine Sphärenbegrenzung zwischen dem vorgenommen, was betrieblich und was nicht-betrieblich ist, sowie dem, was gesellschaftlich und was nicht-gesellschaftlich ist.[428] In diesem Sinne könnte das Veranlassungsprinzip als Konkretisierungsprinzip oder inneres Prinzip im Rahmen des objektiven Nettoprinzips bezeichnet werden.

Der Veranlassungsbegriff bezieht sich *„bei einer Kapitalgesellschaft auf deren Tun insgesamt,* bei einer natürlichen Person dagegen nur *auf deren mit einer bestimmten Einkunftsquelle im Zusammenhang stehendes Tun*"[429].

Dieses Prinzip ist besonders bedeutsam in den Bereichen des Betriebsvermögens, der Betriebsausgabe und der Betriebseinnahme.[430] Der Begriff „Betriebsausgabe" wird im § 4 Abs. 4 EStG definiert. Betriebsausgaben sind Aufwendungen, die durch den Betrieb veranlasst sind. Andererseits ist der Aufwandsbegriff nicht gesetzlich definiert. Er ergibt sich durch aus dem Schrifttum und der Rechtsprechung.[431] Insbesondere ist § 4 Abs. 4 EStG *„ein entscheidendes Merkmal für die Abzugsfähigkeit von Aufwendungen. Voraussetzung dafür ist, dass sie in einem tatsächlichen oder wirtschaftlichen Zusammenhang mit dem Betrieb stehen*"[432]. Maßgeblich für das Bestehen eines wirtschaftlichen Zusammenhanges ist zum einen die wertende Beurteilung des die betreffenden Aufwendungen auslösenden

---

426 Tipke, Steuerrechtsordnung II, 2. Auflage 2003, S. 795.

427 Die betriebliche Veranlassung ist eigenständig für das Steuerrecht zu prüfen. Zum Veranlassungsbegriff Heinicke, in: Schmidt, EStG Kommentar, 27. Auflage 2008, § 4, Rdnr. 28 ff.

428 Weber-Grellet, Steuern im modernen Verfassungsstaat, 2001, S. 179.

429 Wassermeyer, Veranlassung und Fremdvergleich, in: FS für Offerhaus, 1999, S. 405 (413).

430 Zusammengefasst werden die positiven Merkmale der Einkünfte unter dem Begriff *„Erwerbsbezüge"* und die negativen Merkmalen unter dem Begriff *„Erwerbsaufwendungen"*, Lang, in: Tipke/Lang, Steuerrecht, 19. Auflage 2008, § 9, Rdnr. 205.

431 BFH – Urteil v. 4.7.1990 – GrS. 1/89 –, BStBl. II 1990, S. 830 (836). Zum Begriffverhältnis zwischen Werbungskosten (§ 9 Abs. 1 S. 1 EStG) und Betriebsausgaben (§ 4 Abs. 4 EStG), Bauer, Der Dualismus Betriebsausgaben – Werbungskosten, 1974, S. 17 ff.; auch Söffing, Die Angleichung des Werbungskostenbegriffs an den Betriebsausgabenbegriff, DB 1990, S. 2086 ff. Beide Begriffe werden im Spannungsfeld des Veranlassungsprinzips inhaltsgleich behandelt, Stapperfend, Über Betriebsausgaben und Werbungskosten, in: FS für H. W. Kruse, 2001, S. 533 (535).

432 Crezelius, in: Kirchhof EStG Kompakt Kommentar, 8. Auflage 2008, § 4, Rdnr. 135.

Moments, zum anderen die Zuweisung dieses Bestimmungsgrundes zur einkommensteuerrechtlich relevanten Erwerbssphäre.[433]

Aufwendungen, die durch den Betrieb und nicht durch die Privatsphäre veranlasst werden, gehören der betrieblichen Sphäre an und sind den Betriebsausgaben zuzuordnen (*Abgrenzungsfunktion des Betriebsausgabenbegriffs*). Dieser Betriebsausgabenbegriff ist eine *„Hilfsgröße zur Ermittlung der objektiven Leistungsfähigkeit*".[434] Zudem ist zwischen *positiv* und *negativ* veranlassten Aufwendungen zu unterscheiden. Die durch den Betrieb veranlassten Aufwendungen knüpfen an einer steuerbaren betrieblichen Erwerbstätigkeit (positiv) an und nicht an einem privaten Handeln, Dulden oder Unterlassen (negativ).[435]

In der Literatur gibt es grundsätzlich zwei unterschiedliche Theorien hinsichtlich der betrieblichen Veranlassung. Der ersten Theorie nach ist eine betriebliche Veranlassung ausreichend (das sog. Kausalitätsprinzip). Nach der zweiten Theorie ist das Kausalitätsprinzip nicht ausreichend und die Aufwendungen müssen i. V. m. § 9 EStG zusätzlich von einem subjektiven Willen zur Erreichung des Einnahmezieles gekennzeichnet sein (das sog. Finalitätsprinzip).[436]

Nach der Rechtsprechung des BFH gibt es objektive und subjektive Kriterien, nach welchen sich Betriebsaufwendungen bestimmen lassen. Objektiv ist eine Aufwendung dann mit dem Betrieb verbunden, wenn sie durch den Betrieb veranlasst wird und subjektiv, wenn sie dem Betrieb dient.[437]

Außer im Bereich der Betriebsausgabe ist das Problem der betrieblichen Veranlassung auch im Bereich der betrieblichen Einnahme von Bedeutung. Der Begriff „Betriebseinnahme" wurde durch die Rechtsprechung definiert. Nach dem BFH „sind Betriebseinnahmen alle Zugänge in Geld oder Geldeswert, die durch den Betrieb veranlasst sind"[438]. Zur Bestimmung der betrieblich veranlassten Ein-

---

433 BFH – Urteil v. 17.12.1996 – VIII B 71/96 – BStBl. II 1997, 290 (292).

434 Söhn, in: Kirchhof/Söhn/Mellinghoff, Einkommensteuergesetz Kommentar, § 4 Rdnr. E 55.

435 Söhn, in: Kirchhof/Söhn/Mellinghoff, Einkommensteuergesetz Kommentar, § 4 Rdnr. E 56; zudem vgl. auch die persönliche Zurechnung durch eine *Zurechnungsregel*; nach dieser Regel kommen Erwerbsbezüge und Erwerbsaufwendungen nur für jemanden in Betracht, *der den Tatbestand der Einkunftserzielung verwirklicht.* Lang, in: Tipke/Lang, Steuerrecht, 19. Auflage 2008, § 9, Rdnr. 223. Zur Abgrenzung des steuerlich relevanten Eigenaufwands vom Drittaufwand Küffner/Haberstock, „Drittaufwand": Eine Reise ins Ungewisse, DStR 2000, S. 1672; auch Wassermeyer, Drittaufwand aus der Sicht des Großen Senats des BFH, DB 1999, S. 2486 ff. Zur Problematik der Abziehbarkeit eines *„Quasi – Wirtschaftsgutes*" unter Ehegatten, Söffing, Die fünf Arbeitszimmer – Beschlüsse des Großen Senats des BFH vom 30.1.995 und 23.8.1999, BB 2000, S. 381 (385).

436 Zu diesen Theorien vgl. Frotscher, in: Frotscher, EStG-Kommentar, § 4, Rdnr. 277 ff; auch Tipke, Die Steuerrechtsordnung II, 2. Auflage 2003, S. 765 ff.

437 BFH – Urteil v. 21.11.1983 – GrS. 2/82, BStBl. II 1984, S. 160.

438 BFH – Urteil v. 1.10.1993 – III R 32/92 – BStBl. II 1994, S. 179; BFH – Urteil v. 26.9.1995 – VIII R 35/93 –, BStBl. II 1996, S. 273.

nahmen ist weder die *reine* noch die *historische Wortauslegung*, sondern eine *teleologische* Auslegung anzuwenden.[439]

Nach der Rechtsprechung des BFH sind entscheidende Merkmale der betrieblich veranlassten Einnahmen deren wirtschaftlicher Bezug zum Betrieb[440], das Vorliegen eines sachlichen Zusammenhangs mit dem Betrieb[441], das Bestehen eines unlösbaren ursächlichen Zusammenhangs mit der gewerblichen Tätigkeit[442] oder der Einnahmenzufluss im Rahmen des Betriebs[443]. Entscheidend für die Zuordnung der Einnahme als betrieblich veranlasst ist *der sachliche Zusammenhang* mit dem Betrieb mit Rücksicht auf den Unternehmensgegenstand.[444]

Wenn bestimmte Aufwendungen nicht nur die betriebliche, sondern auch die private Sphäre des Einzelnen (die sog. *gemischt veranlassten Aufwendungen*)[445] berühren, dann stellt sich die Frage, welche Kriterien zur Lösung dieses Problems anzuwenden sind. Zunächst sind die gemischten Aufwendungen unter dem Vorbehalt des § 12 EStG aufzuteilen, soweit der Aufwand von einem privat bzw. betrieblich veranlassten Teil abgegrenzt werden kann. Wenn die Mischaufwendungen die Lebensführung des Steuerpflichtigen oder seiner Angehörigen berühren, dann wird das Abzugs- bzw. Aufteilungsverbot des § 12 Abs. 1 EStG angewandt.[446]

Ausnahmsweise „sind die gemischten Aufwendungen abzugsfähig, wenn das Gesetz abzugsfähig gemischte Aufwendungen vorsieht (z. B. bei beruflich veranlasster doppelter Haushaltsführung, § 9 Abs. 1 S. 3 Nr. 5 i. V. m. § 4 Abs. 5 Nr. 6a EStG), wenn die Zusammensetzung der Mischaufwendungen insgesamt aus steuerbegünstigten Teilen besteht oder wenn die Anteile nach einem objektiven Maßstab

---

439 Webber-Grellet, in: Kirchhof/Söhn/Mellinghoff, Einkommensteuergesetz Kommentar, § 4, Rdnr. D. 101.

440 BFH – Urteil v. 09.5.1985 – IV R 184/82 – BStBl. II 1985, S. 427.

441 BFH – Urteil v. 21.11.1963 – IV 345/61 S – BStBl. III 1964, S. 183.

442 BFH – Urteil v. 1.10.1964 – IV 183/62 U – BStBl. II 1964, S. 629.

443 BFH – Urteil v. 18.3.1965 – IV 47/64 – StRK § 18, R. 369.

444 Webber-Grellet, in: Kirchhof/Söhn/Mellinghoff, Einkommensteuergesetz Kommentar, § 4, Rdnr. D. 103 ff.

445 Aufwendungen, die umfangmäßig aufteilbar sind, werden als *Mischaufwendungen i. w. S.* anerkannt, während die untrennbare Aufwendungen als *Mischaufwendungen i. e. S.* anzusehen sind. Söhn, Abzugsbeschränkungen und Abzugsverbote für gemischt veranlasste Aufwendungen, in: FS für Offerhaus, 1999, S. 477 (482 ff.).

446 Frotscher, in: Frotscher, EStG-Kommentar, § 4, Rdnr. 286 ff.; zum Anwendungsbereich des § 12 EStG Seiler, in: Kirchhof, EStG Kompakt Kommentar, 8. Auflage 2008, § 12, Rdnr. 4 ff; krit. gegenüber dem Aufteilungs- bzw. Abzugsverbot Langohr, Das Veranlassungsprinzip im Einkommensteuerrecht, 1990, S. 79; vgl. auch die Auffassung gegen *ein allgemeines Aufteilungs- bzw. Abzugsverbot mit seinen Alles- oder- Nichts- Ergebnissen* und den Vorschlag für ein *Aufteilungsgebot*. Hierzu Drenseck, Aufteilungs- und Abzugsverbot – § 12 Nr. 1 S. 2 EStG im Wandel, in: FS für Offerhaus, 1999, S. 497 (509).

leicht nachprüfbar und trennbar sind und der berufliche Anteil nicht von untergeordneter Bedeutung ist“[447].

Bei kumulierten Einnahmen muss eine Aufteilung stattfinden, während bei gemischten Einnahmen das *Übergewicht* der privaten oder betrieblichen Veranlassung zu prüfen ist. Im Falle eines ausgewogenen Verhältnisses von betrieblich und privat veranlassten Einnahmen sind diese nicht als Betriebseinnahmen zu behandeln. Die *Argumentationslast* trägt der Fiskus. Die Einnahmen und die davon stehenden Ausgaben sollen *kongruent* behandelt werden.[448] Das Aufteilungs- und Abzugsverbot des § 12 Nr. 1 S. 2 EStG ist für gemischte Einnahmen nicht gültig.[449]

3. *Das Zufluss- und Abflussprinzip*

Das Zufluss- bzw. Abflussprinzip ist in § 11 EStG verankert.[450] Das Zuflussprinzip findet seine Anwendung in der *zeitlichen Zuordnung* von Einnahmen (Abs. 1 S. 1). Entsprechend betrifft das Abflussprinzip den Leistungszeitpunkt der Ausgaben (Abs. 2 S. 1).

Das Zufluss- und Abflussprinzip des § 11 EStG ist subjektiv auf alle unbeschränkt bzw. beschränkt Steuerpflichtigen (auch auf Körperschaftsteuerpflichtige, soweit sie Überschusseinkünfte erzielen) anwendbar. Sein sachlicher Anwendungsbereich erfasst grundsätzlich Überschusseinkünfte (§ 2 Abs. 2 Nr. 2 EStG) und Betriebseinnahmen bzw. -ausgaben i. R. d. § 4 Abs. 3 EStG.[451]

Merkmale des auf dem Zahlungsprinzip beruhenden Abfluss- und Zuflussprinzips[452] sind die *wirtschaftliche Verfügungsmacht*, der Zufluss und Abfluss als *tatsächlicher Vorgang* und die *potentielle Verfügungsmacht*.[453]

Insbesondere ist maßgeblich, wann der Steuerpflichtige die wirtschaftliche Verfügungsmacht über das Wirtschaftsgut tatsächlich erlangt hat.[454] Hierbei geht

---

447 Dölfel/Bisdorfer/Weimann, Steuerrecht – eine Einführung für Juristen und Ökonomen, 4. Auflage 2001, S. 183; bei gemischten Kosten vgl. auch die Auffassung zum allgemeinen Abzugsverbot für Ausgaben und Aufwendungen, die neben Erwerbszwecken auch privaten Zwecken dienen, hierzu Kirchhof, EStGB, Ein Vorschlag zur Reform der Einkommen- und Körperschaftsteuer, 2003, § 4, Rdnr. 2.

448 Webber-Grellet, in: Kirchhof/Söhn/Mellinghoff, Einkommensteuergesetz Kommentar, § 4 Rdnr. D 109 ff.

449 BFH – Urteil v. 9.8.1996 – VI R 88/93 –, BStBl. II 1997, S. 97 (98).

450 Der Begriff der Leistung in § 11 Abs. 2 EStG *korrespondiert* mit dem des Zufließens in § 11 Abs. 1 EStG. BFH – Urteil v. 6.3.1997 – IV R 47/95 –, BStBl. II 1997, S. 509 (510).

451 Zu weiteren Besonderheiten des persönlichen bzw. sachlichen Anwendungsbereich des Zufluss- und Abflussprinzips s. Dürr, in: Frotscher, EStG-Kommentar, § 11, Rdnr. 6 ff.

452 Heinicke, in: Schmidt, EStG Kommentar, 27. Auflage 2008, § 11, Rdnr. 12.

453 Glenk, in: Blümich, EStG, § 11, Rdnr. 9 ff.

454 Segebrecht, Die Einnahmeüberschussrechnung nach § 4 Abs. 3 EStG, 11. Auflage 2005, S. 158.

es grundsätzlich um den Zeitpunkt des Leistungserfolgs oder den Eintritt der Möglichkeit, den Leistungserfolg herbeizuführen.[455] Im Fall des Abflusses ist der Verlust der wirtschaftlichen Verfügungsmacht nämlich die *Leistungshandlung* maßgeblich.[456] Bei einer *nachträglichen Verfügungsbeschränkung* des Erwerbers oder bei einem *späteren Verlust der wirtschaftlichen Verfügungsmacht* wird der verwirklichte Tatbestand des Zufluss- bzw. Abflussprinzips nicht beeinflusst.[457]

Ausnahmeregelungen vom Zufluss- bzw. Abflussprinzips betreffen regelmäßig wiederkehrende Einnahmen und Ausgaben (§ 11 Abs. 1 S. 2 und Abs. 2 S. 2 EStG), Vorauszahlungen bei langfristigen Nutzungsüberlassungen (§ 11 Abs. 1 S. 3 und Abs. 2 S. 3 EStG) und Einnahmen aus nichtselbstständiger Arbeit (§ 11 Abs. 1 S. 4 i. V. m. § 38a Abs. 1 S. 2, 3 und § 40 Abs. 3 S. 2 EStG). Insbesondere sind regelmäßig wiederkehrende Einnahmen und Ausgaben im Hinblick auf das Realisationsprinzip[458] zu beachten.[459]

4. *Das Maßgeblichkeitsprinzip*

Nach dem Maßgeblichkeitsprinzip[460] „ist für die steuerliche Gewinnermittlung nach § 5 Abs. 1 EStG das sich nach den GoB[461] ergebende Vermögen in der Bilanz[462] anzusetzen. Damit sind die GoB und die nach den GoB aufgestellte Handelsbilanz für die steuerliche Gewinnermittlung maßgebend“[463].

---

455 BFH – Urteil v. 21.11.1989 – IX R 170/85, BStBl. II 1990, S. 310 (311); BFH – Urteil v. 1.10.1993 – III R 32/92, BStBl. II 1994, S. 179 (181).

456 Dürr, in: Frotscher, EStG-Kommentar, § 11, Rdnr. 27.

457 Für Sonderfälle des Zufluss- bzw. Abflussprinzips sowie für die Beteiligung Dritter vgl. Seiler, in: Kirchhof, EStG Kompakt Kommentar, 8. Auflage 2008, § 11 Rdnr. 15 ff.

458 Zum Realisationsprinzip Weber-Grellet, Steuern im modernen Verfassungsstaat, 2001, S. 180.

459 Zu regelmäßig wiederkehrenden Einnahmen und Ausgaben s. Dürr, in: Frotscher, EStG-Kommentar, § 11, Rdnr. 37 ff.

460 Zur geschichtlichen Entwicklung des Maßgeblichkeitsprinzips Dziadkowski, Ist die Maßgeblichkeit noch zu retten? in: FS für Reiß, 2008, S. 469.

461 Zu den GoB und ihren Unterscheidungen zwischen formellen und materiellen, oberen und unteren und GoB i. e. S. und i. w. S. vgl. Kempermann, in: Kirchhof/Söhn/Mellinghoff, EStG Kommentar, § 5 Rdnr. B 35 ff.; darüber hinaus vgl. auch Horschitz/Groß/Fanck, Bilanzrecht und Buchführung, Band 1, 11. Auflage 2007, S. 132 ff.; Scheffler, Besteuerung von Unternehmen II, 4. Auflage 2006, S. 31 ff.; Weber-Grellet, in: Schmidt, EStG Kommentar, 27. Auflage 2008, § 5 Rdnr. 66 ff.; Beisse, Normqualität und Normstruktur von Bilanzvorschriften und Standards, BB 1999, S. 2180 ff.

462 Nach § 4 Abs. 2 S. 1 EStG stellt die Bilanz die Vermögensübersicht dar, vgl. auch § 246 Abs. 1 S. 1 HGB.

463 Frotscher, in: Frotscher, EStG-Kommentar, § 5, Rdnr. 26; zu Vorteilen des Maßgeblichkeitsgrundsatzes ders., unter § 5, Rdnr. 26a ff. Im Schrifttum ist umstritten, ob der Maßgeblichkeitsgrundsatz erforderlich ist. Einer Meinung nach sind weder die handelsrechtlichen Vorschriften noch die GoB geeignete Grundlage der steuerrechtlichen Gewinnermittlung, deren Ausgangspunkt die Ermittlung einer systemgerechten und entsprechend dem Leistungsfähigkeitsprinzip

Der persönliche Anwendungsbereich dieses Prinzips erfasst Kaufleute als Gewerbetreibende, sowie andere Gewerbetreibende, die aufgrund einer gesetzlichen Verpflichtung oder freiwillig Buch führen bzw. einen Jahresabschluss erstellen.[464] Die Buchführungspflicht stellt „*eigenständige öffentlich-rechtliche und persönliche Hauptpflicht*" dar.[465]

Entsprechend erfasst der sachliche Anwendungsbereich des Maßgeblichkeitsgrundsatzes grundsätzlich alle steuerrechtlichen Wahlrechte, d. h. alle Ansatz- und Bewertungswahlrechte.[466] Durch das Maßgeblichkeitsprinzip und die mehrfache Anpassung des Handelsbilanzrechts an das Steuerrecht wurde vom Gesetzgeber das *Einheitsbilanzprinzip* erreicht.[467]

Weiterhin ist zwischen der sog. *materiellen Maßgeblichkeit* und der *formellen Maßgeblichkeit* zu unterscheiden. Nach der materiellen Maßgeblichkeit „*hat der Steuerpflichtige bei der steuerlichen Gewinnermittlung die abstrakten handelsrechtlichen Vorgaben zu befolgen*"[468]. Dieser Begriff entspricht der zweiten Klasse nach der dreistufigen Vorstellung des Steuerbilanzrechts. Dies wird differenziert in „a) *ein wegen des Maßgeblichkeitsprinzips in das Steuerrecht transformiertes Handelsrecht,* b) *ein deckungsgleiches Handels- und Steuerrecht* und c) *ein eigenständiges Steuerbilanzrecht, dessen Regelungen vom Handelsrecht abweichen.* Im Falle von b) kommen in Betracht i) *die Gleichsetzung von Wirtschaftsgut und Vermögensgegenstand,* ii) *das zuzurechnende wirtschaftliche Eigentum,* iii) *das Aktivierungsverbot der selbstgeschaffenen immateriellen Anlagewerte* und iv) *die Rechnungsabgrenzungsvorschriften*"[469].

Im Schrifttum tritt auch eine weitere Eigenschaft der Maßgeblichkeit hervor. Es handelt sich hierbei um die *subsidiäre Maßgeblichkeit* der handelsrechtlichen

---

steuerbaren Bemessungsgrundlage ist. Weber-Grellet, Maßgeblichkeitsschutz und eigenständige Zielsetzung der Steuerbilanz, DB 1994, S. 288 (289); ders., Der Maßgeblichkeitsgrundsatz im Lichte aktueller Entwicklungen, BB 1999, S. 2659 (2660). Einer anderen Meinung nach bietet das Festhalten an dem Maßgeblichkeitsprinzip einen wirksamen Schutz vor einer fiskalischen Beeinträchtigung, dazu Moxter, Zum Verhältnis von Handelsbilanz und Steuerbilanz, BB 1997, S. 195 (199). Zu gesetzgeberischen Motiven für den Maßgeblichkeitsgrundsatz s. Weber-Grellet, Maßgeblichkeitsgrundsatz in Gefahr?, DB 1997, S. 385.

464 Horschitz/Groß/Fanck, Bilanzrecht und Buchführung, Band 1, 11. Auflage 2007, S. 140.

465 Zum Wesen der Buchführungspflicht Mösbauer, Zur steuerlichen Buchführungspflicht gewerblicher Unternehmer nach § 140 AO, DB 1996, S. 2582 (2584). Zur Unterscheidung zwischen den bilanzierenden Steuerpflichtigen nach § 4 Abs. 1 und § 5 Abs. 1 EStG Kempermann, in: Kirchhof/Sohn/Mellinghof, EStG-Kommentar, § 5, Rdnr. B 1 ff.

466 Vgl. auch zum Verhältnis mit § 5 Abs. 6 EStG, Frotscher, in: Frotscher, EStG-Kommentar, § 5, Rdnr. 30a.

467 Beisse, Grundsatzfragen der Auslegung des neuen Bilanzrechts, BB 1990, S. 2007 (2009).

468 Knobbe-Keuk, Bilanz- und Unternehmenssteuerrecht, 9. Auflage 1993, S. 21; Crezelius, in: Kirchhof, EStG Kompakt Kommentar, 8. Auflage 2008, § 5 Rdnr. 21 ff.

469 Beisse, Handelsbilanzrecht in der Rechtsprechung des BFH – Implikationen des Maßgeblichkeitsgrundsatzes – BB 1980, S. 637.

Bewertungsvorschriften.[470] Nach einer früher (in der Begründung zur Änderung des EStG aus dem Jahre 1969) vertretenen Auffassung lag die Fähigkeit zur Kennzeichnung der zu bilanzierenden WG bei den handelsrechtlichen GoB, während die Bewertungsart den Merkmalen des Steuerrechts entsprach.[471] Dieser Meinung wurde auch in der Rechtsprechung des BFH gefolgt.[472] Nach heute überwiegend vertretener Ansicht gilt, dass für die Bewertung der anzusetzenden WG auch die allgemeinen Bewertungsgrundsätze und -normen des HGB subsidiär anzuwenden sind, soweit die originären Bewertungsvorschriften des § 6 EStG lückenhaft sind.[473] Übereinstimmend sowohl mit der Geltung des Maßgeblichkeitsprinzips durch die anwendbaren Bewertungsvorschriften des HGB als auch mit ihrer subsidiären Anwendung ist auch die Rechtsprechung des BFH.[474]

Nach der formellen Maßgeblichkeit müssen dagegen die Werte der Vermögensgegenstände in der Handelsbilanz und in der Steuerbilanz übereinstimmen.[475] Die formelle Maßgeblichkeit kann jedoch eingeschränkt oder sogar durchbrochen werden. Es handelt sich um eine Einschränkung des Maßgeblichkeitsgrundsatzes, wenn die Anordnung eines bestimmten Wertes zwischen mehreren zulässigen Ansätzen nach den handelsrechtlichen Vorschriften möglich ist und anhand einer zwingenden steuerlichen Regelung in der Steuerbilanz vorgeschrieben wird. Andernfalls wird der Maßgeblichkeitsgrundsatz durchgebrochen, wenn ein Verstoß gegen die handelsrechtlichen Grundsätze aufgrund eines durch eine steuerrechtliche Norm erforderten Ansatzes vorliegt.[476]

Aus dem Prinzip der formellen Maßgeblichkeit wird *das umgekehrte* Maßgeblichkeitsprinzip abgeleitet, nach dem gilt, dass „*die steuerbilanziellen Werte den handelsbilanziellen Werten entsprechen müssen*". Daraus folgt dass, „*wenn ein steuerliches Ansatz- oder Bewertungswahlrecht ausgeübt werden soll, dieser Wert auch in der Handelsbilanz anzusetzen [ist]*"[477]. Mit anderen Worten tritt

---

470 Kempermann, in: Kirchhof/Söhn/Mellinghoff, EStG Kommentar, § 5 Rdnr. B 121.

471 Kempermann, in: Kirchhof/Söhn/Mellinghoff, EStG Kommentar, § 5 Rdnr. B 121.

472 BFH v. 12.6.1978 – GrS. 1/77 – BStBl. II 1978, S. 620.

473 Vgl. Kempermann, in: Kirchhof/Söhn/Mellinghoff, EStG Kommentar, § 5 B 121; Weber-Grellet, in: Schmidt, EStG Kommentar, 27. Auflage 2008, § 5 Rdnr. 35; Knobbe-Keuk, Bilanz- und Unternehmenssteuerrecht, 9. Auflage 1993, S. 21.

474 BFH v. 21.10.1993 – IV R 87/92, BStBl. II 1994, S. 176 (178).

475 Birk, Steuerrecht, 10. Auflage 2007, S. 256; Schildbach, Maßgeblichkeit – Rechtslage und Perspektiven, BB 1989, S. 1443 (1447); Weber-Grellet, Handelsrechtliche Bewertungswahlrechte in der Steuerbilanz, DB 1994, S. 2405 (2406).

476 Scheffler, Besteuerung von Unternehmen II, 4. Auflage 2006, S. 20 ff.

477 Kempermann, in: Kirchhof/Söhn/Mellinghoff, Einkommensteuergesetz Kommentar, § 5, Rdnr. B 140; Bordewin, Umgekehrte Maßgeblichkeit bei ausschließlich steuerlichem Wahlrecht?, DB 1992, S. 291. Dementsprechend sind auch die sog. *handelsrechtlichen Öffnungsklauseln* zu beachten, vgl. Stobbe, Das Verhältnis von handels- und steuerrechtlicher Rechnungslegung unter

„die umgekehrte Maßgeblichkeit als Bindung der Handelsbilanz an die Steuerbilanz"[478] auf.

Die umgekehrte Maßgeblichkeit findet keine Anwendung, wenn der Ausschluss einer Bindung an die Handelsbilanz durch eine spezielle gesetzliche Regelung (z. B. §§ 4d Abs. 2 S. 4, 51 Abs. 1 Nr. 2b S. 5 EStG) vorgesehen wird oder eine Pflicht zur Aufstellung einer Handelsbilanz fehlt.[479]

Eine große Reform des Bilanzrechts wurde durch den am 8.11.2007 vorgelegten Referentenentwurf des Bilanzrechtsmodernisierungsgesetzes (BilMoG)[480] zur Modernisierung und Annäherung des HGB-Bilanzrechtes an die IFRS angekündigt.[481] Das BilMoG hält grundsätzlich am Maßgeblichkeitsgrundsatz für die steuerliche Gewinnermittlung fest, während die umgekehrte Maßgeblichkeit (§ 5 Abs. 1 S. 2 EStG-E) abgeschafft wird.[482]

Für die Zukunft werden im Schrifttum zwei Alternativen an Stelle des Maßgeblichkeitsgrundsatzes vertreten.[483] Der ersten Auffassung nach ist ein *eigenständiges Bilanzsteuerrecht* zu normieren,[484] während der zweiten Auffassung nach eine *„modifizierte Einnahmeüberschussrechnung zu einer langfristig für alle Unternehmen geltenden einheitlichen Gewinnermittlungsmethode* fortentwickelt werden könnte".[485]

Berücksichtigung der Neuregelung des § 5 Abs. 1 EStG (Teil II), DStR 1991, S. 162 (163 ff.); Robisch, Die Umkehrung des Maßgeblichkeitsprinzips – Eine kritische Bestandaufnahme unter besonderer Berücksichtigung der Situation in den neuen Bundesländern, DStR 1993, S. 998 (1000); Lauth, Endgültiger Abschied von der Einheitsbilanz?, DStR 2000, S. 1365.

478 Frotscher, in: Frotscher, EStG-Kommentar, § 5, Rdnr. 28.

479 Kempermann, in: Kirchhof/Söhn/Mellinghoff, Einkommensteuergesetz Kommentar, § 5 Rdnr. B 153.

480 www.bmj.de/BilMoG.

481 Überblick zur vorgesehenen Bilanzrechtsreform bei Fülbier/Gassen, Das Bilanzrechtsmodernisierungsgesetz (BilMoG): Handelsrechtliche GoB vor der Neuinterpretation, DB 2007, S. 2605; Ernst/Seidler, Kernpunkte des Referentenentwurfs eines Bilanzrechtsmodernisierungsgesetzes, BB 2007, S. 2557.

482 Der Aufgabe der umgekehrten Maßgeblichkeit zufolge ist den kleinen und mittelständischen Unternehmen die Erstellung einer *Einheitsbilanz* nicht mehr möglich, Arbeitskreis Bilanzrecht der Hochschullehrer Rechtswissenschaft, Stellungnahme zum Entwurf eines BilMoG: Grundkonzept und Aktivierungsfragen, BB 2008, S. 152 (154 ff.).

483 Krit. gegenüber einer Aufgabe des Maßgeblichkeitsprinzips Clemm, Steuerbilanz in der Krise, in: FS für Offerhaus, 1999, S. 631 (638 ff.).

484 Weber-Grellet, Der Maßgeblichkeitsgrundsatz im Lichte aktueller Entwicklungen, BB 1999, S. 2659 (2666).

485 Herzig/Hausen, Steuerliche Gewinnermittlung durch modifizierte Einnahmeüberschussrechnung – Konzeption nach Aufgabe des Maßgeblichkeitsprinzips, DB 2004, S. 1 (10).

III. Die Ermittlung des zu versteuernden Einkommens

Im Mittelpunkt des Einkommensteuerrechts steht die Frage, welches Einkommen der Besteuerung unterliegt. Das EStG legt den Einkommensbegriff[486] in § 2 Abs. 4 i. V. m. § 2 Abs. 3 EStG als subsidiäre Definition des Gesamtbetragsbegriffs fest. Somit handelt es sich bei der Festschreibung des § 2 Abs. 4 EStG um *„eine im Gesetz abschließend umschriebene, rechtliche und selbstständige Definition, die sich nicht auf andere wirtschaftliche Einkommensbegriffe bezieht“*[487]. Das folgende Schema, das in den EStR zu § 2 EStG vorgestellt wird, spiegelt die Ermittlung des zu versteuernden Einkommens wider:

Summe der Einkünfte aus jeder Einkunftsart (§ 2 Abs. 2 EStG):

– Einkünfte aus Land- und Forstwirtschaft, §§ 13-14 EStG
– Einkünfte aus Gewerbebetrieb, §§ 15-17 EStG
– Einkünfte aus selbstständiger Arbeit, § 18 EStG
– Einkünfte aus nicht selbstständiger Arbeit, § 19 EStG
– Einkünfte aus Kapitalvermögen, § 20 EStG
– Einkünfte aus Vermietung und Verpachtung, § 21 EStG
– sonstige Einkünfte, §§ 22, 23 EStG
\+ Hinzurechnungsbetrag (§ 52 Abs. 3 S. 3 EStG, sowie § 8 Abs. 5 S. 2 AuslInvG)
= Summe der Einkünfte
./. Altersentlastungsbetrag (§ 24a EStG)
./. Entlastungsbetrag für Alleinerziehende (§ 24b EStG)
./. Freibetrag für Land- und Forstwirte (§ 13 Abs. 3 EStG)
= Gesamtbetrag der Einkünfte (§ 2 Abs. 3 EStG)
./. Verlustabzug (§ 10d EStG)
./. Sonderausgaben (§§ 10, 10a, 10b, 10c, EStG)
./. außergewöhnliche Belastungen (§§ 33-33c EStG)
./. Steuerbegünstigung der zu Wohnzwecken genutzten Wohnungen, Gebäude und Baudenkmale sowie der schutzwürdigen Kulturgüter (§§ 10e-10i EStG, § 52 Abs. 21 S. 6 EStG i. d. F. vom 16.4.1997, BGBl. I S. 821, § 7 FördG)
\+ zuzurechnendes Einkommen gem. § 15 Abs. 1 AStG
= Einkommen (§ 2 Abs. 4 EStG)
./. Freibeträge für Kinder (§§ 31 und 32 Abs. 6 EStG)
./. Härteausgleich (nach § 46 Abs. 3 EStG, § 70 EStDV)
= Das zu versteuernde Einkommen (§ 2 Abs. 5 EStG)

---

486 Im Schrifttum wird der Einkommensbegriff als *synthetisch* bezeichnet, Birk, Steuerrecht, 10. Auflage 2007, S. 184; oder als eine *Zwischengröße* für weitere Abzugstatbestände, Kirchhof, in: Kirchhof, EStG – Kompakt Kommentar, 8. Auflage 2008, § 2 Rdnr. 137.

487 Zenthöfer/Schulze zur Wiesche, Einkommensteuer, 9. Auflage 2007, S. 17.

C. Die gewerblich tätige Personengesellschaft im Einkommensteuerrecht

Die Rechtsform der Personengesellschaft ist in der Bundesrepublik Deutschland weit verbreitet, insbesondere für Unternehmen mittelständischen Wirtschaftsumfangs. Im Schrifttum wird die Auffassung vertreten, dass die Personengesellschaft im Ertragsteuerrecht zweifach und zwar zum einen als *Einheit der Personengesellschaft* und zum anderen als *Vielfalt der Gesellschafter* angeordnet ist.[488] Sie selbst ist als Gewinnerzielungs- und Gewinnermittlungssubjekt sowie als Subjekt der Einkünftequalifikation[489] zu betrachten, aber ihre Gewinne werden unmittelbar den Gesellschaftern zugerechnet (Transparenzprinzip).[490] Die Personengesellschaft unterliegt als eigenständiges Steuersubjekt der Umsatz- und Gewerbesteuer.

I. Das Verhältnis zwischen Einzelunternehmen und Personengesellschaft

Unter dem Begriff ‚Einzelunternehmen' versteht man eine einzelne voll haftende natürliche Person, die selbstständig ohne die Beteiligung anderer natürlicher oder juristischer Personen ein Unternehmen führt.[491] Rechts- und Pflichtträger ist der Unternehmer. Die Kaufmannseigenschaft des Einzelunternehmers ist ein entscheidendes Merkmal für die Gewinnermittlung des Einzelunternehmens. Solange eine Eintragung des gewerblichen Einzelunternehmens ins Handelregister nicht erfolgt ist, findet die Gewinnermittlung *subsidiär* nach den Vorschriften des § 141 ff. AO statt.[492] Andernfalls wird im Fall eines kaufmännischen Einzelunternehmers der zu versteuernde Gewinn nach den GoB durch Bilanzierung ermittelt.

---

488 List, Personengesellschaften im Wandel zivil- und steuerrechtlicher Beurteilung, BB 2004, S. 1473 (1474 ff.); Birk, Steuerrecht, 10. Auflage 2007, S. 327; zum Rangverhältnis zwischen der Einheit der Personengesellschaft und der Vielfalt der Gesellschafter Wacker, in: Schmidt, EStG Kommentar, 27. Auflage 2008, § 15 Rdnr. 163.

489 BFH – Urteil v. 26.11.1996 – VIII R 42/94, BStBl. II 1998, S. 328 (329).

490 Groh, Trennungs- und Transparenzprinzip im Steuerrecht der Personengesellschaften, ZIP 1998, S. 89 (91 ff.); auch Reiß, in: Kirchhof, EStG – Kompakt Kommentar, 8. Auflage 2008, § 15 Rdnr. 200 ff.

491 Der Gewerbetreibende wird als „Inhaber" bezeichnet. Ruß, in: Glanegger/Kirnberger/Kusterer/Ruß/Selder/Stuhlfelner, Handelsgesetzbuch, 7. Auflage 2007, § 1, Rdnr. 2; zum Kaufmannsbegriff Roth, in: Koller/Roth/Morck, HGB – Kommentar, 6. Auflage 2007, § 1, Rdnr. 1 ff.

492 Zum Verhältnis zwischen § 140 und § 141 Drüen, in: Tipke/Kruse, Abgabenordnung, Finanzgerichtsordnung Kommentar, § 141, Rdnr. 1 ff.

Von besonderer Bedeutung im Falle eines Einzelunternehmens ist, dass die dem Betriebszweck dienenden WG[493] zum BV gehören und in der Bilanz auszuweisen sind. Der Einkommensteuer ist der Einzelunternehmer und nicht das Unternehmen unterworfen.

Die einzelunternehmerischen Einkünfte sind als gewerbliche Einkünfte, Einkünfte aus selbstständiger Arbeit oder Einkünfte aus Land- und Forstwirtschaft zu qualifizieren. Insbesondere für erzielte Einkünfte aus gewerblichen Einzelunternehmen greifen die Regelungen des § 15 Abs. 1 S. 1 Nr. 2 i. V. m. Abs. 2 EStG ein.[494]

Baustein des § 15 Abs. 1 Nr. 1 S. 2 EStG ist die *„Gleichstellung der Einzel- und Mitunternehmer, als die Vorschriften des Gesellschaftsrechts nicht entgegenstehen"*[495]. Im Schrifttum werden auch die Begriffe *„Gleichstellungsthese"* und *„Parallelwertung"* verwendet.[496]

Ausgangspunkt dieser Meinung war die vorherige Möglichkeit der Gesellschafter einer Personengesellschaft ihre Entnahmerechte aufzugeben. Im Gegensatz zu den Einzelunternehmern, deren Betriebsvermögen und Gewinne dem Steuerzugriff jederzeit unterworfen sind, konnte der Gewinn der Gesellschafter bei einer gesellschaftsvertraglichen Beschränkung des Entnahmerechts außer steuerlichem Betracht bleiben. In Wirklichkeit wurde aber durch die Gleichstellung des Einzel- und Mitunternehmers das Interesse an der Gewährung einer Rechtsformneutralität aus ertragsteuerlicher Sicht und an der Vermeidung von Wettbewerbsverzerrungen zu Lasten der Kapitalgesellschaften und Einzelunternehmen offenbart, bei denen die erzielten Gewinne im Entstehungsjahr zu versteuern sind. In diesem Sinne handelt es sich im § 15 Abs. 1 S. 1 Nr. 2 EStG um *Gleichstellung des Gewinns der Personengesellschaft mit dem Gewinn des vergleichbaren Einzelunternehmens*.[497]

---

493 Zu Definition des Begriffes WG s. Scheffler, Besteuerung von Unternehmen II, Steuerbilanz und Vermögensaufstellung, 4. Auflage 2006, S. 112 ff.; auch Marx, Begriffsmerkmale des WG, Steuer & Studium 2002, S. 603.

494 Vgl. Weber-Grellet, in: Schmidt, EStG Kommentar, 27. Auflage 2008, § 15, Rdnr. 8 ff.

495 BFH – Urteil v. 24.8.2000 – IV R 51/98, DStR 2000, S. 1768 (1770); vgl. auch die Auffassung zur Annäherung der Mitunternehmer einer Personengesellschaft dem Einzelunternehmer, BFH – Urteil v. 28.10.1999 – VIII R 41/98, BStBl. II 2000, S. 339 (341).

496 Zu den Konsequenzen dieser Gleichsetzung wie z. B. die Hinzurechnung von Sondervergütungen u. a. Wacker, in: Schmidt, EStG Kommentar, 27. Auflage 2008, § 15, Rdnr. 161; auch Reiß, in: Kirchhof, EStG – Kompakt Kommentar, 8. Auflage 2008, § 15 Rdnr. 203 ff.

497 Knobbe-Keuk, Gleichstellung des Mitunternehmers mit dem Einzelunternehmer? § 15 Abs. 1 S. 1 Nr. 2 EStG und mittelbar Beteiligte, DB 1990, S. 905 (907); Knobbe-Keuk, Bilanz- und Unternehmenssteuerrecht, 9. Auflage 1993, S. 361 ff.; vgl. auch die *„Zurechnungsthese"* gegenüber der *„Gleichstellungsthese"*. Hierzu Schön, Zum Stande der Lehre vom Sonderbetriebsvermögen, DStR 1993, S. 185 (191).

II. Die Mitunternehmerschaft

Wie oben erwähnt, unterliegt die Personengesellschaft im deutschen Steuerrecht als Steuersubjekt weder der Einkommen- noch der Körperschaftsteuer. Einkommen- oder Körperschaftsteuersubjekte sind nur ihre Gesellschafter.

Im EStG – in § 15 Abs. 1 S. 1 Nr. 2 – ist bereits die begriffliche Unterscheidung von Mitunternehmer und Gesellschafter angelegt: Nicht jeder Gesellschafter ist automatisch Mitunternehmer; umgekehrt gibt es Mitunternehmer, die formal nicht Gesellschafter sind. Deshalb sind die beiden Begriffe nicht identisch; vielmehr steht der steuerrechtliche Begriff ‚Mitunternehmer' *selbstständig* neben dem Begriff OHG- oder KG-Gesellschafter.[498] Somit wird der Versuch des Gesetzgebers verständlich, die Gesellschafter einer Personengesellschaft mit einem ‚vergleichbaren' Einzelunternehmer steuerrechtlich gleich zu behandeln. Diese Darlegung spiegelt eine früher vertretene Meinung, die sog. *Bilanzbündeltheorie*, wider.[499]

Das Vorgehen des Gesetzgebers stieß auf ein bedeutendes Problem. Der Mitunternehmer und der Einzelunternehmer sollten durch Umqualifizierung der Vergütungen gleichgestellt werden. Deswegen wurde nach der früheren Bilanzbündeltheorie betrachtet, dass die Gesellschaftsbilanz sich aus den einzelnen Bilanzen der Gesellschafter ergab.[500]

Diese Theorie wurde durch die Rechtsprechung des BFH aufgegeben[501] und nunmehr wird die Personengesellschaft nach der Rechtsprechung als *partielles Steuersubjekt*[502] oder *„[Steuersubjekt] in begrenztem Umfang"*[503] gesehen, nämlich als Subjekt der Gewinnerzielung, Gewinnermittlung und Einkünftequalifikation.[504] Diese Betrachtungsweise basiert auf der sog. *Einheitstheorie*. Nach dieser Theorie sind die Gesellschafter miteinander in gesellschaftlicher Hinsicht verbunden und

498 Stuhrmann, in: Blümich, EStG, § 15, Rdnr. 342 ff.; im Schrifttum wird die Funktion des Mitunternehmerbegriffs auf einer zweistufigen Ebene entwickelt. Zum einen führt er zu einer Abgrenzung der Erwerbs- von der Privatsphäre und zum anderen fungiert er als Unterscheidungsmerkmal der Einkünfte des § 15 Abs. 1 S. 1 Nr. 2 EStG von anderen Einkunftsarten. Zur doppelten Funktion des Mitunternehmerbegriffs Hey, in: Tipke/Lang, Steuerrecht, 19. Auflage 2008, § 18, Rdnr. 15.

499 Knobbe-Keuk, Bilanz- und Unternehmenssteuerrecht, 9. Auflage 1993, S. 362; auch Stuhrmann, in: Blümich, EStG § 15, Rdnr. 441 ff.; Kraft, Entwicklungstendenzen in der Besteuerungskonzeption für Personengesellschaften, DStR 1995, S. 921 (923).

500 Niehus/Wilke, Die Besteuerung der Personengesellschaften, 3. Auflage 2005, S. 34 ff.

501 BFH – Urteil v. 8.1.1975 – I R 142/72 – BStBl. II 1975, S. 437; zur neuen Auffassung der Rechtsprechung vgl. BFH – Urteil v. 25.6.1984 – GrS. 4/82 – BStBl. II 1984, S. 751.

502 Wacker, in: Schmidt, EStG Kommentar, 27. Auflage 2008, § 15 Rdnr. 164.

503 BFH – Urteil v. 25.6.1984 – GrS. 4/82 – BStBl. II 1984, S. 751.

504 Vgl. FN 489.

stellen gemeinsam mit der Gesellschaft eine Einheit dar.[505] Die Personengesellschaft verwirklicht durch die Einheit ihrer Gesellschafter Merkmale eines Besteuerungstatbestandes, welche den Gesellschaftern für deren Besteuerung zuzurechnen sind.[506] Entscheidend ist, dass die Mitunternehmer der Personengesellschaft die Einkommen- oder Körperschaftsteuerlast tragen, so dass bei der Gewinnermittlung zusätzlich zum Gesellschaftsbereich das SBV, Sondervergütungen, Sonderbetriebsausgaben und die Ergänzungsbereiche der Gesellschafter in Betracht kommen.

Aus der Einheitstheorie lassen sich die folgenden Konsequenzen ableiten. Zunächst werden die Einkünfteerzielungsabsicht[507] und die verwirklichte Einkunftsart nach den Verhältnissen bei der Gesellschaft festgestellt. Zudem ist bedeutsam, dass die Gewinnermittlung nach der gesellschaftlichen Steuerbilanz und nicht beim einzelnen Gesellschafter folgt.

Darüber hinaus ist auch zu berücksichtigen, dass bei der Beteiligung an einer anderen Personengesellschaft nur die beteiligte Personengesellschaft, und nicht deren Gesellschafter, als Mitunternehmer anzusehen ist. Darüber hinaus sind Verträge und Veräußerungsgeschäfte zwischen der Gesellschaft und deren Gesellschaftern steuerrechtlich anerkannt, sofern sie unter fremdvergleichbaren Bedingungen abgeschlossen werden; zudem sind Darlehensforderungen eines Gesellschafters gegenüber der Gesellschaft nicht nur anteilig, sondern in vollem Umfang Schulden auf Ebene der Gesellschaft und Forderungen auf Ebene der Gesellschafter gegenüber der Gesellschaft.[508]

---

505 Niehus/Wilke, Die Besteuerung der Personengesellschaften, 3. Auflage 2005, S. 37; krit. zur Einheitstheorie List, Gesellschafterdarlehen an Personenhandelsgesellschaften zwischen Handelsrecht und steuerrechtlicher Einheitstheorie, StB 2002, S. 82 (84).

506 BFH – Urteil v. 25.6.1984 – GrS. 4/82 – BStBl. II 1984, S. 751; Best, Einkünftequalifikation und Gewinnermittlung bei Personengesellschaften – Ein Beitrag zur Personengesellschaft als partielles Steuersubjekt, DStR 1991, S. 1545 ff. Erwähnenswert ist auch die *„interimistische“* Funktion der Personengesellschaft bei der Erzielung von Einkünften seitens der Gesellschafter außerhalb der Einheit, s. dazu Gschwendtner, Die Personengesellschaft als Steuerrechtssubjekt im Einkommensteuerrecht nach der Rechtsprechung des Großen Senats des BFH, in: FS für Klein, 1994, S. 751 (775).

507 Die *„Einkünfteerzielungsabsicht“* befindet sich in allen Einkunftsarten als Tatbestandsmerkmal im Bereich der Absicht und wirkt auf Abgrenzung der steuerlich erheblichen von steuerlich unerheblichen Tätigkeiten wie der sog. Liebhaberei. Hierzu Weber-Grellet, Liebhaberei im Ertragsteuerrecht, DStR 1998, S. 873 ff.; ders., Wo beginnt die Grenze zur „Liebhaberei“? (Teil I), DStR 1992, S. 561 (563). Auch zum Begriff „Absicht“ vgl. Vinzenz, Der Fiskus noch auf dem Boden des Grundgesetzes?, DStR 1993, S. 550.

508 Zu den Folgen der Einheitstheorie vgl. Niehus/Wilke, Die Besteuerung der Personengesellschaften, 3. Auflage 2005, S. 37 ff.; Reiß, in: Kirchhof/Söhn/Mellinghoff, Einkommensteuergesetz Kommentar, § 15 Rdnr. E 34 ff.

1. Begriff der Mitunternehmerschaft

Nach § 15 Abs. 1 S. 1 Nr. 2 EStG versteht man unter dem Begriff der Mitunternehmerschaft „*die Vereinigung mehrerer Personen zum gemeinsamen Betrieb eines gewerblichen Unternehmens*“[509]. Ausgehend von dieser Definition wird deutlich, dass eine der entscheidenden Voraussetzungen einer Mitunternehmerschaft der gemeinsame[510] Gewerbebetrieb[511] ist. Die Merkmale des Gewerbebetriebs sind in positive und negative Merkmale nach § 15 Abs. 2 EStG zu differenzieren. Als positive Kriterien sind die Selbstständigkeit, die Nachhaltigkeit, die Gewinnerzielungsabsicht[512] und die Beteiligung am allgemeinen wirtschaftlichen Verkehr[513] zu betrachten. Zu den negativen Kriterien des Gewerbebetriebs gehören das Fehlen einer land- und forstwirtschaftlichen oder einer selbstständigen Tätigkeit. Darüber hinaus ist ein weiteres negatives Tatbestandsmerkmal zur Abgrenzung des Gewerbebetriebs, dass der Betrieb über den Rahmen einer Vermögensverwaltung[514] hinausgehen muss.[515]

---

509 Stuhrmann, in: Blümich, EStG, § 15, Rdnr. 222 ff.

510 Das Vorliegen eines derartigen Zusammenschlusses ist nach dem Gesamtbild der Verhältnisse zu beurteilen. Die Merkmale eines Gesellschaftsverhältnisses erfassen auch die sog. „verdeckten Gesellschaftsverhältnisse“. Dazu vgl. BFH – Urteil v. 6.12.1988 – VIII R 362/83, BStBl. II 1989, S. 705 (706).

511 Zum Begriff des Gewerbebetriebs und seiner Merkmale Kauffmann, in: Frotscher, EStG-Kommentar, § 15, Rdnr. 11 ff.; Reiß, in: Kirchhof/Söhn/Mellinghoff, Einkommensteuergesetz Kommentar, § 15, Rdnr. A 26.

512 BFH – Urteil v. 3.12.1987, IV R 41/85, BStBl. II 1988, S. 266 (267 ff.).

513 Krit. Schön, Zum Merkmal der „Beteiligung am allgemeinen wirtschaftlichen Verkehr“ i.S.v. § 15 Abs. 2 EStG, in: FS für Vogel, 2000, S. 661; ebenso nach einer im Schrifttum vertretenen Meinung erscheint das Merkmal der Teilnahme am allgemeinen wirtschaftlichen Rechtsverkehr i. R. d. geltenden Markteinkommenstheorie nicht als geeignetes Abgrenzungskriterium gegenüber den Einkünften der §§ 20, 21 EStG zu sein. Dazu s. Reiß, in: Kirchhof/Söhn/Mellinghoff, Einkommensteuergesetz Kommentar, § 15, Rdnr. A 26.

514 Die erfassenden Erträge aus einer vermögensverwaltenden Tätigkeit sind i. R. d. §§ 20, 21 EStG zu qualifizieren. Vgl. Fischer, in: Hübschmann/Hepp/Spitaler, Kommentar zur Abgabenordnung und Finanzgerichtsordnung, § 14 AO, Rdnr. 87 ff.; zur Vollziehung der steuerlichen Behandlung einer vermögensverwaltenden Gesellschaft auf eine zweistufige Ebene und zwar zum einen auf die Ebene einer *Einkünftequalifikaiton* und zum anderen auf die Ebene einer *Einkünftequantifikation*, Drüen, Die vermögensverwaltende Personenhandelsgesellschaft, Steuer & Studium 2004, S. 8 (10 ff.). In Bezug auf die vermögensverwaltenden Gesellschaften ist auch die Problematik der sog. *Zebragesellschaft* zu beachten. Es handelt sich um eine vermögensverwaltend tätige Gesellschaft, bei der einige Gesellschafter Einkünfte aus Gewerbebetrieb erzielen. In diesem Fall werden die Gewinn- und Überschussermittlung in Bezug auf die Einkünfte der Gesellschafter aufeinander treffen. Es war problematisch, wie die Umqualifizierung und Umrechnung der Einkünfte des betrieblich beteiligten Gesellschafters vorkommen werden muss, dazu Zähle, Die Umqualifizierung der Einkünfte eines betrieblich an einer Zebragesellschaft beteiligten

In § 15 Abs. 3 Nr. 1 und 2 EStG werden die gewerblichen Einkünfte nicht nach dem Tätigkeitsgegenstand wie in Abs. 2, sondern nach der Gesellschaftsrechtsform bestimmt. Nach der Regelung des § 15 Abs. 3 Nr. 1 EStG ist die unternommene Tätigkeit in vollem Umfang als gewerblich anzusehen, wenn es sich um eine – u. U. auch nur teilweise – *originäre gewerbliche Tätigkeit* handelt.[516] Mit anderen Worten färbt die mit Einkünfteerzielungsabsicht unternommene gewerbliche Tätigkeit einer Personengesellschaft ihrer übrigen Tätigkeiten nach § 15 Abs. 3 Nr. 1 EStG auf die gesamte gesellschaftliche Tätigkeit ab, so dass diese auch im Fall einer *geringfügigen gewerblichen Tätigkeit*[517] als gewerblich zu bezeichnen ist (die sog. *Abfärbe- und Infektionstheorie*).[518]

In § 15 Abs. 3 Nr. 2 EStG wird die sog. *gewerblich geprägte* Personengesellschaft, bei der die mit Einkünfteerzielungsabsicht unternommene gewerbliche Tätigkeit in vollem Umfang als gewerblich zu bezeichnen ist, als unabhängig von der Tätigkeitsart der Gesellschaft definiert. Nach der Vorschrift des § 15 Abs. 3 Nr. 2 EStG ist die gewerblich geprägte Personengesellschaft immer

---

Gesellschafters – Anmerkung zum Vorlagebeschluss BFH – Urteil v. 30.10.2002 – IX R 80/98 – DStR 2003, S. 1328 ff.; ebenfalls Dürrschmidt/Friedrich – Vache, Materiell und verfahrensrechtliche Aspekte der Einkünfteermittlung bei der Zebragesellschaft, DStR 2005, S. 1515 ff.

515 BFH – Urteil v. 25.6.1984 – GrS. 4/82 – BStBl. II 1984, S. 751; vgl. auch besonders im Bereich des Grundstückshandels die „Drei-Objekt-Grenze" Theorie, Schnorr, Die steuerrechtliche Abgrenzung zwischen Gewerbebetrieb und Vermögensverwaltung, NJW 2004, S. 3214 ff. Vgl. auch die *doppelte Indizwirkung* der Drei-Objekt-Grenze. Söffing, Gewerblicher Grundstückshandel – Anmerkungen zum BMF – Schreiben vom 26.3.2004, DStR 2004, S. 793 (794); auch BFH – Urteil v. 3.7.1995 – GrS. 1/93 –, BStBl. II 1995, S. 617 (619); die Drei-Objekt-Grenze fungiert auf zwei Ebenen. Zum einen richtet sie sich nach dem Zweck der Vereinfachung und der Rechtsicherheit zugunsten des Steuerpflichtigen. Zugleich ist bei ihrem Vorhandensein ein gewerblicher Grundstückshandel auszuschließen. Zum anderen wirkt sie zu Lasten des Steuerpflichtigen, weil bei Veräußerung von mehr als drei Objekten eine gewerbliche Tätigkeit vorliegt. Brockmeyer, Typisierungen im Einkommensteuerrecht durch die Rechtsprechung des BFH, in: FS für Offerhaus, 1999, S. 13 (27 ff.). Nach dem Rechtsprechung Handel, Produktion und gewerbliche Leistung sind die „*Urbilder*" des Gewerbebetriebs. BFH – Urteil v. 25.7.2001 – X R 55/97 – DB 2001, S. 2276; dazu vgl. Groh, Von Beteiligungshändlern und Unternehmensproduzenten, DB 2001, S. 2569; darüber hinaus zur Abgrenzung gewerblicher von freiberuflicher Tätigkeit Jahn, Zur steuerlichen Abgrenzung gewerblicher Tätigkeit von freiberuflicher und sonstiger Tätigkeit, DB 2007, S. 2613.

516 Reiß, in: Kirchhof/Söhn/Mellinghoff, Einkommensteuergesetz Kommentar, § 15, Rdnr. A 27.

517 BFH – Urteil v. 13.11.1997 – IV R 67/96 –, BStBl. II 1998, S. 254 (256).

518 Zur Abfärbe- oder Infektionstheorie Wacker, in: Schmidt, EStG Kommentar, 27. Auflage 2008, § 15, Rdnr. 185 ff.; vgl. zu Zielsetzung und Gründen für die Entstehung der Abfärbetheorie sowie zur Möglichkeit der Umgehung der Abfärbung, Wehrheim/Brodthage, Die Abfärbetheorie bei teilweise gewerblich tätigen Personengesellschaften, DStR 2003, S. 485 (486); Schild, Die Abfärberegelung des § 15 Abs. 3 Nr. 1 EStG unter dem Blinkwinkel des BFH – Urteils vom 11.8.1999, XI R 12/98, DStR 2000, S. 576 ff.

Mitunternehmer.[519] Ein typisches Beispiel hierfür ist die nicht gewerblich tätige GmbH & Co. KG.[520]

Baustein des Tatbestandes einer Mitunternehmerschaft[521] ist der *gemeinsame Beginn* mit der Erfüllung aller Kriterien eines Gewerbebetriebs. Demgegenüber ist die Wirksamkeit des Gesellschaftsvertrages steuerrechtlich nicht entscheidend.[522] Der steuerrechtliche Beginn der Mitunternehmerschaft kann aus gesellschaftsähnlichen Verhältnissen oder aus einer tatsächlichen Tätigkeit z. B. aus der Vorbereitung auf eine gewerbliche Tätigkeit abgeleitet werden.[523] Entsprechend ist für die Beendigung einer Mitunternehmerschaft entscheidend, dass ihre gewerbliche Tätigkeit endgültig und tatsächlich eingestellt wurde.[524]

2. *Voraussetzungen der gewerblichen Mitunternehmerschaft*

Das regelmäßige Bestehen der Mitunternehmerschaft muss einige Voraussetzungen erfüllen. Als erstes Merkmal kommt nach § 15 Abs. 1 Nr. 2 EStG das Vorhandensein eines Gesellschafts- oder Gemeinschaftsverhältnisses[525] (der Anwendungsbereich des § 15 Abs. 2 Nr. 1 EStG erstreckt sich außer auf die OHG und die KG auch auf alle Personengesellschaften im zivilrechtlichen Sinne). Das zweite Kriterium ist, dass es sich um ein gewerbliches Gebilde handelt und das dritte, dass eine Mitunternehmergemeinschaft der Gesellschafter vorliegt.[526]

---

519 Limmer, Die identitätswahrende Umwandlung einer BGB-Gesellschaft in eine GmbH und Co. KG, DStR 2000, S. 1230 (1232).

520 Zu Voraussetzungen einer gewerblich geprägten Personengesellschaft vgl. Stuhrmann, in: Blümich, EStG, § 15, Rdnr. 276 ff.; zu Gestaltungsmöglichkeiten Stahl, Erbschaftsteuerreduzierung nach §§ 13a, 19 ErbStG durch vermögensverwaltende, aber gewerblich geprägte Personengesellschaften, NJW 2000, S. 3100 (3101).

521 Zum Besteuerungsverfahren einer Mitunternehmerschaft bezüglich einer einheitlichen und gesonderten Gewinnfeststellung, Söhn, in: Hübschmann/Hepp/Spitaler, Kommentar zur Abgabenordnung und Finanzgerichtsordnung, § 180 Abs. 1 Nr. 2a AO i. V. m. § 179 AO. Vgl. dazu auch Reiß, in: Kirchhof/Söhn/Mellinghoff, Einkommensteuergesetz Kommentar, § 15 Rdnr. A 156 ff.

522 Kauffmann, in: Frotscher, EStG-Kommentar, § 15, Rdnr. 147.

523 BFH – Urteil v. 10.12.1992 – XI R 45/88, BStBl. II 1993, S. 538 (541); auch Wacker, in: Schmidt, EStG Kommentar, 27. Auflage 2008, § 15, Rdnr. 195.

524 Stuhrmann, in: Blümich, EStG, § 15, Rdnr. 249.

525 BFH – Urteil v. 18.8.2005 – IV R 37/04, BStBl. II 2006, S. 165 (166); zu Gesellschaftsverhältnissen vgl. auch die sog. faktische und verdeckte Mitunternehmerschaft sowie die Familienpersonengesellschaft, Reiß, in: Kirchhof, EStG Kompakt Kommentar, 8. Auflage 2008, § 15, Rdnr. 211 ff., 252 ff.; Jansen, Die so genannte verdeckte Mitunternehmerschaft, BB 1994, S. 1757; Birk, Steuerrecht, 10. Auflage 2007, S. 330; Wacker, in: Schmidt, EStG Kommentar, 27. Auflage 2008, § 15 Rdnr. 171 ff.; Kauffmann, in: Frotscher, EStG-Kommentar, § 15, Rdnr. 111 ff., 147, 197 ff.

526 Niehus/Wilke, Die Besteuerung der Personengesellschaften, 3. Auflage 2005, S. 39.

Die ersten zwei Kriterien für das Vorliegen einer gewerblichen Mitunternehmerschaft wurden bereits dargestellt, so dass im Folgenden nur die Mitunternehmergemeinschaft der Gesellschafter erläutert wird.

Entscheidend für das Vorliegen der Mitunternehmergemeinschaft ist die Stellung des Gesellschafters als Mitunternehmer. Der Begriff ‚Mitunternehmer' wird in § 15 Abs. 1 Nr. 2 S. 1 EStG als *umfassender Oberbegriff* für alle Personengesellschaften[527] verwendet und wird mit der Begriff des Unternehmers gleichrangig verwendet.[528] Er ist lediglich vom Begriff des Einzelunternehmens zu unterscheiden. Der Unterschied liegt darin, dass der Einzelunternehmer alleine, der Mitunternehmer jedoch gemeinsam mit anderen tätig ist. Insbesondere wird die Regelung des § 15 Abs. 1 Nr. 2 S. 1 EStG als *speziell* und *klarstellend* hinsichtlich einer subjektiven Zurechnung der gemeinsamen Erzielung von Einkünften aus Gewerbebetrieb durch mehrere Mitunternehmer bezeichnet.[529]

Der persönliche Anwendungsbereich der Mitunternehmereigenschaft erstreckt sich auf alle natürlichen und juristischen Personen, während der sachliche Anwendungsbereich *Unternehmerrisiko* und *Unternehmerinitiative* voraussetzt.[530] Im Schrifttum wird als Mindestmaßstab für eine Mitunternehmerstellung verlangt, dass das Unternehmerrisiko und die Unternehmerinitiative *gewiss* sind.[531]

a) Unternehmerrisiko

Unternehmerrisiko bedeutet, dass der Unternehmer am Erfolg oder Misserfolg des Gewerbebetriebs teilhat.[532] Dieses Risiko umfasst die Beteiligung an Verlust und Gewinn des Unternehmens[533] als auch an den stillen Reserven des Anlagevermögens einschließlich des Geschäftswerts.[534]

527 Limmer, Die identitätswahrende Umwandlung einer BGB-Gesellschaft in eine GmbH und Co. KG, DStR 2000, S. 1230 (1232).

528 BFH – Urteil v. 3.5.1993 – GrS. 3/92 – BStBl. II 1993, S. 616 (621).

529 Reiß, in: Kirchhof, EStG Kompakt Kommentar, 8. Auflage 2008, § 15, Rdnr. 243.

530 BFH – Urteil v. 14.8.1986 – IV R 341/84 –, BStBl. II 1987, S. 23 (24); BFH – Urteil v. 3.5.1993 – GrS. 3/92 –, BStBl. II 1993, S. 616 (621); vgl. auch Schön, Unternehmerrisiko und Unternehmerinitiative im Lichte der Einkommenstheorien, in: FS für Offerhaus, 1999, S. 385.

531 Hennerkes/Binz, Zur Ausschließbarkeit von Gesellschaftern einer Personengesellschaft nach freiem Ermessen, NJW 1983, S. 73 (75).

532 BFH – Urteil v. 14.8.1986 – IV R 131/84 –, BStBl. II 1987, S. 60 (61); BFH – Urteil v. 9.10.1986 – IV R 235/84 –BStBl. II 1987, S. 124 (125).

533 Neben einer Erfolgsbeteiligung besteht das Kapitalrisiko, von Sicherer, Einkommensteuer, 3. Auflage, S. 207.

534 BFH – Urteil v. 9.10.1986 – IV R 235/84 –, BStBl. II 1987, S. 124 (125).

b) *Unternehmerinitiative*

Unter Unternehmerinitiative versteht man, dass der Mitunternehmer unternehmerische Entscheidungen treffen kann oder dass er die Möglichkeit zu wesentlichem Einfluss auf die Entscheidungen hat. Eine Unternehmerinitiative liegt auch dann vor, wenn zumindest die im HGB vorgesehenen Kontroll- oder Widerspruchsrechte nach §§ 164, 166 HGB für einen Gesellschafter in Betracht kommen.[535] Von der Unternehmerinitiative ist nur der gesellschaftliche Teil des Unternehmens und nicht der berufsrechtliche betroffen. Bei einer Übertragung z. B. bestimmter Beschlusskompetenzen auf einen Gesellschafterausschuss oder -beirat besteht eine Mitunternehmerschaft unter der Voraussetzung, dass alle Gesellschafter wahlberechtigt sind.[536]

Nach Auffassung des BFH ist die Erfüllung dieser beiden Merkmale für eine Mitunternehmerschaft *konstitutiv* und *kumulativ*. Es ist jedoch nicht erforderlich, dass beide Merkmale deutlich sind.[537] Es gilt also das Kumulationsprinzip, aber in unterschiedlicher Intensität für jedes von ihnen.[538]

III. Die Ermittlung der Einkünfte der Mitunternehmer

Die Einkunftsermittlung einer Mitunternehmerschaft findet nach § 15 Abs. 1 Nr. 2 EStG statt. Die Ermittlung geschieht auf der Ebene der Gesellschaft und anschließend wird der Gewinn auf ihre Gesellschafter verteilt. Aus diesem Grund wird diese Regelung in der Literatur als *Zurechnungsnorm* sowie als *Qualifizierungsnorm* aufgrund der Umqualifizierung der Sondervergütungen in gewerbliche Einkünfte bezeichnet.[539]

Wie oben erwähnt, ergeben sich der Gesellschaftsgewinn und damit der Gewinnanteil bei Gewerbetreibenden grundsätzlich durch den Betriebsvermögensvergleich nach §§ 4 Abs. 1 i. V. m. 5 EStG. Der Betriebsvermögensvergleich sowohl nach § 4 Abs. 1 als auch gemäß § 5 wird anhand einer *doppelten Buchführung* ermittelt. Andererseits liegt der Betriebsvermögensvergleich nach § 4 Abs. 1 EStG einer *eigenständigen Steuerbilanz* zugrunde, während nach § 5 die Steuerbilanz

---

535 von Sicherer, Einkommensteuer, 3. Auflage, S. 207.

536 Schulze zur Wiesche, Freiberufliche Sozietät und Mitunternehmerschaft, StB 1999, S. 329 (331).

537 BFH – Urteil v. 1.8.1996 – VIII R 12/94 –, BStBl. II 1997, S. 272 (275).

538 Bippus, Raus aus der Mitunternehmerschaft, rein in die Körperschaft –steuer– Überlegungen zur steuerrechtlichen Konzeption der Personengesellschaften, DStR 1998, S. 749 (758).

539 Friedrich, in: Müller/Hofmann Beck'sches Handbuch der Personengesellschaften, Gesellschaftsrecht, Steuerrecht, 2. Auflage 2002, § 6, Rdnr. 41, S. 470.

sich aus der Handelsbilanz nach den GoB ableiten lässt. Im Fall einer nichtbuchführungspflichtigen Mitunternehmerschaft wird der Gewinn anhand des Überschusses der Betriebseinnahmen gegenüber den Betriebsausgaben nach § 4 Abs. 3 EStG ermittelt.[540]

1. Zweistufige Gewinnermittlung

Die Einkünfte des Mitunternehmers, die aus dem Gewinnanteil und den Sondervergütungen bestehen, sind durch ein zweistufiges Verfahren zu ermitteln.

Entscheidend für die Ermittlung des Gewinnanteils jedes Gesellschafters ist zunächst, den gesamten Gesellschaftsgewinn zu bestimmen, woraufhin jedem ein Gewinnanteil entsprechend dem Gesellschaftsvertrag zugeteilt wird.[541]

Auf einer ersten Stufe ergibt sich der Gesellschaftsgewinn anhand der aus der Handelsbilanz abgeleiteten Steuerbilanz[542]. Dann wird eine Korrektur des ermittelten Gewinnes durch die Ergänzungsbilanzen der Gesellschafter vorgenommen. Ausgangspunkt dieser ersten Stufe ist die Gesellschaft als Vermögensträger.[543] Der Gewinnanteil i.S. d. § 15 Abs. 1 Nr. 2 EStG setzt sich aus dem Anteil am Steuerbilanzgewinn der Gesellschaft und dem Ergebnis aus der Ergänzungsbilanz zusammen.[544]

Auf der zweiten Stufe wird dem gesamthänderischen Gewinnanteil das Ergebnis aus der Sonderbilanz des Gesellschafters hinzugerechnet. Die Sonderbilanz erfasst die dem SBV des Mitunternehmers gefundenen WG und richtet sich nach der Gewinnermittlung des einzelnen Gesellschafters außer der Gesellschaft.

---

540 Vgl. dazu Scheffler, Besteuerung von Unternehmen I, 10. Auflage 2007, S. 99 ff.; zu weiteren Grundsätzen der Einkunftsermittlung der Mitunternehmer vgl. Grützner, in: Lange, Personengesellschaften im Steuerrecht, 7. Auflage 2008, Rdnr. 621 ff., S. 160 ff.; erwähnenswert ist es i. S. d. § 4 Abs. 1 S. 2 EStG die *Mehrdeutigkeit* der verwendeten Ausdrücke „Betrieb" und „betriebsfremde Zwecke". Insbesondere hinsichtlich des Betriebsumfanges ist zu unterscheiden zwischen „dem *weiten Begriff*, der sämtliche Einzelbetriebe eines Steuerpflichtigen, unabhängig von der Einkunftsart, als einheitlichen Betrieb auffasst, dem *mittleren Begriff*, wonach alle Einzelbetriebe derselben Einkunftsart einen Betrieb bilden und dem *engen Begriff*, nach dem jeder Einzelbetrieb eines Steuerpflichtigen einen eigenen Betrieb darstellt", hierzu Wehrheim/Nickel, Überführungs- und Übertragungsmöglichkeiten nach § 6 Abs. 5 EStG – eine steuersystematische Einordnung, BB 2006, S. 1361 (1363).

541 BFH – Urteil v. 28.3.2000 – VIII R 13/99 – BStBl. II 2000, S. 612 (613); BFH – Urteil v. 3.5.1993 – GrS. 3/92 – BStBl. II 1993, S. 616 (621 ff.).

542 Zur Steuerbilanz s. unten unter C. III 3.

543 Zu Ergänzungsbilanz als Besonderheit der steuerrechtlichen Gewinnermittlung Gschwendtner, Ergänzungsbilanz und Sonderbilanz II in der Rechtsprechung des Bundesfinanzhofes, DStR 1993, S. 817 (818).

544 BFH – Urteil v. 29.10.1991 – VIII R 148/85 – BStBl. II 1992, S. 647 (649).

Alle drei oben erwähnten Bilanzen bilden zusammengesetzt durch eine *additive* Gewinnermittlung[545] die Gesamtbilanz der Mitunternehmerschaft.[546] Zur Verdeutlichung des Vorganges soll folgende Darstellung dienen:[547]

Ergebnis der Steuerbilanz der Mitunternehmerschaft
+/./. Ergebnisse etwaiger Ergänzungsbilanzen einzelner Mitunternehmer
Steuerbilanzergebnis der Mitunternehmerschaft (1. Stufe)
+/./. Ergebnisse des Sonderbetriebsvermögens der Mitunternehmer
Ergebnis (Gewinn) der Mitunternehmerschaft (2. Stufe)

2. *Die Sondervergütungen der Mitunternehmerschaft*

Wie bereits dargestellt wurde, gehören zu den gewerblichen Einkünften nach § 15 Abs. 1 Nr. 2 EStG neben den Gewinnanteilen die Vergütungen für die Tätigkeit des Gesellschafters im Dienst der Gesellschaft, für die Hingabe von Darlehen und die Überlassung von WG. Die Sondervergütungen, die in den Gesamtgewinn der Mitunternehmerschaft eingehen, werden beim Gesellschafter in dem Wirtschaftsjahr als Gewinne erfasst, in dem sie bei der Gesellschaft als Aufwand in Erscheinung treten.[548]

Durch diese Hinzurechnung wird der Zweck verfolgt, die Mitunternehmer einer Personengesellschaft dem Einzelunternehmer anzunähern.[549]

Die Sondervergütungen müssen auf einem abgeschlossenen Dienstvertrag oder auf dem Gesellschaftsvertrag beruhen.[550] Zudem sind sie vom *Gewinnvorab*[551] zu unterscheiden.[552]

---

545 Wacker, in: Schmidt, EStG Kommentar, 27. Auflage 2008, § 15 Rdnr. 403 ff.; Reiß, in: Kirchhof, EStG Kompakt Kommentar, 8. Auflage 2008, § 15 Rdnr. 311 ff.

546 Dabei vgl. die Auffassung zwischen einer konsolidierten und strukturierten Gesamtbilanz. Hierzu Kusterer, Imparitätsprinzip in der Sonderbilanz des Mitunternehmers, DStR 1993, S. 1209 (1210 ff.); auch Knobbe- Keuk, Bilanz- und Unternehmenssteuerrecht, 9. Auflage 1993, S. 479 ff.; Reiß, in: Kirchhof/Söhn/Mellinghoff, Einkommensteuergesetz Kommentar, § 15, Rdnr. E 62 ff.

547 Grützner, in: Lange, Personengesellschaften im Steuerrecht, 7. Auflage 2008, Rdnr. 668, S. 171.

548 BFH – Urteil v. 11.12.1986 – IV R 222/84 – BStBl. II 1987, S. 553 (556); BFH – Urteil v. 6.7.1999 – VIII R 46/94 – BStBl. II 1999, S. 720 (721); es handelt sich um einen sofort abzugsfähigen betrieblichen Aufwand oder um einen aktivierungspflichtigen Herstellungsaufwand, Reiß, in: Kirchhof, EStG Kompakt Kommentar, 8. Auflage 2008, § 15, Rdnr. 302.

549 BFH – Urteil v. 8.2.1996 – III R 35/93 – BStBl. II 1996, S. 427 (428).

550 Vgl. auch BFH – Urteil v. 13.10.1998 – VIII R 4/98 – BStBl. II 1999, S. 284 (285).

551 Der sog. Gewinnvorab wird auch als *Gewinnvoraus* oder *Gewinnvorwegbetrag* bezeichnet, Zugmaier, Geschäftsführungs- und Vertretungsleistungen der Gesellschafter an die Gesellschaft und Umsatzsteuer – Anmerkung zum BMF – Schreiben vom 23.12.2003 – IV B7 – S. 7100 – 246/03, DStR 2004, S. 124 ff.

Im Bereich der Sondervergütungen ist besonders zu berücksichtigen, dass die Vergütung eine Gegenleistung für eine Leistung i. R. d. § 15 Abs. 1 S. 1 Nr. 2 EStG darstellt[553] und dass bei einer einheitlichen Vergütung z. B. bei der Errichtung eines Gebäudes, der Wert des verwendeten Materials im Vergleich mit dem Wert der erbrachten Arbeit nur von untergeordneter Bedeutung ist.[554]

Zur Erfassung einer Vergütung durch § 15 Abs. 1 Nr. 2 EStG muss ein Zusammenhang zwischen der Leistung des Gesellschafters und der Tätigkeit der Gesellschaft vorliegen.[555]

Dabei wurden durch die Rechtsprechung eine positive und eine negative Anleitung hinsichtlich der Sondervergütungen entwickelt. Nach der positiven Anleitung muss die Vergütung für Leistungen gewährt werden, die wirtschaftlich veranlasst sind.[556] Nach der negativen Anleitung stellen dementsprechend solche Vergütungen keine Sondervergütungen dar, bei denen ein Zusammentreffen zwischen Leistung und Mitunternehmerschaft zufällig, vorübergehend oder kurzfristig ist.[557]

Für die Behandlung der Sondervergütungen ist die Beteiligungshöhe des Mitunternehmers an der Mitunternehmerschaft unerheblich. Das Gleiche gilt auch für gering beteiligte Mitunternehmer, soweit ihnen Mitunternehmereigenschaft zukommt.[558]

Die von § 15 Abs. 1 Nr. 2 EStG erfassten Sondervergütungen sind als gewerbliche Einkünfte umzuqualifizieren, wobei die mit der Sondervergütung zusammenhängende originäre Einkunftsart unerheblich ist.[559] Die Sondervergütungen stellen auch einen Teil des Gewerbeertrages nach § 7 GewStG dar.[560]

---

552 Nach der Rechtsprechung sind Tätigkeitsvergütungen als Sondervergütungen zu qualifizieren, wenn sie „handelsrechtlich nach den Bestimmungen als Unkosten zu behandeln, insbesondere im Gegensatz zu einem Gewinnvoraus auch zu zahlen sind, wenn kein Gewinn erwirtschaftet wird“, BFH – Urteil v. 13.10.1998 – VIII R 4/98 – BStBl. II 1999, S. 284 (285); Zugmaier, Umsatzsteuerliche Behandlung von Geschäftsführungsleistungen, Tätigkeitsvergütungen und Gewinnvoraus bei Sozietäten, NJW 2003, S. 801 (802); vgl. auch Röhrig/Doege, Das Kapital der Personengesellschaften im Handels- und Ertragsteuerrecht – Begriff, Bedeutung, Gestaltungen, DStR 2006, S. 489 (493 ff.).

553 BFH – Urteil v. 28.3.2000 – VIII R 13/99 – BStBl. II 2000, S. 612 (614).

554 BFH – Urteil v. 28.10.1999 – VIII R 41/98 – BStBl. II 2000, S. 339 (340 ff.).

555 BFH – Urteil v. 11.12.1986 – IV R 222/84 – BStBl. II 1987, S. 553 (555 ff.).

556 BFH – Urteil v. 23.5.1979 – I R 56/77 – BStBl. II 1979, S. 757; hierzu vgl. auch die sog. *Beitragstheorie*. Nach dieser Theorie muss der Leistungsaustausch zwischen Gesellschaft und Gesellschaftern wirtschaftlich zur Förderung des Gesellschaftszweckes beitragen. Vgl. Kauffmann, in: Frotscher, EStG-Kommentar, § 15, Rdnr. 239.

557 BFH – Urteil v. 1.2.2001 – IV R 3/00 – BStBl. II 2001, S. 520 (522).

558 Kauffmann, in: Frotscher, EStG-Kommentar, § 15, Rdnr. 283.

559 Zu Ausnahmen oder zu weiteren Fällen von Sondervergütungen Niehus/Wilke, Die Besteuerung der Personengesellschaften, 3. Auflage 2005, S. 123.

560 Vgl. auch BFH – Urteil v. 24.3.1999 – I R 114/97 – BStBl. II 2000, S. 399 (401).

Die Buchführungspflicht kann *derivativ* (nach handelsrechtlichen Vorschriften), *originär* (für Unternehmen unter den Voraussetzungen des § 141 AO) oder *freiwillig* sein. Die Aufstellung einer Steuerbilanz durch Umwandlung der Handelsbilanz kommt für eine OHG bzw. KG in Betracht (§ 4 Abs. 1 i. V. m. § 5 EStG).[561] In der Steuerbilanz sind nur gesamthänderische WG auszuweisen, während WG des Sonderbetriebsvermögens in den Sonderbilanzen auszuweisen sind.

Andererseits kann die Steuerbilanz i.S.d. § 4 Abs. 1 EStG abweichend von der Handelsbilanz anhand der §§ 4-7 EStG aufgestellt werden, so dass der Maßgeblichkeitsgrundsatz durchbrochen wird.[562] Für die Beurteilung, ob ein wirtschaftlicher Sachverhalt zum Ansatz geeignet ist, muss seine *abstrakte-* bzw. *konkrete Bilanzierungsfähigkeit* überprüft werden. Die abstrakte Bilanzierungsfähigkeit erfasst die Möglichkeit des wirtschaftlichen Sachverhaltes zu Einordnung unter einer Bilanzposition, während die konkrete Bilanzierungsfähigkeit am tatsächlichen Ansatz in der Steuerbilanz eines wirtschaftlichen Sachverhaltes mit vorhander abstrakter Bilanzierungsfähigkeit anknüpft. Die konkrete Bilanzierungsfähigkeit umfasst einerseits eine Ansatzpflicht, -wahlrecht oder -verbot und andererseits eine persönliche und sachliche Zurechnung.[563]

Eine weitere Besonderheit bei der Aufstellung der Steuerbilanz betrifft die Notwendigkeit zur einheitlichen Ausübung der Wahlrechte. Es ist jedoch fraglich, ob diese Wahlrechte getrennt durch die einzelnen Mitunternehmer oder einheitlich ausgeübt werden können.

Eine individuelle Wahlrechtsausübung würde hierbei der heutigen Einheitstheorie entgegenstehen, die einen gesamthänderischen Zusammenhang des Gesellschaftsvermögens fordert. In diese Richtung hat der BFH seine Rechtsprechung entwickelt, damit außer der einheitlichen Bilanzierung der WG des BV auch die Bilanzierungs- und Bewertungswahlrechte grundsätzlich einheitlich für die Mitunternehmerschaft ausgeübt werden müssen.[564]

---

561 Zu Gewinnermittlung durch Vermögensvergleich Scheffler, Besteuerung von Unternehmen II, Steuerbilanz und Vermögensaufstellung, 4. Auflage 2006, S. 9 ff.

562 Volckens/Gebert, Verschmelzung von Kapitalgesellschaften – Durchbrechung des Maßgeblichkeitsgrundsatzes bei immateriellen WG, IStR 2007, 764 (765); Robisch, Die Umkehrung des Maßgeblichkeitsprinzips – Eine kritische Bestandsaufnahme unter besonderer Berücksichtigung der Situation in den neuen Bundesländern, DStR 1993, S. 998.

563 Hierzu vgl. Scheffler, Besteuerung von Unternehmen II, Steuerbilanz und Vermögensaufstellung, 4. Auflage 2006, S. 113 ff.; Winnefeld, Bilanzhandbuch, Handels- und Steuerbilanz, Rechtsformspezifisches Bilanzrecht, Bilanzielle Sonderfragen, Sonderbilanzen, IAS/US-GAAP, 2. Auflage 1999, Rn. C 330-350, S. 314 ff.

564 BFH–Urteil v. 7.8.1986 – IV R 137/83 – BStBl. II 1986, S. 910. Die einheitliche Ausübung von Bilanzierungswahlrechten für die WG des Gesamthandsvermögens setzt eine Erfüllung der

Andererseits ist es möglich, dass Gesellschafter einige personenbezogene Steuervorschriften in unterschiedlicher Weise in Anspruch nehmen.[565] Zu diesen Vorschriften gehören § 6b EStG[566], §§ 7 Abs. 5, 7 Abs. 2 EStG u. a.

4. *Die Ergänzungsbilanz der Mitunternehmerschaft*

Aufgabe der Ergänzungsbilanz ist es, die Steuerbilanz in Bezug auf eine Korrektur des gesamthänderisch gebundenen BV zu ergänzen, weil für einzelne Gesellschafter unterschiedliche Werte anzusetzen sind.[567] Mit anderen Worten korrigiert die Ergänzungsbilanz die Wertdifferenz zwischen dem gesellschaftsbilanziellen Kapitalkonto und dem tatsächlichen steuerlichen Eigenkapital des Gesellschafters hinsichtlich der WG des Gesellschaftsvermögens.[568]

Das Aufstellen von Ergänzungsbilanzen erfolgt grundsätzlich beim Eintritt sowie beim Ausscheiden eines Gesellschafters (für die verbliebenen Gesellschafter) sowie beim Gesellschafterwechsel (für den in die Gesellschaft Eintretenden) an.[569]

Insbesondere umfasst der Anwendungsbereich der Ergänzungsbilanzen

> „a) die entgeltliche Veräußerung eines Mitunternehmeranteils nach § 16 Abs. 1 Nr. 2 oder 3 EStG für den Erwerber; b) die Einbringung eines (Teil-)Betriebes oder Mitunternehmeranteils in eine Personen- bzw. Kapitalgesellschaft nach §§ 24 und 20 UmwStG; c) die Umwandlung einer Kapitalgesellschaft in eine Personengesellschaft nach § 2 UmwStG; d) die Übertragung einzelner WG auf eine Mitunternehmerschaft und e) die Inanspruchnahme persönlicher Steuervergünstigungen durch einzelne Gesellschafter, z. B. nach § 24 UmwStG, § 6 Abs. 5 S. 4 EStG“[570].

Es ist nach der positiven und negativen Ergänzungsbilanz zu unterscheiden. Die negative Ergänzungsbilanz gelangt zur Anwendbarung, wenn eine Korrektur des

---

Voraussetzungen bei allen Beteiligten voraus, Reiß, in: Kirchhof/Söhn/Mellinghoff, Einkommensteuergesetz Kommentar, § 15 Rdnr. E 198.

565 Es ist auch in diesem Fall fraglich, ob die „Personenbezogenheit“ dieser Vorschriften an der Personengesellschaft selbst als begünstigte Person oder an den einzelnen Mitunternehmern anknüpft. In diesem Rahmen sind diese Vorschriften nach Erfüllung der notwendigen Voraussetzungen bei den einzelnen Gesellschaftern anzuwenden. Wacker, in: Schmidt, EStG Kommentar, 27. Auflage 2008, § 15, Rdnr. 411; a.A. Knobbe-Keuk, Bilanz- und Unternehmenssteuerrecht, 9. Auflage 1993, S. 416 ff.; ausführlich zu dieser Problematik Reiß, in: Kirchhof/Söhn/Mellinghoff, Einkommensteuergesetz Kommentar, § 15, Rdnr. E 199 ff.

566 BFH–Urteil v. 13.8.1987 – VIII B 179/86 – BStBl. II 1987, S. 782; a. A. Knobbe-Keuk, Bilanz- und Unternehmenssteuerrecht, 9. Auflage 1993, S. 417 ff.

567 Stuhrmann, in: Blümich, EStG, § 15, Rdnr. 444; BFH–Urteil v. 30.3.1993 – VIII R 63/91 – BStBl. II 1993, S. 706 (707).

568 Niehus/Wilke, Die Besteuerung der Personengesellschaften, 3. Auflage 2005, S. 104.

569 Kirsch, IAS – Jahresabschluss für Kommanditgesellschaften, BB 2003, S. 143 (145).

570 Reiß, in: Kirchhof, EStG Kompakt Kommentar, 8. Auflage 2008, § 15, Rdnr. 317.

gesellschaftsbilanziellen Wertansatzes nach unten für den betreffenden Mitunternehmer erforderlich ist.[571]

5. *Das Betriebsvermögen der Gesellschaft*

Beim BV[572] der Mitunternehmerschaften (i.S. d. §§ 4 Abs. 1, 5 EStG) unterscheidet man zwischen Mitunternehmerschaften mit Gesamthandsvermögen (OHG, KG, u. a.), deren steuerrechtliches BV aus dem Gesamthandsvermögen und aus dem SBV der Mitunternehmer besteht,[573] und Mitunternehmerschaften ohne Gesamthandsvermögen (atypische Stille Gesellschaft)[574].

a) Das Gesamthandsvermögen

Personenhandelsgesellschaften sind dazu verpflichtet, in ihrem Eigentum stehende Vermögenswerte in ihrer Handelsbilanz auszuweisen.

Die zum Gesamthandsvermögen gehörenden WG[575], die in einem *objektiven wirtschaftlichen und tatsächlichen* Zusammenhang mit der gewerblich tätigen Mitunternehmerschaft stehen, sind grundsätzlich dem *notwendigen* BV[576] infolge deren Aufnahme in die Handelsbilanz i. V. m. § 5 Abs. 1 EStG zuzuordnen.[577]

---

571 Niehus/Wilke, Die Besteuerung der Personengesellschaften, 3. Auflage 2005, S. 107. Die negative Ergänzungsbilanz greift im Falle des Erwerbs eines Kapitalanteils zum Minderpreis im Vergleich mit seinem steuerbilanziellen Wert ein. Die Übernahme des Anteils durch den Erwerber muss unverändert vorkommen, weil die *Zahlung eines Mehr- oder Minderpreises an den Veräußerer ohne Belang für die gesellschaftliche Stellung des Erwerbers ist* und deswegen der Unterschiedsbetrag auf einer Ergänzungsbilanz ausgewiesen wird. Vgl. dazu Reiß, in: Kirchhof/Söhn/Mellinghoff, Einkommensteuergesetz Kommentar, § 15, Rdnr. E 257 ff.

572 Zum Begriff des BV sowie zu *Dreiteilung* des Vermögens s. Heinicke, in: Schmidt, EStG Kommentar, 27. Auflage 2008, § 4, Rdnr. 100 ff.; Reiß, in: Kirchhof, EStG Kompakt Kommentar, 8. Auflage 2008, § 15, Rdnr. 346 ff.

573 BFH – Urteil v. 19.10.2000 – IV R 73/99 – BStBl. II 2001, S. 335 (336).

574 Das BV solcher Mitunternehmerschaften besteht aus den WG, die zum Betrieb des tätigen Teilhabers gehören und dem SBV des atypischen stillen Gesellschafter. Hierzu Wacker, in: Schmidt, EStG Kommentar, 27. Auflage 2008, § 15, Rdnr. 480.

575 Zu Vermögenswerten des Gesamthandsvermögens s. Grützner, in: Lange, Personengesellschaften im Steuerrecht, 7. Auflage 2008, Rdnr. 706 ff., S. 177 ff.

576 Die WG sind dem notwendigen BV zuzuordnen, wenn und soweit sie unmittelbar für eigene betriebliche Zwecke genutzt werden. Sie müssen objektiv erkennbar zum unmittelbaren Einsatz im Betrieb selbst bestimmt sein. Das WG muss, wenn auch nicht unentbehrlich oder notwendig i. S. v. „erforderlich", so doch sich in gewisser Weise auf den Betriebsablauf beziehen und ihm zu dienen bestimmt sein. Abzustellen ist auf die tatsächliche Zweckbestimmung, also die konkrete Funktion des WG im Betrieb. Die Bestimmung erfordert eine endgültige Funktionsweisung. BFH – Urteil v. 6.3.1991 – X R 57/88 – BStBl. II 1991, S. 829 (830); vgl. auch die Voraussetzung der Nutzungsabsicht, BFH – Urteil v. 5.3.2002 – IV B 22/01 – BStBl. II 2002, S. 690 (692).

Dem BV (notwendiges oder gewillkürtes) steht das PV gegenüber.[578] Der Grundsatz, dass WG des Gesellschaftsvermögens einer Personengesellschaft notwendigerweise zum notwendigen BV gehören[579], kann jedoch Ausnahmen unterworfen werden. Gesellschaftsvermögen der Personengesellschaft und BV der Mitunternehmerschaft decken sich nicht immer.[580]

Dem notwendigen PV der Gesellschaft können aktive oder passive WG u. a. dann zugeordnet werden, wenn nicht sie zum Gesellschaftsvermögen wegen einer betrieblichen Veranlassung gehören[581] oder wenn sie dauerhaft, unentgeltlich und privat von den Gesellschaftern genutzt werden.[582]

Das Gesamthandsvermögen einer GbR gehört grundsätzlich in seiner Gesamtheit zum steuerlichen Betriebsvermögen.[583]

b) Sonderbetriebsvermögen

Nach dem Ziel des § 15 Abs. 1 Nr. 2 EStG zur Gleichstellung des Einzel- mit dem Mitunternehmer werden die nicht zum Gesellschaftsvermögen gehörenden, sondern im Eigentum des Mitunternehmers stehenden WG, die von ihm zur Einkunftserzielung eingesetzt werden, in die Gewinnermittlung einbezogen.[584]

Andererseits ist vom notwendigen BV das sog. *gewillkürte BV* zu unterscheiden. Dem gewillkürten BV können in der Regel WG zugerechnet werden, wenn sie durch einen Widmungsakt objektiv dazu geeignet und erkennbar dazu bestimmt sind, den Betrieb zu fördern. BFH – Urteil v. 19.2.1997 – XI R 1/96 – BStBl. II 1997, S. 399 (402). Darüber hinaus besteht das notwendige BV aus WG, deren betriebliche Nutzung mehr als 50% der Gesamtnutzung beträgt. Anders als im notwendigen BV beträgt beim gewillkürten BV die betriebliche Nutzung mindestens 10% und das WG muss durch einen Widmungsakt zum BV erklärt werden, Bischoff, Gewillkürtes Betriebsvermögen ist auch bei einer Einnahmeüberschussrechnung möglich, DStR 2004, S. 1280 (1281); ausführlich zum notwendigen und gewillkürten BV Plückebaum, in: Kirchhof/Söhn/Mellinghoff, Einkommensteuergesetz Kommentar, § 4, Rdnr. B 90.

577 Das gilt sowohl für *aktive* als auch für *passive* WG, vgl. Wacker, in: Schmidt, EStG Kommentar, 27. Auflage 2008, § 15, Rdnr. 481.

578 Zu Zuordnungskriterien bei gemischt genützten WG, Hey, in: Tipke/Lang, Steuerrecht, 19. Auflage 2008, § 17, Rdnr. 125.

579 Reiß, in: Kirchhof/Söhn/Mellinghoff, Einkommensteuergesetz Kommentar, § 15, Rdnr. E 100; auch Knobbe-Keuk, Bilanz- und Unternehmenssteuerrecht, 9. Auflage 1993, S. 415.

580 BFH – Urteil v. 30.6.1987 – VIII R 353/82 – BStBl. II 1988, S. 418 (420).

581 BFH – Urteil v. 29.7.1997 – VIII R 57/94 – BStBl. II 1998, S. 652 (654).

582 BFH – Urteil v. 30.6.1987 – VIII R 353/82 – BStBl. II 1988, S. 418 (420); Ruban, Zum Begriff der Einlageminderung in § 15a Abs. 3 EStG, in: FS für Klein, 1994, S. 781 (796); vgl. auch Knobbe- Keuk, Bilanz- und Unternehmenssteuerrecht, 9. Auflage 1993, S. 64.

583 Grützner, in: Lange, Personengesellschaften im Steuerrecht, 7. Auflage 2008, Rdnr. 709, S. 177.

584 Zu WG des SBV Niehus/Wilke, Die Besteuerung der Personengesellschaften, 3. Auflage 2005, S. 77.

Dies gilt auch für WG nach §§ 4 Abs. 1, 5 EStG, die der Einkunftserzielung durch die mitunternehmerische Beteiligung ohne dafür bezogene Vergütung i.S.d. § 15 Abs. 1 S. 1 Nr. 2 S. 1 EStG dienen. Diese Vermögenswerte und Schulden, die außerhalb der Steuerbilanz der Mitunternehmer auch in den von den einzelnen Gesellschaftern zu führenden Sonderbilanzen auszuweisen sind, werden durch den BFH[585] als Sonderbetriebsvermögen bezeichnet.[586]

In Bezug auf die Legitimation des SBV sind drei verschiedene gedankliche Ansätze zu unterscheiden. Erstens ist die wirtschaftliche Einheit zwischen Gesellschaft und Gesellschaftern zu erwähnen, nach der die WG des SBV dem gesellschaftlichen Betrieb gewidmet sind, obwohl sie kein gesellschaftliches Eigentum darstellen. Zweitens ist die Perspektive der Gleichstellung zwischen Einzel- und Mitunternehmer zu beachten. Dem Gesellschafter ist der um den Betrag der auf ihn entfallenden Sondervergütungen erweiterte Gewinnanteil unmittelbar im Entstehungsjahr zuzuweisen. Nach der dritten Perspektive bezieht der Mitunternehmer gewerbliche Einkünfte ohne über einen Gewerbebetrieb zu verfügen.[587]

Die Zuordnung zum SBV setzt zwei Kriterien voraus: Erstens muss das WG dem Mitunternehmer zugerechnet werden. Entscheidend für die Zurechnung ist das zivilrechtliche Eigentum (§ 39 Abs. 1 AO). Zweitens muss das WG dem Betrieb der Personengesellschaft oder der Beteiligung des Mitunternehmers dienen.

Darüber hinaus ist zwischen SBV I und II zu unterscheiden.[588] Das *SBV I* umfasst alle WG oder Anteile an WG eines Mitunternehmers, die dazu bestimmt sind, dem Betrieb der Personengesellschaft zu dienen, während das *SBV II* alle WG erfasst, die der Beteiligung an der Mitunternehmerschaft dienen.[589] Zweck der zum SBV II gehörenden WG ist es, die Beteiligung des Mitunternehmers zu stärken. Fraglich ist hierbei jedoch, ob der Mitunternehmeranteil[590] das SBV umfasst. Nach der Rechtsprechung des BFH umfasst der Mitunternehmeranteil sowohl das anteilige Gesamthandsvermögen als auch das SBV.[591]

---

585 BFH – Urteil v. 5.7.1972 – I R 230/70 – BStBl. II 1972, S. 928 (929).

586 Grützner, in: Lange, Personengesellschaften im Steuerrecht, 7. Auflage 2008, Rdnr. 821, S. 202.

587 Vgl. dazu Schön, Zum Stande Lehre vom Sonderbetriebsvermögen, DStR 1993, S. 185 (188 ff.); im Schrifttum wird das SBV als „*BV ohne Gewerbebetrieb des Eigentümers*" bezeichnet, Knobbe- Keuk, Bilanz- und Unternehmenssteuerrecht, 9. Auflage 1993, S. 440.

588 Zu eventueller Bedeutung der Unterscheidung zwischen SBV I und II wie u. a. für die Bilanzierungskonkurrenz bei Beteiligung an zwei Personengesellschaften, Wacker, in: Schmidt, EStG Kommentar, 27. Auflage 2008, § 15, Rdnr. 509.

589 Birk, Steuerrecht, 10. Auflage 2007, S. 341.

590 Zum Begriff des Mitunternehmeranteiles Patt/Rasche, Veräußerung des Bruchteils eines Mitunternehmeranteils unter Zurückbehaltung des wesentlichen Sonderbetriebsvermögens als begünstigter Vorgang gem. § 16 Abs. 1 Nr. 2, § 34 EStG?, DStR 1996, S. 645 (646).

591 BFH – Urteil v. 24.8.2000 – IV R 51/98 – DStR 2000, S. 1768 (1769); BFH – Urteil v. 12.4.2000 – XI R 35/99 – DStR 2000, S. 2080. Zur Auffassung, dass das SBV Bestandteil des

Darüber hinaus gehören solche WG nicht zum SBV, die den Mitunternehmern nicht zustehen.[592]

Weiterhin ist zwischen *notwendigem SBV I* und *II* zu unterscheiden. Dem notwendigen SBV I sind solche WG zuzuordnen, die objektiv erkennbar zum unmittelbaren Einsatz im gesellschaftlichen Betrieb selbst bestimmt sind. Dazu gehören insbesondere solche WG, die ein Gesellschafter der Personengesellschaft für ihre eigengewerbliche Tätigkeit überlässt.[593] Andererseits sind dem notwendigen SBV II solche WG zuzuordnen, die den Mitunternehmer zur Ausübung eines de jure besonderen Einflusses auf die Gesellschaft und damit unmittelbar zur Stärkung seiner Beteiligung dienen.[594]

Außer diesen Unterscheidungen gibt es im Rahmen des SBV auch wie beim Einzelunternehmer das sog. *gewillkürte SBV*. Mit diesem Begriff werden alle WG bezeichnet, die zwar weder zum notwendigen BV noch zum notwendigen PV gehören, sich aber (mittelbar) im Dienst des Betriebes befinden (*gewillkürtes SBV I*) oder die Beteiligung des Mitunternehmers (mittelbar) fördern (*gewillkürtes SBV II*). Voraussetzung dafür ist, dass sie objektiv geeignet und subjektiv für den obigen Zweck bestimmt sind, und dass es sich um eine „klare und eindeutige" Widmung handelt.[595] Der Unterschied zwischen notwendigem und gewillkürtem SBV besteht darin, dass die Zuordnung im ersten Fall *zwingend*, im zweiten Fall aber nach *Belieben* des Mitunternehmers vorgenommen wird.[596]

Die (aktiven und passiven) WG des SBV, Sondervergütungen[597] nach § 15 Abs. 1 Nr. 2 EStG und Sonder-BE bzw. -BA[598] müssen in der Sonderbilanz des Mitunternehmers ausgewiesen werden.

Mitunternehmeranteils ist s. Althans, Sonderbetriebsvermögen in Zusammenhang mit einer Änderung der Beteiligungsverhältnisse, BB 1993, S. 1060 ff.; a. A. Storg, Qualifizierte Nachfolge in Gesellschaftsanteile nach neuester Rechtslage, DStR 2002, S. 1384 (1385); Weber, Verlust der Tarifbegünstigung bei Veräußerung eines Personengesellschaftsanteils und gleichzeitiger Buchwertfortführung des Sondebetriebsvermögens, DB 1991, S. 2560 (2563).

592 BFH – Urteil v. 3.5.1993 – GrS. 3/92 – BStBl. II 1993, S. 616 (622).

593 BFH – Urteil v. 13.10.1998 – VIII R 46/95 – BStBl. II 1999, S. 357 (358); BFH – Urteil v. 7.12.2000 – III R 35/98 – BStBl. II 2001, S. 316 (319).

594 BFH – Urteil v. 13.10.1998 – VIII R 46/95 – BStBl. II 1999, S. 357 (358); BFH – Urteil v. 1.2.2001 – IV R 3/00 – BStBl. II 2001, S. 520 (522); Söffing, Überlegungen zum Sonderbetriebsvermögen II, BB 2003, S. 616 (617).

595 Wacker, in: Schmidt, EStG Kommentar, 27. Auflage 2008, § 15, Rdnr. 528 ff.

596 Niehus/Wilke, Die Besteuerung der Personengesellschaften, 3. Auflage 2005, S. 77.

597 Hinsichtlich der Sondervergütungen und der WG des SBV ist ihr *Konkurrenzverhältnis* zum Eigenbetrieb des Gesellschafters zu beachten. Die WG des SBV und Sondervergütungen werden *vorrangig* und nicht *subsidiär* zum gemeinsamen Gewerbebetrieb der Gesellschaft vor dem Einzelbetrieb des Gesellschafters zugeordnet. Vgl. Knobbe- Keuk, Bilanz- und Unternehmenssteuerrecht, 9. Auflage 1993, S. 448 ff.; Reiß, in: Kirchhof, EStG Kompakt Kommentar, 8. Auflage 2008, § 15, Rdnr. 387.

IV. Besonderheiten bei Überführung bzw. Übertragung von Wirtschaftsgütern

Vor einer Vorstellung der wichtigsten Überführungs- und Übertragungsvorschriften des EStG ist es notwendig, die Begriffe Überführung bzw. Übertragung darzustellen.

Es handelt sich um eine Überführung, wenn das zu übertragende und das zu übernehmende Betriebsvermögen demselben Steuersubjekt gehören.[599] Im Fall einer Übertragung erfolgt ein Wechsel des Rechtsträgers.[600]

1. Überführungen/Übertragungen von Einzelwirtschaftsgütern zu verschiedenen Betriebsvermögen

Im Mittelpunkt der Besteuerung der Mitunternehmerschaft steht das Problem der unentgeltlich oder gegen Gewährung von Gesellschaftsrechten (§ 6 Abs. 5 S. 3 EStG) vorgenommenen Überführung/Übertragung von EinzelWG[601] zu den verschiedenen Betriebsvermögenskategorien (und nicht aus dem PV in das BV oder umgekehrt) desselben Steuerpflichtigen (§ 6 Abs. 5 S. 1, 2 EStG) oder zwischen verschiedenen Rechtsträgern (§ 6 Abs. 5 S. 3-6 EStG).[602]

Insbesondere § 6 Abs. 5 EStG regelt die Bewertung von Entnahmen bei Überführungen und Übertragungen, indem er die Aufdeckung von stillen Reserven und damit eine steuerliche Gewinnrealisierung verbietet.[603] Diese Regelung

---

598 Zur Definition von BE und BA Crezelius, in: Kirchhof, EStG Kompakt Kommentar, 8. Auflage 2008, § 4, Rdnr. 127 ff. Dementsprechend als Sonder-BE werden die persönlichen Einnahmen des Gesellschafters bezeichnet, die im wirtschaftlichen Zusammenhang mit seiner Mitunternehmerstellung stehen und die in die aufgrund der Sonderbilanz vorzunehmende Gewinnermittlung eingehen. Andererseits sind Sonder-BA die Aufwendungen des Gesellschafters, die durch seine Beteiligung an der Gesellschaft oder durch sein SBV und die Sondervergütungen veranlasst sind. Zu Sonder- BE bzw. BA vgl. Knobbe- Keuk, Bilanz- und Unternehmenssteuerrecht, 9. Auflage 1993, S. 452 ff.

599 In diesem Fall handelt es sich um einen Wechsel der steuerrechtlichen Zuordnung ohne Rechtsträgerwechsel. Ehmcke, in: Blümich, EStG, § 6, Rdnr. 1288 ff.

600 Die Übertragung eines WG stellt den Übergang des wirtschaftlichen Eigentums an dem WG zwischen Mitunternehmer und Mitunternehmerschaft oder zwischen Mitunternehmern dar, Ehmcke, in: Blümich, EStG, § 6, Rdnr. 1317 ff.

601 Die WG des § 6 Abs. 5 EStG erfassen nicht Nutzungen, Glanegger, in: Schmidt, EStG Kommentar, 27. Auflage 2008, § 6, Rdnr. 512.

602 Zu rechtlicher Entwicklung dieser Problematik vgl. den sog. Mitunternehmererlass (BMF 20.12.1977, BStBl. I 1978, S. 8), das Steuerentlastungsgesetz 1999/2000/2001 v. 24.3.1999 (BGBl. I 1999, S. 402), das Steuersenkungsgesetz v. 23.10.2000 (BGBl. I 2000, S. 1433) und letztlich das Unternehmenssteuerfortentwicklungsgesetz v. 20.12.2001 (BGBl. I 2001, S. 3858).

603 Wehrheim/Nickel, Überführungs- und Übertragungsmöglichkeiten nach § 6 Abs. 5 EStG – eine steuersystematische Einordnung, BB 2006, S. 1361.

verdeutlicht die Absicht des Gesetzgebers zur Vermeidung einer Aufdeckung stiller Reserven durch derartige Übertragungsvorgänge und zur Gewährleistung einer Flexibilität der Personengesellschaften ohne steuerliche Störungen.[604] Bei Anwendung des § 6 Abs. 5 1, 2 EStG hat eine Buchwertfortführung zu erfolgen.

Die Verwirklichung dieses Zweckes wurde durch die gesetzliche Regelung einer Buchwertfortführung (auch von AfA und Besitzzeiten) ohne Rechtsträgerwechsel i. S. d. § 6 Abs. 5 S. 1, 2 EStG ermöglicht, womit der sog. *finale Entnahmebegriff*[605] eingeführt wurde. Auf dieser Weise wird die Besteuerung von stillen Reserven sichergestellt.

Der persönliche Anwendungsbereich der Vorschrift unterscheidet sich nach den von der Regelung betroffenen Personen.[606] Der objektive Anwendungsbereich des § 6 Abs. 5 EStG umfasst nur EinzelWG. Eine Überführung von WG des Eigen-BV oder des SBV in das PV oder eine Übertragung ohne betrieblichen Anlass auf Dritte sind als *mit dem Teilwert*[607] *zu bewertende Entnahmen* i. R. d. § 4 Abs. 1 S. 2 i. V. m. § 6 Abs. 1 S. 4 EStG zu betrachten.[608] In § 6 Abs. 5 S. 3 EStG werden die Übertragungen von EinzelWG zwischen verschiedenen Rechtsträgern innerhalb einer Mitunternehmerschaft geregelt, und zwar einerseits zwischen Mitunternehmer und Mitunternehmerschaft und andererseits zwischen mehreren Mitunternehmern derselben Mitunternehmerschaft. Der Anwendungsbereich der Vorschrift erfasst verschiedene Konstellationen, die abschließend aufgezählt werden.[609]

Tatbestandsvoraussetzung dieser Regelung ist, dass *„das WG aus dem BV oder dem SBV eines Mitunternehmers stammt oder in dieses zurückkehrt“*[610]. Dabei wird die Unentgeltlichkeit oder die Gewährung bzw. Minderung von Gesell-

---

604 Bilitewski, in: Lange, Personengesellschaften im Steuerrecht, 7. Auflage 2008, Rdnr. 1126, S. 289.

605 Zum sog. finalen Entnahmenbegriff Körner, Europarecht und Wegzugsbesteuerung – das EuGH-Urteil „Lasteyrie du Saillant“, IStR 2004, S. 424 (429); auch Kaminski, Ertragsteuerliche Konsequenzen bei der Überführung von WG in eine ausländische Betriebsstätte, DStR 1996, S. 1794 ff.; vgl. auch den Entstrickungsgrundsatz, Reiß, Fortentwicklung des Unternehmenssteuerrechtes bei Mitunternehmerschaften – Bemerkungen zu den Vorschlägen des BMF, BB 2001, S. 1225 (1226).

606 § 6 Abs. 5 S. 1 EStG erfasst natürliche Personen, die mehrere Betriebe unterhalten, und Personengesellschaften. § 6 Abs. 5 S. 2-6 erstreckt den persönlichen Anwendungsbereich der Vorschrift auf jeden Mitunternehmer und andere mitunternehmerische Gemeinschaften, Glanegger, in: Schmidt, EStG Kommentar, 27. Auflage 2008, § 6, Rdnr. 511 ff.

607 Zum Begriff „Teilwert“ Hey, in: Tipke/Lang, Steuerrecht, 19. Auflage 2008, § 17, Rdnr. 144.

608 Fischer, in: Kirchhof, EStG Kompakt Kommentar, 8. Auflage 2008, § 6, Rdnr. 186a; Reiß, Die Revitalisierung des Mitunternehmererlasses – keine gesetztechnische Meisterleistung, BB 2000, S. 1965 (1968).

609 Vgl. hierzu Werndl, in: Kirchhof/Söhn/Mellinghoff, Einkommensteuergesetz Kommentar, § 6, Rdnr. L 30 ff.

610 Herrmann, in: Frotscher, EStG-Kommentar, § 6, Rdnr. 520.

schaftsrechten vorausgesetzt.[611] Bei einem Vorgang, der gegen Gewährung (Minderung) von Gesellschaftsrechten erfolgt, ist eine Anwendung des § 6 Abs. 5 S. 3 EStG mit zwingender Buchwertfortführung zu betrachten.[612]

Im Fall einer zum Teil entgeltlichen Übertragung gegen ein unter dem Teilwert liegendes Entgelt ist es problematisch, ob zu einer Lösung nach der von der Rechtsprechung[613] und der Finanzverwaltung[614] vertretenen *Trennungstheorie* zu gelangen ist.[615]

Die Vertreter der sog. *Einheitstheorie*, die von einer einheitlichen Behandlung des ganzen Vorgangs ausgehen, wenn das „Entgelt" den Buchwert[616] nicht übersteigt, stehen der Trennungstheorie kritisch gegenüber.[617]

Bei einem Einbringungsvorgang für einen anderen Mitunternehmer (es handelt sich hierbei um den Fall der sog. *disquotalen Übertragung*) ist auch die Bestimmung des § 6 Abs. 5 S. 3 EStG anzuwenden, jedoch müssen nach § 6 Abs. 5 S. 4 EStG Ergänzungsbilanzen aufgestellt werden.[618]

§ 6 Abs. 5 S. 4 EStG sieht bei Übertragungen nach § 6 Abs. 5 S. 3 EStG eine Behaltefrist vor. Innerhalb dieser dreijährigen Frist darf nach der Abgabe der Steuererklärung des Übertragenden das betreffende WG weder veräußert noch entnommen werden. Andernfalls ist nach § 175 Abs. 1 S. 1 Nr. 2 AO der Teilwert rückwirkend anzusetzen und unterliegt der Besteuerung der aufgedeckten

---

611 Bei einer Übertragung von einem BV ins Gesamthandvermögen einer Mitunternehmerschaft gegen Gewährung von Gesellschaftsrechten handelt es sich um einen *tauschähnlichen Umsatz* und infolgedessen um ein *vollentgeltliches Geschäft* i. S. d. § 6 Abs. 6 EStG. Die Regelung des § 6 Abs. 5 S. 3 EStG findet aber wegen der steuerneutralen Buchwertübertragung vorrangig Anwendung. Das Gleiche gilt auch im Fall eines Vorganges gegen Minderung von Gesellschaftsrechten. Zum Begriff der Unentgeltlichkeit sowie zu der Übertragung gegen Gewährung von Gesellschaftsrechten Bilitewski, in: Lange, Personengesellschaften im Steuerrecht, 7. Auflage 2008, Rdnr. 1162 ff., S. 297 ff.

612 Werndl, in: Kirchhof/Söhn/Mellinghoff, Einkommensteuergesetz Kommentar, § 6, Rdnr. L 34, 35.

613 BFH – Urteil v. 11.12.2001 – VIII R 58/98 – BStBl. II 2002, S. 420 (423 ff.).

614 BMF v. 7.6.2001, BStBl. I 2001, S. 367; nach der Trennungstheorie sind teilentgeltliche Übertragungen in eine voll entgeltliche und eine voll unentgeltliche Übertragung aufzuteilen.

615 Zu entgeltlichen Übertragungen EinzelWG unter fremdüblichen Bedingungen s. Fischer, in: Kirchhof, EStG Kompakt Kommentar, 8. Auflage 2008, § 6, Rdnr. 189.

616 Zum Begriff „Buchwert" Hey, in: Tipke/Lang, Steuerrecht, 19. Auflage 2008, § 17, Rdnr. 147.

617 Knobbe-Keuk, Bilanz- und Unternehmenssteuerrecht, 9. Auflage 1993, S. 786 ff.; vgl. auch Böhme/Forster, Anwendbarkeit der Trennungstheorie im Rahmen von Übertragungen i. S. d. § 6 Abs. 5 EStG i. d. F. des Unternehmenssteuerfortentwicklungsgesetzes, BB 2003, S. 1979 (1982 ff.).

618 Mayer, Notwendiges Zusammentreffen von § 24 UmwStG und § 6 Abs. 5 EStG, DStR 2003, S. 1553. Die Erstellung der Ergänzungsbilanz gilt auch für WG der Personengesellschaft, v. Campenhausen, Steuersubjekt- und -objektgebundene stille Reserven bei Ergänzungsbilanzen nach § 6 Abs. 5 S. 3 EStG und § 24 UmwStG, DB 2004, S. 1282 (1285).

stillen Reserven. Wenn das WG innerhalb der Frist übertragen wurde, aber bis zum Zeitpunkt der Übertragung eine Ergänzungsbilanz hergestellt worden ist, dann ist der rückwirkende Ansatz des Teilwerts nach § 6 Abs. 5 S. 4 EStG nicht anzuwenden.[619]

Nach § 6 Abs. 5 S. 5 EStG führen die übertragenen EinzelWG immer zum Ansatz der Teilwerte, soweit der Anteil einer Körperschaft an diesen WG unmittelbar oder mittelbar begründet wird oder sich erhöht. Daraufhin folgt die Missbrauchsvorschrift des S. 6, nach dem der Teilwert rückwirkend anzusetzen ist, soweit innerhalb von sieben Jahren nach der Übertragung des WG nach S. 3 der Anteil einer Körperschaft, Personenvereinigung oder Vermögensmasse an dem übertragenen WG aus einem anderen Grund zu den obigen Rechtsfolgen führt. Die Bildung einer negativen Ergänzungsbilanz kann die Versteuerung der auf die Kapitalgesellschaft entfallenden stillen Reserven nicht verhindern.[620]

2. *Übertragung von Betrieben, Teilbetrieben und Mitunternehmeranteilen*

Von besonderer Bedeutung ist im Bereich der Mitunternehmerschaftsbesteuerung die unentgeltliche Übertragung eines (Teil-)Betriebs und eines Mitunternehmeranteils.[621] Dieser Vorgang ist in § 6 Abs. 3 EStG durch eine zwingende Buchwertfortführung geregelt. Der Anwendungsbereich der Vorschrift erfasst: a) die unentgeltliche Übertragung von (Teil-) Betrieben oder Mitunternehmeranteilen, b) die unentgeltliche Aufnahme einer natürlichen Person in ein bestehendes Einzelunternehmen und c) die unentgeltliche Übertragung eines Teils eines Mitunternehmeranteils auf eine natürliche Person.[622] Der persönliche Anwendungsbereich

---

619 Wesselbaum-Neugebauer, Die Übertragung von Einzelwirtschaftsgütern nach dem Unternehmenssteuerfortentwicklungsgesetz (UntStFG), StB 2002, S. 162 (165).

620 Bilitewski, in: Lange, Personengesellschaften im Steuerrecht, 7. Auflage 2008, S. 304 ff.; krit. Groh, Teilwerteinbringung von betrieblichen Einzelwirtschaftsgütern in Personengesellschaften, DB 2003, S. 1403 (1407).

621 Zu den Begriffen „(Teil-)Betrieb", „Mitunternehmeranteil" und „Bruchteil des Mitunternehmeranteils" Werndl, in: Kirchhof/Söhn/Mellinghoff, Einkommensteuergesetz Kommentar, § 6, Rdnr. J 11 ff. Zum Verständnis des Teilbetriebs, Rödder/Beckmann, Ein neues Teilbetriebsverständnis im Umwandlungssteuergesetz tut not!, DStR 1999, S. 751; Rogall, Sonderbetriebsvermögen und der Konflikt zwischen Einbringung eines Teilbetriebs und Einbringung eines Teil – Mitunternehmeranteils nach §§ 20 und 24 UmwStG, DB 2005, S. 410. Nach der Rechtsprechung ist die Gesellschafterbeteiligung steuerrechtlich kein einheitliches immaterielles WG, BFH – Urteil v. 28.11.2002 – III R 1/01 – BStBl. II 2003, S. 250 (255); a. A. Dietel, Bilanzierung von Anteilen an Personengesellschaften in Handels- und Steuerbilanz, DStR 2002, S. 2140 (2144).

622 Hierzu Hunfeld, in: Lange, Personengesellschaften im Steuerrecht, 7. Auflage 2008, Rdnr. 1991, S. 515.

der Vorschrift erfasst außer natürlichen Personen auch Mitunternehmerschaften und unter bestimmten Voraussetzungen auch Kapitalgesellschaften.[623]

Zweck der Regelung ist die Vermeidung einer Gewinn- bzw. Verlustrealisierung bei einer unentgeltlichen Übertragung einer *betrieblichen Einheit*[624] trotz des Rechtsträgerwechsels durch eine Buchwertfortführung.[625]

Die wichtigsten Fälle des § 6 Abs. 3 EStG sind die Schenkung[626] und die Erbfolge, insbesondere die *vorweggenommene* Erbfolge. Andererseits wird die Übertragung eines (Teil-)Betriebs oder Mitunternehmeranteils an Pflichtteilsberechtigte als Betriebsveräußerung angesehen.[627]

Die Buchwertfortführung[628] eines übertragenen (Teil-)Betriebs setzt die Mitübertragung aller *funktional wesentlichen Betriebsgrundlagen* voraus.[629] Werden unwesentliche Betriebsgrundlagen zurückbehalten, so ist dies unerheblich. Bei einer teilweise entgeltlichen bzw. unentgeltlichen Übertragung ist nach der *Einheitstheorie* dies als *einheitlicher Vorgang* zu beurteilen.[630]

---

623 Fischer, in: Kirchhof, EStG Kompakt Kommentar, 8. Auflage 2008, § 6, Rdnr. 181.

624 Zur betrieblichen Einheit BMF – Schreiben v. 3.3.2005, BStBl. I 2005, S. 405; zu den wesentlichen Betriebsgrundlagen eines Betriebs gehörenden WG vgl. BMF – Schreiben v. 16.8.2000, BStBl. I 2000, S. 1253; eine *Zerschlagung* der betrieblichen Einheit fällt nicht unter der Regelung des § 6 Abs. 3 EStG. Das Gleiche gilt auch für Mitunternehmeranteile, Glanegger, in: Schmidt, EStG Kommentar, 27. Auflage 2008, § 6, Rdnr. 478.

625 Herrmann, in: Frotscher, EStG-Kommentar, § 6, Rdnr. 462. M. a. W. wird das Interesse des Gesetzgebers an der *betrieblichen Kontinuität* durch steuerneutrale unentgeltliche Übertragungen offenbart, hierzu Werndl, in: Kirchhof/Söhn/Mellinghoff, Einkommensteuergesetz Kommentar, § 6, Rdnr. J 4.

626 Zu Schenkungen unter Auflage und zu gemischten Schenkungen, Werndl, in: Kirchhof/Söhn/Mellinghoff, Einkommensteuergesetz Kommentar, § 6, Rdnr. J 41 ff.

627 BFH – Urteil v. 13.2.1997 – IV R 15/96 – BStBl. II 1997, S. 535 (538); Groh, Betriebsschulden aus Privatvermögen?, DB 1992, S. 444 (446).

628 Zu den wichtigsten Ausschlussfällen einer Buchwertfortführung Winkeljohann/Stegemann, Verbleibende Zweifel nach dem BMF – Schreiben vom 3.3.2005 zu Zweifelsfragen der ertragssteuerlichen Buchwertfortführung bei der Unternehmensnachfolge, BB 2005, S. 1416.

629 Im Fall, dass wesentliche WG des Betriebs vom Übertragenden zurückbehalten werden, liegt eine Betriebsaufgabe i. S. d. § 16 Abs. 3 EStG vor, BFH – Urteil v. 31.8.1995 – VIII B 21/93 – BStBl. II 1995, S. 890 (893); auch BFH – Urteil v. 2.10.1997 – IV R 84/96 – BStBl. II 1998, S. 104 (105).

630 Die teilentgeltliche Übertragung ist einheitlich zu beurteilen. Ein Veräußerungsgewinn entsteht, wenn das Entgelt den Buchwert übersteigt, damit die Vorschrift des § 16 Abs. 2 EStG anzuwenden ist. In dem Fall, dass das Entgelt unter den Buchwert liegt, ist § 6 Abs. 3 EStG anzuwenden, BFH – Urteil v. 16.12.1992 – XI R 34/92 – BStBl. II 1993, S. 436 (437); BFH – Urteil v. 22.9.1994 – IV R 61/93 – BStBl. II 1995, S. 367 (371); BFH – Urteil v. 7.2.1995 – VIII R 36/93 – BStBl. II 1995, S. 770 (772). Übersteigt das Entgelt den Buchwert, so kommt eine kombinierte *funktional-quantitative* Betrachtungsweise in Bezug auf die wesentlichen Betriebsgrundlagen zur Anwendung. Förster/Brinkmann, Teilentgeltiche Nachfolge in betriebliche Einheiten, BB 2003, S. 657 (659).

Bei einer bruchteilweisen Übertragung eines Mitunternehmeranteils wird eine Gewinnbeteiligungsquote abgegeben.[631] Entscheidend für eine bruchteilweise Übertragung von Mitunternehmeranteilen war nach alter Auffassung des BFH die Mitübertragung des entsprechenden quotalen Teils des SBV, soweit dies den wesentlichen Betriebsgrundlagen zuzurechnen war.[632]

Nach dem neuen § 6 Abs. 3 S. 2 EStG kann der Buchwert eines Mitunternehmeranteilbruchteils auch übertragen werden, wenn der bisherige Mitunternehmer wesentliche WG des weiterhin zum BV derselben Mitunternehmerschaft gehörenden SBV, *überhaupt nicht oder unterquotal* (eine *überquotale* Übertragung wirkt wie eine *quotale*) überträgt.[633] Dazu wird vorausgesetzt, dass keine Veräußerung oder Aufgabe des übernommenen Mitunternehmeranteils vom Rechtsnachfolger, der eine natürliche Person sein muss, über einen Zeitraum von mindestens fünf Jahren vorgenommen wird.[634] Wenn diese Behaltefrist[635] nicht eingehalten wird, dann ist die Regelung des § 6 Abs. 1 Nr. 4 EStG rückwirkend für den gesamten Teil-Mitunternehmeranteil anzuwenden. Vergleichbar mit der Übertragung eines Bruchteils von einem Mitunternehmeranteil erfolgt die Aufnahme einer natürlichen Person in ein Einzelunternehmen.[636]

---

631 BFH – Urteil v. 6.11.1991 – XI R 41/88 – BStBl. II 1992, S. 335 (336).

632 BFH – Urteil v. 12.4.2000 – XI R 35/99 – BStBl. II 2001, S. 26 (27).

633 Glanegger, in: Schmidt, EStG Kommentar, 27. Auflage 2008, § 6, Rdnr. 483 ff. Wenn SBV aufgrund einer unentgeltlichen Teilanteilsübertragung überquotal übertragen wird, ist dieser Vorgang in a) eine quotale Übertragung eines Mitunternehmeranteilbruchteils i. S. d. § 6 Abs. 3 S. 1 EStG und in b) eine Übertragung eines Teils eines EinzelWG i. S. d. § 6 Abs. 5 S. 3 Nr. 3 EStG aufzuteilen. Andernfalls, wenn funktional wesentliche Betriebsgrundlagen im SBV des Übertragenden behalten werden und teilweise überquotal und teilweise unterquotal übertragen worden sind, so ist auch dieser Vorgang in eine unterquotale Übertragung eines Mitunternehmeranteilbruchteils i. S. d. § 6 Abs. 3 S. 2 EStG und in eine Übertragung eines Teils eines EinzelWG i. S. d. § 6 Abs. 5 S. 3 Nr. 3 EStG aufzuteilen. Hierzu vgl. Kai, Zweifelsfragen zu § 6 Abs. 3 i. d. F. des UntStFG, DB 2005, S. 794 (801); auch Kratzsch, Das BMF – Schreiben vom 3.3.2005 zur unentgeltlichen Übertragung von Mitunternehmeranteilen mit Sonderbetriebsvermögen, StB 2005, S. 330 (331 ff).

634 Zu den Voraussetzungen der Anwendung des § 6 Abs. 3 S. 2 EStG s. Winkeljohann/Stegemann, Verbleibende Zweifel nach dem BMF – Schreiben vom 3.3.2005 zu Zweifelsfragen der ertragsteuerlichen Buchwertfortführung bei der Unternehmensnachfolge, BB 2005, S. 1416 (1418).

635 Zur Sperrklausel Neufang, Die unentgeltliche Betriebsübertragung – Eine Bestandaufnahme aus einkommen- und schenkungssteuerrechtlicher Sicht, BB 2005, S. 1595 (1596).

636 Zu Besonderheiten bei der unentgeltlichen Aufnahme in ein Einzelunternehmen vgl. Groh, Aufnahme eines Gesellschafters in ein Einzelunternehmen: Ende der Ungewissheit?, DB 2001, S. 2162 (2163 ff.). Darüber hinaus bei der unentgeltlichen Einbringung eines Einzelunternehmens in eine neu gegründete Personengesellschaft ist das sog. *Zweistufenmodell* zu beachten. Hierzu Herrmann, in: Frotscher, EStG-Kommentar, § 6, Rdnr. 489; vgl. auch Spiegelberger/Wälzholz, Die Übertragung und Besteuerung stiller Reserven in der Mitunternehmerschaft, DStR 2001, S. 1093 (1096).

Schließlich, wenn eine verdeckte Einlage i. S. d. (Teil-) Betriebs oder Mitunternehmeranteils unentgeltlich in eine Kapitalgesellschaft übertragen wird, sind dann die Regelungen über eine gewinnrealisierende Aufgabe i. R. d. § 16 Abs. 3 EStG vorrangig anzuwenden.[637]

3. *Gewinn aus Veräußerung bestimmter Anlagegüter*

Durch die grundsätzlich *personenbezogene Begünstigung*[638] des § 6b EStG ist es möglich, durch den *Verzicht auf eine sofortige Besteuerung* die seit längerer Zeit gebildeten in bestimmten WG des AV stillen Reserven auf Reinvestitionen übertragen zu werden. Zu den begüstigten Beträgen des § 6b EStG gehört der Einzelveräußerungsgewinn[639], der aufgrund einer entgeltlichen Veräußerung aufgedeckt worden ist.[640]

Im Schrifttum wird § 6b EStG als *„das bedeutendste Instrument zur Verlagerung des Besteuerungszeitpunktes von Gewinnen in die Zukunft"* betrachtet.[641]

Die begünstigten Veräußerungsobjekte werden in § 6b Abs. 1 S. 1 EStG *abschließend* aufgezählt,[642] während in § 6b Abs. 1 S. 2 EStG die Reinvestitionsobjekte bzw. -vorgänge *abschließend* benannt werden.[643] Der persönliche Anwendungsbereich erstreckt sich grundsätzlich (vorbehaltlich des § 6b Abs. 10 EStG) auf alle beschränkt oder unbeschränkt steuerpflichtig natürliche und juristische Personen[644]. Die Regelung des § 6b EStG erfasst nur Veräußerungsvorgänge[645],

---

637 BFH – Urteil v. 24.3.1993 – I R 131/90 – BStBl. II 1993, S. 799 (801); Kai, Zweifelsfragen zu § 6 Abs. 3 i. d. F. des UntStFG, DB 2005, S. 794 (795).

638 Jachmann, in: Kirchhof, EStG Kompakt Kommentar, 8. Auflage 2008, § 6b, Rdnr. 1.

639 Nach § 6b Abs. 2 S. 1 EStG ist der Veräußerungsgewinn der Betrag des den Buchwert übersteigenden Veräußerungserlöses abzüglich der Veräußerungskosten zum Zeitpunkt der Veräußerung.

640 Glanegger, in: Schmidt, EStG Kommentar, 27. Auflage 2008, § 6b, Rdnr. 1; zum Gesetzeszweck s. Heger, in: Kirchhof/Söhn/Mellinghoff, Einkommensteuergesetz Kommentar, § 6b, Rdnr. A 1; auch Schmitt/Franz, Die Umstrukturierung von Personenunternehmen im Lichte des Berichts zur Fortentwicklung des Unternehmenssteuerrechts, BB 2001, S. 1278 (1280 ff.).

641 Eisele/Knobloch, Zur Maßgeblichkeit der Handels- für die Steuerbilanz bei der Übertragung einer Reinvestitionsrücklage zwischen einer Personengesellschaft und der an ihr beteiligten Kapitalgesellschaft, DB 2005, S. 1349.

642 Zu begünstigten Veräußerungen s. Jachmann, in: Kirchhof, EStG Kompakt Kommentar, 8. Auflage 2008, § 6b, Rdnr. 4 ff.

643 Zu begünstigten Reinvestitionen s. Jachmann, in: Kirchhof, EStG Kompakt Kommentar, 8. Auflage 2008, § 6b, Rdnr. 11 ff.

644 Zu Kennzeichen und Voraussetzungen des § 6b EStG, Bahrs, Betriebswirtschaftliche Vorteilhaftigkeit von steuerrechtlich bedingten Reinvestitionsrücklagen, BB 2003, S. 568; hierbei ist auch das Übertragungsverbot des § 6b Abs. 4 S. 2 EStG zu beachten. Zweck des Verbots ist die *Sicherstellung des Gewerbesteueraufkommens*, Heger, in: Kirchhof/Söhn/Mellinghoff, Einkommensteuergesetz Kommentar, § 6b, Rdnr. E 43.

weil nur diese stille Reserven aufdecken können. Bei teilentgeltlichen Übertragungen ist zu unterscheiden, ob sie sich auf EinzelWG des BV oder auf betriebliche Einheiten beziehen. Im ersten Fall ist die *Trennungstheorie* anzuwenden, während im zweiten Fall die *Einheitstheorie* zur Anwendung gelangt.[646]

Der Steuerpflichtige hat eine Wahlmöglichkeit[647] und kann sich entscheiden, ob er den Veräußerungsgewinn der WG des § 6b Abs. 1 S. 1 EStG *erfolgsneutral* von den AK- oder HK anderer WG abzieht[648], ob er nach § 6b Abs. 3 EStG eine erfolgsneutrale Rücklage bildet[649] oder ob er von einem Abzug bzw. der Bildung einer Rücklage absieht.[650] Die Rücklagebildung ist unabhängig von der Reinvestitionsabsicht.[651]

Für eine Steuervergünstigung nach § 6b EStG muss sich das veräußerte WG sechs Jahre lang ununterbrochen in den Vermögensanlagen befinden. Zweck dieser Regelung ist die Vermeidung einer Begünstigung von Spekulationsgewinnen.[652]

V. Das Ausscheiden von Mitunternehmern

Das Ausscheiden eines Mitunternehmers aus einer fortbestehenden Personengesellschaft hat einen Anwachs der Anteile der übrigen Gesellschafter zur Folge und führt zum Verluste der dinglichen Rechte des Ausscheidenden am Gesell-

---

645 Veräußerung ist die *entgeltliche Übertragung des wirtschaftlichen Eigentums*, dazu Kuhr, in: Frotscher, EStG-Kommentar, § 6 b, Rdnr. 5 ff.

646 Jachmann, in: Kirchhof, EStG Kompakt Kommentar, 8. Auflage 2008, § 6b, Rdnr. 9.

647 Das Wahlrecht kann sowohl in der Handels- als auch in der Steuerbilanz ausgeübt werden. BFH – Urteil v. 30.3.1989 – IV R 72/88 – BStBl. II 1989, S. 560 (561). Hinsichtlich der Rücklagebildungsmöglichkeit kommt diese auch für eine Ersatzbeschaffung i. R. d. EStR 6. 6 (6, 7) Abs. 7 in Betracht.

648 Zu einer vollen oder teilweisen Übertragung des Veräußerungsgewinnes Bordewin, Steuererleichterung durch Investitionen nach § 6b EStG, DStR 1992, S. 1463 (1464).

649 Nach der Erfüllung der gesetzlichen Voraussetzungen kann der Steuerpflichtige frei die Bildung einer Rücklage auswählen. Die Einstellung eines Teilbetrages in die Rücklage ist zulässig. Vielmehr kann der Steuerberechtigte den insgesamt begünstigten Gewinn zwischen den mehreren Möglichkeiten des § 6b EStG aufteilen. Hierzu s. Schlencker, in: Blümich, EStG, § 6b, Rdnr. 242 ff. Darüber hinaus zu Besonderheiten der Auflösung der Rücklage sowie der AK/HK nach Übertragung stiller Reserven, Schlencker, in: Blümich, EStG, § 6b, Rdnr. 247 ff.

650 Dieses Wahlrecht ist regelmäßig unter Berücksichtigung des § 141 AO und der Steuerbilanz in der Handelsbilanz auszuüben, BFH – Urteil v. 30.3.1989 – IV R 72/88 – BStBl. II 1989, S. 560 (561).

651 Kuhr, in: Frotscher, EStG-Kommentar, § 6b, Rdnr. 4.

652 Die Vorbesitzzeit des Veräußerers kann nicht bei einer Veräußerung durch den Erwerber fortgeführt werden. Das Gegenteil gilt im Fall eines insgesamt unentgeltlichen Überganges des WG. Dazu s. Kuhr, in: Frotscher, EStG-Kommentar, § 6b, Rdnr. 95 ff.

schaftsvermögen.[653] Steuerrechtlich stellt dieser Vorgang ein Anteilsveräußerungsgeschäft[654] gem. § 16 Abs. 1 S. 1 Nr. 2 EStG dar.[655] Der Gegenstand der Veräußerung ist zivilrechtlich und steuerrechtlich zu unterscheiden. Zivilrechtlich ist der Gesellschaftsanteil gemeint, während einkommensteuerrechtlich die ideellen Anteile des Ausgeschiedenen an den (nicht-)bilanzierten WG des Gesellschaftsvermögens und dem Alleineigentum des SBV erfasst sind.[656] Der Ausscheidende besitzt einen Abfindungsanspruch.[657] Aus steuerrechtlicher Sicht ist der Zeitpunkt des Ausscheidens eines Gesellschafters entscheidend, weil es nach dem beurteilt wird, welcher Teil des Gewinns zum laufenden Gewinn und welcher Teil zum steuerbegünstigten Veräußerungs- bzw. Aufgabengewinns gehört.[658]

Maßgeblich für die steuerliche Behandlung des Ausgeschiedenen ist die Differenz zwischen seiner Abfindung und dem Buchwert seines Kapitalkontos[659] und damit die Entstehung eines Veräußerungsgewinns[660] bzw. -verlusts.

---

653 Niehus/Wilke, Die Besteuerung der Personengesellschaften, 3. Auflage 2005, S. 249.

654 Schön, Die „Betriebsaufgabe" des Gesellschaftsanteils – ein steuerrechtliches Phantom, BB 1988, S. 1866 (1871).

655 Unter der Voraussetzung eines Entgeltes, BFH – Urteil. v. 14.9.1994 – I R 12/94 – BStBl. II 1995, S. 407 (408).

656 Vgl. Wacker, in: Schmidt, EStG Kommentar, 27. Auflage 2008, § 16, Rdnr. 451 ff. Zu Beurteilung einer Übertragung als vollständig entgeltlichen bzw. unentgeltlichen Vorgang sowie hinsichtlich einer teilentgeltlichen Übertragung sind alle diese Vorgänge nach der Einheitstheorie zu behandeln, Niehus/Wilke, Die Besteuerung der Personengesellschaften, 3. Auflage 2005, S. 250 ff.

657 Zur Abfindung als Anschaffung der Gesellschaft bzw. als Erfolgsvorgang vgl. Groh, Ausscheiden eines Gesellschafters in der Bilanz der Personengesellschaft, BB 1994, S. 540 ff. In Bezug auf die Abfindungshöhe ist zwischen drei verschiedenen Konstellationen zu differenzieren: a) nach den Vorschriften von HGB und BGB (§ 738 BGB). Dementsprechend vgl. zum Unternehmenswert Barthel, Unternehmenswert: Die einzelwirtschaftsgüter – orientierten Bewertungsverfahren, DStR 1995, S. 1684 ff. b) Nach den sog. *Abfindungsklauseln* und insbesondere nach den steuerorientierten Klauseln, Sommer/Kemper, Einheitswertsabhängige Abfindungen (Teil I), DStR 1993, S. 1409 ff. Sowie c) nach gegenüber dem Gesellschaftsvertrag vorrangigen und abweichenden Austrittsvereinbarungen, BFH – Urteil v. 12.12.1996 – IV R 77/93 – BStBl. II 1998, S. 180 (182). Darüber hinaus zu Sachwertabfindung und zur Abgrenzung gegenüber einer Realteilung, Schulze zur Wiesche, Die Realteilung einer Personengesellschaft unter Berücksichtigung des BMF – Schreibens v. 28.2.2006, DB 2006, S. 921. In der Realteilung soll „*eine andere Art der Auseinandersetzung*" i. S. v. § 145 Abs. 1 HGB liegen. Zu Definition und Gegenstand der Realteilung Schell, Realteilung i.S. d. § 16 Abs. 3 S. 2 – 4 EStG – Anmerkung zum BMF – Schreiben v. 28.2.2006, BB 2006, S. 1026. Zu Einzelfällen des Nichtvorliegens einer Sachwertabfindung, Wacker, in: Schmidt, EStG Kommentar, 27. Auflage 2008, § 16, Rdnr. 526.

658 Stuhrmann, in: Blümich, EStG, § 16, Rdnr. 162 ff.

659 Zudem vgl. auch das Ausscheiden mit negativem Kapitalkonto. Knobbe- Keuk, Bilanz- und Unternehmenssteuerrecht, 9. Auflage 1993, S. 907 ff.

Dem Ausscheiden eines Gesellschafters folgen aus steuerrechtlicher Sicht unterschiedliche Konsequenzen in Bezug auf die WG des SBV. Wenn die WG auf die verbleibenden Gesellschafter oder auf einen Dritten übertragen werden, dann ist zur Berechnung des Veräußerungsgewinns die Berücksichtigung des Buchwerts des SBV erforderlich. Wenn die WG im PV des Ausgeschiedenen zurückbehalten werden, führt dieser Vorgang zur Aufdeckung der stillen Reserven und zum steuerprivilegierten Aufgabegewinn i. S. d. § 16 Abs. 3 EStG. Letztlich ist also die Überführung des WG in ein anderes BV durch die Buchwerte nach § 6 Abs. 5 S. 2 EStG, also ohne Aufdeckung der stillen Reserven, zu betrachten[661].

1. Steuerliche Behandlung des ausscheidenden Mitunternehmers

Die Erfolgsneutralität des Vorganges hängt davon ab, ob der Abfindungsbetrag und das vereinbarte Entgelt für die WG des SBV den Buchwert des Kapitalkontos übersteigen oder nicht. Beim Übersteigen des Buchwerts ist ein Veräußerungsgewinn nach § 16 Abs. 2 EStG zu realisieren. Wenn dieser Betrag den Buchwert des Kapitalkontos unterschreitet, dann handelt es sich um einen Veräußerungsverlust.[662] der nach § 2 Abs. 3 i. V. m. § 10d EStG zu behandeln ist.[663]

Andererseits ist im Fall einer Sachwertabfindung des Ausscheidenden zwischen der Übernahme ins PV oder ins BV des Ausscheidenden zu unterscheiden.

Im ersten Fall ist es unerheblich, ob die Erfüllung der Abfindungsforderung bar oder durch WG des BV erfolgt. Die Entstehung eines Veräußerungsgewinns bzw. -verlustes nach §§ 16, 34 EStG hängt davon ab, wie hoch die Abfindungsforderung ist.[664] Im zweiten Fall ist umstritten, wie die Überführung des WG ins BV des Ausscheidenden behandelt werden soll. Nach einer Auffassung ist eine solche Überführung als Unterfall der Realteilung nach § 16 Abs. 3 S. 2-4 EStG anzusehen.[665] Anderer Meinung nach ist § 6 Abs. 5 S. 3 EStG anzuwenden.[666]

---

660 Zur Entstehung des Veräußerungsgewinnes Wacker, in: Schmidt, EStG Kommentar, 27. Auflage 2008, § 16, Rdnr. 454.

661 Hunfeld, in: Lange, Personengesellschaften im Steuerrecht, 7. Auflage 2008, Rdnr. 2121 ff. S. 534 ff.

662 Kein Veräußerungsverlust entsteht in dem Fall, wenn das Veräußerungsentgelt oder der Abfindungsanspruch niedriger ist als der Buchwert aus privaten Gründen ist, BFH – Urteil v. 27.5.1981, – I R 123/77 – BStBl. II 1982, S. 211.

663 Niehus/Wilke, Die Besteuerung der Personengesellschaften, 3. Auflage 2005, S. 256.

664 Knobbe- Keuk, Bilanz- und Unternehmenssteuerrecht, 9. Auflage 1993, S. 909. Vgl. auch die abweichende Auffassung, Reiß, in: Kirchhof/Söhn/Mellinghoff, Einkommensteuergesetz Kommentar, § 16, Rdnr. C 112 ff.

665 Hunfeld, in: Lange, Personengesellschaften im Steuerrecht, 7. Auflage 2008, Rdnr. 2256 ff. S. 551 ff.

666 Wacker, in: Schmidt, EStG Kommentar, 27. Auflage 2008, § 16, Rdnr. 524.

2. *Steuerbehandlung der verbleibenden Mitunternehmer*

In Bezug auf die verbleibenden Mitunternehmer, die die ideellen Anteile des Ausscheidenden erwerben, kommen die folgenden Varianten in Betracht. Die Abfindung über dem Buchwert des Kapitalkontos stellt Anschaffungskosten[667] dar. Der zu aktivierende Mehrbetrag ist nach dem Gebot der *gleichmäßigen Aufstockung*[668] auf alle bilanzierten WG des Anlage- bzw. Umlaufvermögens mit stillen Reserven oder auf immaterielle WG zu verteilen.[669] Wenn die Abfindung den Buchwert des Kapitalkontos unterschreitet, ist zwischen entgeltlichem und unentgeltlichem Erwerb zu differenzieren. Bei entgeltlichem Erwerb sind die Buchwerte um den Unterschiedsbetrag[670] zwischen Abfindung und Nennbetrag herabzusetzen.[671] Der BFH hat eine Fortführung der Buchwerte der bilanzierten WG und eine Passivierung des Minderbetrages als negativem Geschäftswert verneint.[672] Andererseits liegt bei einem unentgeltlichen Erwerb[673] für die verbleibenden Gesellschafter ein laufender Gewinn vor. Eine Herabsetzung führt nicht zur Vermeidung der Gewinnrealisierung.[674] Im Fall einer Abfindung in der

667 Zu Aktivierung von Anschaffungskosten in der Gesellschaftsbilanz Reiß, in: Kirchhof/Söhn/Mellinghoff, Einkommensteuergesetz Kommentar, § 16, Rdnr. C 99; Clemm, Ausscheiden eines Gesellschafters aus der Personengesellschaft, BB 1992, S. 1959 (1961).

668 BFH – Urteil v. 24.5.1984 – I R 166/78 – BStBl. II 1984, S. 747.

669 Zur Zuordnung der Aufstockung s. die sog. *Stufentheorie*. Die 1. Stufe erfasst eine Verteilung des Mehrwerts auf bilanzierte WG nach Maßgabe der in den betreffenden WG enthaltenen stillen Reserven. Die Verteilung darf nicht willkürlich vorgenommen werden, sondern muß sich am Verhältnis der Teilwerte orientieren. Zur 2. Stufe gehört die Aktivierung immaterieller WG, die beim Veräußerer als selbstgeschaffene immaterielle WG nicht bilanzierungsfähig waren. Die 3. Stufe bezieht sich auf die Aktivierung eines danach verbleibenden Betrags als Geschäftswert und die 4. Stufe erfasst der Mehrbetrag, der, soweit nicht außerbetrieblich veranlasst, ausnahmsweise als Betriebsausgabe sofort abgezogen werden kann. Vgl. hierzu Herzig, Steuerorientierte Grundmodelle des Unternehmenskaufs, DB 1990, S. 133 (134). Zu einer modifizierten Stufentheorie Hörger/Stobbe, Die Zuordnung stiller Reserven beim Ausscheiden eines Gesellschafters einer Personengesellschaft – Modifizierte Stufentheorie –, DStR 1991, S. 1230 (1233).

670 Im Schrifttum wird der negative Unterschiedsbetrag als *„negativer derivativer Geschäftswert"* bezeichnet, Möhrle, Ökonomische Interpretation und bilanzielle Behandlung eines negativen derivativen Geschäftswertes, DStR 1999, S. 1414 (1417).

671 BFH – Urteil v. 24.10.1996 – IV R 90/94 – BStBl. II 1997, S. 241 (242).

672 BFH – Urteil v. 21.4.1994 – IV R 70/92 – BStBl. II 1994, S. 745 (747); a. A. Gießler, Der negative Geschäftswert – Bilanzielle Anerkennung und Behandlung, BB 1996, S. 1759 (1760).

673 Zum Vorliegen eines unentgeltlichen Erwerbs, Stuhrmann, in: Blümich, EStG, § 16, Rdnr. 204.

674 Stuhrmann, in: Blümich, EStG, § 16, Rdnr. 205; a. A. nach erfüllt die unentgeltliche Übertragung keinen Besteuerungstatbestand. Hierzu sowie zum Fall einer teilentgeltlichen Übertragung unter Buchwert, Reiß, in: Kirchhof/Söhn/Mellinghoff, Einkommensteuergesetz Kommentar, § 16, Rdnr. C 94 ff.

Höhe des Buchwerts des Kapitalkontos vollzieht sich für die verbleibenden Gesellschafter die Anwachsung des Anteils des Ausscheidenden erfolgsneutral.

Dabei ist auch zwischen einer Sachwertabfindung mit Übernahme ins PV oder ins BV des Ausscheidenden zu unterscheiden. Im Fall einer Übernahme des WG in das PV des Ausscheidenden ist auf der Ebene der verbleibenden Gesellschafter zwischen einer Abfindungsverpflichtung und dem Abfindungsvorgang zu unterscheiden. Bei einer Abfindungsverpflichtung ergibt sich eine Verteilung des entstehenden Unterschieds zwischen dem Kapitalkonto des Ausscheidenden und der Abfindungsverpflichtung auf WG sowie einen Ansatz des Geschäftswerts. Andererseits werden beim Abfindungsvorgang unter Berücksichtigung des § 6b EStG die stillen Reserven aufgedeckt.[675]

Ausnahmsweise kann ein Teil des Abfindungsbetrags nicht als Anschaffungskosten der anteilig erworbenen WG, sondern als Prämie vorgenommen werden. Es handelt hier um den sog. Fall des *lästigen Gesellschafters*. Diese Prämie stellt für die verbleibenden Gesellschafter eine abziehbare Betriebsausgabe dar.[676]

VI. Eintritt von Mitunternehmern

Der Eintritt von Gesellschaftern in eine bestehende oder in eine neu gegründete Gesellschaft ist ein Tauschvorgang.[677] Ausgangspunkt des neuen Eintritts eines Mitunternehmers ist, ob der neu Eintretende entgeltlich oder unentgeltlich aufgenommen wird.

1. Entgeltlicher Eintritt

Entscheidendes Merkmal für die steuerliche Behandlung des neu eintretenden Gesellschafters ist die Leistungsart und ob er in das Gesellschaftsvermögen oder ins PV der bisherigen Gesellschafter leistet. Wenn der neu Eintretende ins Gesellschaftsvermögen[678] einen (Teil-)Betrieb oder einen Mitunternehmeranteil

---

675 Zur steuerlichen Behandlung der verbleibenden Gesellschafter hinsichtlich einer Übernahme der Sachwertabfindung ins BV bzw. ins PV des Ausscheidenden, Knobbe- Keuk, Bilanz- und Unternehmenssteuerrecht, 9. Auflage 1993, S. 909 ff.

676 Niehus/Wilke, Die Besteuerung der Personengesellschaften, 3. Auflage 2005, S. 257 ff.; Reiß, in: Kirchhof/Söhn/Mellinghoff, Einkommensteuergesetz Kommentar, § 16, Rdnr. C 101.

677 BFH – Urteil v. 16.12.1992 – X R 52/90 – BStBl. II 1994, S. 838 (840); BFH – Urteil v. 26.1.1994 – III R 39/91 – BStBl. II 1994, S. 458 (460). Steuerlich ist der Tauschvorgang als ein doppeltes Anschaffungsgeschäft zu behandeln, Kauffmann, in: Frotscher, EStG-Kommentar, § 16, Rdnr. 138.

678 Eine Einbringung ins SBV genügt auch i. R. d. § 24 UmwStG, BMF v. 25.3.1998, BStBl. I 1998, Rdnr. 24. 06, S. 268 (339).

gegen Gewährung bzw. Erhöhung von Gesellschaftsanteilen leistet, dann findet die Regelung des § 24 UmwStG Anwendung.[679] Darauf folgt das Wahlrecht der Gesellschafter zwischen einer Buchwertfortführung und einer Gewinnrealisierung.[680]

Wenn die Einbringung des neuen Gesellschafters aus einzelnen WG besteht, dann kommen die Vorschriften des § 6 Abs. 5 EStG in Bezug auf einen Ansatz des Buchwertes der eingebrachten WG aus dem BV oder des § 6 Abs. 1 Nr. 5 EStG für den Ansatz des Teilwertes der eingebrachten WG aus dem PV, und nicht die Regelungen des § 24 UmwStG, zur Anwendung.[681]

Beim Eintritt gegen Zuzahlung, d. h., wenn der neue Mitunternehmer ins PV der bisherigen Gesellschafter leistet,[682] findet eine Veräußerung eines Bruchteils jedes Mitunternehmeranteils seitens der bisherigen Gesellschafter an den neuen Gesellschafter statt.[683] Anschließend werden alle Mitunternehmeranteile inklusive der Anteile des neuen Gesellschafters ins Betriebsvermögen der neuen, erweiterten Personengesellschaft eingebracht. Hinsichtlich dieses Einbringungsvorganges ist für die betreffenden Gesellschafter, für den verbliebenen Teil der eingebrachten Mitunternehmeranteile und für den neu erworbenen Anteil § 24 UmwStG anzuwenden. Der Gewinn aus dem ersten Rechtsakt ist als laufender Gewinn i. R. d. § 16 Abs. 1 S. 1 Nr. 2 und S. 2 EStG anzusehen.[684]

---

679 Es handelt sich in diesem Fall um eine Einbringung in eine „neue Personengesellschaft" nach dem Umwandlungssteuererlass. Der Gesellschafterwechsel fällt nicht unter § 24 UmwStG. BMF v. 25.3.1998, BStBl. I 1998, Rdnr. 24. 01, S. 268 (338).

680 In der Steuerbilanz sind die WG mit dem Buchwert, Teilwert oder Zwischenwert anzusetzen. Dieses Ansatzwahlrecht kann von den Gesellschaftern unterschiedlich ausgeübt werden, BMF v. 25.3.1998, BStBl. I 1998, Rdnr. 24. 04, S. 268 (339). Beim Buchwertansatz wird kein Gewinn ausgewiesen, beim Teilwertansatz ist die Tarifbegünstigung des § 24 Abs. 3 S. 2 UmwStG i. V. m. §§ 16 Abs. 4, 34 Abs. 1 EStG anzuwenden und beim Zwischenwertansatz ergibt sich keine steuerliche Begünstigung des Gewinnes. Zu steuerlichen Folgen jedes Wertansatzes Niehus/Wilke, Die Besteuerung der Personengesellschaften, 3. Auflage 2005, S. 293.

681 Bilitewski/Hunfeld, in: Lange, Personengesellschaften im Steuerrecht, 7. Auflage 2008, Rdnr. 2039, S. 523.

682 Zur Zuzahlungsdefinition Wilhelm, Zuzahlungen bei Gründung einer neuen und beim Beitritt in eine bestehende Personengesellschaft, BB 1996, S. 99.

683 In dieser Phase kann der sich ergebende Veräußerungsgewinn nicht durch eine negative Ergänzungsbilanz in der neuen Personengesellschaft neutralisiert werden, weil insoweit kein Einbringungsgewinn vorliegt, Pfalzgraf/Meyer, Eintritt neuer Gesellschafter in eine Personengesellschaft, DStR 1995, S. 1289 (1293).

684 Zu Inanspruchnahme der Steuervergünstigungen der §§ 16, 34 EStG für den Veräußerungs- bzw. Einbringungsgewinn muss sowohl für die Gesellschaft als auch für die Altgesellschafter der Teilwertansatz gewählt werden. Die Mitunternehmereigenschaft des Einbringenden in der neuen Personengesellschaft qualifiziert den Gewinn als laufender Gewinn i. S. d. §§ 24, 16 EStG, Niehus/Wilke, Die Besteuerung der Personengesellschaften, 3. Auflage 2005, S. 294 ff.

Wenn der verbliebene Teil des Mitunternehmeranteils des Altgesellschafters mit dem Buch- oder Zwischenwert angesetzt wird, dann ist der Veräußerungsgewinn des Teilanteils als laufender Gewinn zu beurteilen und die stillen Reserven werden teilweise beibehalten.[685]

2. Unentgeltlicher Eintritt

Falls die Aufnahme des neu eintretenden Mitunternehmers unentgeltlich stattfindet, dann wird die Beteiligungsquote der anderen Gesellschafter gemindert. Es handelt sich dann um eine Teilanteilsübertragung seitens der vorhandenen Gesellschafter, die unentgeltlich stattfindet.[686] In diesem Fall hat § 6 Abs. 3 EStG Vorrang vor den Regelungen des § 24 UmwStG, so dass in der Bilanz die WG mit den Buchwerten angesetzt werden.

VII. Änderungen in der Besteuerung von Personengesellschaften ab 2008

Der Bundestag hat mit Zustimmung des Bundesrates eine Unternehmenssteuerreform ab dem Jahr 2008 beschlossen.[687] Im Folgenden werden die wichtigsten Änderungen des am 17.8.2007 im BGBl. I 2007 veröffentlichten Gesetzes[688] im EStG erörtert. Die folgende Darstellung betrifft nur die wichtigsten Änderungen im EStG, da die Änderungen des KStG und GewStG in den entsprechenden Teilen der Arbeit dargestellt werden.[689]

Zunächst wurde durch das neue Gesetz das Halbeinkünfteverfahren durch das Teileinkünfteverfahren ersetzt, so dass ab dem Veranlagungszeitraum 2009 für Personengesellschaften die Veräußerungsgewinne von Anteilen an Kapitalgesellschaften i. H. v. 40% steuerfrei und zu 60% steuerpflichtig sind (§ 3 Nr. 40 EStG). Dies gilt für Beteiligungen sowohl im Betriebs- als auch im Privatvermögen unter Berücksichtigung des § 17 EStG (Einkünfte aus Gewerbebetrieb, § 15 i. V. m.

685 BFH – Urteil v. 21.9.2000 – IV R 54/99 – BStBl. II 2001, S. 178 (181). Darüber hinaus zu Zahlungen des neuen Gesellschafters sowohl ins Gesellschaftsvermögen als auch ins PV der Alt- Gesellschafter, Pfalzgraf/Meyer, Eintritt neuer Gesellschafter in eine Personengesellschaft, DStR 1995, S. 1289 (1294).

686 Niehus/Wilke, Die Besteuerung der Personengesellschaften, 3. Auflage 2005, S. 292

687 Zu einem Rechtsformvergleich nach der Unternehmensteuerreform Streck, Die Unternehmensteuerreform 2008, NJW 2007, S. 3176 (3182 ff.).

688 Unternehmensteuerreformgesetz 2008 v. 17.8.2007, BGBl. I, Nr. 40, S. 1912 ff.

689 S. unter dem dritten Teil, Kapitel 1 und 3.

§ 20 Abs. 8 EStG).[690] Entsprechendes gilt auch für zusammenhängende abzugsfähige Aufwendungen (§ 3c Abs. 2 EStG).[691]

Eine weitere Besonderheit und einer der umstrittensten Schwerpunkte des UntStRefG ist die Einführung die sog. *Abgeltungssteuer* für private Beteiligungseinkünfte. Ab 2009 sind alle dem PV zufließenden Kapitaleinkünfte, und zwar Kapitalerträge sowie realisierte Wertzuwächse bei Kapitalanlagen, einheitlich mit einer Abgeltungssteuer i. H. v. 25% zzgl. SolZ und Kirchensteuer zu versteuern. Andererseits sind Ausschüttungen in das BV nach dem Teileinkünfteverfahren mit Hinblick auf die Vorschrift des § 34a EStG zu versteuern.[692] Nach § 20 Abs. 3 EStG ist die Abgeltungssteuer auf solche Kapitaleinkünfte anzuwenden, die keiner anderen Einkunftsart zuzuordnen sind.[693]

Von besonderer Bedeutung ist die Begünstigung der nicht entnommenen Gewinne, § 34a EStG.[694] Nicht entnommener Gewinn des Betriebs oder Mitunternehmeranteils ist der nach § 4 Abs. 1 oder § 5 EStG ermittelte Gewinn, vermindert um den positiven Saldo der Entnahmen und Einlagen (§ 34a Abs. 2 EStG).[695] Nach dieser Regelung, falls zum zu versteuernden Einkommen der

---

690 Scheffler, Besteuerung von Unternehmen I, 10. Auflage2007, S. 61 ff.

691 Zur verfassungsrechtlichen Würdigung des § 3c Abs. 2 EStG Otto, Vereinbarkeit des Halbabzugsverbots gemäß § 3c Abs. 2 EStG mit dem Grundgesetz, DStR 2008, S. 228

692 Vgl. auch die Auffassung, dass die Integration privater Dividendeneinnahmen ins System der Abgeltungsteuer verfassungswidrig ist, Intemann, Einbeziehung von Dividenden in die Abgeltungsteuer verfassungswidrig?, DB 2007, S. 1658 ff.

693 Schreiber/Ruf, Reform der Unternehmensbesteuerung: ökonomische Auswirkungen bei Unternehmen mit inländischer Geschäftstätigkeit, BB 2007, S. 1099 (1100 ff.); Rech, Ausgewählte Steueränderungen im Überblick, BC 2007, S. 189 (191). Zum Anwendungsbereich der Abgeltungsteuer Paukstadt/Luckner, Die Abgeltungsteuer ab 2009 nach dem Regierungsentwurf zur Unternehmensteuerreform, DStR 2007, S. 653.

694 Absicht des Gesetzgebers ist die Eigenkapitalbasis deutscher Unternehmen zu verstärken und nebenbei eine Verbesserung der Investitionsfähigkeit und der Belastungsidentität der unterschiedlichen Rechtsformen, Bäumer, Die Thesaurierungsbegünstigung nach § 34a EStG – einzelne Anwendungsprobleme mit Lösungsansätzen, DStR 2007, S. 2089. Zur Kritik und einer verfassungsrechtlichen Würdigung des § 34a EStG, Hey, Unternehmensteuerreform: das Konzept der Sondertarifierung des § 34a EStG – E, DStR 2007, S. 925 (931); auch Crezelius, Zur Thesaurierungsbegünstigung nach § 34a EStG, in: FS für Reiß, 2008, S. 399.

695 Zu Besonderheiten der Ermittlung des nicht entnommenen Gewinns Thiel/Sterner, Entlastung der Personenunternehmen durch Begünstigung des nicht entnommenen Gewinns, DB 2007, S. 1099 (1100 ff.). Die Anknüpfung an den Gewinnbegriff nach § 4 Abs. 1 EStG wird anhand eines *denklogischen* Ausschlusses der Thesaurierung bei verwendeten Beträgen erreicht. Kleineidam/Liebchen, Die Mär von der Steuerentlastung durch die Unternehmensteuerreform 2008, DB 2007, S. 409 (410). Darüber hinaus sind sowohl Ergänzungs- als auch Sonderbilanzen zur Ermittlung des begünstigungsfähigen Betrages zu berücksichtigen, Dörfler/Graf/Reichl, Die geplante Besteuerung von Personenunternehmen ab 2008 – Ausgewählte Problembereiche des § 34a EStG im Regierungsentwurf, DStR 2007, S. 645 (647).

nicht entnommene Gewinn i. S. v. §§ 13, 15 und 18 EStG gehört, ist die Einkommensteuer für diese Gewinne auf Antrag des Steuerpflichtigen ganz oder teilweise mit einem Steuersatz von 28,25% zuzüglich 5,5% Solidaritätszuschlag und ggf. der Kirchensteuer zu berechnen.[696] Der Antrag auf Geltendmachung der Begünstigung muss nicht einheitlich von allen Gesellschaftern gestellt werden, sondern dieses Wahlrecht steht jedem Gesellschafter zu.[697]

§ 34a EStG gilt nicht für Gewinne, denen der Freibetrag nach § 16 Abs. 4 EStG oder die Steuerermäßigung nach § 34 Abs. 3 EStG in Anspruch genommen werden, oder für Gewinne im Sinne von § 18 Abs. 1 Nr. 4 EStG bzw. für nichtabzugsfähige Betriebsausgaben i.S. d. § 4 Abs. 5 EStG und nicht abziehbare Zinsaufwendungen i. R. d. Zinsschranke.

Bei Mitunternehmeranteilen kann der Steuerpflichtige den Antrag stellen, wenn sein Anteil am nach § 4 Abs. 1 S. 1 oder § 5 EStG ermittelten Gewinn mehr als 10% beträgt oder 10.000€ übersteigt (§ 34a Abs. 1 S. 3 EStG). Bei Einzelunternehmen kann § 34a EStG unabhängig von der Höhe der unternehmerischen Einkünfte in Anspruch genommen werden. Falls die dieser Begünstigung unterworfenen besteuerten Gewinne später entnommen werden, dann unterliegen sie einer Nachversteuerung. Die ESt auf den Nachversteuerungsbetrag beträgt 25% zzgl. Solidaritätszuschlag und ggf. der Kirchensteuer. Ausgangspunkt für die Ermittlung des Nachversteuerungsbetrages ist der *volle Gewinn* und nicht der *steuerpflichtige Gewinn.*[698]

Ebenso wird ab dem VZ 2008 der Entlastungsbetrag des § 32c EStG für gewerbliche Einkünfte von Personengesellschaften abgeschafft und anschließend

---

696 Bei der Ausübung des Wahlrechts aus § 34a EStG ergibt sich eine Aufteilung der gewerblichen Einkünfte zwischen den *sondertarifierten* und den *normal tarifierten* Gewinnen. In diesem Rahmen stellt sich die Frage, ob bei einer solchen Aufteilung auch i. S. d. § 35 EStG zwei getrennte Ermäßigungshöchstbeträge oder ein einheitlicher Ermäßigungshöchstbetrag zu berücksichtigen sind. Im Schrifttum wird die Lösung einer einheitlichen Ermittlung des Ermäßigungshöchstbetrages vorgezogen, Förster, Anrechnung der Gewerbesteuer auf die Einkommensteuer nach der Unternehmensteuerreform 2008, DB 2007, S. 760 (763).

697 Zum persönlichen Anwendungsbereich des § 34a EStG, Ortmann-Babel/Zipfel, Unternehmensteuerreform 2008 Teil II: Besteuerung von Personengesellschaften insbesondere nach der Einführung der Thesaurierungsbegünstigung, BB 2007, S. 2205 (2209). Zum rückwirkenden Verzicht des Antrags, Schulze zur Wiesche, Folgen der Entlastung des nicht entnommenen Gewinns für die Ertragsbesteuerung der Personengesellschaft, DB 2007, S. 1610 (1612).

698 Thiel/Sterner, Entlastung der Personenunternehmen durch Begünstigung des nicht entnommenen Gewinns, DB 2007, S. 1099 (1101). Darüber hinaus zur Ermittlung des nachversteuerungspflichtigen Betrags Dörfler/Graf/Reichl, Die geplante Besteuerung von Personenunternehmen ab 2008 – Ausgewählte Problembereiche des § 34a EStG im Regierungsentwurf, DStR 2007, S. 645 (648 ff.).

unterliegen diese Einkünfte ab 250.000 € der sog. Reichensteuer von 45% und ab 500.000 € bei Zusammenveranlagung.[699]

Des Weiteren wurden ab 2008 die Abzugsfähigkeit der Gewerbesteuer als Betriebsausgabe (§ 4 Abs. 5b EStG) sowie die degressive AfA für Anschaffungen bzw. Herstellungen abgeschafft (§ 7 Abs. 2 EStG a. F.). Zusätzlich sind auch die Investitionsabzugsbeträge und die Sonderabschreibungen des § 7g EStG zu berücksichtigen. Darüber hinaus wurde eine neue Grenze zur Sofortabschreibung der geringwertigen WG, deren Höhe den Betrag von 150 € nicht übersteigt, eingeführt (§ 6 Abs. 2a EStG).

Auch ist die Zinsschranke nach § 4h EStG zu erwähnen.[700] Mit dieser Regelung soll der Schuldzinsabzug beschränkt werden. Der persönliche Anwendungsbereich der Zinsschranke erfasst die Personen- und Kapitalgesellschaften (§ 8a Abs. 1 S. 1, 2 KStG)[701] und die beschränkt steuerpflichtigen Objektgesellschaften mit Einkünften aus Vermietung und Verpachtung. Der sachliche Anwendungsbereich erfasst die Zinsaufwendungen eines Betriebes i. R. d. § 4h Abs. 3 EStG.[702]

Nach § 4h Abs. 1 EStG sind die Betriebszinsen i. H. d. Zinsertrags desselben WJ abzuziehen. Dementsprechend sind Zinsaufwendungen bis zur Höhe von 30% des steuerlichen Gewinns vor Zinsen, Steuern und Abschreibungen abzugsfähig. Ein vollständiger Zinsabzug erfolgt, wenn die Ausnahmen des § 4h Abs. 2 EStG vorliegen, d.h., wenn die Freigrenze von 1 Mio. € nicht überschritten wird, eine Konzernzugehörigkeit nicht besteht (Konzern-Klausel) und die Escape – Klausel berücksichtigt wird.[703]

---

699 Ortmann-Babel/Zipfel, Unternehmensteuerreform 2008 Teil II: Besteuerung von Personengesellschaften insbesondere nach der Einführung der Thesaurierungsbegünstigung, BB 2007, S. 2205.

700 Kritisch gegenüber der Zinsschranke, Kessler/Köhler/Knörzer, Die Zinsschranke im Rechtsvergleich: Problemfelder und Lösungsansätze, IStR 2007, S. 418.

701 Zum Vergleich der Zinsschranke des § 4h EStG mit § 8a KStG Köhler, Erste Gedanken zur Zinsschranke nach der Unternehmensteuerreform, DStR 2007, S. 597.

702 Vom sachlichen Anwendungsbereich der Zinsschranke werden besonders die Darlehenzinsen und die Auf- und Abzinsungen von Fremdkapital und von Kapitalforderungen erfasst, Ortmann-Babel/Zipfel, Unternehmensteuerreform 2008 Teil I: Besteuerung von Personengesellschaften insbesondere nach der Einführung der Thesaurierungsbegünstigung BB 2007, S. 1869 (1872).

703 Zu den gesetzlich vorgeschriebenen Ausnahmen der Zinsschranke im § 4h Abs. 2 EStG Töben/Fischer, Die Zinsschranke – Regelungskonzept und offene Fragen, BB 2007, S. 974. Zu den Begriffen „Betrieb“ und „Konzern“ i. R. d. Zinsschranke Heintges/Kamphaus/Loitz, Jahresabschluss nach IFRS. und Zinsscharanke, DB 2007, S. 1261 ff. Zum Zinsvortrag s. Rödder/Stangl, Zur geplanten Zinsschranke, DB 2007, S. 479 (482).

VIII. Überblick der steuerlichen Stellung der deutschen Personengesellschaften

Das erzielte Einkommen im Rahmen einer GbR ist von den einzelnen Gesellschaftern entsprechend ihrem jeweiligen Gewinnanteil nach den einkommen- sowie körperschaftsteuerrechtlichen Vorgaben zu versteuern. Eine GbR kann Einkünfte aus allen Einkunftsarten des § 2 Abs. 1 EStG, ausgenommen von Einkünften aus nichtselbstständiger Arbeit, erwirtschaften. Grundsätzlich sind die Einkünfte einer GbR als gewerbliche Einkünfte nach § 15 EStG zu qualifizieren. Andererseits erzielt eine vermögensverwaltende GbR Einkünfte aus Vermietung und Verpachtung (§ 21 EStG) oder aus Kapitalvermögen (§ 20 EStG). Die GbR ist selbstständig gewerbe- und umsatzsteuerpflichtig.[704]

Bei einer OHG oder KG ist zu beachten, dass die Gesellschaft als solche kein Steuersubjekt ist und die Gesellschafter steuerpflichtig sind. Die erzielten Einkünfte sind als gewerblich zu qualifizieren, soweit die Beteiligten als Unternehmer des Gewerbebetriebs anzusehen sind. Im Ergebnis wird die Mitunternehmerschaft aus der persönlichen Haftung abgeleitet.[705] Andererseits stellen die OHG und die KG eigenständige gewerbesteuerpflichtige Subjekte dar.

Die stille Gesellschaft stellt kein eigenständiges Steuersubjekt dar. Bei einer stillen Gesellschaft sind der Inhaber des Handelsgeschäfts und der stille Gesellschafter steuerpflichtig. Der Inhaber unterliegt der Einkommen- oder Körperschaftsteuer entsprechend mit seiner Rechtsform. Steuerrechtlich sind die Einkünfte, die der stille Gesellschafter erzielt, als Einkünfte aus Kapitalvermögen anzusehen (*typische stille Gesellschaft*). In dem Fall, dass der stille Gesellschafter wegen des Vorliegens einer Mitunternehmerschaft als Mitunternehmer bezeichnet wird, sind die von ihm erzielten Einkünfte als Einkünfte aus Gewerbebetrieb zu qualifizieren. Eine solche Gesellschaft wird als *atypische stille Gesellschaft* bezeichnet.[706]

Entsprechend ist im Fall einer Unterbeteiligung steuerrechtlich zwischen einer typischen und einer atypischen Unterbeteiligung zu unterscheiden. Wenn es sich um eine typische Unterbeteiligung handelt, erwirtschaftet der Beteiligte Einkünfte aus Kapitalvermögen gem. § 20 Abs. 1 Nr. 4 EStG. Es ist möglich, dass der Unterbeteiligte Einkünfte aus Gewerbebetrieb (gem. § 15 EStG i. V. m. § 8 Abs. 2 KStG) erwerben kann, wenn die Unterbeteiligung an das Betriebsvermögen anknüpft. Die Gewinnanteile des Unterbeteiligten sind für den Hauptbeteiligten als (Sonder-) Betriebsausgaben zu qualifizieren. Auf der anderen Seite erzielt der Unterbeteiligte bei der atypischen mitunternehmerischen Unterbeteiligung gewerbliche

704 Uloth, in: Arens, Anwaltsformulare – Gesellschaftsrecht, 3. Auflage 2007, S. 90 ff.

705 Reiß, in: Kirchhof, EStG Kompakt Kommentar, 8. Auflage 2008, § 15, Rdnr. 214 ff.

706 Reiß, in: Kirchhof, EStG Kompakt Kommentar, 8. Auflage 2008, § 15, Rdnr. 224.

Einkünfte nach § 15 Abs. 1 Nr. 2 EStG. Insofern eine nicht-mitunternehmerische Unterbeteiligung besteht, wird sie nach § 20 Abs. 1 Nr. 1 EStG besteuert.[707]

Gewerbesteuerpflichtig ist die Hauptgesellschaft oder der Unterbeteiligte, wenn die Unterbeteiligung zu seinem Betriebsvermögen zuzuordnen ist. Darüber hinaus trägt nur die Hauptgesellschaft die Umsatzsteuerpflicht.[708]

IX. Die Besteuerung von Mischformen

1. Die GmbH & Co. KG

Die GmbH & Co. KG ist eine Personengesellschaft, bei der eine solche GmbH Komplementär ist, die gegenüber den Gesellschaftsgläubigern unbeschränkt nach § 13 Abs. 2 GmbHG mit ihrem Gesellschaftsvermögen haftet.[709]

Bei der GmbH & Co. KG ist zwischen einer echten und einer typischen GmbH & Co. KG zu unterscheiden. Bei einer echten GmbH & Co. KG ist der einzige Komplementär eine GmbH, während die Kommanditisten natürliche Personen sind. Andernfalls liegt eine typische GmbH & Co. KG vor, wenn ihre Kommanditisten und zugleich die Gesellschafter der Komplementär – GmbH sind.[710] Weiterhin ist auch zwischen GmbH & Co. KG mit Gewerbebetrieb und ohne Gewerbebetrieb zu unterscheiden. Im ersten Fall erzielt die Gesellschaft nur Einkünfte aus Gewerbebetrieb, während sich im zweiten Fall ihre Einkünfte auf Land und Forstwirtschaft oder auf Vermietung und Verpachtung unter der Voraussetzung beziehen, dass diese Einkünfte nicht anteilig auf betrieblich beteiligten Gesellschafter entfallen.[711]

Darüber hinaus ist eine GmbH & Co. KG auch eine Mitunternehmerschaft, soweit sie gewerblich tätig (§ 15 Abs. 2 EStG) oder gewerblich geprägt (§ 15 Abs. 3

---

707 Weigl, Stille Gesellschaft und Unterbeteiligung, 2. Auflage 2004, S. 19.

708 Bärwaldt, in: Beck'sches Handbuch der Personengesellschaften, 2. Auflage 2002, § 14, Rdnr. 85 ff., S. 1037 ff.

709 Zur Gründung einer GmbH & Co. KG Grunewald, in: Römermann, GmbH – Recht, Münchener Anwalts Handbuch, 2002, § 20, Rdnr. 12 ff., S. 963 ff. Zur Umwandlung einer Personengesellschaft oder eines Einzelunternehmens in eine GmbH & Co. KG Rux, in: Wagner/Rux, Die GmbH & Co. KG, umfassende Erläuterungen, Beispiele und Musterformulare für die Rechtspraxis, 9. Auflage 2001, S. 89; Schulze zur Wiesche, Die GmbH & Co. KG im neuen Umwandlungsrecht, DB 1996, S. 1539 ff. Zu Besonderheiten gegenüber einer KG Niehus/Wilke, Die Besteuerung der Personengesellschaften, 3. Auflage 2005, S. 330. Hinsichtlich der Rechnungsregelungen nach dem KapCoRiLiG ab dem 1.1.2000 s. Scheffler, Neue Vorschriften zur Rechungslegung, Prüfung und Offenlegung nach dem Kapitalgesellschaften & Co.-Richtlinie-Gesetz, DStR 2000, S. 529 ff.

710 Niehus/Wilke, Die Besteuerung der Personengesellschaften, 3. Auflage 2005, S. 329.

711 Vgl. hierzu Wacker, in: Schmidt, EStG Kommentar, 27. Auflage 2008, § 15, Rdnr. 708.

Nr. 2 EStG) ist. Die Mitunternehmerstellung[712] eines persönlich haftenden Gesellschafters lässt sich vom Außenverhältnis ableiten, während dieser im Innenverhältnis wie *Angestellter* gegenüber der Gesellschaft behandelt werden kann.[713]

Nach Auffassung des BFH ist bei einer typischen GmbH & Co. KG eine Mitunternehmerstellung der Komplementär-GmbH auch dann zu bejahen, wenn keine Beteiligung des Komplementärs am Gewinn oder Verlust sowie am Gesellschaftsvermögen vorliegt,[714] sondern der Mitunternehmer nur eine Haftungsprämie[715] oder einen Gewinnvorab[716] erhält. Das Gleiche gilt, wenn sie Treuhänderin[717] oder Organgesellschaft[718] ist.

Eine GmbH & Co. KG ist selbst – abgesehen von der Gewerbesteuer – kein Steuersubjekt, sondern ein Subjekt der Gewinnerzielung und Gewinnermittlung. Sie ist eine Personengesellschaft und der erzielte Gewinn wird auf die Mitunternehmer aufgeteilt und unterliegt bei diesen der Einkommensteuer, soweit sie natürliche Personen sind, oder der Körperschaftsteuer, wenn es sich bei den Mitunternehmern um Körperschaften handelt.

WG einer GmbH, die einer KG zur Nutzung überlassen worden sind, gehören zum SBV der GmbH bei der KG, sind jedoch auch in die Gesamtbilanz der KG einzustellen, da die Gesamtbilanz der KG *vorrangig* gegenüber der HB bzw. StB der GmbH ist.[719] Die einem Kommanditisten gehörenden Anteile an der Komplementär-GmbH sind als notwendiges SBV II zu behandeln.[720] Darüber hinaus sind Sonderbetriebsausgaben der GmbH nur *„die unmittelbar durch die Beteiligung an der Gesellschaft veranlassten Aufwendungen“*[721]. Die Tätigkeitsvergü-

---

712 Die Mitunternehmerstellung erfordert das Vorliegen der steuerrechtlichen Voraussetzungen der Mitunternehmerschaft, d. h. Mitunternehmerrisiko bzw. – initiative, s. unter C. II. 2.

713 BFH–Urteil v. 11.6.1985 – VIII R 252/80 – BStBl. II 1987, S. 33 (34).

714 BFH–Urteil v. 25.4.2006 – VIII R 74/03 – BStBl. II 2006, S. 595 (597).

715 BFH–Urteil v. 17.1.1980 – IV R 115/76 – BStBl. II 1980, S. 336.

716 BFH–Urteil v. 11.6.1985 – VIII R 252/80 – BStBl. II 1987, S. 33 (35).

717 BFH–Urteil v. 17.11.1987 – VIII R 83/84 – BB 1988, S. 750.

718 BFH–Urteil v. 25.7.1995 – VIII R 54/93 – BStBl. II 1995, S. 794 (796); Wehrheim/Marquardt, Zur Zuordnung von Gewinnen einer Komplementär-GmbH zum Gesamtgewinn der KG und der Eigenschaft der GmbH als Organgesellschaft zum Zweck der Ergebniskonsolidierung, DB 2002, S. 1676 (1677).

719 Wacker, in: Schmidt, EStG Kommentar, 27. Auflage 2008, § 15, Rdnr. 712; Vergütungen z. B. nach dem Gesellschaftsvertrag an die Komplementär-GmbH sind als Sondervergütungen bzw. Gewinnvorab zu qualifizieren, Biermann, in: Lange, Personengesellschaften im Steuerrecht, 7. Auflage 2008, Rdnr. 3626 ff., S. 787 ff.

720 BFH – Urteil v. 31.10.1989 – VIII R 374/83 – BStBl. II 1990, S. 677 (678). Die Beteiligung an einer Komplementär-GmbH ist nicht generell funktional wesentliches SBV II, sondern es sind die Umstände des jeweiligen Einzelfalls maßgebend, Brandenberg, Anteile des Kommanditisten an einer Komplementär-GmbH als funktional wesentliche Betriebsgrundlage, DB 2003, S. 2563 (2564).

721 BFH – Urteil v. 18.5.1995 – IV R 46/94 – BStBl. II 1996, S. 295.

tungen für den Geschäftsführer bei einer typischen GmbH & Co. KG sind nach seiner Stellung zu beurteilen.[722]

Entscheidend für die Berechnung der Einkünfte der Gesellschafter ist ihr jeweiliger Gewinnanteil.[723]

Ein bedeutsamer Nachteil der GmbH & Co. KG liegt im Bereich der Leistungsvergütungen zwischen Gesellschaft und Gesellschaftern. Die Leistungsvergütungen gehören nach § 15 Abs. 1 S. 1 Nr. 2 S. 1 Halbs. 2 EStG zum steuerlichen Gewinn und unterliegen ebenfalls der Gewerbesteuer nach § 7 S. 1 GewStG. Bei einer Kapitalgesellschaft sind diese Erträge als Betriebsausgaben für die Gewerbesteuer anzurechnen.[724]

2. *Die Betriebsaufspaltung*

Eine Betriebsaufspaltung liegt vor, wenn ein wirtschaftlich einheitlich unter einer Firma geführtes Unternehmen in zwei verschiedene Betriebe, ein Besitz- und ein Betriebsunternehmen, aufgeteilt wird. Dieser Zustand wird als „*Doppelgesellschaft*" bzw. als „*Doppelunternehmen*" bezeichnet.[725]

---

722 Hierbei sind unterschiedliche Gestaltungsmöglichkeiten zu unterscheiden. Wenn der Geschäftsführer nicht als Mitunternehmer der KG anzusehen ist, erzielt er Einkünfte aus nicht selbständiger Arbeit nach § 19 EStG. Auf der Ebene der GmbH sind sie als SonderBA zuzuordnen. Wenn die Komplementär-GmbH auch eigene Geschäftstätigkeiten ausübt, die nicht von untergeordneter Bedeutung sind, dann sind die Vergütungen zwischen Sondervergütungen und BA der GmbH und Einnahme des Geschäftsführers nach § 19 EStG aufzuteilen. In dem Fall, dass der Geschäftsführer der Komplementär-GmbH zugleich Kommanditist und Mitunternehmer der KG ist, erhält er für seine Tätigkeit im Dienst der Gesellschaft Vergütungen i. S. d. § 15 Abs. 1 S. 1 Nr. 2 EStG, die auf Ebene der GmbH als SBA zu qualifizieren sind. Bei überhöhten Vergütungen kann eine vGA vorliegen. Wenn der Geschäftsführer der GmbH nicht Mitunternehmer der KG ist, stellen die von ihm erhaltenen angemessenen Tätigkeitsvergütungen SBA der Komplementär-GmbH dar. Wenn der Geschäftsführer Kommanditist, aber nicht Gesellschafter der GmbH ist, dann sind seine angemessenen Tätigkeitsvergütungen als Sondervergütungen und Entnahmen zu beurteilen. Wacker, in: Schmidt, EStG Kommentar, 27. Auflage 2008, § 15, Rdnr. 717 ff. Auch im Verhältnis zu vGA und ihrer Behandlung als Sonderbetriebseinahmen nach § 20 Abs. 3 i. V. m. § 15 Abs. 1 Nr. 2 EStG, Schulze zur Wiesche, Die GmbH & Co. KG und verdeckte Gewinnausschüttung, BB 2005, S. 1137 ff. Zu Pensionszusagen Biermann, in: Lange, Personengesellschaften im Steuerrecht, 7. Auflage 2008, Rdnr. 3646 ff., S. 789 ff.

723 Zur Gewinnverteilung Eckl, in: Hesselmann/Tillmann/Müller-Thuns, Handbuch der GmbH & Co. KG, 19. Auflage 2005, § 8 Rdnr. 177, S. 459 ff. Zur Angemessenheit der Gewinnverteilung und ihrer doppelten Bedeutung Fichtelmann, Die GmbH & Co. KG im Steuerrecht, 8. Auflage 1998, S. 61 ff.

724 Müller-Thuns, in: Hesselmann/Tillmann/Müller-Thuns, Handbuch der GmbH & Co. KG, 19. Auflage 2005, § 2, Rdnr. 59 ff. S. 42.

725 Nagel, in: Lange, Personengesellschaften im Steuerrecht, 7. Auflage 2008, Rdnr. 3261, S. 717; Wacker, in: Schmidt, EStG Kommentar, 27. Auflage 2008, § 15, Rdnr. 800.

Eine Betriebsaufspaltung führt dazu, dass eine ihrer Art nach vermögensverwaltende und damit nicht mehr gewerblich tätige Gesellschaft durch die enge *personelle* und die enge *sachliche* Verflechtung[726] *zweier selbstständiger* Unternehmen – dem Besitz- und Betriebsunternehmen – zum Gewerbebetrieb wird.[727]

Die personelle Verflechtung setzt einen *einheitlichen geschäftlichen Betätigungswillen* voraus.[728] Dies erfordert Beteiligungs- bzw. Beherrschungsidentität. Die erste Prämisse liegt vor, wenn die Beteiligung derselben Personen an beiden Unternehmen auf dem gleichen Verhältnis beruht.[729] Andererseits besteht eine Beherrschungsidentität, wenn die beiden Unternehmen von der gleichen Person oder Personengruppe beherrscht werden. Voraussetzung dafür ist, dass diese Person bzw. Personengruppe mehr als 50% der Anteile an beiden Unternehmen hält.[730]

Darüber hinaus liegt eine sachliche Verflechtung vor, wenn dem Betriebsunternehmen wesentliche Grundlagen des Besitzunternehmens zur Nutzung überlassen werden. Zur Beurteilung, ob das WG wesentliche Betriebsgrundlage ist, sind die Gegebenheiten des Einzelfalls und das Gesamtbild der Verhältnisse im Streitjahr maßgebend. Das überlassene WG hat die Eigenschaft der wesentlichen Betriebsgrundlage, wenn es *zur Erreichung des Betriebszwecks erforderlich ist* und *besonderes Gewicht für die Betriebsführung* besitzt.[731]

---

726 BFH – Urteil v. 27.8.1992 – IV R 13/91 – BStBl. II 1993, S. 134 (135); BFH – Urteil v. 15.10.1998 – IV R 20/98 – BStBl. II 1999, S. 445.

727 BFH – Urteil v. 17.7.1991 – I R 98/88 – BStBl. II 1992, S. 246 (247).

728 Wehrheim, Die Betriebsaufspaltung im Spannungsfeld zwischen wirtschaftlicher Einheit und rechtlicher Selbstständigkeit, BB 2001, S. 913.

729 Zu Beteiligungs- bzw. Beherrschungsidentität Wacker, in: Schmidt, EStG Kommentar, 27. Auflage 2008, § 15, Rdnr. 820 ff.

730 Zur personellen Verflechtung Neufang, Einstimmigkeits- und Mehrheitsbeschlüsse bei der Betriebsaufspaltung, DB 2004, S. 730 ff.; vgl. auch die sog. Personengruppetheorie. Hierzu Reiß, in: Kirchhof, EStG Kompakt Kommentar, 8. Auflage 2008, § 15, Rdnr. 89. Zur personellen Verflechtung in dem Fall, dass das Besitzunternehmen eine GbR ist, Söffing, Betriebsaufspaltung: Beherrschung einer GbR durch deren alleinigen Geschäftsführer?, BB 2004, S. 1303 ff.

731 Zur sachlichen Verflechtung Miessl/Wengert, Die Betriebsaufspaltung aus dem Blickwindel der Steuergerechtigkeit, DB 1995, S. 111 (113 ff.); auch Nagel, in: Lange, Personengesellschaften im Steuerrecht, 7. Auflage 2008, Rdnr. 3322 ff., S. 728 ff.; keine wesentliche Grundlage ist ein WG, das keine oder nur geringe wirtschaftliche Bedeutung hat, BFH – Urteil v. 2.4.1997 – X R 21/93 – BStBl. II 1997, S. 565 (566); in Bezug auf überlassene WG ist es zu beachten, dass wenn diese i. R. d. mitunternehmerischen Betriebsaufspaltung zu jemandem gehören, der selbst als Mitunternehmer an der Betriebspersonengesellschaft beteiligt ist, dann werden diese WG als SBV *vorrangig* gegenüber der Betriebsaufspaltung qualifiziert. Hierzu vgl. BFH – Urteil v. 20.3.2003 – III R 50/96 – BStBl. II 2003, S. 613 (615); Schulze zur Wiesche, Die Mitunternehmerische Betriebsaufspaltung, BB 1997, S. 1229 (1230). Zudem vgl. auch der sog. *Vorrang der mitunternehmerischen Betriebsaufspaltung*, Söffing, Mitunternehmerische Betriebsaufspaltung, BB 1998, S. 1973 ff.; Kloster/Kloster, Einkünfte- und Vermögenszuordnung bei der mitunternehmerischen Betriebsaufspaltung – die Sicht des Rechtsanwenders, BB 2001, Heft 28/29, S. 1449 (1450).

Bei Betriebsaufspaltungen ist zwischen *echten* und *unechten*, *kapitalistischen*, *mitunternehmerischen* und *umgekehrten* Betriebsaufspaltungen zu unterscheiden. Im Fall einer echten Betriebsaufspaltung, bei der ein einheitlicher Betrieb aufgeteilt und die wesentliche Betriebsgrundlage des bestehenden Unternehmens auf ein anderes Unternehmen übertragen wird. Andererseits liegt eine unechte Betriebsaufspaltung vor, wenn zwei selbständige Unternehmen miteinander sachlich und persönlich verflochten werden. Voraussetzung der unechten Betriebsaufspaltung ist, dass die beherrschenden Gesellschafter WG erwerben und überlassen, die erst nach dem Erwerb die wesentliche Grundlage des nutzenden Unternehmens darstellen. Bei einer kapitalistischen Betriebsaufspaltung wird eine Kapitalgesellschaft als Besitzunternehmen und eine Personen- oder Kapitalgesellschaft als Betriebsunternehmen eingesetzt. Bei einer mitunternehmerischen Betriebsaufspaltung beherrscht die Besitz-Personengesellschaft eine Betriebs-Personengesellschaft, während im Fall einer umgekehrten Betriebsaufspaltung eine Besitz-Kapitalgesellschaft von einer Betriebs-Personengesellschaft beherrscht wird.[732]

Bei einer Erfüllung aller Voraussetzungen erzielt die Betriebsaufspaltung Einkünfte aus Gewerbebetrieb.[733] Insbesondere werden durch die Betriebsaufspaltung die erzielten Einkünfte aus einer nicht gewerblichen Betätigung zu gewerblichen Einkünften i.S. d. § 15 Abs. 1 S. 1 Nr. 1, Abs. 2 EStG umqualifiziert,[734] denn es handelt sich dabei nach einem Beschluss des BFH um eine *gewerblich qualifizierte Vermietung*.[735]

Überlässt der Gesellschafter eines Besitzunternehmens ein ihm gehörendes WG der Betriebskapitalgesellschaft, so ist dieses WG dem SBV II zuzuordnen, soweit dies durch die (betriebliche oder private) Tätigkeit des Gesellschafters veranlasst ist.[736]

---

732 Vgl. Kiesel, Die „richtige" Betriebsaufspaltung ist sehr zeitgemäß, DStR 1998, S. 962 ff. Außerdem sind auch die Sonderformen einer *überlagerten* und einer *qualifizierten* Betriebsaufspaltung zu beachten. Hierzu Wacker, in: Schmidt, EStG Kommentar, 27. Auflage 2008, § 15, Rdnr. 803.

733 BFH – Urteil v. 15.10.1998 – IV R 20/98 – BStBl. II 1999, S. 445.

734 BFH – Urteil v. 14.9.1999 – III R 47/98 – BStBl. II 2000, S. 255 (257). Zur Problematik hinsichtlich einer Abfärbung der Gewerbesteuerpflicht des Betriebsunternehmen auf das Besitzunternehmen Seer, Gewerbesteuerliche Merkmalübertragung als Sachgesetzlichkeit der Betriebsaufspaltung, BB 2002, S. 1833.

735 BFH – Urteil v. 23.1.1991 – X R 47/87 – BStBl. II 1991, S. 405 (408).

736 BFH – Urteil v. 13.10.1998 – VIII R 46/95 – BStBl. II 1999, S. 357; zur Abgrenzung des SBV vom PV und die Problematik der Entstehung der sog. *mehrfachen Betriebsaufspaltung* Lutterbach, Sonderbetriebsvermögen II bei Betriebsaufspaltungen, DB 1999, S. 2332 (2335); zum SBV II gehören auch Anteile des Besitz-Personengesellschafters an einer Betriebsgesellschaft, BFH – Urteil v. 26.8.2005 – X B 98/05 – BStBl. II 2005, S. 833 (834).

Die Betriebsaufspaltung wird mit dem Wegfall der personellen oder der sachlichen Verflechtung beendet und dieser Vorgang führt zu einer gewinnrealisierenden Betriebsaufgabe ohne gewerbesteuerliche Belastung.[737]

Im Bereich der Gewerbesteuer ist nunmehr nach der Rechtsprechung des BFH das Besitzunternehmen ebenso wie das Betriebsunternehmen i. R. d. § 3 Nr. 20 EStG aufgrund des *Gebotes der Merkmalsübertragung* von der Gewerbesteuer befreit.[738]

3. Die doppelstöckige Mitunternehmerschaft

Nach der früheren Rechtsprechung des BFH folgte aus der eigenen Rechtssubjektivität einer Personenhandelsgesellschaft als Träger von Rechten und Pflichten, dass die Personenhandelsgesellschaft selbst, und nicht deren Gesellschafter, Gesellschafterin einer anderen Personenhandelsgesellschaft sein kann.[739]

Folgerichtig liegt eine doppelstöckige Mitunternehmerschaft[740] vor, wenn eine OHG, KG oder GbR (Obergesellschaft) als Gesellschafter an einer anderen betrieblich tätigen Personengesellschaft (Untergesellschaft) beteiligt sind.[741] Die Folgen dieses Beschlusses waren, dass für die Vergütung an die Obergesellschafter nicht § 15 Abs. 1 S. 1 Nr. 2 EStG zur Anwendung kam und die der Untergesellschaft zur Nutzung überlassenen WG nicht als SBV, sondern als PV der Obergesellschafter angesehen wurden.[742] Mit dem StÄndG von 1992 wurde die Regelung des § 15 Abs. 1 Nr. 2 EStG um Satz 2 ergänzt.[743] Durch diese Ergänzung stehen mittlerweile die mittelbar beteiligten Gesellschafter einer Personengesellschaft den unmittelbar beteiligten Gesellschaftern gleich.[744]

---

737 Zur Beendigung der Betriebsaufspaltung Reiß, in: Kirchhof, EStG Kompakt Kommentar, 8. Auflage 2008, § 15, Rdnr. 111 ff.

738 BFH – Urteil v. 29.03.2006 – X R 59/00 – BStBl. II 2006, S. 661; auch befürwortet durch Söffing, Aktuelles zur Betriebsaufspaltung, BB 2006, Heft 28/29, S. 1529 (1531).

739 BFH – Urteil v. 25.2.1991 – GrS. 7/89 – BStBl. II 1991, S. 691 (697 ff.).

740 Zur Differenzierung einer doppelstöckigen Personengesellschaft von einer Betriebsaufspaltung Schulze zur Wiesche, Die mitunternehmerische Betriebsaufspaltung, BB 1997, S. 1229 (1232).

741 Zum Begriff und zu den Rechtsformalternativen der doppelstöckigen Personengesellschaft Meyer-Scharenberg, Die doppelstöckige Personengesellschaft als Rechtsformalternative, DStR 1991, S. 919.

742 Zu früheren Rechtsfolgen dieses Beschlusses Niehus/Wilke, Die Besteuerung der Personengesellschaften, 3. Auflage 2005, S. 341.

743 Zu den Tatbestandsvoraussetzungen des § 15 Abs. 1 S. 1 Nr. 2 S. 2 EStG gehören: a) eine gewerblich tätige oder geprägte Personengesellschaft als Untergesellschaft, wobei genügt, dass diese zum Teil gewerblich tätig ist, b) eine beteiligte Personengesellschaft an der Untergesellschaft als Obergesellschaft und c) eine ununterbrochene Mitunternehmerkette. Hierzu Wacker, in: Schmidt, EStG Kommentar, 27. Auflage 2008, § 15, Rdnr. 613.

744 BFH – Urteil v. 6.9.2000 – IV R 69/99 – BStBl. II 2001, S. 731 (733).

Die steuerlichen Folgen dieser Änderung beziehen sich auf die Vergütungen, die ein Gesellschafter für seine Tätigkeit im Dienst der Untergesellschaft, für die Hingabe von Darlehen und für die Überlassung von WG an die Untergesellschaft erhält. Diese sind als Sondervergütungen, und zwar als gewerbliche Einkünfte, zu qualifizieren. Darüber hinaus sind die zum Eigentum des Obergesellschafters gehörenden WG, die der Untergesellschaft zur Nutzung überlassen werden, als SBV I des Obergesellschafters bei der Mitunternehmerschaft zu qualifizieren.[745]

Der Gesamtgewinn der Untergesellschaft ergibt sich aus dem Ergebnis ihrer Steuerbilanz. Der steuerbilanzielle Gewinn bzw. Verlust ist den Gesellschaftern der Untergesellschaft nach dem gesellschaftsrechtlichen Gewinn bzw. Verlustverteilungsschlüssel zuzurechnen. Zu den Untergesellschaftern gehört auch die Obergesellschaft, nicht aber ihre Gesellschafter (Sondermitunternehmer). In ähnlicher Weise wird zum steuerbilanziellen Gesamtgewinn der Obergesellschaft der Gesamtgewinnanteil der Obergesellschaft als Mitunternehmer der Untergesellschaft angerechnet.[746]

Die Nutzungsüberlassung von WG an eine Untergesellschaft hat keine Änderungen in der Ober- bzw. Untergesellschaftshandelsbilanz zur Folge, verändert aber die Steuerbilanz. Diese WG werden in einer Sonderbilanz zugunsten der Obergesellschaft bei der Untergesellschaft als SBV erfasst. Erträge und Aufwendungen für die betreffenden WG sind als Sonderbetriebseinnahmen bzw. -ausgaben zu behandeln. Diese sind auch in einer Sonder-Gewinn- und Verlustrechnung zugunsten der Obergesellschaft bei der Untergesellschaft aufzustellen, was zur Folge hat, dass sie das Sondereigenkapital der Obergesellschaft in der Sonderbilanz mehren oder mindern.[747]

---

745 Zu steuerlichen Folgen des § 15 Abs. 1 S. 1 Nr. 2 S. 2 EStG Niehus/Wilke, Die Besteuerung der Personengesellschaften, 3. Auflage 2005, S. 347. Auch im Fall einer GmbH & Co. KG als Untergesellschaft sind Anteile eines Obergesellschafters an der Komplementär-GmbH als SBV II des Obergesellschafters anzusehen. Bei den zur Nutzung überlassenen WG des Gesamthandsvermögens der Obergesellschaft der Untergesellschaft ist grundsätzlich eine Buchwertfortführung erforderlich. Vgl. Wacker, in: Schmidt, EStG Kommentar, 27. Auflage 2008, § 15, Rdnr. 615 ff. Entsprechend beim Ausscheiden eines Obergesellschafters beendet seine Stellung auch als Mitunternehmer der Untergesellschaft. Hierzu Herzig/Förster/Förster, Gewerbesteuerlicher Verlustvortrag bei Wechseln im Gesellschafterbestand und Umstrukturierung von Personengesellschaften, DStR 1996, S. 1025 (1031).

746 Zum Gesamtgewinn der doppelstöckigen Mitunternehmerschaft Wacker, in: Schmidt, EStG Kommentar, 27. Auflage 2008, § 15, Rdnr. 619 ff.

747 Schmid, Steuerbilanzielle Fragestellungen bei Sonderbetriebsvermögen im Verhältnis von Obergesellschaft zu Untergesellschaft bei doppelstöckigen Personengesellschaften, DStR 1997, S. 941 (945).

Umstritten ist, ob die Beteiligung an einer Personengesellschaft ein selbstständiges WG darstellt.[748] Der BFH vertritt hierzu die Auffassung, dass der Gesellschafter nur ideell anteilig an den WG des Gesellschaftsvermögens beteiligt ist.[749]

748 Nach Auffassung des BFH stellt der Mitunternehmeranteil kein WG dar und ist infolgedessen in der Steuerbilanz der Obergesellschaft auszuweisen, nicht aber zu bewerten. Vgl. BFH – Urteil v. 30.4.2003 – I R 102/01 – BStBl. II 2004, S. 803 (805).

749 BFH – Urteil v. 6.7.1995 – IV R 30/93 – BStBl. II 1995, S. 831. Zur steuerbilanziellen Behandlung der Beteiligung an einer Personengesellschaft, Mayer, Steuerbilanzielle Behandlung von Mehrwerten bei Erwerb einer Beteiligung an einer doppelstöckigen Personengesellschaft – Anwendung der Spiegelbildmethode in der Steuerbilanz, DB 2003, S. 2034; a. A. Bürkle/ Knebel, Bilanzierung von Beteiligungen an Personengesellschaften, DStR 1998, S. 1067.

Kapitel 2. Die steuerliche Behandlung von Personengesellschaften im griechischen Recht

A. Die Rechtsformen der Personengesellschaften im griechischen Recht

I. Eteria Astikou Dikaiou[750]

Die GbR stellt sowohl in Griechenland als auch in Deutschland den *Grundtypus* der Personengesellschaften dar und ist in den Art. 741-784 ZGB geregelt. Sie hat die Struktur *eines Personenverbundes* und gehört zu den *Personengesellschaften i. e. S.* Darüber hinaus besitzt sie *keine Rechtspersönlichkeit*. Es ist aber möglich, ihr eine Rechtspersönlichkeit zu geben, wenn sie einen *finanziellen Zweck* haben soll.[751]

Nach Art. 741 ZGB erfordert die gr. GbR einen Zusammenschluss von mindestens zwei Gesellschaftern[752] durch einen Gesellschaftsvertrag[753] zur Erreichung eines gemeinsamen Zwecks.[754]

Die Gesellschafter können ihre Arbeitsleistung[755], Vermögen oder andere Objekte als Leistungen in die Gesellschaft einbringen, Art. 742 Abs. 1 ZGB. Es ist aber nicht erforderlich, dass es sich um Leistungen derselben Art[756] oder desselben Wertes handelt.

---

750 Der Begriff „Eteria Astikou Dikaiou“ entspricht der deutschen GbR.

751 Alexandridou, Gesellschaftsrecht, Band I – Personengesellschaften –, 2. Auflage 2007, S. 41 ff.

752 Voraussetzung dafür ist, dass die Gesellschafter rechtsfähig sind, hierzu Rokas, Handelsgesellschaften, 4. Auflage 1996, S. 33.

753 Zu Besonderheiten der Form des Gesellschaftsvertrages hinsichtlich der Leistungsart, Gericht zweiter Instanz von Thessaloniki, Entscheidung 320/75, EEmpD 1975, S. 569; vgl. auch Gericht zweiter Instanz von Thessaloniki, Entscheidung 6/79, Arm. 1981, S. 747.

754 Der Zweck muss gemeinsam für alle Gesellschafter sein. Vgl. Gericht zweiter Instanz von Athen, Entscheidung 8129/77, EEmpD 1978, S. 214.

755 Areopag Entscheidung 248/73, EEmpD 1973, S. 512; Gericht zweiter Instanz von Thessaloniki, Entscheidung 1274/73, EEmpD 1974, S. 61.

756 Schinas, Regelung einer Gesellschaft, in die Leistungen verschiedener Art eingebracht werden, EEmpD 1962, S. 257.

Die Leistungen können auch erst nach der Gründung der Gesellschaft eingebracht werden.[757] Falls nicht etwas anderes vereinbart worden ist, sind die Gesellschafter zu jeweils *gleichen Leistungen* verpflichtet (Art. 742 Abs. 2 ZGB). Dies ergibt sich als Folge des Gleichbehandlungsgebots unter den Gesellschaftern.

Die Geschäftsführung bzw. die Vertretung der Gesellschaft steht grundsätzlich den Gesellschaftern kollektiv zu.[758] Das griechische Gesellschaftsrecht unterscheidet zwischen Geschäftsführung i. e. S. (im Innenverhältnis) und Vertretung (im Außenverhältnis).[759] Für das Treffen einer Entscheidung ist notwendig, dass alle Gesellschafter gem. Art. 748 ZGB zustimmen. Zum Tätigen eines Geschäfts gegenüber Dritten wird ebenso die *Mitwirkung* aller Gesellschafter benötigt.[760]

Gem. Art. 759 ZGB haften alle Gesellschafter nach ihrer Gesellschaftseinlage unbeschränkt gegenüber Dritten für Verbindlichkeiten der Gesellschaft.[761]

Wie oben erwähnt werden die Auflösungsgründe einer gr. GbR in Art. 765-775 ZGB erfasst, wobei diese nicht abschließend sind. Die gr. GbR wird u. a. aufgelöst, wenn der vereinbarte Zweck erreicht oder dessen Erreichung unmöglich geworden ist (Art. 772 ZGB). Gem. Art. 767 ZGB kann jeder Gesellschafter, wenn das Bestehen der Gesellschaft nicht zeitlich befristet ist[762], die Gesellschaft kündigen. Wenn dies ohne einen wichtigen Grund erfolgt, dann ist der Kündigende den anderen Gesellschaftern gegenüber zum Schadenersatz verpflichtet.[763] Ist eine bestimmte Dauer vorgesehen, dann kann ein Gesellschafter bei Vorliegen eines wichtigen Grundes[764] vorzeitig kündigen (Art. 766 ZGB).[765]

Verstirbt ein Gesellschafter, endet die Gesellschaft[766] vorbehaltlich abweichender Bestimmungen[767] des Gesellschaftsvertrags gem. Art. 773 ZGB. Die

757 Areopag Entscheidung 1182/76, EEmpD 1977, S. 568; Gericht zweiter Instanz von Thessaloniki, Entscheidung 1314/79, EEmpD 1980, S. 591.

758 Nach Art. 749 ZGB ist eine abweichende Vereinbarung möglich, so dass die Geschäftsführung einigen Gesellschaftern übertragen werden kann.

759 Hierzu Rokas, Handelsgesellschaften, 4. Auflage 1996, S. 51.

760 Rokas, Handelsgesellschaften, 4. Auflage 1996, S. 53; Areopag Entscheidung 710/1986, EEmpD 1988, S. 55.

761 Gericht zweiter Instanz von Athen, Entscheidung 9785/1988, EEmpD 1989, S. 419 ff.; Gericht zweiter Instanz von Thessaloniki, Entscheidung 280/1995, DEE 1995, S. 511 ff.

762 Gericht zweiter Instanz von Athen, Entscheidung 9386/1986, EEmpD 1988, S. 266.

763 Gericht zweiter Instanz von Athen, Entscheidung 9386/1986, EEmpD 1988, S. 266.

764 Gericht zweiter Instanz von Athen, Entscheidung 355/1984, EEmpD 1984, S. 597; Areopag Entscheidung 977/1986, EEmpD 1988, S. 61.

765 Zu den Folgen einer außerordentlichen Kündigung einer gr. GbR mit bestimmter Zeitdauer Alexandridou, Gesellschaftsrecht, Band I – Personengesellschaften –, 2. Auflage 2007, S. 71 ff.

766 Zu Besonderheiten der Erbschaft eines Gesellschaftsanteils Areopag Entscheidung 1129/1981, EEmpD 1982, S. 559. Bei minderjährigen Erben vgl. Gericht zweiter Instanz von Thessaloniki, Entscheidung 59/1964, EEmpD 1965, S. 191; Gericht zweiter Instanz von Athen, Entscheidung 1011/76, EEmpD 1977, S. 241.

Vormundschaft oder die Insolvenz eines der Gesellschafter führen nach Art. 775 ZGB im Regelfall zur Auflösung der Gesellschaft.[768]

Nach der Tilgung der Verbindlichkeiten[769] und der Rückgewähr der Einlagen steht den Gesellschaftern ein Verteilungsrecht des verbleibenden Vermögens zu. Der Überschuss wird mit Rücksicht auf ihren Gewinnanteil verteilt.[770]

II. Omorithmi Eteria[771]

Für Personengesellschaften gelten sowohl in Griechenland als auch in Deutschland dieselben Regelungen über die Grundform der Personengesellschaft, nämlich der gr. GbR. Spezielle Sondervorschriften des gr. HGB[772] finden hierbei Anwendung. Soweit das gr. HGB nichts Abweichendes bestimmt, unterliegt die gr. OHG den Regeln der Art. 741-784 ZGB[773] über die gr. GbR.[774]

Die gr. OHG ist eine Personen- bzw. Handelsgesellschaft mit Rechtspersönlichkeit. Die Gesellschafter haften persönlich, unbeschränkt, unmittelbar, primär und gesamtschuldnerisch (Art. 22 des gr. HGB).[775] Des Weiteren kann die Haftung der Gesellschafter nicht durch einen Gesellschaftsvertrag ausgeschlossen oder beschränkt werden.[776]

Die Organe einer gr. OHG bestehen aus der Gesamtheit der Gesellschafter und dem Geschäftsführer.

---

767 Areopag Entscheidung 454/1974, EEmpD 1976, S. 46.

768 Minoudis, Gesellschaftliche Änderungen aufgrund der Vormundschaft oder der Insolvenz eines Gesellschafters, in: FS für K. Rokas, 1985, S. 597 ff.

769 Wenn das Vermögen nicht zur Tilgung der gesellschaftlichen Verbindlichkeiten ausreicht, besteht nach Art. 780-783 ZGB eine Nachschusspflicht.

770 Rokas, Handelsgesellschaften, 4. Auflage 1996, S. 94.

771 Der Begriff „Omorithmi Eteria" entspricht dem der deutschen OHG.

772 Gesetzliche Grundlage des griechischen Gesellschaftsrechts ist das gr. HGB, das königliche Dekret vom 19/4 – 1/5 1835. Insbesondere die Regelungen über die gr. OHG sind von besonderer Bedeutung, weil einige davon, etwa die Publizitätsregelungen, unabhängig von der Rechtsform für alle Handelsgesellschaften anzuwenden sind. Dazu s. Gericht erster Instanz von Pireas, Entscheidung 3433/2000, DEE 2000, S. 983; Gericht zweiter Instanz von Pireas, Entscheidung 1165/1996, DEE 1997, S. 281.

773 ZGB (Zivilgesetzbuch) entspricht dem deutschen BGB.

774 Pampoukis, Zur ergänzenden Anwendung des Zivilrechts auf die gr. OHG und gr. KG, Arm. 1973, S. 573.

775 Antonopoulos, Personengesellschaftsrecht, 2. Auflage 2007, S. 77.

776 Rokas, Handelsgesellschaften, 4. Auflage 1996, S. 101; Gericht zweiter Instanz von Athen, Entscheidung 7008/74, EEmpD 1975, S. 575.

Zur Gründung einer gr. OHG[777] genügt gem. Art. 39 gr. HGB ein schriftlicher Vertrag[778] zwischen zwei Personen unter Berücksichtigung der Publizitätsvoraussetzungen[779] nach Art. 41-44, 46 gr. HGB.[780] Zum Mindestinhalt[781] der Gesellschaft gehören u. a. die Gesellschaftsdauer und die Gesellschaftsfirma. Darüber hinaus sind auch der gesetzmäßige Gesellschaftszweck und die gesellschaftliche Rechtsnatur als offene Handelsgesellschaft zu erfassen.[782]

Die gesellschaftliche Firma wird sich aus allen Namen der Gesellschafter gem. Art. 21 gr. HGB und dem Zusatz „O.E." zusammengesetzt.[783] Im Falle des Todes eines Gesellschafters kann die gesellschaftliche Firma nur nach der ausdrücklichen Zustimmung der Erben fortbestehen.[784]

Jeder Gesellschafter[785] ist zur Vertretung der Gesellschaft berechtigt ohne Mitwirkung der anderen Gesellschafter. Damit ist in Art. 22 gr. HGB das *Einzelvertretungsprinzip* verankert.[786] Nach herrschender Meinung gilt das Gleiche auch im Innenverhältnis i. R. d. Geschäftsführung. Die Regelung des Art. 22 gr. HGB ist aber nicht zwingend. Andere Vertretungs- und Geschäftsführungsarten der Gesellschaft können durch den Gesellschaftsvertrag bestimmt werden.[787] Gegen-

777 Nach dem Inkrafttreten der Präsidialverordnung 326/1994 wurden Änderungen in Bezug auf die Gründungsvoraussetzungen einer gr. OHG oder KG eingeführt, wenn an ihr alle unbeschränkt haftenden Beteiligten Kapitalgesellschaften sind. Dazu Rokas, Handelsgesellschaften, 4. Auflage 1996, S. 109; auch Perakis, Die offene Handelsgesellschaft der Präsidialverordnung 326/1994: Eine neue Gesellschaftsform oder eine Variante der gr. OHG?, DEE 1995, S. 157.

778 Eine notarielle Beurkundung ist erforderlich, wenn ein formbedürftiges Rechtsgeschäft erfasst wird. Rokas, Handelsgesellschaften, 4. Auflage 1996, S. 36.

779 Darüber hinaus zu Folgen bei Publizitätsvoraussetzungsmangel Alexandridou, Gesellschaftsrecht, Band I – Personengesellschaften –, 2. Auflage 2007, S. 86 ff.

780 Zu Besonderheiten einer fehlerhaften gr. OHG sowohl i. R. d. Gesellschaftsvertrages als auch in Bezug auf die Willenserklärungen der Gesellschafter, Antonopoulos, Personengesellschaftsrecht, 2. Auflage 2007, S. 87 ff.

781 Art. 43 gr. HGB; dagegen gehört der Gesellschaftssitz nicht zum Mindestinhalt des Gesellschaftsvertrags (Art. 64 ZGB).

782 Art. 741, 784 Abs. 1 ZGB.

783 Das Fehlen der Gesellschaftsfirma im Gesellschaftsvertrag führt nicht zur Nichtigkeit der Gesellschaft, Gericht zweiter Instanz von Thessaloniki, Entscheidung 1627/72, EEmpD 1973, S. 347; Handlungen des Geschäftsführers ohne die Gesellschaftsfirma sind für die Gesellschaft bindend, wenn sich daraus ableiten lässt, dass der Geschäftsführer im Namen der Gesellschaft handelt. Dazu Areopag Entscheidung 190/1994, ElDik 1995, S. 853.

784 Art. 2 der Rechtsverordnung 28.4./7.5.1923, „Über eine Reform der Gesellschaftsvorschriften".

785 Die Gesellschafterrechte sind nach Verwaltungs- und Vermögensrechten zu unterscheiden. Zu Gesellschafterrechten und -pflichten, Alexandridou, Gesellschaftsrecht, Band I – Personengesellschaften –, 2. Auflage 2007, S. 94 ff.

786 Vgl. Areopag Entscheidung 1935/84, EEmpD 1986, S. 71.

787 Areopag Entscheidung 2039/86, EEmpD 1988, S. 60; zu Gestaltungsmöglichkeiten Rokas, Handelsgesellschaften, 4. Auflage 1996, S. 118 ff.

über einem Dritten haften grundsätzlich die durch den Geschäftsführer vertretene Gesellschaft[788] und ihre Gesellschafter[789].[790]

Wie bei einer gr. GbR werden die Auflösungsgrunde einer gr. OHG in Art. 765-775 ZGB vorgeschrieben. Die wichtigsten der dort genannten Gründe sind: Der Ablauf der Gesellschaftsdauer[791], die Kündigung[792], die Zweckerreichung sowie die *faktische*[793] oder *rechtliche* Unmöglichkeit derselben, der Tod eines Gesellschafters, die Vormundschaft oder die Insolvenz eines der Gesellschafter.[794]

Im Fall des Todes eines Gesellschafters kann im Gründungsvertrag vereinbart werden, dass die Gesellschaft durch die übrigen Gesellschafter fortgeführt wird (Art. 773 ZGB).[795] Andernfalls ist es möglich, die Gesellschaft mit den Erben[796] und den übrigen Gesellschaftern[797] fortzusetzen.

III. Eterorithmi Eteria[798]

Die gr. KG unterscheidet sich insbesondere hinsichtlich der Gesellschafterhaftung von der gr. OHG.[799] Die Gesellschafter einer gr. KG unterteilen sich in zwei Gruppen, zum einen in die der Komplementäre, die den OHG-Gesellschaftern entsprechen und die persönlich und unbeschränkt mit ihrem privaten Vermögen haften, und die der Kommanditisten, die beschränkt auf ihre Einlage haften.[800]

---

788 Areopag Entscheidung 217/76, EEmpD 1977, S. 235.

789 Haftung der Gesellschafter unter der Voraussetzungen des Art. 759 ZGB (pro rata); zu weiteren Besonderheiten der Haftung des Geschäftsführenden Antonopoulos, Personengesellschaftsrecht, 2. Auflage 2007, S. 184 ff.

790 Zu Besonderheiten der Haftung des Geschäftsführenden gemäß seiner Gesellschafter- bzw. Nicht- Gesellschafterstellung Rokas, Handelsgesellschaften, 4. Auflage 1996, S. 55.

791 Minoudis, Dauer und Auflösung der Personengesellschaft, Peir. Nom. 1983, S. 285.

792 Minoudis, Ordentliche und Außerordentliche Kündigung der Personengesellschaft, Arm. 1984, S. 362.

793 Areopag Entscheidung 426/78, EEmpD 1979, S. 368.

794 Minoudis, Gesellschaftliche Änderungen aufgrund der Vormundschaft oder der Insolvenz des Gesellschafters, in: FS für K. Rokas, 1985, S. 597 ff.

795 Die Vereinbarung zu Fortsetzung der Gesellschaft kann erst nach dem Tod des Gesellschafters getroffen werden. Zu Gegenmeinung Gericht zweiter Instanz von Thessaloniki, Entscheidung 96/93, EEmpD 1993, S. 593.

796 Die Minderjährigkeit der Erben beeinflusst nicht die Vereinbarung zu Fortsetzung der Gesellschaft. Vgl. Art. 773 ZGB; so auch Gericht erster Instanz von Thessaloniki, Entscheidung 12038/1993, EEmpD 1994, S. 240 ff.

797 Areopag Entscheidung 600/62, EEmpD 1963, S. 190.

798 Der Begriff „Eterorithmi Eteria" entspricht dem Begriff der deutschen KG.

799 Zu Rechtsnatur und Gründungsvoraussetzungen einer gr. KG oben unter A. II.

800 Der Komplementär muss außer der Geschäftsfähigkeit auch kaufmännische Eigenschaften besitzen. Dem gegenüber reicht die Geschäftsfähigkeit für einen Kommanditisten aus, Alexandridou, Gesellschaftsrecht, Band I – Personengesellschaften –, 2. Auflage 2007, S. 232.

Die Firma einer gr. KG besteht aus den Namen der Komplementäre und dem Zusatz „E.E.". Falls die Bezeichnung auch den Namen eines Kommanditisten enthält, dann haftet auch dieser unbeschränkt und gesamtschuldnerisch gegenüber einem Dritten ebenso wie ein Komplementär.[801]

Nach Art. 27 des gr. HGB kann der Kommanditist nicht an der Geschäftsführung der gr. KG beteiligt sein. Der Gesetzeswortlaut hinsichtlich des Geschäftsführungsbegriffes ist hingegen umstritten. Nach h. M. hat der Gesetzgeber damit die Vertretung der gr. KG nach außen gemeint.[802] Wenn ein Kommanditist trotz des gesetzlichen Verbots als Gesellschaftsvertreter auftritt und entsprechende Handlungen vornimmt, dann haftet er unbeschränkt gemeinsam mit den Komplementären (Art. 28 gr. HGB).[803]

Falls ein Kommanditist seine Einlage nicht geleistet hat, können. die Gesellschaftsgläubiger, so die herrschende Ansicht, neben dem Einlegen der allgemeinen Rechtsbehelfe auch unmittelbar gegen ihn vorgehen. Das bedeutet, dass der Kommanditist dann mit seinem privaten Vermögen für die gesellschaftlichen Schulden primär, unmittelbar und gesamtschuldnerisch haftet.[804] Dies gilt jedoch nicht unbeschränkt, sondern nur in Höhe der Einlage, die er nicht geleistet hat. Es ist umstritten, ob der Kommanditist im Fall einer unbeschränkten und gesamtschuldnerischen Haftung nach griechischem Recht als Kaufmann anzusehen ist. Nach der herrschenden Meinung ist er nicht als Kaufmann zu betrachten und kann deswegen nicht am Insolvenzverfahren beteiligt sein, es sei denn, er ist der Gesellschaftsleitende.[805]

Bezüglich der Haftung der Handelnden gegenüber Dritten, der Gründungsform, der Auflösung und der Publizitätsvoraussetzungen gelten die Vorschriften über die gr. OHG.

IV. Afanis Eteria[806]

Die griechische stille Gesellschaft ist in den Art. 47-50 gr. HGB geregelt. Ergänzend sind die Vorschriften des ZGB über die GbR (Art. 741-784 ZGB) analog anzuwenden. Die gr. stille Gesellschaft ist ein *Personenverbund ohne Rechtspersönlichkeit*, *ohne Gesellschaftsvermögen* und *ohne Gesellschaftsfirma*. Es handelt sich um

801 Areopag Entscheidung 985/83, ElDik 1984, S. 343.

802 Rokas, Handelsgesellschaften, 4. Auflage 1996, S. 124; Areopag Entscheidung 985/83, ElDik 1984, S. 343.

803 Gericht zweiter Instanz von Thessaloniki, Entscheidung 2183/2006, EpiskED 2006, S. 1131.

804 In diesem Fall wird die Haftung des Kommanditisten durch die Rechtsprechung als subsidiär bezeichnet, so das Gericht zweiter Instanz von Athen, Entscheidung 10343/86, EEmpD 1988, S. 453.

805 Rokas, Handelsgesellschaften, 4. Auflage 1996, S. 126.

806 Der Begriff „Afanis Eteria" entspricht dem der deutschen stillen Gesellschaft.

eine Innengesellschaft, die nur *teilweise als Personengesellschaft* und *nicht als Kaufmann* anzusehen ist.[807]

Der Gesellschaftsvertrag bedarf keiner besonderen Form.[808] Sie unterliegt auch nicht den Publizitätsvoraussetzungen.[809]

Alle Gesellschafter und der stille Gesellschafter sind verpflichtet, ihre Einlagen einzubringen[810] und am Gesellschaftszweck mitzuwirken. Im Innenverhältnis zählt nach Art. 748 ZGB die Geschäftsführung zu den Aufgaben aller Gesellschafter, soweit nichts anderes vereinbart worden ist. In der Praxis wird jedoch häufig vereinbart, dass die nach außen auftretenden Gesellschafter die Geschäftsführung der stillen Gesellschaft übernehmen.[811] Darüber hinaus sind, soweit nichts Abweichendes vereinbart ist, alle Gesellschafter und der stille Gesellschafter zu gleichen Teilen am Gewinn bzw. Verlust der Gesellschaft berechtigt.[812]

Im Außenverhältnis handelt der Geschäftsführende im eigenen Namen. Deswegen findet keine Vertretung der anderen Gesellschafter statt. Aus diesem Grund haftet er mit seinem Vermögen nur der Inhaber für die Verbindlichkeiten gegenüber Dritten. Dabei gehört das durch die Gesellschaftsvertretung Erworbene nur dem Inhaber[813]. Der Inhaber ist nur zur Ausschüttung der erworbenen Geldwerte verpflichtet, wobei die Voraussetzungen des Art. 762 ZGB zu beachten sind.[814]

Die gr. stille Gesellschaft wird wie die GbR u.a. durch den Tod eines Gesellschafters, durch Insolvenz oder Kündigung aufgelöst.[815] Im Falle der Auflösung der Gesellschaft sind die Gesellschafter dazu verpflichtet, dem stillen Gesellschafter seine Einlage und den entsprechenden Gewinnanteil auszuzahlen.[816]

---

807 Alexandridou, Gesellschaftsrecht, Band I – Personengesellschaften – 2. Auflage 2007, S. 261 ff.; Pampoukis, Die stille Gesellschaft und das dienende den Gesellschaftszweck Vermögen, Episk. EmpD 1995, S. 3 ff.; bezüglich der kaufmännischen Eigenschaft ist zu bemerken, dass als Kaufmann anzusehen ist, wer ein Handelsgewerbe betreibt, somit nur der nach außen auftretende und handelnde Gesellschafter, nicht aber der stille Gesellschafter. Dazu Rokas, Handelsgesellschaften, 4. Auflage 1996, S. 128.

808 Areopag Entscheidung 502/82, EEmpD 1983, S. 433; Areopag Entscheidung 736/89, EEmpD 1991, S. 252. Das gilt auch, wenn die Gesellschaft Rechtsgeschäfte betreibt, die einer besonderen Form bedürfen.

809 Vgl. Beys, Beweisprobleme in den Beziehungen der stillen Gesellschafter, EEmpD 1971, S. 623.

810 Vgl. zur Gegenmeinung Areopag – Entscheidung 510/66, EEmpD 1967, S. 73.

811 Rokas, Handelsgesellschaften, 4. Auflage 1996, S. 130; vgl. auch die Meinung zu Unterscheidung zwischen *typischer* und *atypischer* stiller Gesellschaft, Alexandridou, Gesellschaftsrecht, Band I – Personengesellschaften –, 2. Auflage 2007, S. 277 ff.

812 Areopag Entscheidung 598/86, EEmpD 1987, S. 390; Areopag – Entscheidung 243/95, EEmpD 1995, S. 607.

813 Areopag Entscheidung 1021/72, EEmpD 1973, S. 354.

814 Rokas, Handelsgesellschaften, 4. Auflage 1996, S. 132.

815 Vgl. Areopag Entscheidung 700/73, EEmpD 1974, S. 199.

816 Areopag Entscheidung 866/87, EEmpD 1989, S. 428; Gericht zweiter Instanz von Athen, Entscheidung 7642/86, EEmpD 1988, S. 260.

B. Das griechische Einkommensteuerrecht

I. Entwicklung des griechischen Steuerrechts

In Griechenland wurde die Einkommensteuer schon zu Ende des 19. Jahrhunderts durch die Steuerbelastung bestimmter Einkunftsarten eingeführt. Insbesondere wurde durch das Gesetz XK'/1877 eine Kapitalvermögensteuer erhoben, während durch das Gesetz AΔ4H/1885 Löhne und Pensionen belastet wurden. Im Jahr 1909 wurde eine progressive Steuer für Personen mit hoher Leistungsfähigkeit eingefügt. In der Zeit zwischen 1911 und 1919 wurden durch verschiedene Verordnungen die Steuerpflichtigkeit der Einnahmen aus Wohnungsvermietungen sowie eine Steuer aus der Produktion einiger Güter, wie beispielsweise Tabak, eingeführt.

Als Grundlage für das Steuersystem des Landes diente das sog. Caillaux System[817], somit einem *„gemischten System"* zur Besteuerung des Einkommens (durch das Gesetz 1640/1919). Dabei wurde zuerst das zu versteuernde Einkommen aus den sieben Einkunftsarten getrennt ermittelt und mit proportionalen Steuersätzen besteuert. Anschließend wurde, wenn das Gesamtnettoeinkommen aus allen Einkunftsarten einen im Gesetz bestimmten Betrag überschritt, eine progressive Steuer herangezogen, welche das Vermögen belastete[818].

Die entscheidende Steuerreform fand durch die Rechtsverordnung 3323/1955 statt. Ihren Vorschriften nach wurden alle natürlichen Personen durch eine progressiv synthetische Einkommensteuer belastet. Ferner führte die Rechtsverordnung 3843/1958 ein, dass das Einkommen juristischer Personen durch einen proportionalen Steuersatz belastet werden sollte. Später hat der griechische Gesetzgeber zur Vermeidung der Probleme, die sich aus dem Übermaß an Steuergesetzen ergaben, alle anzuwendenden Steuerregelungen in einem einheitlichen Gesetz kodifiziert, das bis heute mit den notwendigen Ergänzungen gültig ist.[819]

II. Allgemeines

Der griechische Gesetzgeber regelt die grundsätzliche Einkommensbesteuerung von Unternehmen durch ein einheitliches Gesetz, das als Einkommensteuergesetzbuch (auf griechisch, „Kodikas Forologias Eisodimatos", abgekürzt „KFE")[820]

---

817 Dieses Steuersystem wurde von Joseph Caillaux (1863-1944), einem französischen Finanzminister (1913-1914), entwickelt und stellte eine Kombination des englischen und deutschen Steuerrechts dar.

818 Mparmpas, Besteuerung von Einkommen, 2003, S. 15 ff.

819 Finokaliotis, Steuerrecht, 3. Auflage 2005, S. 235.

820 Gesetz 2238/1994, Regierungsblatt A' 151/19.9.1994. Dieses Gesetz ist die Kodifizierung der griechischen Einkommensteuer der natürlichen und juristischen Personen.

bezeichnet wird. Das Gesetz ist in zwei Abschnitte untergeteilt. Der erste Teil des Gesetzes, der den Titel *„Einkommensteuer natürlicher Personen“* trägt,[821] entspricht den deutschen Normen über die Einkommensteuer, während der zweite Teil des Gesetzes der deutschen Körperschaftsteuer entspricht, die sog. *„Einkommensteuer juristischer Personen“*[822].

Zwei weitere Gesetze sind im griechischen Unternehmenssteuerrecht von besonderer Bedeutung. Sowohl die steuerliche Buchführungspflicht als auch teilweise die steuerliche Bewertung von WG sowie die steuerliche Gewinnkorrektur werden in einem Buchführungsgesetzbuch (auf griechisch, „Kodikas Vivlion kai Stoicheion“, abgekürzt „KVS“)[823] geregelt. Dabei ist der Allgemeine Griechische Kontenplan (auf griechisch, „Elliniko Geniko Logistiko Schedio“, abgekürzt „EGLS“)[824] anzuwenden, der nach den Bestimmungen des KVS für die bilanzierungspflichtigen Unternehmen verbindlich ist.[825]

1. Die Steuersubjekte

Nach Art. 2 Abs. 1 S. 1 KFE unterliegt jede natürliche Person, die in Griechenland Einkommen erzielt, der griechischen Einkommensteuer, und zwar unabhängig von Staatsangehörigkeit, Wohnsitz oder gewöhnlichem Aufenthaltsort (das sog. *Territorialitätsprinzip*).[826] Andererseits sind natürliche Personen, die ihr Einkommen im Ausland erzielen, nach Art. 2 Abs. 1 S. 2 KFE unbeschränkt steuerpflichtig, sofern sie ihren Wohnsitz[827] in Griechenland haben (das sog. *Welteinkommens-* oder *Universalitätsprinzip*). Anders als in der deutschen Steuerrechtsordnung ist im griechischen Recht nur entscheidend, dass der unbeschränkt Steuerpflichtige seinen Wohnsitz in Griechenland hat, nicht aber, wo er sich gewöhnlich aufhält[828].

---

821 Die Einkommensteuer natürlicher Personen ist wie die deutsche Einkommensteuer eine progressive Personensteuer.

822 Zu den griechischen Ertragsteuern gehört außer den oben erwähnten Steuerarten auch die Sondersteuer der Handelschiffe durch das Gesetz 27/1975.

823 Präsidialverordnung 186/1992, Regierungsblatt 84 A’/26.05.1992.

824 Präsidialverordnung 1123/1980, Regierungsblatt A’ 283/15.12.1980.

825 Matsos, Investitionen deutscher Steuersubjekte in griechische Kapitalgesellschaften, 2001, S. 52 ff.

826 Das KFE bestimmt nicht die Begriffe Wohnsitz oder gewöhnlicher Aufenthalt und deswegen finden die Vorschriften des ZGB (Art. 51 ff. ZGB) hinsichtlich dieser Begriffe Anwendung.

827 Zum Wohnsitz vgl. StRE 331/1930; 332/1930; 205/1941; 3597/1985; 2633/1989; auch Runderlass des griechischen Finanzministeriums 5/1970.

828 Vgl. § 1 Abs. 1 S. 1 EStG; nach einer im griechischen Schrifttum vertretenen Meinung sind die Steuersubjekte, die nur ihren gewöhnlichen Aufenthalt und kein Wohnsitz in Griechenland haben und Einkünfte im Ausland erzielen, unter dem Vorbehalt der abgeschlossenen DBA nicht nach der griechischen Steuerrechtsordnung steuerpflichtig. Hierzu Totsis, Kommentar zur Einkommensteuer natürlicher und juristischer Personen, Band I, 2. Auflage 2003, S. 88. Nach einer anderen Meinung ist der gewöhnliche Aufenthalt entscheidendes Kriterium des Wohnsitzes, Anastopoulos/Fortsakis, Steuerrecht, 2. Auflage 2003, S. 157.

Der Begriff der natürlichen Person, die als Steuersubjekt anzusehen ist, ist identisch mit dem Begriff der geschäftsfähigen Person, nämlich mit dem Träger von Rechten und Pflichten im Sinne des Art. 34 ZGB. Da diese Voraussetzungen auch von Minderjährigen erfüllt werden können, können diese grundsätzlich auch Steuersubjekte sein[829]. In der Regel sind nur lebende natürliche Personen Steuersubjekte.[830] Ausnahmsweise erfasst die Steuerrechtsordnung auch verstorbene Personen. Insbesondere sieht die Vorschrift des Art. 68 Abs. 1 S. 1 Nr. 1 und 4 KFE vor, dass, wenn ein erzieltes Einkommen vorliegt, ein Steuerbescheid im Namen des Erblassers bis zum Zeitpunkt des Todes oder im Fall einer ruhenden Erbschaft (Art. 2 Abs. 3 KFE) zu erlassen ist. Die Steuerpflicht trifft die Erben oder den Nachlasspfleger[831]. In der Literatur wird die Auffassung vertreten, dass diese Regelung einen „*Realismus des griechischen Steuerrechts*"[832] darstellt. Dennoch wurde diese Regelung als Verstoß gegen Art. 4 und Art. 78 der gr. Verfassung kritisiert, nach der nur lebende Personen als Rechte- und Pflichtenträger zu betrachten sind.[833]

Nach Art. 2 Abs. 2 KFE sind griechische Beamten, die in einem Dienstverhältnis im Ausland tätig sind, wie etwa griechische Diplomaten, im Inland einkommensteuerpflichtig.

Letztlich sind gem. Art. 2 Abs. 4 KFE auch griechische Personengesellschaften als Subjekte der Einkommensteuer natürlicher Personen betroffen.[834] Dabei zählen auch andere griechische juristische Personen des Privatrechts, wie etwa die wirtschaftlich tätigen Gemeinschaften des Zivilrechts oder die Konsortien (i. S. v. Art. 2 Abs. 2 KVS), zu den Steuersubjekten der Einkommensteuer natürlicher Personen.

Nach dem Inkrafttreten des Gesetzes 2065/1992 wurden gr. Personengesellschaften als selbstständige steuerpflichtige Subjekte der Einkommensteuer natürlicher Personen und die gr. GmbH als Subjekt der Einkommensteuer juristischen Personen eingestuft.[835] Auf diese Weise wurde die GmbH steuerrechtlich wie die Kapitalgesellschaft behandelt.

---

829 Dazu unter Teil II, Kapitel 2, Abschnitt B, IV.

830 StRE 1014/1983; 3885/1985; 1779/1988.

831 StRE 2394/1995.

832 Mparmpas, Besteuerung von Einkommen, 2003, S. 171; Anastopoulos/Fortsakis, Steuerrecht, 2. Auflage 2003, S. 155.

833 Chatzitzanis, Handbuch der allgemeinen Prinzipien des Steuerrechts, 1991, S. 108; zur Gegenmeinung vgl. Verwaltungsgericht zweiter Instanz von Athen, Entscheidung 3087/1997, DiDik 1998, S. 205.

834 Früher wurden nach der Regelung des Art. 31 der Rechtsverordnung 3323/1955 i. V. m. Art. 8 Abs. 1 des Gesetzes 814/1978 als einkommensteuerpflichtige Subjekte nur die Gesellschafter der gr. Personengesellschaften und der gr. GmbH anerkannt, nicht aber die Gesellschaften.

835 Art. 7 des Gesetzes 2065/1992.

Steuerobjekt ist gemäß Art. 1 KFE das gesamte Nettoeinkommen der Steuersubjekte (Art. 2 KFE) aus den im Gesetz vorgesehenen Einkunftsarten. In Griechenland gilt die *Dreiertheorie des Einkommens*[836], nach der Einkünfte unter drei Voraussetzungen als Einkommen gekennzeichnet werden. Die erste wesentliche Voraussetzung ist die *Periodizität* der erzielten Einkünfte, die zweite ist die *Existenz einer dauerhaften Quelle* und die dritte ist die *ordentliche Ausnutzung dieser Quelle*[837]. Anders als im deutschen Recht unterscheiden die Einkunftsarten des griechischen Rechts nicht zwischen Gewinn- und Überschusseinkünften. Nach Art. 4 Abs. 1 KFE unterliegen Einkünfte aus allen Einkunftsquellen, abzüglich der Erwerbskosten, der Besteuerung. Aufgrund dieser Regelung könnten nach einer Auffassung „die in Griechenland mit dem Begriff *Bruttoeinnahmen* bezeichneten Beträge den deutschen Überschusseinkünften entsprechen, weil die zum Abzug zugelassenen Beträge in Griechenland sehr begrenzt sind. Dementsprechend sind den deutschen Gewinneinkünften die griechisch buchführungspflichtigen Einkunftsarten gleichzusetzen“.[838]

Die in Art. 4 Abs. 2 KFE geregelten Einkunftsarten sind:

I-II) Einkünfte aus unbeweglichem Vermögen
III) Einkünfte aus Kapitalvermögen
IV) Einkünfte aus Gewerbebetrieb
V) Einkünfte aus Land- und Forstwirtschaft
VI) Einkünfte aus nichtselbstständiger Arbeit
VII) Einkünfte aus selbstständiger Arbeit und sonstigen Quellen.

In der Literatur wird die Ansicht vertreten, dass die oben erwähnten Einkunftsarten sich in drei Gruppen zusammenfassen lassen. Die erste Gruppe umfasst die Einkünfte aus Kapital, die zweite Gruppe die Einkünfte aus Gewerbebetrieb und die dritte Gruppe die Einkünfte aus Arbeit.[839]

Die Einkunftsarten I – II (Art. 20-23 KFE), die nach der Verschmelzung[840] dieser Quellen als „*Einkünfte aus unbeweglichem Vermögen*“ bezeichnet werden,

836 Totsis, Kommentar zur Einkommensteuer natürlicher und juristischer Personen, 2. Auflage 2003, Band I, S. 99 ff.; vgl. auch Art. 961 ZGB.

837 Dieser Entwicklung folgt auch die griechische Rechtsprechung, StRE 2417/1965; StRE 3514/1975; StRE 4264/1976; StRE 1453/1982.

838 Matsos, Investitionen deutscher Steuersubjekte in griechische Kapitalgesellschaften, 2001, S. 56.

839 Finokaliotis, Steuerrecht, 3. Auflage 2005, S. 240.

840 Durch das Inkrafttreten des Art. 6 Abs. 1 des Gesetzes 1828/1989, Anastopoulos/Fortsakis, Steuerrecht, 2. Auflage 2003, S. 158.

umfassen die Einkünfte aus Bauwerken, Grundstücken, Vermietung und Verpachtung und anderen in diesen Artikeln geregelten Fällen.

Insbesondere werden in Art. 21 KFE einige spezielle Fälle dieser Einkunftsart geregelt. Dazu gehören z. B. Einkünfte aus Untervermietungen, verpachteten Grundstücken, die als Lager, Parkplätze u. s. w dienen.

Die Vorschriften der Art. 24-27 KFE regeln die Einkünfte aus Kapitalvermögen. Diese Einkunftsart umfasst Einnahmen wie Gewinnausschüttungen aus Beteiligung an Kapitalgesellschaften oder an bestimmten juristischen Personen. Dazu gehören auch Dividenden und sonstige Bezüge aus (Gründer-)Aktien. Darüber hinaus werden auch Entgelte aus Kapitalforderungen erfasst. Unter diese Gruppe fallen Zinsen aus Bankguthaben, festverzinslichen Wertpapieren, Anleihen, Schuldverschreibungen, Forderungen oder Zinsen aus einem Darlehen zwischen der Gesellschaft und den Gesellschaftern oder einem Dritten. Ebenfalls kommen Einkünfte aus Kapitalvermögen in Betracht, insbesondere Gehälter von Vorstandsmitgliedern einer gr. AG[841], Einnahmen aus der Veräußerung von Dividenden- bzw. Zinsscheinen und Kapitalerträge aus der Veräußerung oder Abtretung von Forderungen.

Gemäß Art. 28 Abs. 1 KFE ist der erzielte Gewinn entweder aus einem Einzel- oder Gesellschaftsunternehmen oder aus einem Handels-, Industrie- und Handwerksbetrieb oder aus jedem anderen mit Gewinnerzielungsabsicht ausgeübten Beruf, sofern er nicht unter der Vorschrift des Art. 48 KFE fällt, als Einkünfte aus Gewerbebetrieb zu bezeichnen. Nach Art. 28 Abs. 2 KFE gehören auch Einnahmen aus einem einzelnen oder zufälligen Geschäft mit Gewinnerzielungsabsicht[842] zu den gewerblichen Einkünften. Anders als im deutschen Recht, das in § 15 Abs. 2 S. 1 EStG eine nachhaltige Betätigung voraussetzt, ist die Dauer im griechischen Recht unbeachtlich. Diese Geschäfte werden in der Literatur als *Spekulationsgeschäfte* bezeichnet.[843]

Nach Art. 40 KFE sind Einkünfte aus Land- und Forstwirtschaft als erzielte Einnahmen eines land- und forstwirtschaftlichen Betriebs anzusehen, die im gesetzmäßigen Veranlagungsjahr erzielt worden sind. Außer der Land- und Forstwirtschaft gehören hierzu auch die Tierzucht und Tierhaltung, die Fischerei u. s. w. Insbesondere ist die Herstellung und Verwendung der natürlichen Stoffe zur Schaffung von tierischen und pflanzlichen Produkten[844] vom Anwendungsbereich des land- und forstwirtschaftlichen Betriebs erfasst. Betriebe, die solche

841 StRE 1195/1990; 2231/1990.

842 Vgl. StRE 3114/1993; 1322/1994, DiDik 1995, S. 771; unter welchen Voraussetzungen die Einkünften aus Grundstückshandel nach Art. 28 Abs. 3 lit. a KFE als Gewerbeeinkünfte zu qualifizieren sind StRE 3114/1994; 3077/1995.

843 Matsos, Investitionen deutscher Steuersubjekte in griechische Kapitalgesellschaften, 2001, S. 66.

844 StRE 1/1961; 5088/1964.

Produkte verarbeiten, gehören nicht zum Rechtskreis der land- und forstwirtschaftlichen Betriebe.[845]

Nach der Rechtsprechung des StR gehören Einkünfte aus Verpachtung eines land- und forstwirtschaftlichen Betriebs zu den Einkünften aus unbeweglichem Vermögen[846]. Dies bildet einen Gegensatz zum deutschen Recht, das Einnahmen dieser Art den Einkünften nach §§ 13 Abs. 1, 2 und 14 EStG zurechnet.

Die Einkünfte aus nicht selbstständiger Arbeit werden in Art. 45 Abs. 1 KFE definiert. Unter Einkünfte aus nicht selbstständiger Arbeit ist jede ordentliche oder außerordentliche Leistung, die den Arbeitnehmern aus dem Dienstverhältnis[847] zusteht[848], zu verstehen. Der Einkunftskreis aus nicht selbstständiger Arbeit umfasst die Einnahmen aus Gehältern, Löhnen, Gratifikationen, Tantiemen, Renten und andere Bezügen, Vorteilen und Leistungen[849], die entweder für eine gegenwärtige oder vorherige Beschäftigung oder aus anderen Gründen den Arbeitnehmern oder den Rentnern periodisch[850] gewährt werden. Darüber hinaus gelten die Einnahmen, die die berechtigten Personen durch Ausübung von Optionsrechten des Art. 13 Abs. 13 des Gesetzes 2190/1920 erzielen, nach der letzten Aktualisierung des KFE durch das Inkrafttreten des Gesetzes 3697/2008 ab 2009 als Einkünfte aus nicht selbständiger Arbeit.[851]

Die letzte Einkunftsart des griechischen Steuerrechts natürlicher Personen betrifft Einkünfte aus selbständiger Arbeit[852] und sonstigen Quellen (Art. 48 KFE). Entscheidende Merkmale der Einkünfte aus selbstständiger Arbeit sind die *Selbstständigkeit* und die *Nichtexistenz eines Dienstverhältnisses*[853].

Weiterhin ist der Unterschied zwischen der Bezeichnung „aus sonstigen Quellen“ und der Vorschrift des § 22 EStG über sonstige Einkünfte zu beachten. In § 22 EStG werden die sonstigen steuerpflichtigen Einkünfte aus unterschiedlichen Tätigkeiten aufgezählt. Anders als im deutschen Recht betrifft die Regelung des Art. 48 KFE alle Einkünfte, die zu keiner anderen Einkunftsart gehören, ohne

845 StRE 2454/1986.

846 StRE 1902/1975; auch Mparmpas, Besteuerung von Einkommen, 2003, S. 41.

847 Zum Dienstverhältnis StRE 422/1982; 423/1982; 1551/1982; 927/1985; 1908/1985; 3078/1994; 3884/1995.

848 StRE 1124/1994, DiDik 1994, S. 1217; 5022/1996, DiDik 1999, S. 452.

849 Zu weiteren Besonderheiten des Einkunftskreises aus nicht selbständiger Arbeit StRE 2559/1994; 3403/1988; 1121/1994.

850 StRE 2771/1989; 2769/1989; 1663/1994; 3453/1994.

851 Art. 17 des Gesetzes 3697/2008.

852 Zu den freiberuflichen Tätigkeiten nach dem griechischen Steuerrecht auch Art. 1 Abs. 14 des Gesetzes 2954/2001.

853 StRE 3140/1991.

diese Einkünfte ausdrücklich vorzustellen.[854] Deswegen werden diese Einkunftsart in der griechischen Literatur als „*Residualeinkunftsart*“[855] bezeichnet.

Weiterhin ist eines der wichtigsten Merkmale der griechischen Steuerrechtsordnung, dass sie außer den oben genannten Einkunftsarten noch weitere kennt. Diese *Sondereinkünfte*[856], die ausdrücklich geregelt werden, sind nicht den oben erwähnten Einkunftsarten zuzuordnen und werden steuerlich gesondert behandelt. Entweder sind sie steuerfrei oder sie werden mit Sondersteuersätzen und Abgeltungswirkung belastet. Dazu gehört u. a. die Bestimmung des Art. 6 Abs. 3 lit. θ KFE bezüglich der Dividenden aus (Gründer-) Aktien von inländischen Aktiengesellschaften, die einen Gewerbebetrieb unterhalten, der Schiffe nutzt. Diese Dividenden werden nicht als Einkünfte aus Kapitalvermögen besteuert, sondern unterliegen nach dem Gesetz 27/1975 einer Schiffrealsteuer.[857]

Erwähnenswert ist die Bestimmung des Art. 14 Abs. 1 KFE (Sondereinkünfte aus nicht selbständiger Arbeit)[858]. Entsprechende Regelungen enthalten auch Art. 12 (Sondereinkünfte aus Kapitalvermögen)[859], Art. 13 Abs. 2 KFE[860] und andere Vorschriften des Gesetzes.

3. *Persönliche Abzüge*

Die griechische Steuerrechtsordnung (Art. 8 und 9 KFE) bestimmt die Minderung der steuerpflichtigen Bemessungsgrundlage und die Disponibilität des Einkommens durch den Abzug von Ausgaben aus dem Gesamteinkommen und den Freibeträgen.[861] Vor einer Aufzählung der abziehbaren Bezüge sind die gelten-

---

854 Siehe ministerielle Entscheidung des Finanzministeriums Griechenlands 1149115/pol. 1111/5.4.1995. Nach dieser Entscheidung gehören die mit Preisen verbundenen Auszeichnungen, die die Stiftung „Mpodosakis“ griechischen Wissenschaftlern für ihren Beitrag zur Entwicklung der Wissenschaften verleiht, zu den Einkünften aus sonstigen Quellen; auch StRE 414/1999; 36/1981; 1414/1982.

855 Mparmpas, Einkommensbesteuerung, 2003, S. 154.

856 Matsos, Investitionen deutscher Steuersubjekte in griechische Kapitalgesellschaften, 2001, S. 57.

857 Dazu vgl. auch Runderlass des Finanzministeriums 32/1975 i. V. m. Rechtsverordnungen 3323/1955 und 3843/1958.

858 Neue Fassung nach Änderung durch Art. 3 Abs. 8 und 9 des Gesetzes 3091/2002. Die Abfindungen, die den Begünstigten aufgrund der Unterbrechung ihres Arbeitgeber-Arbeitnehmerverhältnisses bewilligt werden, unterliegen einer Sonderbesteuerung mit Abgeltungswirkung. Der Steuersatz beträgt 20% des Nettoabfindungsbetrags nach Abzug eines steuerfreien Betrags i. H. v. €20.000.

859 Die Zinsen aus Bankeinlagen werden mit einem Steuersatz 10% nach Art. 12 Abs. 1 und 2 KFE besteuert.

860 Die Veräußerung nicht börsennotierter Aktien wird mit einen Steuersatz i. H. v. 5% belastet.

861 Darüber hinaus werden weitere abzugsfähige Sonderausgaben für jede Einkunftsart im KFE vorgeschrieben (etwa Ausgaben des Art. 44 KFE für Einkünfte aus Land- und Forstwirtschaft). Des Weiteren sind die gesetzlich geregelten Steuerbefreiungen zu beachten (Art. 6 KFE).

den Grundfreibeträge des griechischen Steuerrechts vorzustellen. Im Gegensatz zum deutschen Recht gibt es bezüglich der Besteuerung von natürlichen Personen im griechischen Steuerrecht unterschiedliche Grundfreibeträge. Für das erzielte Einkommen in den Jahren 2007 bis 2009 beträgt der Grundfreibetrag für die im Lohnverhältnis beschäftigten Personen und Rentner 12.000 €, während für alle sonstigen Steuerpflichtigen dieser Betrag 10.500€ beträgt (Art. 9 Abs. 1 KFE). Dem deutschen Kinderfreibetrag entspricht eine Verschonung des Grundfreibetrages i. H. v. 1000 € für das erste Kind und 2.000 €, wenn der Steuerpflichtige zwei Kinder hat. Im Fall eines dritten Kindes wird der Grundfreibetrag nach 10.000 € verschont, während bei mehr als drei Kindern der Grundfreibetrag um je 1.000 € für jedes weiteres Kind angehoben wird, (Art. 9 Abs. 2 KFE).[862]

In Art. 8 und 9 KFE, in der Fassung nach dem Inkrafttreten des Gesetzes 3091/2002[863], werden die abziehbaren Bezüge explizit aufgeführt, die die Leistungsfähigkeit des Steuerpflichtigen mindern. Eine Aufzählung der wichtigsten dieser Beträge wird nachfolgend dargestellt.

Nach Art. 8 Abs. 1 lit. a KFE sind vom Gesamteinkommen bis zur Höhe von 10 % des Grundfreibetrags i.S.d. § 9 Abs. 1 lit. a KFE die Vorsorgeaufwendungen abziehbar, die Beiträge für die Kranken-, Unfall- bzw. Todesversicherungen umfassen.

Des Weiteren (lit. β) gehören zu abzugsfähigen Aufwendungen die Beiträge an die Renten- und Versicherungskassen.[864] Darüber hinaus sind auch unter den vorgesehenen Voraussetzungen sowohl die bezahlte Miete des Steuerpflichtigen für Wohnraum (lit. γ)[865] als auch Spenden an den griechischen Staat oder an juristische Personen des öffentlichen Rechts abziehbar (lit. δ). Weitere abziehbare Bezüge sind Schuldzinsen eines Darlehens zum Erwerb der Familienwohnung (lit. ε)[866] u. a.

Das Gesetz sieht vor, dass behinderte Menschen einen Pauschbetrag als abziehbare Aufwendungen i. H. v. 2.400 € über dem Grundfreibetrag geltend machen können. Der Pauschbetrag ist im Gegensatz zum deutschen Recht, das in § 33b Abs. 3 EStG vorsieht, dass sich die Höhe des Pauschbetrags nach dem dauernden Grad der Behinderung richtet, so ausgestaltet, dass behinderte Menschen, deren Grad der Behinderung mit mindestens 67% festgestellt worden ist, nach griechischem Recht den Pauschbetrag geltend machen können.[867]

---

862 Zur Verdeutlichung wird das folgende Beispiel dargestellt. Der Grundfreibetrag beträgt für 2 Kinder €2.000, für 3 Kinder €10.000, für 4 Kinder €11.000 u.s.w.

863 Mit dem Inkrafttreten des Gesetzes 3091/2002 wurden viele der abziehbaren Beträge vom Gesamteinkommen des Art. 8 KFE abgeschafft und durch eine tarifliche Minderung der veranlagten Steuer ersetzt.

864 Vgl. Runderlasse des Finanzministeriums E. 10846/1983, pol. 110 und E. 6514/1970, pol. 123.

865 Vgl. auch Art. 9 Abs. 3 lit. β Halbs. aa) KFE.

866 Vgl. auch Art. 9 Abs. 3 lit. γ KFE.

867 Art. 8 Abs. 2 i. V. m. Art. 7 KFE.

Weitere abziehbare Bezüge, die zu einer tariflichen Minderung der sich ergebenden Einkommensteuer führen, werden in Art. 9 KFE geregelt.[868] Die wichtigsten davon sind Krankheitskosten und Kosten für Heilkuren[869], Aufwendungen zur Ausbildung der Kinder[870] und der Bezug von Ehegattenunterhalt bei nicht mehr intakter Ehe (Art. 9 Abs. 3 lit. δ KFE).

III. Die Ermittlung des zu versteuernden Einkommens

Die griechische Steuerrechtsordnung sieht zwei Ermittlungsmethoden des zu versteuernden Einkommens vor: die *reale* und die *vermutete* (*fiktive*) Ermittlung.

Für die reale Ermittlung des zu versteuernden Einkommens sind drei Prinzipien wesentlich: das Prinzip *der algebraischen Summe der Nettoeinnahmen aus den Einkunftsarten,* das Prinzip *des erzielten Einkommens* und *das der einmaligen Steuerveranlagung in einem Kalender- bzw. Wirtschaftsjahr.*[871]

Nach dem ersten Prinzip wird zuerst das Gesamteinkommen aus allen Einkunftsarten ermittelt. Danach findet ein Verlustausgleich statt. Im griechischen Schrifttum wird der Begriff „*positives und negatives Element des Einkommens*" verwendet. Als positives Element des Einkommens wird der Überschuss nach Abzug der Aufwendungen der erzielten Bruttoeinnahmen bezeichnet. Dementsprechend kommt der ergebende Verlust nach Abzug der Aufwendungen als negatives Element des Einkommens in Betracht.[872] Gemäß Art. 4 Abs. 3 KFE ist sowohl ein *horizontaler* als auch ein *vertikaler* Verlustausgleich möglich. Darüber hinaus können negative Einkünfte nicht mit einer Sonderbesteuerung unterliegenden positiven Einkünften ausgeglichen werden. Eine dem deutschen Recht entsprechende *interperiodische Verlustverrechnung*[873] ist in Griechenland nur teilweise anerkannt. Anders als im deutschen Recht ist ein Verlustrücktrag im griechischen Recht nicht gestattet.[874] Ferner ist im griechischen Recht nur dann ein Verlustvortrag vorgesehen, wenn die negativen Einkünfte aus gewerblichen bzw. land- und forstwirtschaftlichen Betrieben erzielt worden sind.[875] Nur diese können

---

868 Krit. gegenüber dieser Regelung Papadimitriou, Das Verfassungsprinzip des Schützes von Ehe und Familie im Steuerrecht (Teil I), DFN 2004, S. 107 (119 ff).

869 Art. 9 Abs. 3 lit. a KFE.

870 Art. 9 Abs. 3 lit. β Halbs. ββ) KFE.

871 Mparmpas, Besteuerung von Einkommen, 2003, S. 191 ff.

872 Totsis, Kommentar zur Einkommensteuer natürlicher und juristischer Personen, 2. Auflage 2003, Band I, S. 127.

873 Zu Besonderheiten der deutschen interperiodischen Verlustverrechnung Scheffler, Besteuerung von Unternehmen I, 10. Auflage 2007, S. 134 ff.

874 StRE 5254/1983; 3633/1984.

875 Vgl. auch die Regelung des Art. 48 Abs. 6 KFE hinsichtlich der Einkünfte von Künstlern.

mit positiven Einkünften der kommenden 5 Jahre verrechnet werden.[876] Entscheidende Voraussetzung[877] zur Berücksichtigung des Verlustvortrages ist, dass die Buchführung ordnungsgemäß stattgefunden hat.[878]

Bei im Ausland erzielten negativen Einkünften ist der Steuerpflichtige nach Art. 4 Abs. 4 KFE nur zum Ausgleich mit ausländischen positiven Einkünften berechtigt.[879] Eine Übertragung der negativen Einkünfte zwischen den Ehegatten ist nur ausnahmsweise (Art. 8 Abs. 4 und 5 KFE) möglich.

Bezüglich des Prinzips des erzielten Einkommens unterscheidet die griechische Literatur nach drei Stufen.[880] Die erste Stufe erfasst die Entstehung des Einkommens aus einer Quelle, die zweite betrifft das erzielte Einkommen, d.h. ab dem Zeitpunkt, wenn das Einkommen vom Berechtigten verlangt werden kann, und die dritte Stufe erfasst den realen Vermögenszugang. Der StR[881] bezeichnet das Einkommen nach der dreistufigen Theorie und der jeweiligen Ermittlungsphase als *das sich ergebende Einkommen* (1. Stufe), *das erzielte Einkommen* (2. Stufe) und *das reale Einkommen* (3. Stufe).[882]

Nach dem geltenden Recht (Art. 1 und 3 Abs. 1 KFE) ist für die Steuerveranlagung die zweite Phase der Erzielung, nicht hingegen der Zeitpunkt des realen Vermögenszugangs wesentlich.[883] Eine Ausnahme von diesem Prinzip ist die Bestimmung des Art. 48 Abs. 6 KFE. Nach dieser Vorschrift werden die Einkünfte aus selbstständiger Arbeit nach dem Zeitpunkt des realen Vermögenszugangs veranlagt.

Das Prinzip der einmaligen Steuerveranlagung in einem Kalenderjahr bezeichnet die Einkommensteuer als *Perioden- bzw. Jahressteuer* (Art. 3 Abs. 1 KFE).

---

876 Diese 5-jährige Periode gilt nur für Unternehmen, die zur Führung von Büchern 3. Klasse verpflichtet sind. Für Unternehmen mit Büchern 2. Klasse gilt entsprechend eine 3-jährige Periode, Art. 2 des Gesetzes 3091/2002. Ein Verlustvortrag ist nur im Verlustentstehungsjahr zwingend und der Verlust ist nicht erstmals in dem nach dem Entstehungsjahr folgenden Jahr geltend zu machen, StRE 2534/1966; 3283/1981.

877 Eine weitere, durch die gr. Rechtsprechung entwickelte Voraussetzung ist, dass der Betrieb nicht dauerhaft untätig war, Verwaltungsgericht 2. Instanz von Athen, Entscheidung 1909/1984. Darüber hinaus muss der sich ergebende Verlust aus der Steuerbilanz offensichtlich sein, Runderlass des Finanzministeriums 77/1949, § 26. Ebenso wie im deutschen Recht ist eine Übertragung der Verluste auf die Gesellschafter oder auf eine andere juristische Person nicht möglich, StRE 4344/1984; 845/1984; 1203/1981. Die Anmeldung des Verlustes beim Finanzamt muss bis zum Ende des Entstehungsjahres geschehen, Art. 61 Abs. 1 i. V. m. Art. 107 Abs. 3 KFE.

878 Zur ordnungsmäßigen Buchführung StRE 3432/1977; 3097/1973.

879 Zur früheren Behandlung durch die Finanzverwaltung Runderlass des Finanzministeriums 8109/1987 pol. 173; StRE 2970/1986; 2971/1986.

880 Smparounis, Die Besteuerung der Nettoeinnahmen, 1923, S. 84.

881 StRE 433/1938.

882 Theoharopoulos, Besonderes Steuerrecht, 1999, S. 129 ff.

883 StRE 376/1984; 2799/1986.

Die Festsetzung der Einkommensteuer erfolgt mit Ablauf des Kalenderjahres. Eine Ausnahme davon ist die Regelung des Art. 48 Abs. 6 KFE hinsichtlich der Einkünfte von Künstlern. Diese Einkünfte werden in drei gleiche Teile aufgeteilt und unterliegen auch in den nächsten drei Jahren nach dem Erzielungsjahr der Besteuerung. Gleiches gilt auch im Fall von negativen Einkünften. Der Rechtfertigungsgrund dafür ist die Gewährleistung der Steuergleichheit, weil Künstler nicht jedes Jahr ordentliche Einkünfte aus ihrem geistigen Eigentum erzielen und sie mit diesen Einkünften ihren Unterhalt der folgenden Jahre gewährleisten müssen.[884]

Neben der realen Ermittlung des zu versteuernden Einkommens ist im griechischen Steuerrecht auch die vermutete (fiktive) Ermittlung zur Begrenzung der Steuerhinterziehung vorgesehen. Auf diese Weise ergibt sich das zu versteuernde Einkommen nicht unmittelbar aus der Steuererklärung des Steuerpflichtigen, sondern durch andere steuerrechtliche Kriterien, die den Steuerpflichtigen wie z. B. die Höhe seiner persönlichen Ausgaben, treffen. Es handelt sich nämlich um die bezeichnete in der Finanzwissenschaft *Indizmethode* oder *durch externe Kriterien Ermittlungsmethode*.[885] Durch diese Kriterien können die Finanzämter widerlegbar vermuten, dass der Steuerpflichtige über ein Mindesteinkommen verfügt.

Diese Kriterien werden in Art. 15-19 KFE geregelt und sind nach *Kriterien über die Unterhaltsaufwendungen* und *Erwerbskostenkriterien neuer Vermögenswerte* zu unterscheiden.

Wesentliche Merkmale der Kriterien über die Unterhaltsaufwendungen (Art. 16 KFE) sind das Eigentum oder der Besitz einiger ausführlich geregelter Vermögenswerte, deren Erhaltungskosten sehr hoch sind.[886] Diese Kriterien können nach den Bestimmungen des Art. 16 Abs. 3 KFE widerlegt werden, wenn der Steuerpflichtige sich auf Tatsachen beruft, die auf ein tatsächlich niedrigeres Einkommen als das vermutete hinweisen.[887]

Andererseits werden die Kriterien über die Erwerbskosten neuer Vermögenswerte in Art. 17 KFE erfasst. Nach diesen Kriterien übersteigt das jährlich erzielte Einkommen des Steuerpflichtigen, wenn er zum Erwerb lukrativer Vermögenswerte hohe Kosten aufwendet, einen gesetzlich geregelten fiktiven Betrag. Wenn die Steuererklärung des Steuerpflichtigen einen niedrigeren Betrag enthält, dann kann das Finanzamt den gesetzlich geregelten Betrag als erzieltes Einkommen vermuten.[888]

---

884 Mparmpas, Besteuerung von Einkommen, 2003, S. 200 ff.

885 Theoharopoulos, Allgemeines Steuerrecht, 1981, S. 47 ff.; Finokaliotis, Das Steuergerechtigkeitsprinzip und die Verfassung, 1986, S. 192 ff.

886 Vgl. auch Art. 4 des Gesetzes 3091/2002.

887 Runderlass des Finanzministeriums 1037956/1989 pol. 1094.

888 Ausnahmen von der Anwendung dieser Steuerkriterien werden in Art. 18 KFE vorgesehen.

In diesem Fall, wenn diese Kriterien bei einem Steuerpflichtigen in einem Kalenderjahr zutreffen, sind die fiktiv geregelten Beträge hinzuzurechnen. Wenn nach der Steuererklärung das erzielte Einkommen niedriger ausfällt, das vermutete Einkommen aber nicht um 20 % übersteigt, dann kommt das Einkommen der Steuererklärung in Betracht.[889]

Gegen diese Kriterien sind in der Rechtsprechung und der Literatur zwei unterschiedliche Ansichten vertreten worden, inwiefern ein solches Verfahren verfassungskonform ist. Es ist umstritten, ob diese Kriterien gegen das in der Verfassung verankerte Gleichheitsprinzip, den Anspruch auf rechtliches Gehör[890] sowie die Steuergerechtigkeit verstoßen.

Die überwiegende Mehrheit in der Literatur[891] und ein Teil der Rechtsprechung[892] vertritt die Meinung, dass diese Kriterien verfassungswidrig sind, weil sie gegen das Gleichheitsprinzip und die Steuergesetzmäßigkeit (Art. 4 Abs. 5; Art. 78 Abs. 1 gr. Verf.) verstoßen. Nach einer anderen Meinung werden diese Kriterien nur angenommen, wenn drei kumulative Voraussetzungen gegeben sind. Erstens, wenn eine reale Ermittlung des zu versteuernden Einkommens unmöglich ist, zweitens, wenn dem Steuerpflichtigen Rechtsbehelfe zum Rechtsschutz gegen diese Kriterien zur Verfügung stehen und drittens, wenn diese Kriterien mit Rücksicht auf die Verkehrssitte bestimmt worden sind.[893]

Allerdings haben die obersten Verwaltungsgerichte[894], der StR[895] und ein Teil der Literatur die Ansicht vertreten, dass diese Kriterien mit der Verfassung im Einklang stehen. Sie stützt sich darauf, dass eine Anwendung dieser Kriterien nur mit Rücksicht auf die Verkehrssitte erfolgt. Des Weiteren enthalten sie eine Generalklausel und Rechtsschutzmöglichkeiten durch ein Normenkontrollverfahren.[896] Darüber hinaus sieht eine Ansicht innerhalb derselben Auffassung in Art. 20 Abs. 1 gr. Verf. (Gewährleistung des Rechtsschutzrechtes) einen Gesetzesvorbehalt, nach dem der Gesetzgeber in der Lage ist, nicht nur das Verwaltungsverfahren

---

889 Art. 18 lit. ιστ) KFE.

890 Zum rechtlichen Gehör Lazaretou, Die Problematik zur Rechtsanwendung des rechtlichen Gehörs im Steuerverfahren, DFN 2005, S. 500.

891 Manitakis, Rechtsstaat und gerichtliche Kontrolle der Verfassungsmäßigkeit, 1994, S. 185 ff.

892 Verwaltungsgericht 1. Instanz von Athen – Entscheidung 102/1980, DFN 1980, S. 267; Verwaltungsgericht 1. Instanz von Thessaloniki – Entscheidung 1903/1980, DiDik 1980, S. 76; Verwaltungsgericht 1. Instanz von Thessaloniki – Entscheidung 1393/1980, DFN 1981, S. 877.

893 Chrisogonos, Individual- und Sozialrechte, 2002, S. 146.

894 Verwaltungsgericht 2. Instanz von Athen – Entscheidung 1344/1980; Verwaltungsgericht 2. Instanz von Athen – Entscheidung 23/1982; Verwaltungsgericht 2. Instanz von Athen – Entscheidung 223/1982; Verwaltungsgericht 2. Instanz von Patras – Entscheidung 364/1981.

895 StRE 1694/1990, NoV 39, S. 153; auch StRE 1246/1983; 4340/1983; 2380/1984; 1037/1988.

896 StRE 1647/1994.

zu regeln, sondern auch das Recht auf Rechtschutz einzuschränken sowie seine Voraussetzungen zu bestimmen.[897]

IV. Die Steuerbehandlung der Ehegatten

Nach Art. 5 Abs. 1 KFE sind Ehegatten dem Finanzamt zur Vorlage einer gemeinsamen Steuererklärung verpflichtet. Die Steuer wird aber getrennt veranlagt. Das griechische Steuerrecht sieht kein Veranlagungssystem vor, das dem deutschen Splittingtarif ähnlich ist. Ein Ausgleich der negativen Einkünfte zwischen den Ehegatten ist grundsätzlich nicht möglich.[898]

Wenn das erzielte Einkommen eines Ehegatten aus einem Betrieb des anderen Ehegatten[899] stammt und dieser davon finanziell abhängig ist, dann ist dem betrieblich tätigen Ehegatten gem. Abs. 2 dieses Einkommen hinzuzurechnen und als eigenes Einkommen zu versteuern. Der Rechtsprechung nach verstößt diese Bestimmung nicht gegen die Regelung des Art. 21 gr. Verf. zum Schutz der Ehe und der Familie.[900] Umstritten ist, wann das Einkommen finanziell vom anderen Ehegatten abhängig ist. Im Gesetz gibt es dazu keine bestimmte Regelung und jeder Einzelfall ist durch das Finanzamt oder das Verwaltungsgericht zu bestimmen. Gegen eine solche vermutete Beurteilung hat der Steuerpflichtige ein Widerspruchsrecht.[901]

In Abs. 3 ist die Besteuerung des Einkommens von minderjährigen Kindern geregelt. Demnach werden die Einkünfte des Minderjährigen dem Elternteil mit dem größten Gesamteinkommen hinzugerechnet und gemeinsam versteuert.[902] Diese Methode führt aber zu einer größeren Belastung der Familie, weil das sich nach der Hinzurechnung ergebende Einkommen einem höheren Steuersatz unterliegt. Demgegenüber wäre eine Alternative, die zu einer sachgerechteren Besteuerung führen würde, die hälftige Aufteilung der Einkünfte des Minderjährigen und ihre Hinzurechung zu beiden Elternteilen. Die Familie stellt eine Zusammenle-

---

897 Papapetropoulos, Die steuerrechtlichen Kriterien des Gesetzes 820/1978 verstoßen nicht gegen die Regelungen des Verfassungsgesetzes, DFN 1980, S. 965 ff.

898 Siehe oben S. 147; hierzu vgl. auch den letzten Satz des Art. 9 Abs. 2 KFE nach dem Inkrafttreten des Gesetzes 3697/2008.

899 StRE 1004/1991, DiDik 1992, S. 424; StRE 805/1992, DiDik 1993, S. 1045.

900 StRE 3643/1990, DiDik 1991, S. 228; StRE 194/1994, DiDik, 1994, S. 658; StRE 981/1995, DiDik 1996, S. 1206; StRE 1925/1995, DiDik 1997, S. 232; StRE 2471/1996, DiDik 1998, S. 201; StRE 3033/1997, DiDik 1998, S. 486; StRE 4101/1997, DiDik 1999, S. 755, Anastopoulos/Fortsakis, Steuerrecht, 2. Auflage 2003, S. 208 ff.

901 StRE 1743/1992, DFN 1993, S. 867; StRE 194/1994, DFN 1994, S. 313.

902 In diesem Fall ist ein externer Verlustausgleich gestattet, StRE 479/2000, DFN 2000, S. 960.

bensgemeinschaft zwischen Eltern und Kindern dar[903] und in diesem Rahmen wäre es angemessen, dass beide Elternteile gemeinsam die auf die Einkünfte ihrer Kinder bezogenen Steuerlasten zu tragen haben. In diesem Fall wäre durch die Aufteilung der Einkünfte der Kinder eine familienschonendere Besteuerung durch mildere Steuersätze erreicht.

Wenn beide Elternteile das gleiche Einkommen erzielt haben, dann wird es mit dem Einkommen des Vaters veranlagt.[904] Ausnahmen von dieser Regelung sind in Abs. 4 vorgesehen. In diesen Fällen, z. B. bei Einkünften aus selbstständiger bzw. nicht selbstständiger Arbeit, bei einem Erbfall oder bei Schenkungen, wird das minderjährige Kind eigenständig veranlagt.

V. Der Steuersatz

Zu den besonderen Merkmalen des griechischen Einkommensteuerrechts natürlicher Personen zählen auch die unterschiedlichen *progressiven* Steuersätze (Art. 9 KFE).

Für das im Jahr 2008 erzielte Einkommen gelten die folgenden Sätze:

a) Für Rentner und Steuerpflichtige im Lohnverhältnis:

Einkommen (Euro)	**Steuersatz %**
12.000	0
18.000	27
45.000	37
Über 75.000	40

b) Für alle anderen Steuerpflichtigen:

Einkommen (Euro)	**Steuersatz %**
10.500	0
1.500	15
18.000	27
45.000	37
Über 75.000	40

903 Siehe oben S. 47.

904 Im Schrifttum wird dieser Vorgang als *Familienermittlung des Gesamteinkommens* bezeichnet, Anastopoulos/Fortsakis, Steuerrecht, 2. Auflage 2003, S. 208 ff.

Die entsprechenden Steuersätze für das im Jahr 2009 erzielte Einkommen sind im Folgenden dargestellt:

a) Für Rentner und die Steuerpflichtigen im Lohnverhältnis:

Einkommen (Euro)	**Steuersatz %**
12.000	0
18.000	25
45.000	35
Über 75.000	40

b) Für alle anderen Steuerpflichtigen:

Einkommen (Euro)	**Steuersatz %**
10.500	0
1.500	15
18.000	25
45.000	35
Über 75.000	40

Durch Art. 14 Abs. 1 des Gesetzes 3697/2008 wird in Art. 9 Abs. 1 KFE ein neuer Satz eingefügt, demnach der obige Steuersatz von 25% ab 2010 und bis 2014 um 1% jährlich gesenkt wird, damit im Jahr 2014 der Steuersaz für Einkommen von 18.000 bis 45.000 € 20% beträgt.

Bemerkenswert ist, dass durch Art. 14 Abs. 2 S. 1 des Gesetzes 3697/2008 der Grundfreibetrag für Einkünfte aus selbständiger Arbeit und aus Gewerbebetrieb abgeschafft wurde. Demzufolge sollten die entsprechenden Einkünfte aus diesen Einkunftsarten bis zum Betrag von 10.500 € mit einem Steuersatz von 10% besteuert werden. Wenn dieser Betrag überschritten würde, würden die allgemeinen Steuersätze gelten. Nach Satz 2 wurden vom Anwendungsbereich des Satzes 1 die folgenden Steuerpflichtigen ausgeklammert:

a) Personen, die zum ersten Mal eine Steuererklärung erstellen. Dies gilt auch für die folgenden zwei Jahre nach der ersten Steuererklärung oder für die folgenden drei Jahre, wenn der Steuerpflichtige Einkünfte aus selbständiger Arbeit erzielt und sein dreißigstes Lebensjahr noch nicht vollendet hat,
b) Steuerpflichtige, die unter Bedingungen Einkünfte aus Land- und Fortwirtschaft erzielen,
c) Steuerpflichtige, die zumindest drei Kinder haben und
d) behinderte Steuerpflichtige, deren Behinderungsgrad mindestens 67% beträgt.[905]

---

905 Gesetz 3697/2008, Regierungsblatt A' 194 / 25.9.2008.

Ausgangspunkt dieser Regelung war das staatliche Ziel zur Begrenzung der Steuerhinterziehung in Griechenland und zur Erhöhung der staatlichen Einnahmen. Es war aber zu beachten, dass diese Regelung gegen den Gleichheitsgrundsatz (Art. 4 gr. Verf.) und das Sozialstaatsprinzip des Art. 25 Abs. 1 gr. Verf. verstößte. Der Staat durfte nicht beliebig Steuerlasten verteilen. Die Steuerbelastung sollte den rechtsstaatlichen Maximen entsprechen. Durch diese Regelung wurde die Gleichbehandlung der Steuerpflichtigen und der Einkünfte aus allen Einkunftsarten beeinträchtigt. Die Einkünfte aus Gewerbebetrieb und selbständiger Arbeit wurden im Vergleich zu den anderen Einkünften benachteiligt. Darüber hinaus wurde das Gebot des unantastbaren Existenzminimums im Rahmen des Rechtsstaates für die Gewerbetreibenden und für diejenigen, die Einkünfte aus selbständiger Arbeit erzielen, außer Betracht gelassen. In diesem Sinne wurde auch die Solidargemeinschaft der Bürger in der Finanzierung und im Konsum staatlicher Leistungen beeinträchtigt. Den staatlichen Zielen zur Bekämpfung der Steuerhinterziehung und zur Erhöhung der öffentlichen Einnahmen würde vielmehr die Modernisierung des staatlichen Mechanismus dienen und nicht der verfassungswidrige Abbau des Existenzminimums für eine Gruppe von Steuerpflichitigen. Zusätzlich würde die für die Rechtfertigung von Steuern notwendige Steuermoral durch die obige Regelung geschwächen, wenn die Steuerlastverteilung nicht gleichmäßig geschehen würde. Aus jedem Blickwinkel erscheinte die Regelung des Art. 14 Abs. 2 S. 1 des Gesetzes 3697/2008 problematisch und mit den verfassungsrechtlichen Prinzipien unvereinbar zu sein. Aus diesen Gründen wurde diese Regelung abgeschafft[906], so dass der Grundfreibetrag der € 10.500 den Gewerbetreibenden und den Einkünften aus selbstständiger Arbeit gewährt wird.

Andererseits unterliegen die griechischen offenen Handelsgesellschaften und die griechischen Kommanditgesellschaften nach Art. 10 Abs. 1 lit. a KFE einem *proportionalen* Steuersatz i. H. v. 20 %. Andere Gesellschaftsformen, wie die griechische Gesellschaft bürgerlichen Rechts oder die griechische stille Gesellschaft, werden auch durch einen proportionalen Steuersatz i. H. v. 25 % belastet (Art. 10 Abs. 1 lit. β KFE).[907] Von 2010 bis 2014 wird dieser Steuersatz um 1% gesenkt, damit die Gesellschaftsformen des Art. 10 Abs. 1 lit. β KFE im Jahr 2014 mit einem Steuersatz i.H.v. 20% belastet werden.[908]

---

906 Siehe Art. 1 Abs. 1 Runderlass des griechischen Finanzministeriums pol. 1026/19.2.2009.

907 Diese proportionale Steuerbelastung der griechischen Personengesellschaften findet unter Berücksichtigung des Art. 10 Abs. 2 KFE statt.

908 Art. 15 des Gesetzes 3697/2008.

C. Das Personenunternehmen im griechischen Steuerrecht

I. Das Einzelunternehmen

Der Einzelunternehmer wird steuerlich in Griechenland wie eine natürliche Person behandelt. Einkünfte aus einem gewerblichen Einzelunternehmen werden im Namen des Inhabers besteuert.[909] Die Ermittlung des zu versteuernden Einkommens ergibt sich aus den allgemeinen Regelungen des KFE. Der Einzelunternehmer unterliegt nicht den Einkommensteuersätzen der Personengesellschaften, sondern den gesetzlich (Art. 9 KFE) vorgesehenen progressiven Steuersätzen der natürlichen Personen (Art. 9 KFE).[910]

II. Die steuerliche Behandlung der Personengesellschaft

Vor dem Inkrafttreten des Gesetzes 2065/1992 wurden nicht die Personengesellschaften selbst, sondern ihre Gesellschafter als Steuersubjekte angesehen. Die Folge war, dass den Gesellschaftern der Gewinn anteilig zugerechnet werden konnte, ähnlich wie im deutschen Steuerrecht. Mit den Vorschriften des Gesetzes 2065/1992, das in Griechenland bis heute gültig ist, wurden die Personengesellschaften als eigenständige Steuersubjekte anerkannt.

Die griechische Gesellschaft bürgerlichen Rechts, die offene Handelsgesellschaft, die Kommanditgesellschaft, das Konsortium, die stille Gesellschaft und die Gemeinschaften des Zivilrechts unterliegen alle einer eigenen Besteuerung mit einem proportionalen Steuersatz, während die Gewinne nach Abzug der Einkommensteuer anteilig an die Gesellschafter ausgeschüttet werden.

Insbesondere sind bei der Gewinnermittlung der griechischen offenen Handels- und Kommanditgesellschaft folgende Beträge nach Art. 10 Abs. 1 S. 2 KFE abzuziehen:

a) steuerfreien Einnahmen oder die mit Abgeltungswirkung versteuerten Sondereinkünfte,
b) Gewinne, die aus der Beteiligung an eine gr. Kapitalgesellschaft, GmbH, Genossenschaft oder an einer juristischen Personen i. S. v. Art. 2 Abs. 4 KFE ausgeschüttet werden, sowie

909 Nach Auffassung der Verwaltung ist ein Einzelunternehmen durch mehrere Personen ausgeschlossen. Dazu Runderlass des Finanzministeriums 1083439/1989, pol. 1203.

910 Totsis, Kommentar zur Einkommensteuer natürlicher und juristischer Personen, 2. Auflage 2003, Band II, S. 754.

c) 50 % des erzielten Einkommens als Unternehmerlohn, insbesondere bei der griechischen OHG, KG und bei Erbengemeinschaften.

Nach der Festsetzung der Einkommensteuer auf der Ebene der juristischen Person ist die Steuerpflicht der Gesellschafter abgegolten.

III. Der Begriff des „Unternehmerlohnes"

Die Rolle des Unternehmerlohnes zur Ermittlung des zu versteuernden Einkommens ist im griechischen Steuerrecht bemerkenswert. Im griechischen Schrifttum wurde der Unternehmerlohn hinsichtlich der Besteuerung der Personengesellschaften als *„ein schlichtes Übergangsmittel vom Transparenzprinzip zum Selbständigkeitsprinzip*" betrachtet.[911] Der unternehmerische Lohn ist ein *fiktiver Betrag*[912], den drei Komplementäre oder drei Gemeinschafter als Gegenleistung für ihre persönliche Arbeit empfangen. Bei einer griechischen Kommanditgesellschaft steht nur den persönlich haftenden Gesellschaftern der Unternehmerlohn zu, nicht aber den Kommanditisten.[913] Außerdem sind nur natürliche Personen dazu berechtigt, einen Unternehmerlohn zu erhalten.[914]

Mit anderen Worten handelt es sich beim Unternehmerlohn um ein fiktives Einkommen, das die *drei* Komplementäre bzw. Gemeinschafter mit den *drei größten Beteiligungsanteilen* erzielen.[915] Der unternehmerische Lohn stellt Einkünfte aus Gewerbebetrieb nach Art. 28 Abs. 3 lit. ε) KFE dar und wird gemäß dem Beteiligungsanteil i. H. v. 50 % des steuerlich erklärten Gesamteinkommens festgestellt. Der Unternehmerlohn ist den übrigen Einkünften des Gesellschafters zuzurechnen.[916]

In dem Fall, dass ein höheres Einkommen als das in der Gesellschaftssteuererklärung festgelegte Einkommen durch das Finanzamt ermittelt wird, so wird

911 Chatziioakeimidou, Besteuerungsabkommen – Ihre Anwendung auf Personengesellschaften, 2005, S. 242.

912 Totsis, Kommentar zur Einkommensteuer natürlicher und juristischer Personen, 2. Auflage 2003, Band I, S, 272.

913 Sakellis/Anastasiadis, Besteuerung und Ausschüttung der Gesellschaftsgewinnen – Motivation der privaten Investitionen, 8. Auflage 2006, Band II, S. 1050.

914 Art. 10 Abs. 1 S. 2 KFE.

915 Die Gewinnausschüttung findet anhand der Beteiligungsanteile am Gesellschaftskapital statt und nicht gemäß der Teilhabequote am Gewinn bzw. Verlust der Gesellschaft. Dazu Runderlass des Finanzministeriums 1127246/2387/A0012/27.1.1997.

916 Zur Ermittlung des Unternehmerlohnes, wenn zum gesellschaftlichen Einkommen steuerfreie oder Sondereinkünfte erfasst werden, s. Runderlass des Finanzministeriums 1018050/1993, pol. 1042.

dieses durch den entsprechend für die jeweilige Gesellschaftsform vorgesehenen Steuersatz belastet.[917]

Der Abzug des unternehmerischen Lohnes, um das zu versteuernde Einkommen der Gesellschaft zu ermitteln, ist keine freiwillige Aufgabe, sondern eine gesetzliche Pflicht. Das bedeutet, dass der Unternehmerlohn unabhängig vom Willen des Gesellschafters zur Annahme verrechnet wird. Falls mehr als drei Gesellschafter mit gleichen Anteilen beteiligt sind, sind die zum Empfang des Unternehmerlohnes Berechtigten am Anfang des Veranlagungszeitraumes von der Gesellschaft durch die Steuererklärung festzustellen.[918] Im Todesfall eines Gesellschafters sind seine Erben zum Unternehmerlohn berechtigt, unabhängig davon, ob sie minderjährig oder erwachsen sind.[919]

Wenn der Gesellschafter an mehreren Gesellschaften beteiligt war, dann war er vor dem 31.12.2004 in der Lage, die Gesellschaft auszuwählen, aus der er den unternehmerischen Lohn empfangen wollte. Seit dem 01.01.2005 ist er verpflichtet, den Unternehmerlohn aus der Gesellschaft mit der größten Gewinnbeteiligungsquote zu empfangen.[920]

Zur Verdeutlichung der Ermittlungsmethode des Unternehmerlohnes wird das folgende Beispiel vorgestellt:[921]

Beispiel: Die griechische OHG X erzielt im VZ zwischen dem 01.01.2007 und dem 31.12.2007 Nettoeinnahmen i. H. v. 210.000 €. Davon werden 10.000 € aus ausgeschütteten Dividendeneinkünften aus der Beteiligung an einer inländischen AG erfasst. Die Beteiligten der griechischen OHG X sind die griechische OHG Y i. H. v. 20 % und die natürlichen Personen A mit 25%, B mit 25%, C mit 10 % und D mit 20 %. Demnach setzt sich die Einkommensteuer der griechischen OHG X wie gefolgt zusammen:

Sich aus der Bilanz ergebenden Nettoeinkünfte	210.000 €
Abzuziehende Beträge:	
– versteuerte Sondereinkünfte mit Abgeltungswirkung (Art. 10 Abs. 1 KFE)	10.000 €

917 Sakellis/Anastasiadis, Besteuerung und Ausschüttung der Gesellschaftsgewinnen – Motivation der privaten Investitionen, 8. Auflage 2006, Band II, S. 1042.

918 Mparmpas, Besteuerung von Einkommen, 2003, S. 280.

919 Runderlass des Finanzministeriums 1156/6.6.1995.

920 Art. 3 Abs. 6 des Gesetzes 3296/2004.

921 Sakellis/Anastasiadis, Besteuerung und Ausschüttung der Gesellschaftsgewinnen – Motivation der privaten Investitionen, 8. Auflage 2006, Band II, S. 1042 ff.

Feststellung des unternehmerischen Lohnes aus den Nettoeinnahmen
200.000 € x 50 % = 100.000 €

Gesellschafter A: 100.000 € x 25 % =	25.000 €
Gesellschafter B: 100.000 € x 25 % =	25.000 €
Gesellschafter D: 100.000 € x 20 % =	20.000 €
	70.000 €

Zu versteuerndes Einkommen der OHG X	130.000 €
Festsetzung der Einkommensteuer	
130.000 € x 20 % =	26.000 €

Ausschüttung der Gewinneinkünfte an die Gesellschafter:

Nettoeinnahmen	210.000 €
Abzug der Einkommensteuer	26.000 €
Auszuschüttende Einkünfte	184.000 €

Die Gewinnaufteilung zwischen den Gesellschaftern findet wie folgend statt:

Gesellschafter OHG Y:	184.000 x 20 % =	36.800 €
Gesellschafter A:	184.000 x 25 % = 46.000 – 25.000 € =	21.000 €
Gesellschafter B:	184.000 x 25 % = 46.000 – 25.000 € =	21.000 €
Gesellschafter C:	184.000 x 10 % =	18.400 €
Gesellschafter D:	184.000 x 20 % = 36.800 – 20.000 € =	16.800 €
Summe:	184. 000 € – 70. 000 € =	114.000 €

Die OHG Y hat als juristische Person keinen Anspruch auf unternehmerischen Lohn. Mit der Festsetzung der obigen Einkommensteuer ist die Steuerschuld der Gesellschafter (natürliche oder juristische bzw. inländische oder ausländische Personen) an der OHG X abgegolten. Bezüglich des Unternehmerlohnes unterliegen die Personen, die einen solchen empfangen haben, einer eigenen Steuerpflicht.[922]

IV. Die Gewinnermittlung

Nach Art. 30 Abs. 1 KFE kommen als Bruttoeinkommen des Gewerbebetriebs das Gesamtbruttoeinkommen bzw. die Gesamtbruttoeinnahmen aus allen gewerblichen Tätigkeiten des Unternehmens in Betracht.[923]

922 Totsis, Kommentar zur Einkommensteuer natürlicher und juristischer Personen, 2. Auflage 2003, Band I, S. 274 ff.

923 Zum Begriff Bruttoeinkommen des Gewerbebetriebs StRE 2176/1979.

Die Ermittlung des gewerblichen Geschäftserfolgs findet gemäß Art. 30 Abs. 2 KFE nach verschiedenen Ermittlungsmethoden statt.[924] Entscheidend für die Gewinnermittlung durch Buchführung ist die Buchführungsart der jeweiligen Gesellschaft.

Die griechische Steuerrechtsordnung unterscheidet nach dem Jahresumsatz, der Rechtsform und der unternehmerischen Tätigkeit drei Buchführungsklassen. Die Bücher der 1. und 2. Klasse sind nach den Vorschriften des KVS zu führen (Art. 5, 6 KVS). Darüber hinaus wird verlangt, dass die Bücher der 3. Klasse zusätzlich noch nach den Grundsätzen der doppelten Buchführung (Art. 7 Abs. 1 KVS) i. V. m. dem EGLS (Art. 7 Abs. 2 KVS) geführt werden[925].

Im Bereich der Bilanzierungspflicht ist fraglich, welchen Vorschriften die Bilanzaufstellung unterliegt. Im griechischen Steuerrecht wird bei den Kapitalgesellschaften zwischen steuer- und handelsrechtlichen Vorschriften unterschieden.[926] Bei allen anderen Unternehmen ist die Bilanzierungspflicht nur steuerrechtlicher Art. Im Konkurrenzverhältnis zwischen den Vorschriften des KVS und denen des EGLS sind die zuerst genannten aufgrund ihrer Steuereigenständigkeit vorzuziehen.[927]

Infolge des oben entwickelten Gewinnermittlungsverfahrens, insbesondere hinsichtlich der Konkurrenz zwischen den handels- bzw. steuerrechtlichen Vorschriften, ist das Maßgeblichkeitsprinzip im griechischen Steuerrecht anders zu verstehen. Es handelt sich nicht um die Ableitung der Steuerbilanz aus der Handelsbilanz, wie es im deutschen Recht der Fall ist, sondern um *„die Übernahme*

---

924 Der Gesetzeswortlaut des Art. 30 Abs. 2 KFE ist „Die Bruttoeinnahmeermittlung des Gewerbebetriebs erfolgt wie folgend …"; in Art. 30 Abs. 2 lit. α) KFE wird eine Ermittlungsmethode anhand der Betriebsbuchführung vorgesehen, während in Art. 30 Abs. 2 lit. β) und γ) KFE eine *pauschale Gewinnermittlung* für die buchführungspflichtigen 1. Klasse, für die nichtbuchführungspflichtigen Unternehmen oder bei einer nichtordnungsmäßigen Buchführung verankert wird. Im Schrifttum wird die erste Ermittlungsmethode als *„erfolgsbedingte Gewinnermittlung"* und die zweite als *„pauschale Gewinnermittlung"* bezeichnet. Dazu Matsos, Investitionen deutscher Steuersubjekte in griechische Kapitalgesellschaften, 2001, S. 72.

925 Die Bücher der 2. Klasse sind durch eine Überschussrechnung der Einnahmen über den Ausgaben und die Bücher 3. Klasse durch eine Bilanzaufstellung zu führen. Die Bücher 1. Klasse betreffen nur ein Einkaufsbuch. Vgl. Art. 5, 6 und 7 KVS; Kraft Rechtsform sind die gr. AG und gr. GmbH zur Führung von Büchern 3. Klasse verpflichtet. Außer diesen trifft die Pflicht Bücher der 3. Klasse zu führen auch weitere Unternehmen, sofern deren Umsatz den Betrag von 1 Mio. € übersteigt. Dazu Art. 4 Abs. 2 und 7 KVS.

926 Nach den handelsrechtlichen Vorschriften sind zwingend die Regelungen des EGLS anzuwenden. Vgl. Art. 42a – 43b des Gesetzes 2190/1920 für die gr. AG und Art. 22 des Gesetzes 3190/1955 für die gr. GmbH; zum handelsrechtlichen Wesen des EGLS, Sakellis, Jahresabschluss der AG und GmbH, 1993, S. 870 ff.

927 Matsos, Investitionen deutscher Steuersubjekte in griechische Kapitalgesellschaften, 2001, S. 69.

der handelsrechtlichen Bilanzierungsvorschriften in das Steuerrecht und insbesondere in das Gewinnermittlungsverfahren“.[928]

Im Fall einer Buchführung der 2. bzw. 3. Klasse ist der steuerliche Gewinn aus den Büchern zu entnehmen, und zwar stellt dieser den Überschuss der Betriebseinnahmen über die Betriebsausgaben dar.[929] Im Rahmen der nichtbilanziellen Buchführung der 2. Klasse handelt es sich um eine Überschussrechnung, die dem deutschen Recht entspricht. Andererseits ist der Bilanzgewinn im Fall einer bilanziellen Buchführung der 3. Klasse für die Gewinnermittlung maßgeblich. An dieser Stelle scheint der Gesetzeswortlaut des Art. 31 Abs. 1 KFE problematisch zu sein, so dass untersucht werden muss, welchen Zweck die Gewinnermittlungsvorschriften des KFE verfolgen. Ausgangspunkt zur Gewinnermittlung ist das bilanziell ermittelte Betriebsergebnis nach den Vorschriften des EGLS i. V. m. denen des KVS. In dieses Ergebnis greifen aber die Gewinnermittlungsvorschriften des KFE ein, die bestimmen, ob ein Geschäftsvorgang steuerlich erfolgswirksam ist. In diesem Sinn sind die Gewinnermittlungsvorschriften des KFE als *Korrekturnormen* hinsichtlich der Steuerwirksamkeit eines durch die Bilanz betrachteten Geschäftsvorgangs anzusehen.[930]

Das griechische Einkommensteuerrecht zählt in Art. 31 KFE abschließend die abzugsfähigen Betriebsausgaben[931] auf.[932] Von besonderer Bedeutung ist Art. 31 Abs. 15 KFE. Danach kommen geregelte, abzugsfähige Betriebsausgaben nur dann in Betracht, sofern sie den Büchern entnommen werden.[933]

Bei denjenigen Unternehmen, die nach der 1. Klasse buchführungspflichtig sind, findet eine pauschale Gewinnermittlung statt. Zur Ermittlung der Bemessungsgrundlage werden Reingewinnsätze angewandt (Art. 30 Abs. 2 lit. β i. V. m. 32 KFE).

---

928 Matsos, Investitionen deutscher Steuersubjekte in griechische Kapitalgesellschaften, 2001, S. 73.

929 Dazu Art. 31 Abs. 1 KFE.

930 Matsos, Investitionen deutscher Steuersubjekte in griechische Kapitalgesellschaften, 2001, S. 74 ff.

931 Zum Begriff der Betriebsausgabe StRE 3417/1980; 4116/1997, DiDik 1998, S. 1028; Vgl. auch StRE 3007/1981; 2607/1984, DiDik 1993, S. 667.

932 Zu den Voraussetzungen der Anerkennung einer abzugsfähigen Betriebsausgabe sowie zu Besonderheiten der Absetzungen für Abnutzungen als besonders bedeutende Betriebsausgaben Totsis, Kommentar zur Einkommensteuer natürlicher und juristischer Personen, 2. Auflage 2003, Band II, S. 840 ff und 937 ff; zu abzugsfähigen Betriebsausgaben von steuerfreien oder Sondereinkünften, die mit Abgeltungswirkung versteuerten werden, s. Art. 31 Abs. 8 KFE. Zu Besonderheiten dieser Regelung Doris, Die Begrenzung der abzugsfähigen Betriebsausgaben von Bruttoeinnahmen, wenn zu denen steuerfreie oder Sondereinkünfte erfasst werden, DFN 2004, S. 438.

933 Zur Verfassungsmäßigkeit dieser Regelung, StRE 2752/1979; 3296/1981; 4116/1997, DiDik 1998, S. 1028.

Generell werden die Bruttoeinnahmen der nicht buchführungspflichtigen Unternehmen durch allgemeine Kriterien und Informationen des Finanzamtes ermittelt (Art. 30 Abs. 2 lit. γ KFE). Daraus folgt, dass die Ermittlung der Bemessungsgrundlage wie für die buchführungspflichtigen Unternehmen der 1. Klasse durch Anwendung von Reingewinnsätzen (Art. 32 KFE) erfolgt.[934]

V. Besonderheiten bei der Übertragung von Wirtschaftsgütern

Das griechische Einkommensteuerrecht knüpft nicht an den Begriff des Vorganges infolge des Rechtsträgerwechsels an. Es ist also nicht wie im deutschen Einkommensteuerrecht danach zu unterscheiden, ob das übertragende bzw. übernehmende Betriebsvermögen demselben Steuerpflichtigen gehört oder nicht. Es handelt sich nämlich nach dem griechischen Einkommensteuerrecht nur um Übertragungen von WG.

Die Fälle einer entgeltlichen Übertragung fallen unter die Regelungen des Art. 13 KFE. Die erzielten Einkünfte aus einer entgeltlichen Übertragung gehören zwar zu den Einkünften aus Gewerbebetrieb, sind aber als Sondereinkünfte zu besteuern.[935] Ausgangspunkt zur Anwendung der Regelungen des Art. 13 KFE ist die Überlegung, dass diese Einkünfte außerordentlicher Art sind und sich nicht auf die ordentliche Tätigkeit des Betriebs beziehen.

Nach Art. 13 Abs. 1 KFE unterliegt der Gewinn aus der Veräußerung von (Teil-) Betrieben und seinen immateriellen WG[936] oder gesellschaftlichen Anteilen[937] einer *Sonderbesteuerung* mit Abgeltungswirkung i. H. v. 20 %. Diese Regelung erfasst

934 Die gleiche Ermittlungsmethode gilt auch in dem Fall, dass die Buchführung eines buchführungspflichtigen Unternehmens nicht ordnungsgemäß ist, Art. 32 Abs. 1 i. V. m. Art. 30 Abs. 2 lit. γ) KFE.

935 Nach Art. 13 Abs. 1 lit. γ) KFE erfasst der persönliche Anwendungsbereich dieser Regelung nur die natürlichen Personen und Personengesellschaften i. S. d. Art. 2 Abs. 4 KFE. Wenn bei einer Übertragung das übernehmende Unternehmen eine Kapitalgesellschaft oder eine juristische Person i. S. d. Art. 101 Abs. 1 KFE ist, dann ist der erzielte Veräußerungsgewinn bei der Gewinnermittlung den anderen Einkünften zuzurechnen und unterliegt den allgemeinen Vorschriften und keiner Sonderbesteuerung mit Abgeltungswirkung i. R. d. Art. 13 KFE, Mparmpas, Besteuerung von Einkommen, 2003, S. 119 ff.

936 StRE 1722/1997 DiDik 1998, S. 192; auch StRE 738/1990; 768/1991; 1390/1993.

937 Vgl. auch StRE 3440/1987. Zu den Begriffen Betrieb, Zweigstelle oder Unternehmensbranche, Maliotis, Die Definition der Begriffe des ganzen Betriebs, Zweigstelle, Unternehmensbranche, Übertragung von Gesellschaftsanteilen, -aktien und -beteiligungen – Betriebsmehrwert und Ermittlungsmethode (Teil I). DFN 2000, S. 617; nach einer Auffassung ist der Betrieb als *Ganzes von eigenständigen WG* anzusehen. Matsos, Die Besteuerung des Einkommens bei der Übertragung von Betrieben, Gesellschaftsanteilen und Aktien – rechtsdogmatische Fragen (Teil II), DFN 2003, S. 744, (753).

auch die Beteiligungsanteile an gewerblich tätigen Gemeinschaften des Zivilrechts oder Konsortien, ausgenommen der Baukonsortien nach Art. 2 Abs. 2 KVS.

Der Veräußerungsgewinn unterliegt der oben erwähnten Besteuerung, der Betrag beträgt die Differenz zwischen dem Veräußerungspreis und dem Buchwert der übertragenen WG. Ferner schreibt das Gesetz 2190/1920 über die gr. AG vor, dass der Mehrwert des Betriebes dem Unterschiedsbetrag zwischen dem Gesamtkaufpreis des ganzen Betriebes und dem tatsächlichen Wert der einzelnen WG entspricht.[938] Der Mehrwert der Übertragung bezieht sich nicht auf die erzielten Einkünfte des Gesellschafters aus der gewerblichen Tätigkeit der Gesellschaft bis zum Veräußerungszeitpunkts.[939]

Mit der Übertragung von Gesellschaftsanteilen ist die Nichtbeteiligung des Gesellschafters an der Kapitalerhöhung einer gr. Personengesellschaft oder GmbH gleichgesetzt (Art. 13 Abs. 1 lit. a Halbs. ββ) KFE). Dies entsprechendes gilt, wenn ein neuer Gesellschafter eintritt.[940] Mit einem Steuersatz i. H. v. 20 % werden auch die abgetretenen bzw. übertragenden Rechte[941] versteuert, die mit dem Gewerbebetrieb zusammenhängen.

Die Gesamtbetriebsabtretung erfasst auch die Übertragung einer Branche des Betriebes wie z. B. die Lebensversicherungsbranche eines Versicherungsunternehmens[942].

Zur Ermittlung des zu versteuernden Mehrwertes sind von dem vereinbarten Kaufpreis für den (Teil-)Betrieb, den Anteil oder das Recht die Anschaffungskosten der übertragenen WG abzuziehen[943]. Nach Auffassung des StR ist der Unterschiedsbetrag zwischen den Anschaffungskosten und dem Veräußerungs-

938 Dazu Art. 43 Abs. 4 lit. β) des Gesetzes 2190/1920 über die Aktiengesellschaften. Zum Begriff „Mehrwert" und die umstrittenen Theorien Maliotis, Die Definition der Begriffe des ganzen Betriebs, Zweigstelle, Unternehmensbranche, Übertragung von Gesellschaftsanteilen, -aktien und -beteiligungen – Betriebsmehrwert und Ermittlungsmethode (Teil II). DFN 2000, S. 653.

939 Totsis, Kommentar zur Einkommensteuer natürlicher und juristischer Personen, 2. Auflage 2003, Band I, S. 304.

940 Anastopoulos/Fortsakis, Steuerrecht, 2. Auflage 2003, S. 172.

941 Der Begriff „Abtretung des Gesamtbetriebs" erfasst die Gruppe von Betriebsrechten bzw. -verbindlichkeiten im Gegensatz zur Übertragung von EinzelWG des Betriebs. Zu diesem begrifflichen Unterschied, StRE 625/1985; darüber hinaus ist zu beachten, dass die Besteuerung nach Art. 13 Abs. 1 lit. β KFE nur in Betracht kommt, wenn die Abtretung und die damit zusammenhängenden Einkünfte einen einzelnen Vorgang darstellen und nicht aus der gewöhnlichen Tätigkeit des Betriebs stammen, Runderlass des Finanzministeriums E 3011/1971, pol. 74.

942 Vgl. Rechtsverordnung 400/1970 i. V. m. Präsidialverordnung 118/1985; auf ähnlicher Weise wird auch der Mehrwert bei einer Abtretung eines GmbH-Anteiles steuerlich belastet, StRE 3023/1979; 3681/1980; 2176/1983.

943 Dieser Unterschiedsbetrag wird als Einkünfte aus Gewerbebetrieb i.S. d. 28 KFE qualifiziert, so dass auch die entsprechenden mit dem Mehrwert und die übertragenden WG Aufwendungen abziehbar sind. Vgl. auch Runderlass des Finanzministeriums 1110039/1990.

preis des übertragenen WG steuerlich betrachtet relevant.[944] In dem Fall, dass sich kein Unterschiedsbetrag ergibt, wird keine Einkommensteuer veranlagt.[945] Die Anschaffungskosten sind bis zu der Höhe abziehbar, in der sie nicht abgeschrieben worden sind.[946]

Der der Sonderbesteuerung unterworfene Veräußerungsgewinn kann nicht in positive oder negative Einkünfte aus ordentlichen Tätigkeiten bzw. aus anderen Einkunftsarten des Unternehmens einbezogen werden.[947]

Die Anwendbarkeit der Vorschriften des Art. 13 KFE hängt nicht davon ab, ob die Übertragung zu einer Gewinnverwirklichung führt. Erheblich ist nur, ob die Überbewertung der übertragenen WG im Inventar geltend gemacht worden ist (Art. 28 Abs. 3 lit. ζ KFE).[948]

Bis zum 31.12.2000 wurden die obigen Übertragungen von Eltern auf die Kinder mit 10% statt mit 20 % belastet. Nach dem Inkrafttreten des Art. 3 Abs. 3 des Gesetzes 3091/2002 werden solche Übertragungen zwischen Verwandten mit Sondersteuersätzen belastet[949].

In Art. 13 Abs. 2-14 KFE werden weitere Fälle genannt, die einer Sonderbesteuerung unterfallen. Der wichtigste Fall davon stellt die Besteuerung der Veräußerung von nicht börsennotierten Aktien mit 5 % dar (Abs. 2).

Die unentgeltlichen Überführungen bzw. Übertragungen sind einkommensteuerrechtlich irrelevant, unterliegen aber anderen Steuerarten.[950]

VI. Der Eintritt von Personengesellschaftern

Anders als im Handelsrecht wird aus steuerlicher Sicht die bestehende Gesellschaft durch den Eintritt eines neuen Gesellschafters nicht aufgelöst. Nach Auffassung der Verwaltung stellt der Eintritt eines neuen Gesellschafters steuerlich keine Neugründung der Gesellschaft dar.[951] Es ist aber notwendig, dass nach dem Eintritt und den Änderungen im Gesellschaftsvermögen und in den Beteiligungsanteilen der Gesellschafter der Gesellschaftsvertrag geändert wird. Dieser

---

944 StRE 1433/1987; StRE 1434/1987.

945 StRE 738/1990; 1517/1990.

946 Totsis, Kommentar zur Einkommensteuer natürlicher und juristischer Personen, 2. Auflage 2003, Band I, S. 305.

947 StRE 1260/1979; auch Runderlass des Finanzministeriums E 3011/1971, pol. 74.

948 Dazu auch Runderlass des Finanzministeriums 5/1968.

949 Die laufenden Steuersätze einer derartigen Übertragung sind 1,2% und 2,4% gemäß den Verwandtschaftsklassen (A und B Klasse) des Art. 29 des Erbschaftssteuergesetzes 2961/2001. Dazu Art. 13 Abs. 1 lit. a) KFE. In der gr. Literatur wird diese Steuerbelastung als *indirekte Kapitalübertragungssteuer* bezeichnet, Mparmpas, Besteuerung von Einkommen, 2003, S. 117.

950 Runderlass des Finanzministeriums 115324/2613/A0012/pol. 1258/12.10.1995.

951 Runderlass des Finanzministeriums Π 5930/1960, pol. 73; 63/1955.

muss erneut öffentlich gemacht werden.[952] Sein Mindestinhalt muss alle Änderungen, u. a. die Gewinnbeteiligungsanteile bzw. Leistungspflichten, enthalten.

Ferner stellt der neue Eintritt durch Übertragung des Gesellschaftsanteils nach der Rechtsprechung einen Änderungsgrund des abgeschlossenen Gesellschaftsvertrages dar.[953] Für den Eintritt des Gesellschafters ist der im Gesellschaftsvertrag stehende Zeitpunkt entscheidend, der von den Beteiligten dem Finanzamt mitgeteilt wird, nicht hingegen der Zustellungszeitpunkt des veränderten Gesellschaftsvertrages an das Finanzamt.[954]

Im Fall eines Einzelunternehmens findet steuerlich gesehen aufgrund eines Gesellschaftereintritts eine Gesellschaftsgründung statt, die eigenständig und unabhängig von dem bisherigen Einzelunternehmen ist. Dies bedeutet, dass nach der Veröffentlichung des abgeschlossenen Gesellschaftsvertrages das Einzelunternehmen als eine neu gegründete Gesellschaft auftritt.[955]

VII. Das Ausscheiden von Personengesellschaftern

Das steuerliche Ausscheiden eines Gesellschafters resultiert nicht in der Auflösung der Gesellschaft, sondern diese wird vielmehr durch die verbleibenden Gesellschafter fortgeführt. Das heißt, dass die Gesellschaft im Falle des Ausscheidens oder des Eintritts nicht verpflichtet ist, eine neue Bilanz bzw. ein neues Inventar zu erstellen.[956]

Das bedeutet, dass die Aufstellung der Bilanz freiwillig ist. In der Steuerpraxis verlangen aber die Finanzämter nach einer Bilanz zur Feststellung der Einkommensteuer nach Art. 13 Abs. 1 KFE.[957]

VIII. Die Besteuerung von Sondergesellschaftsformen

Außer den klassischen Personengesellschaftsformen, nämlich denen der griechischen OHG und der KG, ist die steuerliche Behandlung weiterer Sondergesellschaftsformen im griechischen Einkommensteuerrecht vorgeschrieben.

---

952 Vgl. auch oben S. 129 ff.

953 Areopag – Entscheidung 588/1968, NoV 1969, S. 274; Areopag – Entscheidung 1299/1980, NoV 1981, S. 556, Areopag – Entscheidung 1688/1998, ElD 1999, S. 118.

954 Dazu Gutachten des gr. Staatlichen Juristischen Dienstes 529/2002.

955 Totsis, Kommentar zur Einkommensteuer natürlicher und juristischer Personen, 2. Auflage 2003, Band II, S. 776.

956 Runderlass des Finanzministeriums 52/1970.

957 Totsis, Kommentar zur Einkommensteuer natürlicher und juristischer Personen, 2. Auflage 2003, Band II, S. 776.

1. Atipi Etairia[958]

Die gr. faktische Gesellschaft übt tatsächlich die unternehmerische Tätigkeit aus, ohne formelle Gründungsvoraussetzungen zu erfüllen. Nach Auffassung der Finanzverwaltung besteht auch dann eine gr. faktische Gesellschaft, wenn eine gesetzmäßig entstandene Gesellschaft, z. B. eine OHG oder KG, ihre Tätigkeit nach Ablauf ihrer beschlossenen Laufzeit fortführt, ohne die gesetzlichen Voraussetzungen einer Neugründung zu erfüllen.[959] In diesem Fall folgt die Finanzverwaltung der Rechtsprechung des StR, nach der aus steuerlicher Sicht die faktische Gesellschaft mit der stillen Gesellschaft gleichzusetzen ist[960]. Nach den Anweisungen der Finanzverwaltung sind die erzielten Gesamteinkünfte der stillen Gesellschaft vom Geschäftsinhaber zu versteuern. Wenn mehrere Geschäftsinhaber vorhanden sind, dann müssen die erzielten Einkünfte in gleichen Teilen aufgeteilt werden.

Diese Lösung weicht von einer früheren Verwaltungsanweisung ab, nach der die Steuer bei dem tatsächlichen Geschäftsführer und dem Gesellschafter mit dem größten Gewinnanteil der Gesellschaft veranlagt wurde.[961]

2. Afanis Etairia[962]

Im Fall einer griechischen stillen Gesellschaft unterliegt der Geschäftsinhaber der Besteuerung, und zwar für die gesamten Einkünfte der Gesellschaft.[963] Umstritten ist dagegen, wie die Besteuerung erfolgt, wenn die stille Gesellschaft aus mehreren Geschäftsinhabern besteht. Nach der Rechtsprechung des StR sind alle nach außen auftretenden Geschäftsinhaber ihren Gewinnanteilen entsprechend als Steuerpflichtige anzusehen.[964]

Andererseits sind einer Verwaltungsanweisung nach alle gesellschaftlichen Einkünfte zu gleichen Teilen unter den Geschäftsinhabern aufzuteilen.[965]

Bemerkenswert ist auch, wie die Besteuerung aussieht, wenn eine gr. AG oder gr. GmbH sich an einer stillen Gesellschaft beteiligt. Dabei ist zu unterscheiden, ob sie sich als stille Gesellschafterin oder als Geschäftsinhaberin beteiligt. Falls die gr. AG sich als Geschäftsinhaberin beteiligt, sind ihre erzielten Einkünfte

958 Der Begriff „Atipi Etairia“ entspricht der deutschen faktischen Gesellschaft.

959 Runderlass des Finanzministeriums E. 1944/1986 pol. 48.

960 StRE 2122/1968; 571/1977.

961 Runderlass des Finanzministeriums Π. 8611/1957, pol. 190.

962 Dazu auch oben S. 136.

963 StRE 322/1966; 1057/1957; zu einer Verlustverrechnung ist nur der Geschäftsinhaber berechtigt, StRE 721/1958.

964 StRE 571/1977; 141/1956; 196/1971; 1075/1980; vgl. auch Areopag Entscheidung 624/1964.

965 Runderlass des Finanzministeriums E. 1944/1986 pol. 48.

gemäß ihrem Gewinnanteil nach den Vorschriften für die Einkommensteuer juristischer Personen zu versteuern.[966] Andernfalls, wenn die gr. AG sich als stille Gesellschafterin beteiligt, trägt diese dann als eigenständiges Steuersubjekt die Steuerpflicht für ihren Gewinnanteil nach Art. 105 Abs. 1 lit. β) KFE, nach dem die Einkünfte einer gr. AG aus der Beteiligung an anderen Unternehmen als eigene Einkünfte zu qualifizieren sind. Wenn die stille Gesellschaft negative Einkünfte erzielt, so sind alle Einkünfte, die dem Anteil an der Aktiengesellschaft entsprechen, mit positiven Einkünften aus anderen Einkunftsarten der gr. AG auszugleichen.

Bezüglich einer gr. GmbH gibt es eine Ansicht in der Literatur, nach der der Geschäftsinhaber für das Gesamteinkommen der gr. stillen Gesellschaft steuerlich belastet wird.[967]

3. *Koinopraxia*[968]

Nach Art. 3 Abs. 3 der Rechtsverordnung 3323/1955 i. V. m. dem Gesetz 2065/1992 und Art. 2 Abs. 4 KFE sind die Konsortien des Art. 2 Abs. 2 KVS als Steuersubjekte anerkannt. Diese Konsortien werden durch einen Steuersatz von 25% nach Art. 10 Abs. 1 lit. b) KFE besteuert. Früher wurden nur die einzelnen Gesellschafter des Konsortiums als Steuerpflichtige veranlagt.[969]

Nach einer Verwaltungsanweisung[970] liegt ein gewerbliches Konsortium nur dann vor, wenn mehrere natürliche oder juristische Personen sich mit Gewinnerzielungsabsicht zu einem gemeinsamen Zweck zusammenschließen. Das Konsortium ist eine Sonderform der Gesellschaft, die nicht im Handelsgesetzbuch, sondern nur in steuerrechtlichen Vorschriften geregelt ist und die bestimmten geschäftlichen Transaktionen dient.[971] Zur steuerlichen Anerkennung des Konsortiums als Gewerbetreibende müssen die folgenden Voraussetzungen kumulativ erfüllt sein:

a) ein abgeschlossener Vertrag, der den Konsortiumssitz bestimmt, und
b) der Abschluss eines Geschäfts. Der im Vertrag vorgeschriebene Zweck muss vorübergehend und mit einer bestimmten Laufzeit sein.[972]

---

966 StRE 1074/1980; 1075/1980; 3394/1980.

967 Totsis, Kommentar zur Einkommensteuer natürlicher und juristischer Personen, 2. Auflage 2003, Band II, S. 760.

968 Der Begriff „Koinopraxia" entspricht dem deutschen Konsortium.

969 Zum Eintritt eines neuen Gesellschafters in ein Konsortium, Runderlass des Finanzministeriums 3/1992.

970 Runderlass des Finanzministeriums 3/1992.

971 Zu Besonderheiten des gr. Konsortiums Leontaris, Personengesellschaften – GmbH – Konsortien, 8. Auflage 2003, S. 321.

972 Totsis, Kommentar zur Einkommensteuer natürlicher und juristischer Personen, 2. Auflage 2003, Band II, S. 760.

4. *Koinonia Astikou Dikaiou*[973]

Die Gemeinschaft des Zivilrechts fällt unter die Regelungen der Art. 785-805 ZGB. Dieser Begriff bezieht sich auf ein gemeinsames Recht mehrerer Personen. Wenn das Gesetz nichts anderes vorsieht, sind die Beteiligungsquoten in der Gemeinschaft in gleichen Teilen aufzuteilen. Die meistbetroffene Form einer Gemeinschaft des Zivilrechts stellt die Erbengemeinschaft dar. In diesem Fall trifft die Erben als Rechtsnachfolger des hinterlassenen Gewerbebetriebs die Steuerpflicht.

Nach den Bestimmungen des Art. 2 Abs. 4 KFE unterliegt die gewerblich tätige Gemeinschaft als selbstständiges Steuersubjekt, ohne Abzug eines Unternehmerlohnes von den erzielten Einkünften, der Besteuerung. Ausnahmsweise sind die Bestimmungen über den unternehmerischen Lohn nach Art. 10 Abs. 1 KFE anzuwenden, wenn Minderjährige an der Erbengemeinschaft beteiligt sind. Die Beteiligten werden für das Einkommen nach ihren Beteiligungsquoten besteuert (Art. 28 Abs. 4 KFE).[974]

5. *Dikigoriki Etairia*[975]

Die Gründung und die Funktion von Anwaltsgesellschaften werden durch die Vorschriften der Präsidialverordnung 518/1989 i. V. m. der aktuellsten Präsidialverordnung 81/2005 geregelt.[976] Die Anwaltsgesellschaft ist zur Buchführung der 2. Klasse verpflichtet. Hinsichtlich der steuerlichen Behandlung einer Anwaltsgesellschaft wird diese als Steuersubjekt mit 20 % belastet (Art. 10 Abs. 1 lit. a KFE).

Ähnlich wie Anwaltsgesellschaften werden auch Notargesellschaften besteuert.[977] Art. 10 Abs. 1 lit. a KFE ist ebenfalls anwendbar. Die Vorschriften über den unternehmerischen Lohn kommen für Notargesellschaften nicht zur Anwendung.[978]

---

973 Der Begriff „Koinonia Astikou Dikaiou" entspricht der deutschen Gemeinschaft des Zivilrechts.

974 Totsis, Kommentar zur Einkommensteuer natürlicher und juristischer Personen, 2. Auflage 2003, Band II, S. 762 ff.

975 Der Begriff „Dikigoriki Etairia" entspricht der deutschen Anwaltsgesellschaft.

976 Die griechische Anwaltsgesellschaft wird als „*zivilrechtlich berufliche Gesellschaft*" bezeichnet. Zur Problematik der griechischen Anwaltsgesellschaften Drillerakis, Die Anwaltsgesellschaften und ihre juristische Rahmen, DFN 2005, S. 1078.

977 Zur Entstehung der Notargesellschaften im griechischen Recht Präsidialverordnung 284/1993.

978 Totsis, Kommentar zur Einkommensteuer natürlicher und juristischer Personen, 2. Auflage 2003, Band II, S. 763 ff.

6. *Eikoniki Etairia*[979]

Vor dem In-Kraft-Treten des Gesetzes 2065/1992 gab es in der griechischen Steuerpraxis das Phänomen, dass viele Steuerpflichtige um die hohe Besteuerung ihres erzielten Einkommens zu vermeiden dieses durch die Gründung einer Personengesellschaft aufteilten. Dies lag zum einen an dem persönlichen und progressiven Wesen der Einkommensteuer, aber auch an der Geltung des Grundfreibetrages.[980]

Zur Vermeidung eines solchen Gesetzesmissbrauchs forderte die Verwaltung eine gesetzmäßige Gründungsform, die die Publizitätsvoraussetzungen erfüllt. Nach dem In-Kraft-Treten des Gesetzes 2065/1992 und der Anerkennung der Personengesellschaften als Steuersubjekte und der Feststellung eigener Steuersätze, die meist höher waren als die Steuersätze für natürliche Personen, wurde dieser Missbrauch abgeschafft.

Nach den Anweisungen der Verwaltung waren die Gesamteinkünfte einer Gesellschaft, die steuerlich nicht anerkannt war, von einem der Personengesellschafter zu versteuern. Als steuerpflichtig wurde der Geschäftsführende bestimmt.[981] Später hat sich die Verwaltung an einer anderen Lösung orientiert, die den Gesellschafter mit der größten finanziellen Würdigkeit besteuerte, da dies die staatlichen Interessen besser gewährleistete.[982]

Im Fall eines Scheineinzelunternehmens urteilte der StR, dass alle Gesellschafter der Scheingesellschaft steuerpflichtig sind.[983] Früher wurde nach den Beschlüssen des StR nur der Gesellschafter als Steuerpflichtiger herangezogen, der tatsächlich das Einkommen erzielte.[984] Nach aktuellster Auffassung der Finanzverwaltung, wenn der Scheingesellschafter tatsächlich tätig im Außenverhältnis ist, wird er auch für die erzielten Einkünfte steuerlich belastet.[985]

Zur steuerlichen Anerkennung einer Gesellschaft, die gesetzmäßig entstanden ist, als Scheingesellschaft sind sowohl die Finanzämter als auch die Verwaltungsgerichte berechtigt, ohne von einer vorherigen Entscheidung der zivilrechtlichen Gerichte abhängig zu sein.[986]

979 Der Begriff „Eikoniki Etairia“ entspricht der deutschen Scheingesellschaft.

980 Zu einer teilweise gr. Scheingesellschaft hinsichtlich nur der Beteiligungsquote StRE 1680/1961.

981 Vgl. § 43 des Runderlasses des Finanzministeriums 129/1955.

982 Siehe § 2 des Runderlasses des Finanzministeriums 53/1960.

983 StRE 4345/2001; 4346/2001.

984 StRE 3705/1983; 3738/1983; 5008/1995.

985 Runderlass des Finanzministeriums 1038537/pol. 1071/21.4.2003.

986 Gutachten des gr. Staatlichen Juristischen Dienstes 96/1958; auch StRE 2579/1992; 1156/1985; 2461/1972; 2463/1972; 1322/1973; 2296/1981; 1092/1981; 657/1980; 959/1986; 1957/1988; 2461/1988; 3619/1988; 3304/1984; 2704/1985.

7. *Oikogeneiaki Etairia*[987]

Die Beteiligung beider Ehegatten an einer Personengesellschaft, einer GmbH, einem Konsortium oder einer Gemeinschaft ist in Art. 6 Abs. 3 und 4 der Rechtsverordnung 3323/1955 geregelt. Nach diesen Regelungen wurde das erzielte Einkommen beider aus der gemeinsamen Beteiligung an einer Gesellschaft dem Ehegatten mit dem größeren Gesamteinkommen zugerechnet. Diese Bestimmungen galten aber nur bis zum 31.12.1992. Nach deren Abschaffung durch Art. 1 Abs. 4 des Gesetzes 2065/1992 werden sowohl die Personengesellschaft zwischen Ehegatten als auch die Gesellschaft, an der sich die Ehegatten und Dritte beteiligen, steuerlich wie alle anderen Gesellschaften behandelt.

Art. 5 Abs. 2 KFE weicht von dieser Regelung ab. Nach dieser Bestimmung ist das erzielte Einkommen den Gesamteinkünften des anderen Ehegatten zuzurechnen und bei ihm zu versteuern, wenn der Ehegatte sein Einkommen aus einem finanziell vom anderen Ehegatten abhängigen Unternehmen erzielt.[988]

---

987 Der Begriff „Oikogeneiaki Etairia“ entspricht der deutschen Familiengesellschaft.

988 Totsis, Kommentar zur Einkommensteuer natürlicher und juristischer Personen, 2. Auflage 2003, Band II, S. 770 ff.

Dritter Teil

Kapitel 1. Die Besteuerung der Kapitalgesellschaften im deutschen Steuerrecht

Die Körperschaftsteuer, die die *Einkommensteuer der juristischen Personen* darstellt[989], enthält in § 1 Nr. 1 KStG eine *abschließende* Aufzählung[990] der im deutschen Recht vorgesehenen Kapitalgesellschaften. Danach gehören zu den Kapitalgesellschaften die AG, die KGaA und die GmbH. Zu diesen ist auch die SE hinzuzurechnen. Es gibt keine anderen Rechtsformen, die Kapitalgesellschaften sein können.

§ 7 KStG enthält die allgemeinen Grundsätze der Besteuerung der unter das KStG fallenden Körperschaften. Diese Vorschrift regelt die Bemessungsgrundlage für die Körperschaftsteuer,[991] unter welcher nach Abs. 2 das zu versteuernde Einkommen der Kapitalgesellschaft i. R. d. § 8 Abs. 1 KStG, vermindert um die Freibeträge gem. §§ 24, 25 KStG verstanden wird.

A. Die Rechtsformen der Kapitalgesellschaften im deutschen Recht

I. Die Aktiengesellschaft

§ 1 AktG definiert nicht die AG, sondern enthält nur einige ihrer Wesensmerkmale.[992] Die AG ist keine Gesellschaft i. S. d. § 705 ff. BGB, sondern eine *Körperschaft*. Deshalb finden außer den Vorschriften des AktG die Regelungen des Vereinsrechts (§ 21 ff. BGB)[993] ergänzend Anwendung. Folglich wird die AG als eine *Handelsge-*

989 Schönwald, Überblick über den Anwendungsbereich des Körperschaftsteuergesetzes, SteuerStud 2004, S. 498; Wendt, Spreizung von Körperschaftsteuersatz und Einkommensteuerspitzensatz als Verfassungsproblem, in: FS für H. K. Friauf, 1996, S. 859 (868).

990 Zur abschließenden Aufzählung BFH – Urteil v. 25.6.1984 – GrS. 4/82 – BStBl. II 1984, S. 751; vgl. auch das Analogieverbot. Streck, in: Streck, KStG – Kommentar, 7. Auflage 2008, § 1, Rdnr. 4.

991 Zum Wesen der Körperschaftsteuer Graffe, in: Dötsch/Jost/Pung/Witt, KStG – Kommentar, § 1, Rdnr. 4 ff.

992 Kraft, in: Kölner Kommentar zum Aktiengesetz, Band 1, 2. Auflage 1986, § 1, Rdnr. 2.

993 Vgl. Reuter, in: Münchener Kommentar, BGB, Allgemeiner Teil, § 21, Rdnr. 1 ff.

sellschaft (gem. § 3 AktG), als *Formkaufmann* i. S. d. § 6 Abs. 1 HGB und als *Publikumsgesellschaft* bezeichnet.[994]

Eine weitere Eigenschaft der AG ist, dass sie über eine eigene *Rechtspersönlichkeit* verfügt. Merkmale dieser Rechtspersönlichkeit sind die *Rechts- und Handlungsfähigkeit.* Von besonderer Bedeutung im Bereich des Gesellschaftsrechts ist in Zusammenhang mit der gesellschaftlichen Rechtsfähigkeit das *Durchgriffsproblem.*[995] Zur Problematik des *Durchgriffsproblems* gehört die Grenze zwischen der rechtlichen Selbständigkeit und dem Zweck zur Verleihung der gesellschaftlichen Rechtsfähigkeit.[996]

Für den Beginn der Rechtsfähigkeit ist die Eintragung ins Handelsregister maßgeblich, die *konstitutiv* wirkt.[997] Zur Anmeldung und Eintragung der AG ins Handelsregister unter Beifügung bestimmter Unterlagen ist der *Kreis der Anmeldepflichtigen* nach § 36 Abs. 1 i. V. m. § 37 AktG verpflichtet. Zwingende Voraussetzung für die Anmeldung ist, dass die geleisteten Einlagen *endgültig zur freien Verfügung* des Vorstandes stehen.[998]

Umstritten ist die Rechtsnatur einer AG bis zur Eintragung ins Handelsregister. Nach älteren Auffassungen war eine Vor-AG bis zur Eintragung als GbR, als nichtrechtsfähiger Verein oder als OHG anzusehen. Nach heutiger hM ist sie *ein Gebilde eigener* Art, mit anderen Worten eine *nicht rechtsfähige AG.*[999] Bevor die AG eingetragen ist, haftet jeder, der für das Handeln im Namen der AG zuständig ist, persönlich (§ 41 Abs. 1 S. 2 AktG). Fraglich erscheint, ob die Gründer für Verbindlichkeiten der AG nur gegenüber der Vor-AG oder auch gegenüber den Gläubigern haften.[1000]

Zur Errichtung der AG muss die Satzung in Form der notariellen Beurkundung festgestellt werden.[1001] Im AktG werden die Begriffe Gesellschaftsvertrag und Satzung gleich behandelt. Hinsichtlich der Rechtsnatur der Satzung[1002] ist sie

---

994 Grunewald, Gesellschaftsrecht, 7. Auflage 2008, S. 240.

995 Zur Problematik des Durchgriffsproblems sowie zu den streitenden Lehren (Missbrauchslehren/Institutionelle Lehren/Normanwendungslehren) s. Schmidt, Gesellschaftsrecht, 4. Auflage 2002, S. 217 ff.

996 Kraft, in: Kölner Kommentar zum Aktiengesetz, Band 1, 2. Auflage 1986, § 1, Rdnr. 38 ff.

997 Heider, in: Münchener Kommentar, Aktiengesetz, 3. Auflage 2008, § 1, Rdnr. 26.

998 Hüffer, Aktiengesetz, 8. Auflage 2008, § 36 Rdnr. 1.

999 Hierzu s. Kraft, in: Kölner Kommentar zum Aktiengesetz, Band 1, 2. Auflage 1986, § 41, Rdnr. 19 ff.; BGHZ 117, 323 (326); in der Literatur wird sie auch als *besonderer nichtrechtsfähiger Wirtschaftsverein* bezeichnet. Beuthien, Die Vorgesellschaft im Privatrechtssystem (Teil I), ZIP 1996, S. 305 (307); auch wird sie als eine *teilrechtsfähige Gesamthandsgemeinschaft eigener Art* anerkannt, so Wiedenmann, Zur Haftungsverfassung der Vor-AG: Der Gleichlauf von Gründerhaftung und Handelnden-Regress, ZIP 1997, S. 2029 (2030).

1000 Grunewald, Gesellschaftsrecht, 7. Auflage 2008, S. 256.

1001 Zum Inhalt und Form der Satzung s. § 23 AktG.

1002 Vgl. auch die Auslegungsgrundsätze in Bezug auf die Rechtsnatur der Satzung, Brändel, in: Hopt/Wiedemann, Aktiengesetz – Großkommentar, 4. Auflage 2004, § 2, Rdnr. 54 ff.

nicht als ein schuldrechtlicher Vertrag, sondern als ein *Schuld- und Organisationsvertrag sui generis* zu bezeichnen.[1003] Darüber hinaus ist ein Grundkapital (§ 7 AktG) i. H. v. mindestens €50.000 erforderlich, das in Aktien (Nennbetragsaktien oder Stückaktien) zerlegt wird. Eine *Unterpari-Emission* (§ 9 Abs. 1 AktG) ist verboten.[1004] Die Aktien werden von den Aktionären übernommen und zugleich besteht für diese die Pflicht, eine Geld- oder Sacheinlage an die Gesellschaft zu leisten.[1005] Mit der Übernahme aller Aktien wird die Gesellschaft errichtet (§ 29 AktG).

Das Leitungsorgan der AG ist nach § 76 AktG der Vorstand, der in eigener Verantwortung die Gesellschaft leitet.[1006] Dies bedeutet, dass sich Weisungen anderer Gesellschaftsorgane nicht verbindlich auf die Vorstandsmitglieder auswirken. Der Vorstand ist *notwendiges* Organ für die Willens- und Handlungsfähigkeit der AG und wird deswegen auch als *Handlungsorgan*[1007] sowie als *Unternehmer*[1008] bezeichnet.

Außer der Gesellschaftsleitung gehört zu den Fähigkeiten des Vorstandes auch die Geschäftsführung bzw. die Vertretung der Gesellschaft (§§ 77, 78 AktG).[1009]

Die Vorstandsmitglieder werden durch einen *einseitigen körperschaftlichen Organisationsakt* bestellt, der die Zustimmung des Bestellten voraussetzt. Die Bestellung durch den Gesamtaufsichtsrat stellt eine *mitwirkungsbedürftige Maßnahme der körperschaftlichen Selbstverwirklichung* dar.[1010] Der Aufsichtsrat ist

---

1003 Hüffer, Aktiengesetz, 8. Auflage 2008, § 23 Rdnr. 7; er wird auch als *körperschaftlicher Vertrag* verstanden, vgl. Kraft, in: Kölner Kommentar zum Aktiengesetz, Band 1, 2. Auflage 1986, § 23, Rdnr. 16; darüber hinaus ist der Gesellschaftsvertrag als *Rechtsgeschäft sui generis* anerkannt, Seibt, in: Schmidt/Lutter, AktG Kommentar, 2008, Band I § 23, Rdnr. 3.

1004 Wilhelm, Kapitalgesellschaftsrecht, 2. Auflage 2005, S. 51.

1005 Eisenhardt, Gesellschaftsrecht, 13. Auflage 2007, S. 277; s. auch Grunewald, Gesellschaftsrecht, 7. Auflage 2008, S. 247 ff.

1006 Die Geschäftsführung macht nur den unteren Teil der Leitungstätigkeit aus. Zum Verhältnis von § 76 Abs. 1 und § 77 Abs. 1 Akt G Schwark, Spartenorganisationen in Großunternehmen und Unternehmensrecht, ZHR 142 (1978), S. 203 (215); zur Verdeutlichung dieser Aufgabe kommt nur für *börsennotierte* Gesellschaften die Anwendung von Führungsgrundsätzen in Betracht, die im *Corporate Governance Kodex* zusammengefasst sind. Zum Corporate Governance Kodex Grunewald, Gesellschaftsrecht, 7. Auflage 2008, S. 242.

1007 Spindler, in: Münchener Kommentar, Aktiengesetz, 3. Auflage 2008, § 76, Rdnr. 7 ff.

1008 Mertens, in: Kölner Kommentar zum Aktiengesetz, Band 2, 2. Auflage, § 76, Rdnr. 10 ff.

1009 Zur Geschäftsführung sowie zum Vorstand als geschäftsführendes Organ Mertens, in: Kölner Kommentar zum Aktiengesetz, Band 2, § 77, Rdnr. 2 ff.; entsprechend zur Vertretung der AG Spindler, in: Münchener Kommentar zum Aktiengesetz, 3. Auflage 2008, § 78, Rdnr. 1 ff.; in § 77 Abs. 1 S. 1 AktG ist das Prinzip der Gesamtgeschäftsführung verankert. Die *kollegiale Führungsstruktur* ergänzt die vertikale (Fremd-)Kontrolle des Aufsichtsrates um eine horizontale (Selbst-)Kontrolle des Vorstands. Zu Vor- und Nachteilen des Kollegialprinzips Fleischer, Zum Grundsatz der Gesamtverantwortung im Aktienrecht, NZG 2003, S. 449 (458 ff.).

1010 Mertens, in: Kölner Kommentar zum Aktiengesetz, Band 2, 2. Auflage, § 84, Rdnr. 3.

auch für die Ernennung des Vorsitzenden des Vorstands (§ 84 Abs. 1, 2 AktG) zuständig. Besondere Bedeutung erlangt die Frage nach der Verhältnismäßigkeit zwischen den Gesamtbezügen auf der einen Seite und den Aufgaben des Vorstandsmitglieds und der Lage der Gesellschaft auf der anderen Seite. Diese Aufgabe obliegt dem Aufsichtsrat (§ 87 AktG) und ist nach dem *Angemessenheitsgrundsatz* zu lösen.[1011]

§ 96 AktG bestimmt die Zusammensetzung des Aufsichtsrats. Im Allgemeinen wird im Aufsichtsrat die Mitbestimmung der Arbeitnehmer im betrieblichen Entscheidungsverfahren verankert. Die Mitbestimmung betrifft die *sozialen* und *personellen Angelegenheiten* der Arbeitnehmer.[1012] Ebenso sind im Aufsichtsrat die Aktionäre vertreten (§ 96 AktG). Zu den wichtigsten Aufgaben des Aufsichtsrates gehören außer der Bestellung und Abberufung der Vorstandsmitglieder die Überwachung der Geschäftsführung, die Einberufung einer Hauptversammlung (§ 111 Abs. 1, 3 AktG) und die Vertretung der Gesellschaft gegenüber den Vorstandsmitgliedern (§ 112 AktG).

Das dritte Organ der AG ist die Hauptversammlung. Die Hauptversammlung wird im AktG nicht definiert, dennoch ergibt sich aus den gesetzlichen Vorschriften ein *dualer Hauptversammlungsbegriff*. Merkmale dieses Begriffs sind zum einen die Äußerung der *Willensbildung,* weshalb die Hauptversammlung als *verbandliches Mitgliederorgan*[1013] bezeichnet wird, und zum anderen die *Zusammenkunft* der Aktionäre zur Ausübung ihrer Rechte.[1014] An der Hauptversammlung[1015] sollen auch die Vorstands- und Aufsichtsratsmitglieder teilnehmen (§ 118 Abs. 2 S. 1 AktG). Die Rechte der Hauptversammlung werden in den §§ 119 ff. AktG dargestellt. In Bezug auf das Verhältnis zwischen den Gesellschaftsorganen werden alle vom AktG *gleichberechtigt nebeneinander*[1016] behandelt.

Die Auflösungsgründe werden in § 262 AktG geregelt und führen zu unterschiedlichen Rechtsfolgen.[1017]

Die Vorschriften des HGB über einen Jahresabschluss und Lagebericht (§§ 242 Abs. 3; 264 Abs. 1 S. 1 HGB) sind auch auf die AG anwendbar, so dass

1011 Zum Angemessenheitsgebot Seibt, in: Schmidt/Lutter, AktG Kommentar, 2008, Band I § 87, Rdnr. 5 ff.

1012 Rödder, in: Müller/Rödder, Beck'sches Handbuch der AG; Gesellschaftsrecht – Steuerrecht – Börsengang, 2003, § 2, Rdnr. 22, S. 30.

1013 Spindler, in: Schmidt/Lutter, AktG Kommentar, 2008, Band I § 118, Rdnr. 6.

1014 Kubis, in: Münchener Kommentar, Aktiengesetz, 2. Auflage 2004, Band IV, § 118, Rdnr. 1.

1015 Zu den Erscheinungsformen der Hauptversammlung vgl. auch Kubis, in: Münchener Kommentar, Aktiengesetz, 2. Auflage 2004, Band IV, § 118, Rdnr. 2 ff.

1016 Hoffmann, in: Spindler/Stilz, Kommentar zum Aktiengesetz, Band 1, § 118 Rdnr. 6; Hüffer verwendet das Wort „*Machtbalance*" zwischen Vorstand, Aufsichtsrat und Hauptversammlung, Hüffer, Aktiengesetz, 8. Auflage 2008, § 118 Rdnr. 4.

1017 Zu den Rechtsfolgen der Auflösung Grunewald, Gesellschaftsrecht, 7. Auflage 2008, S. 328.

die Erstellung eines Jahresabschlusses, bestehend aus Bilanz, Gewinn- und Verlustrechnung sowie dem Anhang, den Grundsätzen ordentlicher Buchführung (GoB) entsprechen muss.[1018]

Der Jahresabschluss muss nach den materiellen GoB aufgestellt werden. Wichtige Grundsätze zur Bilanzaufstellung sind die *Bilanzwahrheit*, das *Vollständigkeitsgebot*, der Grundsatz der *Bilanzklarheit*, die *Bilanzkontinuität*, das *Vorsichtsprinzip, das Stichtagsprinzip* u. a.[1019]

II. Die Gesellschaft mit beschränkter Haftung

Im GmbHG wird die GmbH nicht definiert. Aus § 13 Abs. 1, 2 GmbHG ergibt sich die Rechtspersönlichkeit der GmbH und nach § 13 Abs. 3 GmbHG ist sie als *Handelsgesellschaft* anerkannt. Die GmbH kann auch als *Einpersonengesellschaft*[1020] oder als *Ein-Mann-GmbH*[1021] gestaltet werden. Darüber hinaus ist die GmbH ein *Formkaufmann* i. S. d. § 6 HGB.

Von besonderer Bedeutung nach dem Beschluss des Gesetzes zur Modernisierung des GmbH–Rechts und zur Bekämpfung von Missbräuchen (MoMiG)[1022] ist die Regelung des § 5a GmbHG in Bezug auf die Unternehmergesellschaft. Die Bezeichnung dieser Gesellschaft ist „Unternehmergesellschaft (haftungsbeschränkt)“ oder „UG (haftungsbeschränkt)“.[1023] Die Regelung des § 5a GmbHG zielt auf die Schaffung einer umwandlungsfähigen Gesellschaftsform ab, die der englischen „Limited“ entspricht.[1024] Die Unternehmergesellschaft unterscheidet sich von einer GmbH nur hinsichtlich der Einhaltung oder der Unterschreitung des Mindestkapitals.[1025]

1018 Zu Jahresabschluss und Lagebericht Klunziger, Grundzüge des Gesellschaftsrechts, 14. Auflage 2006, S. 186 ff.

1019 Zu den Bilanzierungsgrundsätzen Hueck/Windbichler, Gesellschaftsrecht, 21. Auflage 2008, S. 394 ff.

1020 Raiser, in: Ulmer/Habersack/Winter, GmbHG – Großkommentar, Band I, § 13 Rdnr. 5.

1021 Grunewald, Gesellschaftsrecht, 7. Auflage 2008, S. 334.

1022 MoMiG v. 23.10.2008, BGBl I 2008, S. 2026.

1023 Kritisch zur Bezeichnung Wilhelm, „Unternehmergesellschaft (haftungsbeschränkt)“ – Der neue § 5a GmbHG in dem RegE zum MoMiG, DB 2007, S. 1510 (1511).

1024 Wälzholz in: Tillmann/Schiffers/Wälzholz, Die GmbH im Gesellschafts- und Steuerrecht, 5. Auflage 2009, Rdnr. 88.

1025 Wilhelm, „Unternehmergesellschaft (haftungsbeschränkt)“ – Der neue § 5a GmbHG in dem RegE zum MoMiG, DB 2007, S. 1510 (1511); ausführlich zu Unternehmergesellschaft Wälzholz in: Tillmann/Schiffers/Wälzholz, Die GmbH im Gesellschafts- und Steuerrecht, 5. Auflage 2009, Rdnr. 88 ff.

Die GmbH ist als juristische Person mit *personalistischer Prägung*[1026] gekennzeichnet. Durch ihre Rechtsnatur bietet sie eine Haftungsbeschränkung[1027] auf das Gesellschaftsvermögen für die Verbindlichkeiten der GmbH und eine flexible gesellschaftliche Organisation.

Die Entstehung einer GmbH erfolgt in drei Stadien, dem Vorgründungsstadium vor der Errichtung der GmbH, dem Gründungsstadium zwischen der Errichtung und der Eintragung sowie dem Stadium der fertigen GmbH.[1028]

Die GmbH ist eine Kapitalgesellschaftsform, die zu jedem gesetzlich zulässigen Zweck errichtet werden kann. § 1 GmbHG wird im Schrifttum als *die Grundnorm* bezeichnet, „*die den sachlichen und persönlichen Anwendungsbereich* der GmbH umschreibt".[1029]

Zur Gründung einer GmbH ist der Abschluss eines Gesellschaftsvertrages[1030] erforderlich, der in notarieller Form beurkundet werden muss.[1031] Beim Satzungsinhalt ist zwischen *materiellem* und *formellem* zu unterscheiden.[1032]

In Bezug auf die fehlerhafte GmbH ist zwischen Mängeln im Gesellschaftsvertrag und in der Beitrittserklärung zu unterscheiden. Insbesondere sind die Mängel des Gesellschaftsvertrages in zwei Phasen zu differenzieren. Die erste Phase erfasst das Stadium nach der Errichtung und vor der Eintragung der GmbH, wobei die Vorschriften des BGB anzuwenden sind. In der zweiten Phase, nach

---

1026 Erle/Ring, in: Müller/Hense, Beck'sches Handbuch der GmbH; Gesellschaftsrecht, Steuerrecht, 3. Auflage 2002, § 1, Rdnr. 1, S. 1.

1027 Bezüglich des sog. Trennungs- und Durchgriffsprinzips vgl. Lutter/Hommelhoff, in: Lutter/Hommelhoff, GmbH – Gesetz, 16. Auflage 2004, § 13, Rdnr. 3 ff.; auch Raiser, in: Ulmer/Habersack/Winter, GmbHG – Großkommentar, Band I, § 13 Rdnr. 51 ff.

1028 Zu Gründung und Haftung in den einzelnen Stadien der GmbH Schmidt, Gesellschaftsrecht, 4. Auflage 2002, S. 1010 ff; die Vorgründungsgesellschaft ist grundsätzlich als Personengesellschaft einkommensteuerpflichtig und nur ausnahmsweise als nichtrechtsfähiger Verein oder als Personenvereinigung i.S.d. § 3 KStG. Andererseits ist die Vorgesellschaft körperschaftsteuerpflichtig. Gewerbesteuerpflichtig ist die Vorgesellschaft, wenn sie nach außen tätig ist. Zur steuerlichen Behandlung der GmbH Schiffers in: Tillmann/Schiffers/Wälzholz, Die GmbH im Gesellschafts- und Steuerrecht, 5. Auflage 2009, Rdnr. 216 ff.

1029 Ulmer, in: Ulmer/Habersack/Winter, GmbHG – Großkommentar, Band I, § 1 Rdnr. 1 ff.

1030 Zur Rechtsnatur des Gesellschaftsvertrages sowie zu den streitigen Theorien, nämlich der Vertragstheorie, der Normentheorie und der modifizierten Normentheorie, vgl. Michalski, in: Michalski, GmbHG – Kommentar, § 2, Rdnr. 1 ff.

1031 Weitere Erläuterungen und Besonderheiten hinsichtlich der Form des Gesellschaftsvertrages s. Balser/Bokelmann/Piorreck, Die GmbH, umfassende Erläuterungen, Beispiele und Musterformulare für die Rechtpraxis, 13. Auflage 2004, S. 32 ff.

1032 Lutter/Bayer, in: Lutter/Hommelhoff, GmbH – Gesetz, 16. Auflage 2004, § 3, Rdnr. 2; im Schrifttum wird auch vertreten, zwischen Mindestinhalt der Satzung und fakultativen Bestandteilen zu unterscheiden, Bartl, in: Bartl/Fichtelmann/Schlarb/Schulze, GmbH – Recht, 5. Auflage 2002, § 3, Rdnr. 1a.

der Eintragung der Gesellschaft sind die Nichtigkeitsgründen des § 75 GmbHG zu betrachten. Auf ähnliche Weise ist auch zwischen heilbaren und unheilbaren Beitrittserklärungsmängeln zu unterscheiden.[1033]

In § 5 GmbHG sind das Stammkapital und die Stammeinlagen geregelt. Im Schrifttum wird das Stammkapital als der *Haftungsfonds*[1034] oder als das *Fundament*[1035] der GmbH bezeichnet. Maßgeblich i. R. d. Kapitalaufbringung ist der *Unversehrtheitsgrundsatz.*[1036] Nach diesem Grundsatz muss zum Entstehungszeitpunkt einer GmbH, d. h. zum Eintragungszeitpunkt ins Handelsregister, das aufgebrachte Stammkapital noch vorhanden sein und darf nicht durch außergesetzliche oder satzungsfremde bzw. nicht für die Entstehung der GmbH notwendige Verbindlichkeiten ausgehöhlt sein. Nach vorheriger Auffassung der Rechtsprechung war das sog. *Vorbelastungsverbot* anzuwenden.[1037] Nunmehr ist das Vorbelastungsverbot aufgegeben worden und der Unversehrtheitsgrundsatz wird durch die sog. *Differenzhaftung*[1038] für Sacheinlagen (§ 9 GmbHG), insbesondere durch die *Vorbelastungs-* und *Unterbilanzhaftung,*[1039] sichergestellt. Die Verbindlichkeiten der Vorgesellschaft werden mit der Eintragung automatisch auf die GmbH übergegangen. Nach diesem Grundsatz haften im Fall eines geschmälerten Stammkapitals bei der Eintragung ins Handelsregister die Gesellschafter der GmbH anteilig und unbeschränkt für die sich ergebende, wie oben erwähnt, Gesamtdifferenz.[1040]

Grundsätzlich gilt dies auch bei einer Bargründung. Die Regelungen in Bezug auf die Sacheinlagen sind als *Ausnahmevorschriften* gekennzeichnet.[1041]

1033 Michalski, in: Michalski, GmbHG – Kommentar, § 2, Rdnr. 51 ff.

1034 Ulmer, in: Ulmer/Habersack/Winter, GmbHG – Großkommentar, Band I, § 5, Rdnr. 9.

1035 Zeidler, in: Michalski, GmbHG – Kommentar, § 5, Rdnr. 1.

1036 Goette, Die GmbH, 2. Auflage 2002, § 2, Rdnr. 4, S. 36.

1037 BGHZ 105, 300 (302); 134, 333 (335).

1038 Schwaiger, in: Müller/Hense, Beck'sches Handbuch der GmbH; Gesellschaftsrecht, Steuerrecht, 3. Auflage 2002, S. 54; Ulmer, in: Ulmer/Habersack/Winter, GmbHG – Großkommentar, Band I, § 9, Rdnr. 4 ff.; Heyder, in: Michalski, GmbHG – Kommentar, § 9, Rdnr. 2 ff.; Lutter/Bayer, in: Lutter/Hommelhoff, GmbH – Gesetz, 16. Auflage 2004, § 9, Rdnr. 1 ff.

1039 Schwaiger, in: Müller/Hense, Beck'sches Handbuch der GmbH; Gesellschaftsrecht, Steuerrecht, 3. Auflage 2002, S. 54; Ulmer, in: Ulmer/Habersack/Winter, GmbHG – Großkommentar, Band I, § 9, Rdnr. 22; Heyder, in: Michalski, GmbHG – Kommentar, § 9, Rdnr. 17, 22; BGHZ 124, 282 (284).

1040 Goette, Die GmbH, 2. Auflage 2002, § 2 Rdnr. 3 ff., S. 36 ff.; in diesem Fall müssen die Gesellschafter den Fehlbetrag in Geld ausgleichen. BGHZ 80, 129 (140); vgl. auch in Bezug auf eine Ausfallhaftung § 24 GmbHG.

1041 Goette, Die GmbH, 2. Auflage 2001, § 2, Rdnr. 3, S. 36.

Eine GmbH handelt wie alle juristischen Personen durch ihre Organe. GmbH-Organe sind die Geschäftsführer[1042], die Gesellschafterversammlung und der Aufsichtsrat.

Die Vertragfreiheit lässt den Gesellschaftern einen Spielraum, um ihre Rechte und Pflichten frei zu gestalten, soweit diese nicht den zwingenden Vorschriften entgegenstehen. Grundsätzlich gilt gegenüber den Gesellschaftern der *Gleichbehandlungsgrundsatz*. Element des Gleichbehandlungsgrundsatzes ist das *Diskriminierungs-* bzw. *Willkürverbot*. Der Gleichbehandlungsgrundsatz ist nur zwischen den *mitgliedschaftlichen* Beziehungen und nicht gegenüber *Drittgeschäften* anzuwenden.[1043]

Eine bedeutende Rolle in der GmbH – wie bei allen körperschaftlichen Personenverbänden – spielen die Gesellschafterrechte, die sowohl zur Erreichung des Gesellschaftszwecks als auch zum Ausgleich der entgegenstehenden Interessen der Gesellschafter dienen. Die Gesamtheit der Rechte und Pflichten wird unter dem Begriff der *Mitgliedschaft* zusammengefasst.[1044] Bei den Gesellschafterrechten ist zwischen den *Individualrechten,* z. B. dem Auskunfts- und Einsichtsrecht aus § 51a GmbHG, den *Minderheitsrechten*, z. B. dem Recht auf Einberufung der Gesellschafterversammlung nach § 50 GmbHG, und den *Kollektivrechten,* beispielsweise das Weisungsrecht gegenüber der Geschäftsführung, zu unterscheiden. Die Gesellschafterrechte sind zudem von den sog. Drittrechten von Gesellschaftern zu unterscheiden. Eine weitere Kategorie der Gesellschafterrechte bilden die sog. *Gesellschaftersonderrechte*, die aufgrund der Gestaltungsfreiheit der Gesellschafter einigen Gesellschaftern verschiedene Vorrechte, z. B. erhöhte Stimm- oder Zustimmungsrechte, gewähren.[1045]

Die Auflösung der GmbH erfolgt nach § 60 GmbHG wegen der dort erwähnten Auflösungsgründe und führt zu unterschiedlichen Rechtsfolgen.[1046]

1042 Zur Haftung des Geschäftsführenden Terlau, in: Römermann, GmbH – Recht, § 9, Rdnr. 7 ff.

1043 Vgl. Schmiegelt, in: Müller/Hense, Beck'sches Handbuch der GmbH; Gesellschaftsrecht, Steuerrecht, 3. Auflage 2002, S. 112 ff.

1044 Eisenhardt, Gesellschaftsrecht, 13. Auflage 2007, S. 395.

1045 Zu Gesellschafterrechten Schmiegelt, in: Müller/Hense, Beck'sches Handbuch der GmbH; Gesellschaftsrecht, Steuerrecht, 3. Auflage 2002, S. 114 ff.

1046 Zu Auflösung und Auflösungsfolgen der GmbH s. Grunewald, Gesellschaftsrecht, 7. Auflage 2008, S. 416 ff.

III. Andere Gesellschaftsformen

Außer den oben genannten Kapitalgesellschaften gehören hierzu auch die Kommanditgesellschaft auf Aktien (KGaA) und die vom 8 .10. 2004 an existierende europäische Aktiengesellschaft (Societas Europaea – SE).

B. Aufbau des deutschen Körperschaftsteuergesetzes

I. Steuersubjekte

Die Körperschaftsteuer wird im Schriftum als eine Sonderform oder eine Ergänzungseinkommensteuer[1047] sowie als partielle Unternehmensteuer bezeichnet, weil sie nur die Subjekte des § 1 KStG erfasst[1048].

In § 1 Abs. 1 S. 1 KStG werden als unbeschränkt subjektiv körperschaftsteuerpflichtig Körperschaften, Personenvereinigungen und Vermögensmassen anerkannt.[1049] Voraussetzung einer unbeschränkten Steuerpflicht ist, dass die Geschäftsleitung[1050] oder der Sitz[1051] im Inland liegt. Eine weitere Voraussetzung dafür, dass die körperschaftsteuerlichen Regelungen eingreifen, ist die körperschaftliche Struktur des Rechtsgebildes. Zur Auslegung des Begriffes „*Körperschaft*" sind die Vorschriften des Zivil- bzw. öffentlichen Rechts anzuwenden.[1052] Der Begriff „*steuerbare Körperschaften*" fungiert in zwei Ebenen. Zum einen dient dieser dazu, dass die Körperschaftsteuer die natürlichen Personen und Rechtsgebilde, die keine Körperschaftsteuersubjekte sind, nicht trifft und zum anderen werden nach § 3 Abs. 1 KStG als Körperschaftsteuersubjekte all jene Rechtsgebilde

---

1047 Rasenack, Die Theorie der Körperschaftsteuer, 1974, S. 16.

1048 Tipke, Die Steuerrechtsordnung II, 2. Auflage 2003, S. 1174.

1049 Zum persönlichen Anwendungsbereich des KStG Schönwald, Überblick über den Anwendungsbereich des Körperschaftsteuergesetzes, SteuerStud 2004, S. 498 ff.

1050 Der Begriff „Geschäftsleitung" wird in § 10 AO definiert. Entscheidend zur Bestimmung des Mittelpunktes der geschäftlichen Oberleitung ist, wo der für die Geschäftsführung maßgebliche Wille gebildet wird. Vgl. BFH – Urteil v. 7.12.1994 – I K 1/93 – BStBl. II 1995, S. 175 (178).

1051 Zum Begriff „Sitz", der in § 11 AO definiert wird, s. Kruse, in: Tipke/Kruse, AO – Kommentar, § 11, Rdnr. 2 ff.

1052 BFH – Urteil v. 25.6.1984 – GrS. 4/82 – BStBl. II 1984, S. 751; dazu vgl. den sog. *Dualismus der Unternehmensbesteuerung* durch Nebeneinander von *Trennungs-* und *Transparenzprinzip*, Hey, in: Tipke/Lang, Steuerrecht, 19. Auflage 2008, § 11, Rdnr. 1 ff.; zu Auswirkungen des Trennungsprinzips sowohl auf die Steuerpflicht als auch auf die Bemessungsgrundlage Scheffler, Besteuerung von Unternehmen I, 10. Auflage 2007, S. 187.

gesehen, die weder nach der Körperschaftsteuer noch nach anderen Steuergesetzen besteuert werden.[1053]

Insbesondere sind die Steuersubjekte des § 1 Abs. 1 KStG körperschaftsteuerpflichtig für sämtliche Einkünfte (§ 1 Abs. 2 KStG), denn hier greift das *Welteinkommensprinzip* ein.[1054]

Demgegenüber werden in § 2 Abs. 1 KStG die beschränkt pflichtigen Steuersubjekte der Körperschaftsteuer geregelt. Es handelt sich um ausländische Körperschaften, die nach dieser Regelung eine beschränkte Steuerpflicht trifft, weil diese weder Geschäftsleitung noch Sitz im Inland haben, aber trotzdem inländische Einkünfte erzielen.[1055] Nach § 2 Abs. 2 KStG werden *sonstige* Körperschaften, Personenvereinigungen und Vermögensmassen als beschränkt steuerpflichtig behandelt, wenn diese nicht unbeschränkt steuerpflichtig sind und inländische Einkünfte erzielen, die vollständig oder teilweise einem Steuerabzug unterliegen.[1056] Der Begriff „sonstige Körperschaftsteuersubjekte" betrifft deutsche juristische Personen des öffentlichen Rechts, wie Gebietskörperschaften, andere öffentlich-rechtliche Körperschaften wie Religionsgemeinschaften, öffentliche Anstalten und öffentliche Stiftungen. Entscheidend ist, dass im Falle eines bestehenden Gewerbebetriebes die beschränkte Steuerpflicht der obigen Subjekte außer Acht zu lassen ist. Darüber hinaus sind auch diese Steuersubjekte von den Subjekten, die nach § 5 KStG körperschaftsteuerfrei sind, zu differenzieren.[1057]

Die Steuerpflicht der unbeschränkt körperschaftsteuerpflichtigen Subjekte beginnt mit dem Vertragsabschluss und der Entstehung der Gründungs- oder Vorgesellschaft[1058] und endet mit der Beendigung der Liquidation und nach Erfüllung ihrer steuerrechtlichen Pflichten.[1059] Andererseits beginnt die Steuerpflicht bei den beschränkt körperschaftsteuerpflichtigen Subjekten mit der Körperschaftsentstehung als Körperschaftsteuersubjekt und die Möglichkeit zur Erzielung inländischer Einkünfte. Dementsprechend endet sie mit dem Ende des Körper-

1053 Frotscher, Körperschaftsteuer, 2004, S. 20 ff.

1054 Nabialek, Steuerliche Optimierung von grenzüberschreitender Wohnsitzverlegung deutscher Überschussermittler, BB 2005, S. 1194 (1196).

1055 Zu inländischen Einkünften § 49 Abs. 1 EStG; dazu vgl. auch die Problematik einer *Universalisierung der beschränkten Steuerpflicht.* Es gibt keine ausdrückliche Regelung, dass „inländische Einkünfte" abschließend Einkünfte aus deutschen Quellen erfassen. Lehner/Reimer, Generalthema I: Quelle versus Ansässigkeit – Wie sind die grundlegenden Prinzipien des internationalen Steuerrechts austariert?, IStR 2005, 542 (544).

1056 Zu steuerabzugspflichtigen Einkünften Streck, in: Streck, KStG – Kommentar, 7. Auflage 2008, § 2, Rdnr. 12.

1057 Frotscher, Körperschaftsteuer, 2004, S. 40 ff.

1058 BFH – Urteil v. 14.10.1992 – I R 17/92 – BStBl. II 1993, S. 352 (354).

1059 BFH – Urteil v. 18.3.1986 – VII R 146/81 – BStBl. II 1986, S. 589.

schaftsteuersubjekts oder mit der Beendigung der Möglichkeit zur Erzielung inländischer Einkünfte.[1060]

II. Bemessungsgrundlage und Ermittlung des Einkommens bei Kapitalgesellschaften

Die Bemessungsgrundlage zur Erhebung der Körperschaftsteuer, deren Rechtfertigung im Schrifttum umstritten ist[1061], obwohl meist auf der eigenen wirtschaftlichen Leistungsfähigkeit der Körperschaft beruht[1062], ist das zu versteuernde Einkommen der oben erwähnten Steuersubjekte, bevor dieses Einkommen an die Gesellschafter ausgeschüttet wird. § 8 Abs. 1 S. 1 KStG regelt, was als Einkommen gilt und wie das Einkommen zu ermitteln ist. Es bestimmt sich nach den Vorschriften des EStG und den ergänzenden Bestimmungen des KStG. Die Körperschaftsteuer ist eine *Jahressteuer.*[1063] Das bedeutet, dass das Einkommen grundsätzlich in einem Kalenderjahr nach § 7 Abs. 3 KStG bemessen, ermittelt und veranlagt wird. Ausnahmsweise kann das Einkommen für einen kürzeren oder längeren Zeitraum, etwa bei Gründung, Löschung oder Liquidation einer Körperschaft, ermittelt werden.[1064]

Es folgt ein ausführliches Schema[1065] zur Ermittlung der Körperschaftsteuer bei gewerbetätigen Steuerpflichtigen nach § 8 Abs. 2 KStG[1066], deren Gewinn nach § 5 EStG ermittelt wird[1067]:

1060 Zum Beginn und Ende der beschränkten Körperschaftsteuerpflicht Streck, in: Streck, KStG – Kommentar, 7. Auflage 2008, § 2, Rdnr. 8 ff.; Siegers, in: Dötsch/Jost/Pung/Witt, KStG – Kommentar, § 2, Rdnr. 186 ff.

1061 Ausführlich zur Rechtfertigung der Körperschaftsteuer Tipke, Die Steuerreschtsordnung II, 2. Auflage 2003, S. 1163 ff.

1062 Frotscher, Körperschaftsteuer, 2004, S. 8.

1063 Hierzu vgl. Knobbe-Keuk, Bilanz- und Unternehmenssteuerrecht, 9. Auflage 1993, S. 577.

1064 Dazu vgl. auch das sog. *Abschnittsprinzip*. Scheffler, Besteuerung von Unternehmen I, 10. Auflage 2007, S. 178; BFH – Urteil v. 15.12.1988 – IV R 36/84 – BStBl. II 1989, S. 363 (364); zur verfassungsrechtlichen Dimension des Abschnittsprinzips im Verhältnis zur Rechtssicherheit und zum Rechtsstaatsprinzip BVerfG – Beschluss v. 22.7.1991 – 1 BvR 313/88 – NJW 1992, S. 168 (169).

1065 Zur Ermittlung des zu versteuernden Einkommens s. R 29, R 30 KStR.

1066 Nach § 8 Abs. 2 KStG sind sämtliche Einkünfte bei Steuerpflichtigen i. S. d. § 1 Abs. 1 Nr. 1-3 KStG als Einkünfte aus Gewerbebetrieb zu behandeln. Der Anwendungsbereich des § 8 Abs. 2 KStG gilt für die „*Erwerbsgesellschaften*". Darüber hinaus haben die KapGes nur BV und der Begriff „alle Einkünfte" in § 8 Abs. 2 KStG erfasst alle Vermögensänderungen (inkl. Liebhaberei). Rüd, Kapitalgesellschaft und Liebhaberei, DStR 1994, S. 1874; nach der Rechtsprechung des BFH gilt die Tätigkeit der Kapitalgesellschaft in vollem Umfang als Gewerbebetrieb, als sie nicht unter eine der 7 Einkunftsarten des § 2 Abs. 1 EStG fällt. BFH – Urteil

Gewinn/Verlust laut Steuerbilanz bzw. nach § 60 Abs. 2 EStDV korrigierter Jahresüberschuss/Jahresfehlbetrag laut Handelsbilanz unter Berücksichtigung der besonderen Gewinnermittlung bei Handelsschiffen nach § 5a EStG

\+ Hinzurechnung von vGA (§ 8 Abs. 3 S. 2 KStG)
\- Abzug von Gewinnerhöhungen im Zusammenhang mit bereits in vorangegangenen VZ versteuerten vGA
\+ Berechtigungsbetrag nach § 1 AStG
\- Einlagen (§ 4 Abs. 1 S. 5 EStG)
\+ nichtabziehbare Aufwendungen (z. B. § 10 KStG, § 4 Abs. 5 EStG, § 160 AO)
\+ Gesamtbetrag der Zuwendungen nach § 9 Abs. 1 Nr. 2 KStG
+/- Kürzungen/Hinzurechnungen nach § 8b KStG und § 3c Abs. 1 EStG
\- sonstige inländische steuerfreie Einnahmen (z. B. Investitionszulagen)
+/- Korrekturen bei Organschaft i. S. d. §§ 14, 17 und 18 KStG
+/- Hinzurechnungen und Kürzungen bei ausländischen Einkünften
+/- Hinzurechnungen und Kürzungen bei Umwandlung
+/- sonstige Hinzurechnungen und Kürzungen

= *steuerlicher Gewinn* (Summe der Einkünfte in den Fällen des R 29 Abs. 2 S. 1 KStR; Einkommen i. S. d. § 9 Abs. 2 S. 1 KStG)
\- abzugsfähige Zuwendungen nach § 9 Abs. 1 Nr. 2 KStG
+/- bei Organträgern:
* Zurechnung des Einkommens von Organgesellschaften (§§ 14, 17 und 18 KStG)

---

v. 4.12.1996 – I R 54/95 – DB 1997, S. 707; ähnlich wird die Meinung vertreten, dass die Kapitalgesellschaft nur BV verfügen kann und in Bezug auf die Liebhaberei-Aufwendungen der Grundsatz der Tatbestandsmäßigkeit der Besteuerung auf den Tatbestand der vGA (§ 8 Abs. 3 KStG) verweist, so Thiel/Eversberg, Die Privatsphäre der Kapitalgesellschaft – Das Atlantis des Körperschaftsteuerrechts, DStR 1993, S. 1881; vgl. auch BFH – Urteil v. 8.8.2001 – I R 106/99 – BStBl. II 2003, S. 487; zum subjektiven Liebhabereibegriff im Körperschaftsteuerrecht Weber-Grellet, Das Gestüt im Körperschaftsteuerrecht – Zur Privatsphäre der Körperschaft, DStR 1994, S. 12 ff; darüber hinaus vgl. auch die Problematik hinsichtlich einer Privatsphäre der Kapitalgesellschaft als ungeschriebenes Abzugsverbot für Ausgaben; hierzu Stolterfoht, Die „Privatsphäre" der Körperschaftsteuersubjekte – unternehmensbezogene oder unternehmensträgerbezogene Sicht?, in: FS für H. W. Kruse, 2001, S. 485 (502 ff.); überzeugend scheint die Meinung, dass Liebhabereitätigkeiten keine Einkünfte i. S. d. § 2 Abs. 1 EStG darstellen und es nicht möglich ist, diese in Gewerbeeinkünfte umzuqualifizieren. § 8 Abs. 2 KStG setzt erzielte Einkünfte voraus. Dieser Auffassung steht auch das Maßgeblichkeitsprinzip nicht entgegen, Schulte, in: Erle/Sauter, KStG – Kommentar, 2. Auflage 2006, § 8, Rdnr. 47 ff.; dem ist hinzuzufügen, dass das Einkommen nach dem EStG bestimmt wird, so dass das, was nicht nach dem EStG steuerbar ist, auch nicht vom KStG als steuerbar betrachtet werden kann. Die Vorschrift des § 8 Abs. 2 KStG wird als *Rechtsgrundverweisungsnorm* bezeichnet, die nur eine Einkünftequalifikationsfunktion hat. Hey, in: Tipke/Lang, Steuerrecht, 19. Auflage 2008, § 11, Rdnr. 37.

1067 Ab VZ 2006 ist eine Buchführungspflicht nach HGB nicht erforderlich. Schwedhelm, in: Streck, KStG – Kommentar, 7. Auflage 2008, § 8, Rdnr. 47.

* Kürzungen/Hinzurechnungen nach § 8b KStG, § 3c Abs. 1 EStG und § 4 Abs. 7 UmwStG bezogen auf das dem Organträger zugerechnete Einkommen von Organgesellschaften (§ 15 Nr. 2 KStG) bei Organgesellschaften:
* Abzug des dem Organträger zuzurechnenden Einkommens (§§ 14, 17 und 18 KStG)

= *Gesamtbetrag der Einkünfte i. S. d. § 10d EStG*
- bei der übernehmenden Körperschaft im Jahr des Vermögensübergangs zu berücksichtigender Verlust nach § 12 Abs. 3 S. 2 bzw. § 15 Abs. 4 UmwStG
- Verlustabzug nach § 10d EStG

= *Einkommen*
- Freibetrag für bestimmte Körperschaften (§ 24 KStG)
- Freibetrag für Erwerbs- und Wirtschaftsgenossenschaften sowie Vereine, die Land- und Forstwirtschaft betreiben (§ 25 KStG)

= *zu versteuerndes Einkommen*
x 15% bzw. Sondersteuersätzen (z. B. § 26 Abs. 6 S. 1 KStG i. V. m. § 34c Abs. 5 EStG)
- anzurechnende ausländische Steuern nach § 26 Abs. 1 KStG, § 12 AStG

= *Tarifbelastung*
- Körperschaftsteuerminderung nach § 37 Abs. 2 ggf. i. V. m. § 40 Abs. 3, 4 KStG, §§ 10, 14, 16 UmwStG
+ Körperschaftsteuererhöhung nach § 38 Abs. 2 ggf. i. V. m. § 40 Abs. 3, 4 KStG, §§ 10, 14, 16 UmwStG
+ Körperschaftsteuererhöhung nach § 37 Abs. 3 KStG

= *festzusetzende Körperschaftsteuer*
- anzurechnende Kapitalertragsteuer einschließlich Zinsabschlag

---

= *verbleibende Körperschaftsteuer*

III. Vom Halbeinkünfteverfahren zur Einführung des Teileinkünfteverfahrens

Mit der Unternehmenssteuerreform im Jahr 2001 hat der Gesetzgeber das frühere Anrechnungsverfahren durch das Halbeinkünfteverfahren ersetzt.[1068] Aus dem

---

1068 Zum Vergleich beider Besteuerungssysteme Djanani/Herbener, Trends in der Besteuerung von Kapitalgesellschaften und deren Anteilseigner: Einzel- oder Doppelbesteuerung? Generalthema I des IFA – Kongresses Sydney, IStR 2003, S. 506 (507 ff.); vgl. auch die Auffassung, dass das Halbeinkünfteverfahren gegen die steuerliche Gerechtigkeit bzw. Leistungsfähigkeit der inländischen Anteilseigner von Kapitalgesellschaften verstößt. Zur Kritik am Halbeinkünfteverfahren Krawitz, Betriebswirtschaftliche Anmerkungen zum Halbeinkünfte-

Halbeinkünfteverfahren folgte die hälftige Besteuerung von Dividenden und Veräußerungsgewinnen aus Anteilen an in- und ausländischen Kapitalgesellschaften bei natürlichen Personen und Personengesellschaften. Andererseits wurde die Freistellung der Beteiligungserträge der Kapitalgesellschaften als Anteilseigner eingeführt.

Durch das frühere Anrechnungsverfahren wurde die gezahlte Körperschaftsteuer auf die Einkommensteuer des Anteilseigners angerechnet.[1069] Mit dem Halbeinkünfteverfahren hatte der Anteilseigner keine Anrechnungsmöglichkeit mehr. Dagegen sah der Gesetzgeber eine formale Trennung von Körperschaft- und Einkommensteuer vor. Durch die Absenkung des Steuersatzes unterlag die Körperschaft einem Steuersatz von 25% und die Hälfte des Gewinns der Anteilseigner blieb steuerfrei.[1070] Die Kapitalertragsteuer und der Solidaritätszuschlag i. H. v. 5,5% sind nach der Einleitung des Halbeinkünfteverfahrens ohne Änderung geblieben. Die Kapitalertragsteuer und der Solidaritätszuschlag haben Vorauszahlungscharakter.

Die Anwendbarkeit des Halbeinkünfteverfahrens für Dividendeneinkünfte (§ 3 Nr. 40 EStG) auf natürliche Personen hat zudem nach der Regelung des § 3c Abs. 2 EStG den Abzug der Hälfte der Werbungskosten zur Folge.[1071] Nach § 3c Abs. 1 EStG ist es nicht gestattet, dass die Ausgaben, die im unmittelbaren Zusammenhang mit steuerfreien Einnahmen stehen, als Betriebsausgaben oder Werbungskosten abgezogen werden.[1072]

Durch die Veröffentlichung des UntStRefG 2008 wurde das Halbeinkünfteverfahren teilweise verändert. Ausgangspunkt dieser Steuerreform hinsichtlich der Kapitalgesellschaften ist die Senkung des Steuersatzes von 25% auf 15% (§ 23 Abs. 1 KStG). Zudem folgt auch eine Senkung des Abzugsteuersatzes bei beschränkt steuerpflichtigen Körperschaften ab VZ 2008 nach § 50a Abs. 4 EStG auf 15% (§ 52 Abs. 1 S. 1 EStG). Der gesenkte Körperschaftsteuersatz führt aber

---

verfahren, DB 2000, S. 1721 (1727); Maiterth/Semmler, Kritische Anmerkungen zur geplanten Substitution des körperschaftsteuerlichen Anrechnungssystems durch das so genannte „Halbeinkünfteverfahren" im Zuge des Steuersenkungsgesetzes, BB 2000, S. 1377.

1069 Zum Anrechnungsverfahren Knobbe-Keuk, Bilanz- und Unternehmenssteuerrecht, 9. Auflage 1993, S. 603 ff.; Schneeloch/Trockels – Brand, Körperschaftsteuerliches Anrechnungsverfahren versus Reformpläne, DStR 2000, S. 907 ff.; Bergemann, Unternehmenssteuerreform 2001: Schwerpunkte des Steuersenkungsgesetzes, DStR 2000, S. 1410 (1411); darüber hinaus zu europarechtlichen Gesichtspunkten des Vollanrechnungsverfahrens Voß, Unternehmenssteuer- und Einkommensteuertarifreform 2000, ZRP 2000, S. 253 (258).

1070 Intemann, (Sonder-)Behandlung einbringungsgeborener Anteile im Halbeinkünfteverfahren aus steuersystematischer Sicht, StB 2004, S. 49 (50).

1071 Bolik, Der „Halbabzug" im Halbeinkünfteverfahren, BB 2001, S. 811.

1072 Hundsdoerfer, Beteiligungsaufwendungen im Halbeinkünfteverfahren, BB 2001, S. 2242 (2243 ff.).

nicht zu einer Minderung der Körperschaftsteuervorauszahlungen. Darüber hinaus wird das bisherige Halbeinkünfteverfahren im VZ 2009 durch das so genannte *Teileinkünfteverfahren*[1073] oder *Teileinnahmeverfahren*[1074] ersetzt. Das bedeutet, dass die im BV befundenen steuerfreien Dividenden von derzeit i. H. v. 40% nach § 3 Nr. 40 EStG in Betracht kommen. Der andere Teil i. H. v. 60% unterliegt der Besteuerung. Demzufolge kommen die entsprechenden Betriebsausgaben i. H. v. 60% als steuermindernd nach § 3c Abs. 2 EStG in Betracht.

Letzter Baustein dieser Unternehmensteuerreform ist die Schaffung einer Abgeltungssteuer für Zinsen, Dividenden und private Veräußerungsgewinne.[1075] Die neu eingeführte Abgeltungsteuer wird als ein *akzeptabler Kompromiss* zwischen Vereinfachung und materieller Einzelfallgerechtigkeit[1076] oder als „*Corporate Finance für Personenunternehmen*"[1077] bezeichnet.

Nach § 20 EStG i. V. m. § 32d Abs. 1 EStG unterliegen die oben erwähnten dem Privatvermögen zufließenden Kapitaleinkünfte der Abgeltungssteuer, einem gesonderten einheitlichen Steuertarif i. H. v. 25% zuzüglich Solidaritätszuschlag. Insbesondere wird dem Steuerpflichtigen ein Wahlrecht eingeräumt. Nach § 32d Abs. 6 EStG werden auf Antrag des Steuerpflichtigen anstelle der Anwendung dieses gesonderten Steuersatzes die ermittelten Kapitaleinkünfte der tariflichen Einkommensteuer unterworfen, wenn dies zu einer niedrigeren Einkom-

---

1073 Ortmann-Babel/Zipfel, Unternehmensteuerreform 2008 Teil I: Gewerbesteuerliche Änderungen und Besteuerung von Kapitalgesellschaften und deren Anteilseignern, BB 2007, S. 1869 (1875); Behrens, Neuregelung der Besteuerung der Einkünfte aus Kapitalvermögen ab 2009 nach dem Regierungsentwurf eines Unternehmenssteuerreformgesetzes vom 14.3.2007, BB 2007, S. 1025 (1026).

1074 Schreiber/Ruf, Reform der Unternehmensbesteuerung: ökonomische Auswirkungen bei Unternehmen mit inländischer Geschäftstätigkeit, BB 2007, S. 1099.

1075 Krit. gegenüber der Abgeltungsteuer aufgrund Verletzung des Gleichheitssatzes, Watrin/Benhof, Besteuerung langfristiger privater Veräußerungsgewinne: Rechtliche Bedenken und Folgen für den Kapitalmarkt, DB 2007, S. 233 (234); darüber hinaus wird durch die Abgeltungsteuer das Prinzip der *synthetischen Einkommensteuer* verletzt, vgl. Hey, Verletzung fundamentaler Besteuerungsprinzipien durch die Gegenfinanzierungsmaßnahmen des UntStRefG 2008, BB 2007, S. 1303 (1308); Fischer, Problemfelder bei der Abgeltungsteuer – Ein Appell für Korrekturen noch vor 2009, DStR 2007, S. 1898; zum Verstoß gegen das Leistungsfähigkeitsprinzip Oho/Hagen/Lenz, Zur geplanten Einführung einer Abgeltungsteuer i. R. d. Unternehmensteuerreform 2008, DB 2007, S. 1322 (1324 ff.); vgl. auch die Meinung, dass die Abgeltungsteuer nur dann gerechtfertigt ist, wenn der Vereinfachungseffekt und die Steigerung der Vollzugseffizienz den Systembruch wettmachen, so Hey, Besteuerung von Einkommen – Aufgaben, Wirkungen und europäische Herausforderungen, JZ 2006, S. 851 (858).

1076 Weber-Grellet, Die Abgeltungsteuer: Irritiertes Rechtsempfinden oder Zukunftschance?, NJW 2008, S. 545 (550).

1077 Homburg, Die Abgeltungssteuer als Instrument der Unternehmensfinanzierung, DStR 2007, S. 686.

mensteuer führt (Günstigerprüfung). Der Antrag kann für den jeweiligen VZ nur einheitlich für sämtliche Kapitalerträge gestellt werden. Die mit den privaten Kapitaleinkünften zusammenhängenden Werbungskosten sind nicht mehr abzugsfähig.[1078] Hierzu ist aber das sog. *Symmetrieprinzip* zu beachten.[1079] Die Abgeltungsteuer führt zu einer *Bruttobesteuerung* und weitergehend zu einer *Schedularisierung der Einkommensteuer* durch die Einführung einer dritten Einkunftsart neben den Gewinn- und Überschusseinkünften. Infolgedessen wird der Verlustausgleich bzw. -abzug weiter eingeschränkt.[1080]

IV. Die Besteuerung von Kapitalgesellschaften und ihren Anteilseignern

Ausgangspunkt der Besteuerung von Kapitalgesellschaften ist der Zeitraum, in dem die Körperschaftsteuer veranlagt wird. Wie oben bereits erwähnt, gelten für Kapitalgesellschaften bis VZ 2008 die obigen Regelungen des Halbeinkünfteverfahrens. Die Einkünfte einer Kapitalgesellschaft unterliegen einem einheitlichen Steuersatz i. H. v. 25%. Im Fall einer Thesaurierung werden die Einkünfte nur einmal auf der Ebene der Kapitalgesellschaft steuerlich belastet. Sofern die Einkünfte ausgeschüttet werden und der Anteilseigner eine natürliche Person ist, hatte er grundsätzlich nur die Hälfte der Einkünfte aus Gewinnanteilen oder Veräußerungsgewinnen zu versteuern (§ 3 Nr. 40 EStG). Ebenfalls sollten nach § 3c Abs. 2 EStG Aufwendungen oder Verluste nur zur Hälfte abzugsfähig sein, soweit diese im wirtschaftlichen Zusammenhang mit den Einnahmen des § 3 Nr. 40 EStG standen. Im Bereich der Verluste ist zwischen dem (innerperiodischen) Verlustausgleich und dem (interperiodischen) Verlustabzug zu unterscheiden. Insbesondere ist bei Kapitalgesellschaften sowohl ein externer als auch ein interner (Ausgleich mit Einkünften aus einem anderen Gewerbebetrieb) Verlustaugleich ausgeschlossen, weil alle Einkünfte als gewerbliche Einkünfte i.S.d. § 8 Abs. 2 KStG zu qualifizieren sind. Andererseits richtet sich der Verlustabzug nach den Vorschriften des Einkommensteuerrechts (§ 8 Abs. 1 KStG i. V. m. § 10d EStG). Eine Auffälligkeit der einkommensteuerrechtlichen Vorschriften aufgrund der Steuerreform

1078 Rödder, Unternehmensteuerreformgesetz 2008, Beihefter zu DStR 40 2007, S. 2 (17 ff.); zu ökonomischen Auswirkungen der Abgeltungsteuer Watrin/Benhof, Besteuerung langfristiger privater Veräußerungsgewinne: Rechtliche Bedenken und Folgen für den Kapitalmarkt, DB 2007, S. 233; zu Auswirkungen auf das Spendenrecht Schienke-Oletz/Selzer, Abgeltungssteuer und einkommensteuerrechtlicher Spendenabzug, DStR 2008, S. 136; zu Ausnahmen vom Anwendungsbereich der Abgeltungssteuer i. R. d. § 32d Abs. 2 EStG Häuselmann, Steuerliche Änderungen durch das Jahressteuergesetz 2008 vom 8.11.2007, BB 2008, S. 20 ff.

1079 von Beckerath in: Kirchhof, EStG – KompaktKommentar, 8. Auflage 2008, § 20, Rdnr. 516.

1080 Spengel/Ernst, Private Kapitalanlagen vor und nach der Einführung der Abgeltungsteuer – eine steuerplanerische Analyse, DStR 2008, S. 835.

hängt mit den der Abgeltungssteuer unterworfenen Einkünften aus Kapitalvermögen (§ 20 Abs. 6 EStG) sowie mit der Begünstigung der nicht entnommenen Gewinne nach § 34a EStG zusammen.[1081] Darüber hinaus zur Inanspruchnahme des körperschaftsteuerrechtlichen Verlustabzugs war zu beachten, dass der Verlustabzug eine wirtschaftliche Personenidentität vorausgesetzt hat, d. h. nur die Kapitalgesellschaft, die die Verluste erlitten hat, konnte die Verlustabzugsregelung geltend machen. Bei einem Gesellschafterwechsel wurde durch das UntStRefG 2008 § 8 Abs. 4 KStG aufgehoben und durch § 8c KStG ersetzt. Nach der Neuregelung gilt, dass, wenn innerhalb von fünf Jahren mehr als 25% des gezeichneten Kapitals, der Mitgliedschaftsrechte, Beteiligungsrechte oder der Stimmrechte an einen Erwerber oder eine diesem nahestehende Personen übertragen werden, die bis zum Erwerb nicht ausgeglichenen oder abgezogenen negativen Einkünfte nicht mehr abziehbar sind. Es handelt sich um einen *quotalen Verlustuntergang*. Wenn mehr als 50% des gezeichneten Kapitals, der Mitgliedschaftsrechte, Beteiligungsrechte oder der Stimmrechte an einen Erwerber oder eine diesem nahe stehende Personen übertragen werden, sind die bis zum Erwerb nicht genutzten Verluste vollständig nicht mehr abziehbar. In diesem Fall erfolgt ein *vollständiger Verlustuntergang*.[1082]

Erstmals im VZ 2008 wird nach § 23 Abs. 1 KStG der Körperschaftsteuersatz von 25% auf 15% gesenkt. Für die Thesaurierungseinkünfte gilt die einmalige Besteuerung auf der Ebene der Kapitalgesellschaft mit dem geminderten Steuersatz, während bei Ausschüttungen an natürliche Personen nach unterschiedlichen Gesichtspunkten zu unterscheiden ist. Bei einer Haltung der Kapitalgesellschaftsanteile im PV sind diese als Einkünfte aus Kapitalvermögen i. S. d. § 20 Abs. 1 Nr. 1 EStG zu behandeln und es kommt die Abgeltungssteuer in Betracht.[1083] Wenn die Anteile im BV der natürlichen Person behalten werden, sind diese als gewerbliche Einkünfte nach § 15 i. V. m. § 20 Abs. 8 EStG zu qualifizieren. Daher sind ab VZ 2009 Einkünfte aus Gewinnanteilen oder Veräußerungsgewinnen i. R. d. Teileinkünfteverfahrens zu 40% steuerfrei und zu 60% steuerpflichtig. Dementsprechend sind auch ab diesem Zeitpunkt die wirtschaftlich zusammenhängenden Betriebsausgaben i. H. v. 60% abzuziehen, § 3c Abs. 2 S. 1 EStG.

1081 Zu Besonderheiten der Behandlung von Verlusten Scheffler, Besteuerung von Unternehmen I, 10. Auflage 2007, S. 130 ff. und 195 ff.

1082 Hierzu Neyer, Verlustnutzung nach Anteilsübertragung: Die Neuregelung des Mantelkaufs durch § 8c KStG n. F., BB 2007, S. 1415 ff.; zu vergleichbaren Sachverhalten mit einer Anteilsübertragung i. S. d. § 8c KStG Beußer, Die Verlustabzugsbeschränkung gem. § 8c KStG im Unternehmensteuerreformgesetz 2008, DB 2007, S. 1549 (1551); krit. zu § 8c KStG. Lenz/Ribbrock, Versagung des Verlustabzugs bei Anteilseignerwechsel – kritische Analyse des § 8c KStG in der Fassung des Referentenentwurfs zur Unternehmensteuerreform 2008, BB 2007, S. 587 (589 ff.).

1083 S. unter Zweiter Teil, Kapitel 1. C. VII.

Auf der Ebene eines körperschaftsteuerlichen Anteilseigners sind die ausgeschütteten Einkünfte grundsätzlich nach § 8b Abs. 1 KStG unter Berücksichtigung des § 8b Abs. 5 KStG freigestellt.[1084]

1. Beteiligung an anderen Körperschaften und Personenvereinigungen

Nach der Regelung des § 8b Abs. 1, 2 KStG bleiben die dort vorgestellten Bezüge bei der Ermittlung des Einkommens außer Ansatz.[1085] Der persönliche Anwendungsbereich des § 8b Abs. 1-5 KStG erfasst alle Körperschaften, Personenvereinigungen und Vermögensmassen i. S. d. §§ 1, 2 KStG als Empfänger.[1086] Der sachliche Anwendungsbereich des § 8b Abs. 1 KStG erfasst grundsätzlich Gewinnausschüttungen.[1087] Die Anwendung des § 8b Abs. 1 KStG setzt keine Mindestbeteiligungsquote oder Mindestbehaltefrist voraus.[1088]

Die *spezielle sachliche Befreiungsvorschrift* des § 8b Abs. 1 KStG berührt die Gewinnermittlung in Handels- und Steuerbilanz nicht und wirkt bei der zweiten Stufe der Gewinnermittlung durch eine außerbilanzielle Korrektur.[1089]

Die mit der Bezüge des § 8b Abs. 1 KStG zusammenhängenden Aufwendungen werden durch die Regelung des § 8b Abs. 5 KStG steuerlich behandelt.[1090] Gemäß

1084 Zu Ausnahmen von diesem Dividendenprivileg in Bezug auf die Sonderregelungen des § 8b Abs. 7, 8 KStG, die auf Kreditinstituten und Finanzierungsinstituten nach § 1a KWG sowie auf Lebens- und Krankenversicherungsunternehmen und Pensionsfonds den Kapitalanlagen beziehen, s. Scheffler, Besteuerung von Unternehmen I, 10. Auflage 2007, S. 206.

1085 § 8b KStG wird als *Parallelvorschrift* des § 3 Nr. 40 EStG bezeichnet. Sell, § 3 Nr. 40 Buchst. a EStG/§ 3c Abs. 2 EStG wohl nicht im Gleichklang mit § 8b Abs. 2, 3 KStG, DB 2004, S. 2290 (2292).

1086 Im Falle einer ausländischen Kapitalgesellschaft ist es erforderlich, zur Anwendung des § 8b KStG einen Typenvergleich mit inländischen Kapitalgesellschaften nach § 1 KStG vorzunehmen; vgl. dazu BMF v. 24.12.1999, BStBl. I 1999, S. 1076 (1114 ff).

1087 Zu den unter § 8b Abs. 1 KStG fallenden Bezügen Dötsch/Pung, in: Dötsch/Jost/Pung/Witt, KStG – Kommentar, § 8b, Rdnr. 11 ff; zu den Bezügen i. S. d. § 20 Abs. 1 Nr. 1 EStG gehören nicht solche Ausschüttungen, die als Zahlung aus dem steuerlichen Einlagekonto i. S. d. § 27 KStG gelten. Diese Einlagerückgewähr unterliegt der Steuerbefreiung nach § 8b Abs. 2 KStG, soweit sie den Buchwert der Beteiligung übersteigt. BMF v. 28.4.2003, BStBl. I 2003, Rdnr. 6, S. 292 (293); Leip, Die Veräußerung von Anteilen an Kapitalgesellschaften durch Kapitalgesellschaften, BB 2002, S. 1839 ff.; zu weiteren nicht unter § 8b Abs. 1 KStG fallenden Bezügen s. Dötsch/Pung, in: Dötsch/Jost/Pung/Witt, KStG – Kommentar, § 8b, Rdnr. 23 ff. Zum gesamten sachlichen Anwendungsbereich des § 8b KStG s. Gröbl/Adrian, in: Erle/Sauter, KStG – Kommentar, 2. Auflage 2006, § 8b, Rdnr. 27 ff.

1088 BMF v. 28.4.2003, BStBl. I 2003, Rdnr. 4, S. 292 (293).

1089 Dötsch/Pung, in: Dötsch/Jost/Pung/Witt, KStG – Kommentar, § 8b, Rdnr. 6; auch Gröbl/Adrian, in: Erle/Sauter, KStG – Kommentar, 2. Auflage 2006, § 8b, Rdnr. 70.

dieser Bestimmung gelten pauschal 5% der Bezüge des § 8b Abs. 1 KStG fiktiv als Ausgaben, die nicht als Betriebsausgaben abgezogen werden dürfen. Dementsprechend ist § 3c Abs. 1 EStG nicht anwendbar.[1091] Durch diese Bestimmung werden die Bezüge des Abs. 1 i. H. v. 95% steuerfrei. Vor dem VZ 2004 waren nur die Bezüge aus Anteilen an einer ausländischen Gesellschaft betroffen.[1092] Seit diesem Zeitpunkt kommen jedoch auch die Bezüge aus Anteilen an einer inländischen Gesellschaft in Betracht.

Darüber hinaus bleiben nach § 8b Abs. 2 KStG[1093] auch Gewinne[1094] aus den dort bestimmten Veräußerungen steuerfrei.[1095] Falls eine Ausschüttung teilweise aus dem steuerlichen Einlagekonto stattfindet, ist sie bei der empfangenden Körperschaft zum Teil als Bezug nach § 8b Abs. 1 KStG und zum Teil als Gewinn nach § 8b Abs. 2 KStG zu qualifizieren.[1096]

Im Rahmen des Liquidationsverfahrens ist zwischen mehreren Fallgruppen zu unterscheiden.[1097] Im Fall der Liquidation sind auch die Einschränkungen des § 8b Abs. 4 KStG zu beachten.[1098]

1090 Im Schrifttum wird die Regelung des § 8b Abs. 5 als „*Zwillingsvorschrift*" des § 8b Abs. 3 KStG bezeichnet. Dazu s. Gröbl/Adrian, in: Erle/Sauter, KStG – Kommentar, 2. Auflage 2006, § 8b, Rdnr. 247.

1091 Utescher/Blaufus, Unternehmenssteuerreform 2001: Begrenzung des Betriebsausgabenabzugs bei Beteiligungserträgen, DStR 2000, S. 1581 ff.

1092 Nach einer Auffassung wurde die Regelung des § 8b Abs. 5 KStG als „*unilaterale Vorschrift*" für die Auslandsdividendenfreistellung angesehen; vgl. Utescher/Blaufus, Unternehmenssteuerreform 2001: Begrenzung des Betriebsausgabenabzugs bei Beteiligungserträgen, DStR 2000, S. 1581 (1583).

1093 Problematisch erscheint in der Literatur die Rechtfertigung des § 8b Abs. 2 KStG. Nach einer Auffassung ist die Steuerbefreiung nach § 8b Abs. 2 KStG gerechtfertigt, weil durch diese Vorschrift eine mehrfache Belastung vermieden wird, Scheffler, Die Beteiligungsveräußerungen durch Kapitalgesellschaften: Die Steuerbefreiung nach § 8b Abs. 2 KStG ist gerechtfertigt, DB 2003, S. 680 ff.; auch Schreiber/Rogall, Die Besteuerung der Gewinne aus der Veräußerung von Anteilen an Kapitalgesellschaften, BB 2003, S. 497 (499). Krit. Pöllath, Veräußerungsgewinn – Besteuerung – was nun? – Besteuerung der Veränderung von Unternehmens- und Kapitalanlagen, DB 2002, S. 1342.

1094 Zum Begriff des Veräußerungsgewinnes i.S. d. § 8b Abs. 2 S. 1 KStG s. das Korb-II Gesetz v. 22.12.2003, BGBl. I 2003, S. 2840 (2842).

1095 Zu erfassten Realisationsvorgängen des § 8b Abs. 2 KStG Dötsch/Pung, § 8b Abs. 1 bis 6 KStG: Das Einführungsschreiben des Bundesfinanzministeriums, DB 2003, S. 1016 (1019 ff.); zum persönlichen Anwendungsbereich und zu betroffenen Anteilen von § 8b Abs. 2 KStG Rödder/Schumacher, Das BMF – Schreiben zu § 8b KStG, DStR 2003, S. 909 (911).

1096 Dötsch/Pung, § 8b Abs. 1 bis 6 KStG: Das Einführungsschreiben des Bundesfinanzministeriums, DB 2003, S. 1016 (1021).

1097 Zu diesen Fallgruppen Binnewies, in: Streck, KStG – Kommentar, 7. Auflage 2008, § 8b, Rdnr. 63.

1098 Jünger, Liquidation und Halbeinkünfteverfahren, BB 2001, S. 69 (74).

In § 8b Abs. 3 S. 1 KStG wurde durch das sog. *Korb-II Gesetz* vom 22.12.2003[1099] die Pauschalierung des BA-Abzugsverbots i. H. v. 5% nach § 8b Abs. 5 KStG auf Gewinne nach § 8b Abs. 2 S. 1, 3 und 5 KStG erstreckt. Diese Vorschrift stellt die „*Kehrseite*" des Abs. 2 dar.[1100] Ebenfalls ist § 3c Abs. 1 EStG nicht anzuwenden (§ 8b Abs. 3 S. 2 KStG).

Problematisch scheint auch die Vorschrift des § 8b Abs. 3 S. 3 KStG.[1101] Die Vorschrift § 8b Abs. 3 S. 3 KStG lässt die Steuerbilanz unberührt, sondern außerbilanziell bei der Gewinnermittlung der 2. Stufe zu beachten ist. Darüber hinaus ist § 8b Abs. 3 S. 3 KStG auch gewerbesteuerlich nach § 7 Abs. 1 GewStG zu berücksichtigen.[1102] Nach dem Inkrafttreten des JStG 2008[1103] sind die mit einer Darlehensforderung zusammenhängenden Gewinnminderungen bei der Ermittlung des Einkommens außer Acht zu lassen.[1104]

In § 8b Abs. 4 KStG a. F. wurde die Absicht des Gesetzgebers zur Vermeidung eines Missbrauchs der Steuerbefreiung nach § 8b Abs. 2 KStG verdeutlicht.

Die Ausnahmeregelungen des § 8b Abs. 4 KStG sollten Gestaltungen unter Nutzung der Möglichkeiten der steuerneutralen Einbringung nach § 20 UmwStG verhindern. Im Mittelpunkt dieser Regelung standen die in eine Kapitalgesellschaft eingebrachten (Teil-)Betriebe und Mitunternehmeranteile und der anschließend steuerfrei veräußerte Anteil an der Kapitalgesellschaft (die sog. *sachliche Sperre*).[1105] Es handelte sich hierbei um eine Verhinderung des *Wechsels von der Voll- zur Nichtbesteuerung*.[1106] Gegenüber der Notwendigkeit dieser

---

1099 Korb-II Gesetz v. 22.12.2003, BGBl I 2003, S. 2840 (2842).

1100 Binnewies, in: Streck, KStG – Kommentar, 7. Auflage 2008, § 8b, Rdnr. 81.

1101 Zu Gewinnminderungen des § 8b Abs. 3 KStG s. Dötsch/Pung, § 8b Abs. 1 bis 6 KStG: Das Einführungsschreiben des Bundesfinanzministeriums, DB 2003, S. 1016 (1021 ff.); krit. gegenüber der Nichtberücksichtigung von Veräußerungs- bzw. Liquidationsverluste i. R. d. § 8b Abs. 3 S. 3 KStG. Crezelius, Dogmatische Grundstrukturen der Unternehmensteuerreform, DB 2001, S. 221 (228); zur Berücksichtigung des § 8b Abs. 3 S. 3 KStG selbst nie auf die eigentliche Gewinn- oder Einkünfteermittlung s. Buchna/Sombrowski, Aufwendungen mit Eigenkapitalersatzcharakter als nicht zu berücksichtigende Gewinnminderungen nach § 8b Abs. 3 KStG n. F., DB 2004, S. 1956 (1957); a. A. Wassermeyer/Schmidt/Hageböke/Dumler/Buchna/Sombrowski, Nochmals: Aufwendungen mit Eigenkapitalersatzcharakter als nicht zu berücksichtigende Gewinnminderungen nach § 8b Abs. 3 KStG n. F. – Erwiderungen und Replik zu Buchna/Sombrowski, DB 2004, S. 1956 –, DB 2004, S. 2715 ff.

1102 Gröbl/Adrian, in: Erle/Sauter, KStG – Kommentar, 2. Auflage 2006, § 8b, Rdnr. 156; Zum Verhältnis des § 8b Abs. 3 S. 3 KStG mit anderen Vorschriften Dötsch/Pung, in: Dötsch/Jost/Pung/Witt, KStG – Kommentar, § 8b KStG n. F., Rdnr. 99.

1103 JStG 2008 v. 20.12.2007, BGBl I 2007, S. 3150.

1104 Hierzu ausführlich Dötsch/Pung, in: Dötsch/Jost/Pung/Witt, KStG – Kommentar, § 8b KStG n. F., Rdnr. 127 ff.

1105 BMF v. 28.4.2003, BStBl. I 2003, Rdnr. 28 ff, S. 292 (296).

1106 Dötsch/Pung, in: Dötsch/Jost/Pung/Witt, KStG – Kommentar, § 8b KStG n. F., Rdnr. 146.

Missbrauchsregel positionierte sich ein Teil der Literatur kritisch.[1107] Darüber hinaus betraf die sog. *persönliche Sperre* den Erwerb dieser Anteile von nicht begünstigten Steuerpflichtigen (§ 8b Abs. 4 S. 1 Nr. 2 KStG).[1108] In diesem Fall handelte es sich um einen *Wechsel von der Halbeinkünftebesteuerung* (nunmehr *Teileinkünftebesteuerung*) *zur Nichtbesteuerung.*[1109]

Mit § 8b Abs. 4 S. 2 KStG erfolgten zwei Rückausnahmen von den Bestimmungen des § 8b Abs. 4 S. 1 KStG.[1110]

Durch das SEStEG[1111] wurde Abs. 4 des § 8b KStG aufgehoben. Anstelle des § 8b Abs. 4 KStG a.F. ist eine nachträgliche rückwirkende Besteuerung des Einbringungsgewinns i.R.d. § 22 Abs. 1 und 2 UmwStG vorgenommen worden.[1112]

Letztlich gelten die Abs. 1-5 des § 8b KStG gemäß § 8b Abs. 6 S. 1 KStG auch für die dort genannten Bezüge, Gewinne und Gewinnminderungen, die dem Steuerpflichtigen im Rahmen des Gewinnanteils[1113] aus einer Mitunternehmerschaft zugerechnet werden, sowie für die anhand der Veräußerung oder Aufgabe eines Mitunternehmeranteils entstehenden Gewinne und Verluste i. S. d. Abs. 2. Diese Regelung gilt auch für die mittelbare Beteiligung bei mehrstufigen Mitunternehmerschaften oder bei mittelbarer Beteiligung über eine vermögensverwaltende Personengesellschaft.[1114]

Es folgen die Vorschriften in § 8b Abs. 7 KStG, die eine Einschränkung der Anwendbarkeit der Vorschriften des § 8b Abs. 1-6 KStG für Finanzdienstleistungsinstitute, Kreditinstitute und Finanzunternehmen[1115] vorsehen.[1116] Das Gleiche

---

1107 Dieterlen/Schaden, Einige Bemerkungen zu den Regelungen des Steuersenkungsgesetzes zur Besteuerung von Anteilsveräußerungen, BB 2000, S. 2492 (2493 ff.).

1108 BMF v. 28.4.2003, BStBl. I 2003, Rdnr. 37 ff., S. 292 (296); auch zu weiteren Besonderheiten der persönlichen Sperren s. Gröbl/Adrian, in: Erle/Sauter, KStG – Kommentar, 2. Auflage 2006, § 8b, Rdnr. 195 ff.

1109 Dötsch/Pung, in: Dötsch/Jost/Pung/Witt, KStG – Kommentar, § 8b KStG n. F., Rdnr. 146.

1110 BMF v. 28.4.2003, BStBl. I 2003, Rdnr. 40 ff., S. 292 (297). Zu der sog. *doppelten Verneinung* und zu weiteren Besonderheiten der sachlichen Rückausnahme Gröbl/Adrian, in: Erle/Sauter, KStG – Kommentar, 2. Auflage 2006, § 8b; Rdnr. 216 ff.

1111 SEStEG v. 7. 12.2006, BGBl I 2006, S. 2782.

1112 Dötsch/Pung, in: Dötsch/Jost/Pung/Witt, KStG – Kommentar, § 8b KStG n. F., Rdnr. 143.

1113 Zur Problematik des Begriffes „Gewinnanteil“ und seines Geltungsbereiches einschließlich des Vorabgewinnanteils oder auch der Sondervergütungen sowie der „vermögensmäßigen“ Beteiligung im Rahmen des § 8b Abs. 6 KStG s. auch Dötsch/Pung, in: Dötsch/Eversberg/Jost/Pung/Witt, KStG – Kommentar, § 8b KStG, Rdnr. 242.

1114 BMF v. 28.4.2003, BStBl. I 2003, Rdnr. 54 ff., S. 292 (298). Auch Seifried, Unternehmenssteuerreform 2001: Ausgewählte Zweifelsfragen, DStR 2001, S. 240 (244).

1115 Unter den Begriff „Finanzunternehmen“ fallen grundsätzlich Holding-, Faktoring-, Leasing-, Anlageberatungs- und bestimmte Unternehmensberatungsgesellschaften sowie auch vermögensverwaltende Gesellschaften, Pyszka, Einschränkung der Freistellung von Dividenden und Veräußerungsgewinnen gemäß § 8b Abs. 7 KStG bei Zwischenschaltung von Personengesellschaften, BB 2002, S. 2049 (2050).

gilt hinsichtlich einer Nichtanwendung des § 8b Abs. 1-7 KStG auf Kapitalanteile bei Lebens- und Krankenversicherungsunternehmen gem. § 8b Abs. 8 KStG. Rückausnahmen zu den Abs. 7 und 8 bei Bezügen des § 8b Abs. 1 KStG, auf die die Mutter-/Tochterrichtlinie anzuwenden ist, sind in § 8b Abs. 9 KStG verankert.[1117]

Bei der Beteiligung einer Kapitalgesellschaft an einer Mitunternehmerschaft oder an einer vermögensverwaltenden, aber nicht gewerblich geprägten, Personengesellschaft sind die Vorschriften des § 8b KStG bei der Gewerbeertragsermittlung anzuwenden.[1118]

2. *Gewinnausschüttungen*

Nach § 8 Abs. 3 KStG ist es für die Ermittlung des Einkommens ohne Bedeutung, ob das Einkommen verteilt wird. Daraus ergibt sich, dass eine Gewinnausschüttung als Einkommensverwendung nicht zu einer Minderung der steuerlichen Belastung der Kapitalgesellschaft führen darf. Besonders im Bereich der Gewinnausschüttungen ist zwischen offenen und verdeckten (§ 8 Abs. 3 S. 2 KStG) zu unterscheiden.

a) *Offene Gewinnausschüttungen*

Als offene GA werden in der Literatur die Gewinnverteilungsvorgänge bezeichnet, die infolge eines Gewinnverwendungsbeschlusses, der die *gesellschaftsrechtliche Grundlage* dieses Vorganges bildet, stattfinden. Anhand dieser gesellschaftsrechtlichen Grundlage werden die offenen GA weiter unterteilt, in einerseits GA im Rahmen eines handelsrechtlich ordnungsgemäßen Gewinnausschüttungsbeschlusses für ein abgelaufenes oder für das laufende (*Vorabausschüttungen*) Wirtschaftsjahr, und andererseits GA im Rahmen eines nicht den handelsrechtlichen Vorschriften entsprechenden Gewinnausschüttungsbeschlusses („*verunglückte offene GA*“).[1119]

Im Rahmen der offenen GA ist die steuerliche Behandlung der sog. *inkongruenten Gewinnausschüttung* zu beachten. Als inkongruente GA wird eine von den

1116 Zum objektiven Anwendungsbereich des § 8b Abs. 7 KStG Dreyer/Herrmann, Besteuerung des Eigenhandels nach § 8b Abs. 7 KStG – Auswirkungen des BMF – Schreibens vom 25.7.2002 –, DStR 2002, S. 1837 (1839 ff.); vgl. auch Pyszka/Brauer, Besteuerung des Eigenhandels nach § 8b Abs. 7 KStG: „Umwidmung“ von Anteilen als Gestaltungschance für Finanzunternehmen? – Replik zu Dreyer/Herrmann, DStR 2002, S. 1837 –, DStR 2003, S. 277 ff.

1117 Dötsch/Pung, Richtlinien – Umsetzungsgesetz: Die Änderungen des EStG, des KStG und des GewStG, DB 2005, S. 10 (11).

1118 Rödder/Schumacher, Unternehmenssteuerreform 2001: Wesentliche Änderungen des Steuersenkungsgesetzes gegenüber dem Regierungsentwurf und Regeln zu seiner erstmaligen Anwendung, DStR 2000, S. 1453 (1454).

1119 Frotscher, Körperschaftsteuer, 2004, S. 159 ff.

Beteiligungsverhältnissen abweichende Gewinnverteilung bezeichnet. Nach der Auffassung der Rechtsprechung stellt jede verdeckte GA zugleich eine inkongruente dar und gibt es keinen Grund, offene inkongruente GA, die mit dem Gesellschaftsrecht in Einklang stehen, steuerlich abweichend zu behandeln.[1120]

b) *Verdeckte Gewinnausschüttungen*

Die vGA ist ein *Instrument der Bilanz- bzw. Dividendenpolitik.*[1121] Sie führt zur Trennung der Sphären der Körperschaft und des Anteilseigners. Idealtypischerweise führt eine vGA zur Erhöhung der Körperschaft- und der Gewerbesteuer bei der Gesellschaft, während die Einkommensteuer für den Gesellschafter gemindert wird.[1122] Darüber hinaus ist die vGA mit der Entnahme (§ 4 Abs. 1 S. 2 EStG) verwandt und steht in Gegensatz zur Betriebsausgabe.[1123]

Unter dem Begriff „verdeckte Gewinnausschüttungen" i. S. d. § 8 Abs. 3 S. 2 KStG wurde zunächst *„jede Vermögensminderung (verhinderte Vermögensmehrung)*[1124]*, die durch das Gesellschaftsverhältnis veranlasst ist, sich auf die Höhe des Ein-*

1120 BFH – Urteil v. 19.8.1999 – I R 77/96 – BStBl. II 2001, S. 43 (45); vgl. auch die Auffassung der Verwaltung. BMF-Schreiben v. 7.12.2000, BStBl. I 2001, S. 47; die inkongruente Gewinnausschüttung ist von einer disquotalen Gewinnverteilung zu unterscheiden. Zur disquotalen Gewinnverteilung Groh, Disquotale Gewinnverteilung in Kapitalgesellschaften – Ein Freibrief des BFH?, DB 2000, S. 1433. Die inkongruente GA darf nicht mit einer inkongruenten Einlage verbunden werden, Jost, Gestaltungsüberlegungen zum Ausschüttungsverhalten im Übergangszeitraum, DStR 2001, S. 961 (964); zu Problematik einer inkongruenten Einlage als „besondere Leistung" Bartmuß/Möser, Die inkongruente Gewinnausschüttung nach dem BMF-Erlass vom 7.12.2000, BB 2001, S. 1329 (1332). Zu Vorzugsanteilen als Sonderfall einer inkongruenter Ausschüttung, Blumers/Beinert/Witt, Individuell gesteuerter Gewinnfluss zur Gesellschafterebene bei Kapitalgesellschaften (Teil I), DStR 2002, S. 565 (568).

1121 Pezzer, Die verdeckte Gewinnausschüttung im Körperschaftsteuerrecht, 1986, S. 2.

1122 Kohlhepp, Die Korrespondenzprinzipien der verdeckten Gewinnausschüttung, DStR 2007, S. 1502 ff. Zur Problematik der Beweislast im Fall einer vGA Eppler, Die Beweislast (Feststellungslast) bei der verdeckten Gewinnausschüttung, DStR 1998, S. 339. Zu verfahrensrechtlichen Änderung des Einkommen- bzw. Körperschaftsteuer – Bescheids i. R. d. § 32a Abs. 1 KStG s. Dötsch/Pung, JStG 2007: Die Änderungen des KStG und des GewStG, DB 2007, S. 11 (12 ff); auch Trossen, Die Neuregelung des § 32a KStG zur Berücksichtigung von verdeckten Ausschüttungen und verdeckten Einlagen, DStR 2006, S. 2295 (2297 ff.). Zur nahestehenden Person als Korrekturadressat sowie zu Problematik des § 32a KStG als *Ermessensnorm*, Pohl, Zweifelsfragen bei der Korrektur von Steuerbescheiden nach § 32a Abs. 1 KStG, DStR 2007, S. 1336 (1338).

1123 Pezzer, Die verdeckte Gewinnausschüttung im Körperschaftsteuerrecht, 1986, S. 64 ff. Zum Verhältnis von Entnahmen und Einlagen Beiser, Entnahmen und Einlagen – Eine systematische Betrachtung zur Trennung von Aufwand und Nutzen, DB 2003, S. 15.

1124 Zu Vermögensminderung Wassermeyer, Die Einkommens- und Vermögensminderung bei einer verdeckten Gewinnausschüttung, DStR 1990, S. 549 ff.

kommens auswirkt und in keinem Zusammenhang mit einer offenen Ausschüttung steht" verstanden.[1125]

Nach der aktuellsten Definition der vGA durch die Rechtsprechung wurde der Satz „auf die Höhe des Einkommens" durch den Satz „auf die Höhe des Unterschiedsbetrages gem. § 4 Abs. 1 S. 1 EStG i. V. m. § 8 Abs. 1 KStG" ersetzt.[1126] Mit anderen Worten handelt es sich um eine vGA, die die Körperschaft zu einem *niedrigen Jahresüberschuss* führt, wenn eine Zuwendung an den Anteilseigner *„zu Unrecht als Betriebsausgabe behandelt oder zugunsten des Anteilseigners auf Betriebseinnahmen verzichtet wurde*".[1127]

Im Mittelpunkt des Rechtsinstituts „vGA" steht die gesellschaftsrechtliche Veranlassung der Zuwendung. Im Regelfall ist eine Vermögensminderung durch das Gesellschaftsverhältnis veranlasst, wenn die Kapitalgesellschaft ihrem Gesellschafter oder einer diesem nahestehenden Person einen Vermögensvorteil zuwendet, den sie bei Anwendung der Sorgfalt eines ordentlichen und gewisshaften Geschäftsleiters einem Nichtgesellschafter nicht gewährt hätte.[1128] Die gesellschaftsrechtliche Veranlassung wurde durch die Rechtsprechung als ein objektiver Maßstab, unabhängig von subjektiven Kriterien, entwickelt, so dass die Zweck-

---

1125 BFH – Urteil v. 2.2.1994 – I R 78/92 – BStBl. II 1994, S. 479 (480). Das KStG selbst definiert nicht den Begriff „vGA". Deshalb ist es sinnvoll zur Auslegung dieses unbestimmten Rechtsbegriffes eine Betrachtung der historischen Entwicklung der „vGA". Bdvb-Arbeitskreis „Steuern und Revision" im Bundesverband Deutscher Volks- und Betriebswirte e. V. (bdvb), Grundlegende Aspekte zur verdeckten Gewinnausschüttung, DStR 1997, S. 562 (563); Merkmale einer vGA waren: a) eine Vermögensminderung (oder verhinderte Vermögensmehrung) b) mit Auswirkung auf die Höhe des Einkommens c) durch eine gesellschaftliche Veranlassung d) und kein Zusammenhang mit einer offenen GA. Ziel dieser Definition war eine klare Trennung zwischen der vGA des § 8 Abs. 3 S. 2 KStG und der „anderen Ausschüttung" des § 27 KStG. Hierzu vgl. Meyer – Sievers, Der „neue" Begriff der verdeckten Gewinnausschüttung im Verhältnis zum Betriebsvermögensbegriff des § 4 Abs. 1 EStG und zum Bestandsvergleich, DStR 1990, S. 543 ff. Zur Unterscheidung zwischen einer vGA und einer „anderen Ausschüttung", Wassermeyer, Verdeckte Gewinnausschüttungen und verdeckte Einlagen, DStR 1990, S. 158 (159).

1126 BFH – Urteil v. 7.8.2002 I R 2/02 – BStBl. II 2004, S. 131; BFH – Urteil v. 28.1.2004 – I R 21/03 – DB 2004, S. 1073; BFH – Urteil v. 14.7.2004 – I R 16/03 –BStBl. II 2004, S. 1010 (1011). Zum Korrespondenzprinzip im Bereich der vGA, Wassermeyer, Neues zur Definition der verdeckten Gewinnausschüttung, DB 2002, S. 2668. Vgl. auch das Element der sog. „Vorteilsgeneigtheit". Zum Inhalt der „Vorteilsgeneigtheit", Rose, Die „Vorteilsgeneigtheit" als unerlässliche Voraussetzung für die Annahme verdeckter Gewinnausschüttungen, DB 2005, S. 2596 (2597).

1127 Hey, in: Tipke/Lang, Steuerrecht, 19. Auflage 2008, § 11, Rdnr. 70.

1128 BFH – Urteil v. 2.12.1992 – I R 54/91 – BStBl. II 1993, S. 311 (312); ausführlich Schwedhelm, in: Streck, KStG – Kommentar, 7. Auflage 2008, § 8, Rdnr. 175 ff. Das vom Fremdvergleich abweichende Verhalten der Kapitalgesellschaft und ihres Gesellschafters *indiziert* die Veranlassung im Gesellschaftsverhältnis, BFH – Urteil v. 19.3.1997 – I R 75/96 – BStBl. II 1997, S. 577 (578). Bei gemischten Zuwendungen teilweise im Interesse der Körperschaft und teilweise im Interesse der Gesellschafter ist zwischen Betriebsausgaben und vGA zu unterscheiden. Schwedhelm, in: Streck, KStG – Kommentar, 7. Auflage 2008, § 8, Rdnr. 252.

richtung des Handelnden als ein *innerer Vorgang* verstanden wird und die vGA nur anhand der *objektiv nach außen in Erscheinung tretenden Merkmale des Einzelfalles* festgestellt werden kann.[1129] Zudem ist auch das Kriterium der *finalen Ausrichtung* zu erwähnen. Es genügt ein *zielgerichtetes Verhalten* und zwar eine *finale Begünstigung* des Gesellschafters.[1130]

Im Rahmen des Fremdvergleichs[1131] als Hilfsmittel zur Entdeckung einer vGA wurde der Maßstab des Handelns eines ordentlichen und gewissenhaften Geschäftsleiters in der Literatur als „*Unterform des hypothetischen Fremdvergleichs, der ein Fall der Anwendung von widerlegbaren Vermutungen auf Grund eines Regelverhaltens ist*", bezeichnet.[1132] Anhaltspunkte für die Beurteilung des Fremdvergleichs sind Angemessenheit[1133], Üblichkeit[1134] oder auch Ernsthaftigkeit[1135].[1136]

Außerdem wurde bei der Zuwendung eines Vermögensvorteils[1137] an beherrschende Gesellschafter[1138] durch die Rechtsprechung als Beurteilungskriterium

---

1129 BFH – Urteil v. 7.12.1988 – I R 25/82 – BStBl. II 1989, S. 248 (249).

1130 Schulte, in: Erle/Sauter, KStG – Kommentar, 2. Auflage 2006, § 8 KStG, Rdnr. 156.

1131 Zum Fremdvergleich Wochinger, in: Dötsch/Jost/Pung/Witt, KStG – Kommentar, § 8 Abs. 3 KStG n. F., Rdnr. 100 ff. Vgl. auch Becker, Der ordentliche Geschäftsleiter – Ist sein Grab schon geschaufelt?, DB 1996, S. 1439. Zum *internen, externen und hypothetischen* Fremdvergleich Wassermeyer, Veranlassung und Fremdvergleich, in: FS für Offerhaus, 1999, S. 405 (409 ff.). Krit. gegenüber dem Fremdvergleich Hoffmann, Der wirtschaftliche Vorteil für die Kapitalgesellschaft als verdeckte Gewinnausschüttung, DStR 1996, S. 729. Neben dem ordnungsgemäß handelnden Geschäftsleiter wurde auch als Hilfsmittel die sog. *Erstausstattung* erläutert, Schwedhelm, in: Streck, KStG – Kommentar, 7. Auflage 2008, § 8, Rdnr. 265.

1132 Wassermeyer, Verdeckte Gewinnausschüttung: Veranlassung, Fremdvergleich und Beweisrisikoverteilung, DB 2001, S. 2465 (2467).

1133 Zur Angemessenheit Senger/Schulz, Das Rechtsinstitut der verdeckten Gewinnausschüttung – Notwendigkeit einer grundlegenden Reform, DStR 1997, S. 1830 (1832). Zu Angemessenheitsfällen Rose, Unternehmenssteuerrecht, 2. Auflage 2004, S. 81 ff.

1134 BFH – Urteil v. 16.12.1992 – I R 2/92 – BStBl. II 1992, S. 455 (456).

1135 BFH – Urteil v. 6.12.1995 – I R 88/94 – BStBl. II 1995, S. 383.

1136 Schulte, in: Erle/Sauter, KStG – Kommentar, 2. Auflage 2006, § 8 KStG, Rdnr. 157 ff. Vgl. auch die Auffassung, dass die vGA nach einer zweistufigen Prüfung zu beurteilen ist. Auf der ersten Stufe sollte nach den Fremdvergleichskriterien geprüft werden und nachfolgend auf einer zweiten Stufe, ob die Annahme einer vGA sachgerecht ist und mit den speziellen Umständen des Falles übereinstimmt, Ahrenkiel/Peters, Wende bei der Beurteilung von verdeckten Gewinnausschüttungen nach der neuen BFH – Rechtsprechung, DStR 1997, S. 1349 (1353).

1137 Zum Vermögensvorteil Schulte, in: Erle/Sauter, KStG – Kommentar, 2. Auflage 2006, § 8 KStG, Rdnr. 148. Nunmehr muss die Unterschiedsbetragsminderung bei der Körperschaft die Eignung haben, beim Gesellschafter einen sonstigen Bezug i. S. d. § 20 Abs. 1 Nr. 1 S. 2 EStG auszulösen. BFH – Urteil v. 7.8.2002 – I R 2/02 – BStBl. II 2004, S. 131.

1138 Ausgangspunkt der Beherrschungsstellung eines Gesellschafters ist die Erzwingung mittels seiner Gesellschafterstellung zum Abschluss des zu beurteilenden Rechtsgeschäftes. Zu Besonderheiten des beherrschenden Gesellschafters Schulte, in: Erle/Sauter, KStG – Kommentar, 2. Auflage 2006, § 8 KStG, Rdnr. 178 ff.

für das Vorliegen einer vGA das Fehlen einer klaren, zivilrechtlich wirksamen[1139], tatsächlich durchgeführten[1140] und von vornherein abgeschlossenen Vereinbarung[1141] angenommen.[1142]

Darüber hinaus ist es möglich, die Zuwendung dem Gesellschafter mittelbar zuzuwenden, indem sie an eine ihm *nahestehende Person* gerichtet wird.[1143] Auch dann ist eine veranlasste Zuwendung durch das Gesellschaftsverhältnis erforderlich. Zwischen dem Gesellschafter und dem Dritten muss eine Beziehung bestehen, die die erbrachte Leistung zu erklären imstande ist.[1144] In diesem Fall besteht ein *Deckungsverhältnis* zwischen dem Gesellschafter und der Kapitalgesellschaft und ein *Valutaverhältnis* zwischen dem Gesellschafter und dem Dritten.[1145]

Die zahlreichen Beispielfälle von vGA, die in verschiedenen Formen auftreten[1146], sind in Abschnitt 31 Abs. 3 KStR aufgeführt.

Steuerrechtlich werden vGA wie offene GA durch die Vorschriften der Körperschaft- bzw. Gewerbesteuer belastet. Zunächst führt die vGA zu einer Gewinnkorrektur auf der zweiten Stufe der Gewinnermittlung nach § 8 Abs. 3 S. 2 KStG und zwar außerhalb der Steuerbilanz.[1147] Die vGA ist auf der Ebene der Körperschaft rückgängig wieder hinzuzurechnen. Bei § 8 Abs. 3 S. 2 KStG handelt es

1139 Tiedtke, Zur steuerlichen Bedeutung der bürgerlich-rechtlichen Wirksamkeit von Verträgen zwischen der GmbH und ihrem beherrschenden Gesellschafter, DStR 1993, S. 933 ff. Hierzu vgl. auch das sog. *Selbstkontrahierungsverbot*, Geiger, in: Dötsch/Jost/Pung/Witt, KStG – Kommentar, § 8 Abs. 3 KStG n. F., Rdnr. 326 ff.

1140 Die tatsächliche Durchführung ist nur ein Indiz für ernstgemeinte Vereinbarungen. Hierzu Schwedhelm, in: Streck, 7. Auflage 2008, KStG – Kommentar, § 8, Rdnr. 385.

1141 Vgl. das sog. *Nachzahlungs- oder Rückwirkungsverbot*, Hey, in: Tipke/Lang, Steuerrecht, 19. Auflage 2008, § 11, Rdnr. 78.

1142 BFH – Urteil v. 6.12.1995 – I R 88/94 – BStBl. II 1996, S. 383 (384); BFH – Urteil v. 9.7.2003 – I R 100/02 – DB 2003, S. 2470 (2472); BFH – Urteil v. 28.1.2004 – I R 50/03 – DB 2004, S. 790 (791).

1143 Zu nahestehenden Personen Wochinger, in: Dötsch/Jost/Pung/Witt, KStG – Kommentar, § 8 Abs. 3 KStG n. F., Rdnr. 82 ff.

1144 Zu Zusammentreffen von vGA und vE bei Dreiecksfällen Dörfler/Heurung/Adrian, Korrespondenzprinzip bei verdeckter Gewinnausschüttung und verdeckter Einlage, DStR 2007, S. 514 (518 ff.).

1145 Frotscher, Körperschaftsteuer, 2004, S. 173 ff.

1146 Im Schrifttum werden die vGA in fünf Grundformen zusammengefasst: a) Überpreisleistung des Gesellschafters, b) Überpreislieferung des Gesellschafters, c) Rechtsverzicht der Kapitalgesellschaft, d) Unterpreisleistung der Kapitalgesellschaft und e) Unterpreislieferung der Kapitalgesellschaft, Scheffler, Korrektur von unangemessenen Vertragsbeziehungen zwischen einer Kapitalgesellschaft und ihren Anteilseignern, BB 2002, S. 543.

1147 BMF – Schreiben v. 28.5.2002, BStBl. I 2002, S. 603; BFH – Urteil v. 31.3.2004 – I R 70/03 – BStBl. II 2004, S. 937 (938); a. A. Bareis, Außerhalb der Steuerbilanz? Vom unklaren Denken zur Besteuerung nach Gutdünken, BB 2005, S. 354.

sich nämlich nicht um eine Einkommensermittlungsvorschrift, sondern um eine *Gewinn- bzw. Einkünftekorrekturvorschrift.*[1148]

Auf Ebene des Empfängers der vGA ist zwischen der Kapitalgesellschaft und einer natürlichen Person zu unterscheiden. Im ersten Fall bleibt die vGA nach § 8b Abs. 1 S. 1 KStG – bis auf die Pauschalbesteuerung von 5% nach § 8b Abs. 5 S. 1 KStG – bei der Einkommensermittlung der empfangenden Kapitalgesellschaft unberücksichtigt. Falls der Vorteilsempfänger eine natürliche Person ist, sind die vGA als Einkünfte aus Kapitalvermögen (§§ 20 Abs. 2 Nr. 1 i. V. m. 32d EStG) oder als Einkünfte aus Gewerbebetrieb (§ 15 i. V. m. § 3 Abs. 40 EStG) zu qualifizieren.[1149]

3. *Einlagen*

Der Begriff „Einlagen" wird nicht gesetzlich i. R. d. KStG bestimmt. Zudem gelten für Einlagen die Vorschriften des § 4 Abs. 1 EStG, der jedoch keinen vollständigen Einlagebegriff enthält.[1150] Demgemäß sind Einlagen alle WG, die der Steuerpflichtige dem Betrieb im Laufe des Wirtschaftsjahres zugeführt hat.

Nach einer anderen Definition sind Einlagen *„die vom Gesellschafter aufgrund einer gesellschaftsrechtlichen Grundlage geleisteten Vorteilszuwendungen an seine Gesellschaft mit Rücksicht auf sein Mitgliedschaftsrecht"*[1151].

Darüber hinaus ergibt sich, dass Einlagen bei der Gewinnermittlung auszunehmen sind, weil diese Vermögensmehrungen, die nicht im betrieblichen Rahmen entstanden sind, nicht die wirtschaftliche Leistungsfähigkeit des Betriebes widerspiegeln.[1152] Einlagefähig sind nur bilanzierbare Vermögenswerte.[1153] Es kann sich um Bar- oder Sacheinlagen handeln. Die Einlagen werden auf Gesellschaftsebene, sofern sie aktivierungsfähig sind, mit dem Teilwert bewertet. Anhand bestimmter gesetzlicher Grundlage mit den Buch- oder Werten zwischen

1148 Schulte, in: Erle/Sauter, KStG – Kommentar, 2. Auflage 2006, § 8 KStG, Rdnr. 75.

1149 Soweit die vGA sich im PV der natürlichen Person befinden, unterliegen sie der Abgeltungsteuer. Wenn sie sich im BV befinden, sind sie zu 40% steuerfrei, während die verbleibenden 60% als gewerbliche Einkünfte der natürlichen Person zu versteuern sind, Scheffler, Besteuerung von Unternehmen I, 10. Auflage 2007, S. 226.

1150 Zur Unterscheidung zwischen Einlage und Beitrag, Groh, Nutzungseinlage, Nutzungsentnahme und Nutzungsausschüttung (Teil I), DB 1988, S. 514 (518).

1151 Schwedhelm, in: Streck, KStG – Kommentar, 7. Auflage 2008, § 8, Rdnr. 61.

1152 Schulte, in: Erle/Sauter, KStG – Kommentar, 2. Auflage 2006, § 8 KStG, Rdnr. 297; auch Frotscher, Körperschaftsteuer, 2004, S. 218.

1153 BFH – Urteil v. 24.5.1984 – I R 166/78 – BStBl. II 1984, S. 747.

Buch- und Teilwerten angesetzt werden.[1154] Des Weiteren ist bei den Einlagen zwischen offenen und verdeckten zu unterscheiden.[1155]

a) *Offene Einlagen*

Offene Einlagen sind „*alle Einlagen, die auf einer gesellschaftsrechtlichen Verpflichtung zur Kapitalaufbringung beruhen*“[1156]. Die offenen Einlagen kommen auf das Nennkapital oder in den Kapitalrücklagen vor und entsprechen den gesellschaftsrechtlichen Bestimmungen des § 272 Abs. 2 HGB.

Die Anschaffung der Gesellschaftsrechte gegen Übernahme der Einlageverpflichtung und die Veräußerung der Einlagegüter, wenn sie sich zusammenfassen lassen, stellen nach einer Auffassung in bilanzrechtlicher Sicht ein *tauschähnliches Geschäft* dar.[1157] Die Gesellschafter bringen in die Gesellschaft Bar- oder Sacheinlagen ein und empfangen als Gegenleistung Gesellschaftsanteile. Wegen dieses tauschähnlichen Vorganges entstehen der Kapitalgesellschaft AK in Höhe des angerechneten auf die gesellschaftliche Einlageforderung Einlagegegenstandwertes. Falls der Wert des zugeführten WG höher ist, dann ergibt sich durch den aufgeteilten Vorgang eine mit dem Teilwert anzusetzende verdeckte Einlage (§ 6 Abs. 1 Nr. 5 EStG).

Zu anderen Ergebnissen führt eine Einbringung nach § 20 UmwStG. In diesem Fall steht der Kapitalgesellschaft ein Wahlrecht auf Ansetzung der übernommenen WG mit den steuerlichen (Teil-, Zwischen- oder Buch-) Werten zu.

Dem Gesellschafter entstehen AK infolge des Erwerbs der Gesellschaftsanteile i. H. d. gemeinen Wertes des WG (§ 6 Abs. 6. S. 1 EStG). § 6 Abs. 6 S. 1 EStG ist nur anzuwenden, sofern das zugeführte WG aus dem BV herrührt. Sofern der Gesellschafter keine neuen gesellschaftlichen Anteile erhält, sind die nachträglichen AK, die auf seine bisherige Beteiligung entstanden sind, mit dem gemeinen Wert des WG zu bewerten. Falls das zugeführte WG zum PV des Gesellschafters

---

1154 Schwedhelm, in: Streck, KStG – Kommentar, 7. Auflage 2008, § 8, Rdnr. 66. Zur sog. Aufwandseinlage Crezelius, in: Kirchhof, EStG Kompakt Kommentar, 8. Auflage 2008, § 4, Rdnr. 102.

1155 Nach Auffassung von Schwedhelm ist diese Unterscheidung zwischen verdeckten und offenen Einlagen nicht exakt, Schwedhelm, in: Streck, KStG – Kommentar, 7. Auflage 2008, § 8, Rdnr. 80.

1156 Schulte, in: Erle/Sauter, KStG – Kommentar, 2. Auflage 2006, § 8 KStG, Rdnr. 310.

1157 Groh, Ist die verdeckte Einlage ein Tauschgeschäft?, DB 1997, S. 1683 (1684). Hierzu vgl. auch, dass die Bar- und Sacheinlagen Realakte aus bilanzrechtlicher Sicht sind. Zusätzlich ist die Einlage als tatsächliche Handlung von der gesellschaftsrechtlichen Einlage, die auf einem mitgliedschaftlichen Schuldverhältnis beruht, zu unterscheiden. Daher ist zwischen dem Einlagevollzug als dem Verfügungsgeschäft und dem Verpflichtungsgeschäft zu differenzieren, Büchele, Offene und verdeckte Einlagen im Bilanz- und Gesellschaftsrecht, DB 1997, S. 2337 ff.

gehörte, dann führt zu einer Gewinnrealisierung nach §§ 17, 23 EStG. Hinsichtlich der Entstehung von AK gilt das Gleiche wie bei aus dem BV stammenden WG.[1158]

b) *Verdeckte Einlagen*

Der Begriff „*verdeckte Einlagen*" ergibt sich weder aus dem KStG noch aus dem HGB, sondern aus der KStR 40 und der Rechtsprechung des BFH[1159]. Nach einer im Schrifttum vertretenen Meinung ist die verdeckte Einlage ein *steuerrechtliches Institut* und stellt weder ein Produkt des Handelsrechts noch ein Tauschgeschäft dar.[1160] Gemäß Abs. 1 der KStR 40 liegt eine verdeckte Einlage vor, „*wenn ein Gesellschafter oder eine ihm nahestehende Person der Körperschaft außerhalb der gesellschaftsrechtlichen Einlagen einen einlagefähigen Vermögensvorteil zuwendet und diese Zuwendung durch das Gesellschaftsverhältnis veranlasst worden ist*".[1161]

Der Fremdvergleich spielt auch beim Rechtsinstitut der verdeckten Einlage eine bedeutende Rolle. Das Gesellschaftsverhältnis ist dann ursächlich, wenn ein Nichtgesellschafter bei Anwendung der Sorgfalt eines ordentlichen Kaufmanns der Gesellschaft den Vermögensvorteil nicht eingeräumt hätte.[1162]

Nach einer in der Literatur vertretenen Auffassung bildet die verdeckte Einlage „*das Spiegelbild der verdeckten Gewinnausschüttung*"[1163], obwohl diese Definition

---

1158 Schulte, in: Erle/Sauter, KStG – Kommentar, 2. Auflage 2006, § 8 KStG, Rdnr. 312 ff.

1159 BFH – Urteil v. 9.3.1983 – I R 182/78 – BStBl. II 1983, S. 744.

1160 Weber-Grellet, Die verdeckte Einlage, DB 1998, S. 1532 (1535 ff.).

1161 Zum Einlagebegriff sowie zum Bestehen keiner Maßgeblichkeit der Handels- für die Steuerbilanz bei verdeckten Einlagen im Kontext „Gesellschaft – Gesellschafter" s. Kussmaul/Klein, Maßgeblichkeitsprinzip bei verdeckter Einlage und verdeckter Gewinnausschüttung, DStR 2001, S. 189 ff. Die verdeckte Einlage ist mit der sog. „*verschleierten Sacheinlage*" zu unterscheiden. Darüber hinaus ist nach derselben Auffassung zwischen bilanziellen und gesellschaftlichen Einlagen zu unterscheiden und verdeckte Einlagen i. S. d. Bilanzrechts können nur vorliegen, wenn die GuV berührt ist, Büchele, Die verdeckte Einlage im Brennpunkt von Bilanz- und Gesellschaftsrecht, DB 1999, S. 2336 (2337). Nach einer anderen Auffassung liegt eine verdeckte Einlage vor, wenn die Einlage ins übrige Eigenkapital der Kapitalgesellschaft geleistet wird, Hoffmann, Die Einlagen in Kapitalgesellschaften als Bilanzierungsproblem beim Einlegenden, BB 1996, Beilage zu Heft 40, S. 1 (2). Zur verschleierten Sacheinlage Tillmann, Die Heilung verschleierter Sacheinlagen unter besonderer Berücksichtigung des BGH – Beschlusses vom 4.3.1996 II B 8/95, DB 1997, S. 2509.

1162 BFH – Urteil v. 14.8.1974 – I R 168/72 – BStBl. II 1975, S. 123; BFH – Urteil v. 9.3.1983 – I R 182/78 – BStBl. II 1983, S. 744. Im Gegensatz zur Einlage genügt für die Entnahme schon ein *betriebsfremd dienendes Handeln*, Hey, in: Tipke/Lang, Steuerrecht, 19. Auflage 2008, § 17, Rdnr. 181.

1163 Hey, in: Tipke/Lang, Steuerrecht, 19. Auflage 2008, § 11, Rdnr. 93. Im Schrifttum wird auch die verdeckte Einlage als *das Pendant* zu verdeckten Gewinnausschüttungen betrachtet, Parczyk, Verdeckte Einlagen sind wegen des Trennungsprinzips das Pendant zu verdeckten Gewinnausschüttungen, BB 1998, S. 924 ff.

nicht vollständig ist, da WG grundsätzlich nur solche Gegenstände einer Einlage sein können, die in eine Bilanz aufgenommen werden können,[1164] und überdies nur solche, die zu einer Vermehrung des Vermögens der Kapitalgesellschaft führen.[1165] Insbesondere wird eine verdeckte Einlage nur dann angenommen, wenn sie in der gesellschaftlichen Steuerbilanz zu einer Erhöhung der Aktiva oder zu einer Minderung der Passiva führt.[1166] Zudem können einlagefähige Gegenstände sowohl materielle als auch immaterielle WG sein.[1167] Andererseits können unentgeltliche oder unangemessen niedrig vergütete Dienst-, Gebrauchs- oder Nutzungsüberlassungen nicht zu einer verdeckten Einlage führen.[1168]

Die vE sind bei der aufnehmenden Kapitalgesellschaft mit dem Teilwert anzusetzen, wobei die Vorschriften des § 8 Abs. 1 KStG i. V. m. § 6 Abs. 1 Nr. 5 und Abs. 6 EStG Anwendung finden.[1169] Die vE sind steuerrechtlich wie die offenen Einlagen erfolgsneutral zu behandeln (§ 8 Abs. 3 S. 3 KStG)[1170], und deshalb außerhalb der Bilanz abzuziehen. Demzufolge müssen sie auf der Gesellschaftsebene auf dem steuerlichen Einlagekonto (gem. § 27 KStG) ausgewiesen werden.

Auf der Ebene des Gesellschafters werden durch die vE, in die Kapitalgesellschaft die AK der Beteiligung um den Teilwert der Einlagen erhöht (§ 6 Abs. 6 S. 2 EStG), falls die Einlage aus dem BV des Gesellschafters stammt.[1171] In einem anderen Fall, nämlich dann, wenn die Vorschriften des § 6 Abs. 6 S. 3 EStG in Bezug auf eine vE innerhalb der dreijährigen Frist des § 6 Abs. 1 S. 1 Nr. 5 Buchst. a EStG in Betracht kommen, sind die Buchwerte fortzuführen. In dem Fall, dass die Einlage aus dem PV des Gesellschafters herrührt und sie zu einer

---

1164 BFH – Urteil v. 26.10.1987 – GrS. 2/86 – BStBl. II 1988, S. 348 (352).

1165 BFH – Urteil v. 24.5.1984 – I R 166/78 – BStBl. II 1984, S. 747.

1166 H 40 KStR.

1167 Zu einlagefähigen WG u. a. gehören (Buch-) Geld, Devisen, Geldscheinen, der originäre Firmenwert, Geschäftswert, dingliche Nutzungsrechte u. s. w., Frotscher, Körperschaftsteuer, 2004, S. 220 ff.

1168 Schwedhelm, in: Streck, KStG – Kommentar, 7. Auflage 2008, § 8, Rdnr. 107. Insbesondere Nutzungen können nicht einlagefähig sein und demzufolge können sie nicht als verdeckte Einlagen qualifiziert werden, Scheffler, Besteuerung von Unternehmen I, 10. Auflage 2007, S. 227. Zu Nutzungen vgl. auch Groh, Nutzungseinlage, Nutzungsentnahme und Nutzungsausschüttung (Teil I), DB 1988, Heft 10, S. 514.

1169 R 40 Abs. 4 S. 1 KStR.

1170 Darüber hinaus ist in § 8 Abs. 3 S. 4 KStG ein *Korrespondenzprinzip* für vE vorgesehen. Krit. gegenüber der Europarechtskonformität des Korrespondenzprinzips i. S. d. § 8 Abs. 3 S. 4 KStG, Dörfler/Heurung/Adrian, Korrespondenzprinzip bei verdeckter Gewinnausschüttung und verdeckter Einlage, DStR 2007, S. 514 (517 ff.).

1171 Dieser Vorgang führt zu einer Gewinnrealisierung i. H. d. Differenz zwischen dem Teilwert des verdeckt eingelegten WG und dem bisherigen Buchwert des aus dem BV des Übertragenden entnommenen WG, Füger/Rieger, Verdeckte Einlage in eine Kapitalgesellschaft zu bewerten, DStR 2003, S. 628 (629).

Gewinnrealisierung bei dem Gesellschafter nach §§ 17, 23 EStG führt, ist sie bei der Gesellschaft mit dem Teilwert zur Vermeidung einer Doppelbesteuerung stiller Reserven anzusetzen. Ansonsten ist die Einlage bei der Kapitalgesellschaft entweder mit dem Teilwert oder mit den fortgeführten Anschaffungs- bzw. Herstellungskosten anzusetzen.[1172]

Ein besonderer Fall einer vE liegt schließlich dann vor, wenn der Gesellschafter auf eine Forderung gegenüber der Gesellschaft verzichtet.[1173] Zu Beurteilung eines betrieblichen bzw. durch das Gesellschaftsverhältnis veranlassten Forderungsverzichts ist das Fremdvergleichskriterium maßgeblich.[1174] Gleiches gilt bei einer Forderungsabtretung an die Kapitalgesellschaft oder beim Schuldwiderruf. Ein Forderungsverzicht ist auch durch eine dem Gesellschafter nahestehende Person aus unterschiedlichen Gründen möglich.[1175]

Auf Ebene der Gesellschaft führt der Forderungsverzicht handelsrechtlich zur Realisierung eines Ertrages in Höhe des ausgewiesenen Nennwertes der Verbindlichkeit. Wenn dieser Forderungsverzicht zugleich eine Einlage des Gesellschafters darstellt, dann ist steuerrechtlich eine Minderung des handelsrechtlichen Ergebnisses um den Betrag der Einlage außerhalb der Bilanz erforderlich. Aus steuerrechtlicher Sicht führt dieser Verzicht bei der Kapitalgesellschaft zu einer steuerfreien Vermögensmehrung i. H. d. werthaltigen Teils der Forderung und zu einem steuerpflichtigen Ertrag i. H. d. wertlosen Teils der Forderung. Dieser Verzicht führt aber zu keinem tatsächlichen Vermögenszuwachs.

Auf Ebene des Gesellschafters führt der Verzicht zu einer gewinnmindernden Teilwertabschreibung nach § 6 Abs. 1 Nr. 2 S. 2 EStG, sofern die Forderung zum BV des Gesellschafters gehört und nicht mehr vollwertig ist. Wenn die Forderung zum PV des Gesellschafters gehört, findet ihr Zufluss ihm zum Zeitpunkt des Verzichtes statt. Eine Beschränkung des Zuflusses und der Einlage auf den werthaltigen Teil wird im Fall einer nicht mehr vollwertigen Forderung vorgenommen.[1176]

1172 Zur Bewertung der vE, Schulte, in: Erle/Sauter, KStG – Kommentar, 2. Auflage 2006, § 8 KStG, Rdnr. 321 ff.; zu steuerlichen Folgen Hey, in: Tipke/Lang, Steuerrecht, 19. Auflage 2008, § 11, Rdnr. 94.

1173 Crezelius, in: Kirchhof, EStG – Kompaktkommentar, 8. Auflage 2008, § 4, Rdnr. 104.

1174 Zur Abgrenzung zwischen einem betrieblich veranlassten von einem gesellschaftsrechtlich veranlassten Forderungsverzicht Helm/Krinninger, Steuerrechtliche Folgen des Gesellschafterverzichts auf Forderungen gegenüber einer Kapitalgesellschaft, DB 2005, S. 1989 (1990 ff.).

1175 BFH – Urteil v. 9.6.1997 – GrS. 1/94 – BStBl. II 1998, S. 307 (312).

1176 Schulte, in: Erle/Sauter, KStG – Kommentar, 2. Auflage 2006, § 8 KStG, Rdnr. 337 ff; vgl.auch Gebhardt, Besteuerungsfolgen für den GmbH – Gesellschafter nach dem Beschluss des GrS. des BFH zum Forderungsverzicht, DStR 1998, S. 225. Vgl. auch die Meinung, dass unter Durchbrechung der Bilanzierung bei der Gesellschaft ein Forderungsverzicht des Gesellschafters zu steuerlich abzugsfähigen Betriebsausgaben bei der Gesellschaft führen kann, Kempf/Uhlig, Überlegungen zum Darlehensverzicht in der Krise, DStR 2000, S. 723 (725).

Kapitel 2. Die Besteuerung der Kapitalgesellschaften im griechischen Recht

A. Die Rechtsformen der Kapitalgesellschaften in Griechenland

I. Anonymi Eteria[1177]

Die gesetzliche Grundlage einer gr. AG ist das Gesetz 2190/1920[1178], das durch das Gesetz 3604/2007[1179] wesentlich ausgedehnt und ergänzt wurde. Die gr. AG ist eine Handels- bzw. Kapitalgesellschaft mit Rechtspersönlichkeit, beschränkter Haftung, eigenen Gesellschaftsorganen, körperschaftlicher Struktur, deren Schicksal vom Schicksal ihrer AE abgekoppelt ist und bei der das Trennungsprinzip gilt.[1180] Zu den wesentlichen Gründungsvoraussetzungen einer gr. AG gehören die Feststellung der Satzung, die Aufbringung des Grundkapitals durch Übernahme von Aktien, die Prüfung der Satzung, sowie unter Umständen die Verwaltungsgenehmigung[1181] und die Erfüllung der Publizitätsvoraussetzungen.[1182]

Zur Entstehung der Gesellschaft ist die Feststellung der Satzung durch einen abgeschlossenen Gesellschaftsvertrag zwischen zwei Personen[1183] in notarieller Urkunde erforderlich.[1184] Die Satzung kann durch einen Hauptversammlungsbeschluss verändert werden. Das Gleiche gilt auch für eine Satzungskodifizierung.[1185]

1177 Der Begriff „Anonymi Eteria" entspricht der deutschen Aktiengesellschaft.

1178 Dieses Gesetz entspricht dem deutschen AktG.

1179 Gesetz 3604/2007, Regierungsblatt A' 189/8.8.2007.

1180 Zu Merkmalen einer gr. AG, Alexandridou, Gesellschaftsrecht, Band II – Kapitalgesellschaften –, 2. Auflage 2000, S. 2 ff.

1181 Zu Änderungen und Besonderheiten der Verwaltungskontrolle bzw. -zuständigkeit in Bezug auf die Gesellschaftsgründung nach dem Inkrafttreten des Gesetzes 3604/2007, Antonopoulos, Das AG- bzw. GmbH-Recht, 2. Auflage 2008, S. 45 ff.

1182 Rokas, Handelsgesellschaften, 4. Auflage 1996, S. 157.

1183 Vgl. die Ausnahme des Art. 1 der Rechtsverordnung 4014/59 für die Gründung einer gr. AG nur durch eine ministerielle Entscheidung; die Gründung einer gr. Einmann-AG wurde durch Art. 3 des Gesetzes 3604/2007 ermöglicht.

1184 Art. 4 Abs. 1, 40 gr. HGB i. V. m. Art. 61, 63 ZGB.

1185 Rokas, Handelsgesellschaften, 4. Auflage 1996, S. 157; vgl. auch Perakis, Die Kodifizierung der Satzung, DFN 1994, S. 35.

Die Satzung muss nach Art. 2 des Gesetzes 2190/1920 zumindest die Firma,[1186] den Zweck,[1187] den Sitz,[1188] die Dauer, die Höhe und die Aufbringungsart des Grundkapitals,[1189] die Aktienart und den Aktienwert, sowie die persönlichen Angaben zu den Beteiligten enthalten.[1190]

Das oberste Organ einer gr. AG ist nach Art. 33 des Gesetzes 2190/1920 die Hauptversammlung.[1191] Die Hauptversammlung ist für die Beschlüsse zu allen die Gesellschaft betreffenden Themen verantwortlich.[1192] Diese werden in Art. 34, 35 und 36 des Gesetzes 2190/1920 aufgezählt und beziehen sich auf die ordentliche Hauptversammlung. Die wichtigsten davon sind die Satzungsänderung, die Bestellung bzw. Abberufung der Vorstandsmitglieder und der Buchprüfer, die Erhöhung bzw. Minderung des Grundkapitals, die Genehmigung der Bilanz oder der Dividendenausschüttung u. s. w. Die außerordentliche Hauptversammlung wird i.R.d. Art. 38 und Art. 39 Abs. 1 und 2 des Gesetzes 2190/1920 einberufen.

Die Hauptversammlung verfügt jedoch nicht über die Befugnis zur Geschäftsführung der Gesellschaft. Dazu ist allein der Gesellschaftsvorstand berechtigt. Gemäß der Regelung des Art. 22 Abs. 2 des Gesetzes 2190/1920 kann aber die Geschäftsführungsmacht des Vorstandes durch einen Beschluss der Hauptversammlung eingeschränkt werden.[1193]

Der Vorstand ist das geschäftsführende und das Vertretungsorgan einer gr. AG.[1194] Für Vorstandsmitglieder kommen alle Personen infrage, die Geschäftsfähig sind. Das Vorstandsmitglied ist, da es sich lediglich am Vorstand beteiligt, nicht als Kaufmann zu betrachten.[1195] Die Bestellung der Vorstandsmitglieder kommt durch einen Beschluss der Hauptversammlung zustande. Diese Bestellungsbefug-

---

1186 Zur Notwendigkeit der Bezeichnung A. E. (entspricht der deutschen AG) vgl. Gutachten des gr. Staatlichen juristischen Dienstes 164/1973, EEmpD 1973, S. 294.

1187 Zu Besonderheiten des Gesellschaftszwecks Antonopoulos, Das AG- bzw. GmbH-Recht, 2. Auflage 2008, S. 33 ff.

1188 Zum Sitz der Gesellschaft s. unter B. I.

1189 Zu Aufbringungsarten des Grundkapitals, Alexandridou, Gesellschaftsrecht, Band II – Kapitalgesellschaften –, 2. Auflage 2000, S. 26 ff.

1190 Nach der Rechtsprechung des StR soll in der Satzung auch die Zahl der Vorstandmitglieder vorgeschrieben werden, StRE 1861/1993, EEmpD 1993, S. 418.

1191 Vgl. Rokas, Die Machtgrenzen der Mehrheit im Recht der Aktiengesellschaften, 1971, S. 35 ff.; zu Hauptversammlungsarten Alexandridou, Gesellschaftsrecht, Band II – Kapitalgesellschaften –, 2. Auflage 2000, S. 102 ff.

1192 Zur Anfechtbarkeit oder Nichtigkeit fehlerhafter Beschlüsse der Hauptversammlung vgl. die neu ergänzten Art. 35a, 35β, 35γ des Gesetzes 2190/1920; Perakis, Das neue Recht der Aktiengesellschaften, Das Gesetz 2190/1920 nach der Ergänzung durch das Gesetz 3604/2007, S. 24, 25.

1193 Vgl. auch die Gegenmeinung des Gerichts 2. Instanz von Athen, Entscheidung 10725/1979, EEmpD 1980, S. 605.

1194 Rokas, Handelsgesellschaften, 4. Auflage 1996, S. 198; auch Areopag Entscheidung 1215/2000, EEmpD 2002, S. 369.

1195 Gericht 2. Instanz von Athen, Entscheidung 11452/1986, EEmpD 1986, S. 374.

nis kann nicht an den Vorstand oder an einen Dritten abgetreten werden.[1196] Ausnahmen von diesem Prinzip werden nur in folgenden Fällen vorgesehen[1197]:

a) Während der Gründungsphase einer gr. AG werden die ersten Vorstandsmitglieder durch die Satzung bis zur ersten ordentlichen Hauptversammlung bestellt (Art. 34 Abs. 2 lit. β des Gesetzes 2190/1920).[1198]
b) Der Vorstand ist anhand einer entsprechenden Befugnis in der Satzung zur Bestellung eines vorübergehenden Vorstandsmitglieds berechtigt, wenn dadurch ein anderes Vorstandsmitglied ersetzt werden soll.[1199] Voraussetzung dafür ist, dass mindestens drei Vorstandsmitglieder die Bestellung beschließen.[1200] Die Bestellungslaufzeit dieses vorübergehenden Mitgliedes dauert nach Art. 34 Abs. 2 lit. γ' des Gesetzes 2190/1920 bis zur nächsten Hauptversammlung.
c) In Ermangelung der erforderlichen Mindestanzahl im Vorstand oder bei einem Interessenkonflikt zwischen der Gesellschaft und den Vorstandsmitgliedern ist das örtlich zuständige Gericht zur Bestellung eines Vorstandes berechtigt (Art. 69 ZGB).[1201]

In Außenverhältnissen wurde die Vertretungsmacht des Vorstands durch die Präsidialverordnung 409/1986 erweitert und ist jetzt gegenüber gutgläubigen Dritten (unter Berücksichtigung des Art. 22 Abs. 1 S. 2 des Gesetzes 2190/1920) unbeschränkt und unbeschränkbar ohne Rücksicht auf den Rahmen des Gesellschaftszwecks.[1202] Die Geschäftsführung wird genau wie die Vertretung der Gesellschaft grundsätzlich kollektiv ausgeübt.[1203] Wenn zur Geschäftsführung bzw. Vertretung der Gesellschaft nur einzelne Personen berechtigt sind, haben die anderen Vorstandsmitglieder ein Auskunftsrecht.[1204]

Die Vorstandsmitglieder haften grundsätzlich gegenüber der Gesellschaft und nicht gegenüber den Aktionären oder den Gesellschaftsgläubigern. Den Vorstand

---

1196 Eingliedriges Gericht von Larissa, Entscheidung 466/1978, EEmpD 1979, S. 76, Anmerkung Rokas.

1197 Rokas, Handelsgesellschaften, 4. Auflage 1996, S. 201.

1198 Mehrgliedriges Gericht von Thessaloniki, Entscheidung 550/1977, ElDik 1978, S. 295; falls die erste ordentliche Hauptversammlung nicht einberufen wird, dann verlängert sich die Bestellungsdauer der Vorstandsmitglieder, Areopag Entscheidung 559/1971, EEmpD 1972, S. 63.

1199 Eingliedriges Gericht von Athen, Entscheidung 7330/71, EEmpD 1972, S. 208.

1200 StRE 1312/1955, EEmpD 1956, S. 236.

1201 Gericht 2. Instanz von Athen, Entscheidung 4426/1989, EEmpD 1991, S. 263.

1202 Rokas, Handelsgesellschaften, 4. Auflage 1996, S. 219; Areopag Entscheidung 338/1965, NoV 1966, S. 125, Anmerkung Lipovats; Gericht 2. Instanz von Athen, Entscheidung 2469/1985, EEmpD 1985, S. 465.

1203 Rokas, Handelsgesellschaften, 4. Auflage 1996, S. 215.

1204 Zur Besonderheit in Bezug auf das Auskunftsrecht Perakis, Das Auskunftsrecht der Vorstandsmitglieder, EEmpD 1991, S. 1 ff.

trifft eine Ersatzpflicht im Falle einer Pflichtverletzung (Art. 22a ff. des Gesetzes 2190/1920).[1205]

Zu den Gesellschaftsorganen gehören schließlich auch die Abschlussprüfer, die in der Praxis vereidigte Abschlussprüfer sind. Ihre Pflichten werden in Art. 37 des Gesetzes 2190/1920 festgelegt.[1206]

Die Auflösung einer gr. AG kommt nach Art. 47a Abs. 1 des Gesetzes 2190/1920 wegen Zeitablaufes, Beschlusses der Hauptversammlung, eines Insolvenzverfahrens oder durch gerichtliches Urteil infrage.[1207] Die Abberufung der Genehmigung durch eine Entscheidung der Verwaltung wurde mit dem Gesetz 3604/2007 abgeschafft.

Nach der Auflösung erfolgt die Abwicklung einer gr. AG, die während der Liquidation immer noch als juristische Person bestehen bleibt. Nur der Gesellschaftszweck ändert sich.[1208] Die Liquidation der Gesellschaft führt zur Befriedigung der Gläubiger und zur Verteilung des Vermögens an die Aktionäre.

Die Liquidation wird durch Abwickler und nicht durch den Vorstand, vorgenommen. Die Hauptversammlung behält alle Rechte, die sie vor der Liquidation hatte. Gleiches gilt auch für die Prüfer, und unberührt bleiben auch die Minderheitsrechte der Aktionäre.[1209]

II. Eteria Periorismenis Euthinis[1210]

Die gr. GmbH wird durch das Gesetz 3190/1955 geregelt, das durch die Präsidialverordnung 419/1986 ergänzt wurde. Die gr. GmbH ist eine Handelskapitalgesellschaft mit Rechtspersönlichkeit, die nach Art. 1 Abs. 1 des Gesetzes

---

1205 Vgl. auch Art. 54 ff. des Gesetzes 2190/1920; ausführlich zur Haftung der Vorstandsmitglieder Alexandridou, Gesellschaftsrecht, Band II – Kapitalgesellschaften –, 2. Auflage 2000, S. 90 ff.

1206 Zu Abschlussprüfern Mousoulas, Der Abschlussprüfer, Organ der Aktiengesellschaft, Arm. 1992, S. 107 ff.

1207 Hierzu vgl. Perakis, Das neue Recht der Aktiengesellschaften, Das Gesetz 2190/1920 nach der Ergänzung durch das Gesetz 3604/2007, 2007, S. 35 ff.

1208 Gericht 2. Instanz von Athen, Entscheidung 3614/1988, EEmpD 1989, S. 428.

1209 Rokas, Handelsgesellschaften, 4. Auflage 1996, S. 319 ff; eingliedriges Gericht von Kavala, Entscheidung 79/1982, EEmpD 1982, S. 571; nach dem Inkrafttreten des Gesetzes 3104/2007 wurden die Minderheitsrechte verstärkt, so dass sie grundsätzlich von 1/5 an Stelle von 1/3 der Gesellschafter ausgeübt werden können. Darüber hinaus sind die Gesellschafter zur Ausübung anderer Minderheitsrechte individuell berechtigt. Zu diesen gehört das Auskunftsrecht, das nunmehr als *Individualrecht* des jeweiligen Gesellschafters anerkannt worden ist. Zu Besonderheiten der Minderheitsrechte durch das Gesetz 3104/2007, Antonopoulos, Das AG- bzw. GmbH-Recht, 2. Auflage 2008, S. 325 ff.

1210 Der Begriff „Etairia Periorismenis Euthinis“ entspricht dem der deutschen GmbH. Die Firma einer gr. GmbH besteht aus den Namen der Gesellschafter oder dem Gesellschaftszweck und der Bezeichnung „ΕΠΕ“ (Art. 2 des Gesetzes 3190/1955).

3190/1955 selbst für die Gesellschaftsschulden haftet.[1211] Eine gr. GmbH kombiniert sowohl Merkmale der Personengesellschaft als auch solche der Kapitalgesellschaft.[1212] Dem Grundkapital bei der gr. AG entspricht das Stammkapital bei der gr. GmbH, das in Geschäftsanteile zerschlagen wird.[1213] Ab 2008 beträgt das Stammkapital einer gr. GmbH lediglich €4.500.[1214]

Die Gründung einer gr. GmbH setzt einen abgeschlossenen Gesellschaftsvertrag mit notarieller Beurkundung, Kapitalaufbringung und Publizität voraus.[1215] Wenn der Gesellschaftsvertrag nicht den Mindestinhalt des Art. 6 Abs. 2 des Gesetzes 3190/1955 enthält, ist er mangelhaft.[1216] Eine gr. GmbH hat grundsätzlich zwei notwendige Organe, die Gesellschafterversammlung und die Geschäftsführer.

Die Gesellschafterversammlung[1217] wird von den Geschäftsführern durch eingeschriebene Vorladungen einberufen.[1218] Ein Beschluss, der gegen die Regelungen einer gesetzmäßigen Einberufung verstößt, ist fehlerhaft. Sofern aber sämtliche Gesellschafter zustimmen, sind solche fehlerhaften Beschlüsse wirksam.[1219] Unter derselben Voraussetzung, nämlich dass alle Gesellschafter anwesend sind, kann

---

1211 Verwaltungsgericht von Patras, Entscheidung 81/2004, DEE 2004, S. 1273; die persönliche Haftung der Gesellschafter ist in folgenden Fällen gegeben: a) Im Fall der Nichtigkeit einer fehlerhaften GmbH nach Art. 7 Abs. 5 des Gesetzes 3190/1955 i. V. m. 914 ZGB, b) im Fall einer Durchgriffshaftung und c) im Fall einer Haftung der an der Gründung Beteiligten nach Art. 9 Abs. 2 des Gesetzes 3190/1955.

1212 Rokas, Handelsgesellschaften, 4. Auflage 1996, S. 323; zu den Merkmalen des *gemischten Charakters* einer gr. GmbH, Antonopoulos, Das AG- bzw. GmbH-Recht, 2. Auflage 2008, S. 495 ff.; ein anschauliches Beispiel für den *gemischten Charakter* einer gr. GmbH ist, dass für einen Beschluss der Gesellschafterversammlung eine Kapital- wie auch eine Personenmehrheit erforderlich ist (Art. 13 des Gesetzes 3190/1955).

1213 Ausführlich Rokas, Handelsgesellschaften, 4. Auflage 1996, S. 328 ff.

1214 Siehe Runderlass pol. 1102/2008.

1215 Rokas, Handelsgesellschaften, 4. Auflage 1996, S. 331 ff.

1216 Areopag Entscheidung 155/1971, EEmpD 1971, S. 369; zur mangelhaften Entstehung einer gr. GmbH, Alexandridou, Gesellschaftsrecht, Band II – Kapitalgesellschaften –, 2. Auflage 2000, S. 244 ff.

1217 Zu Besonderheiten der Gesellschafterversammlung Rokas, Handelsgesellschaften, 4. Auflage 1996, S. 338 ff.; zu Erscheinungsformen sowie zu Besonderheiten der Gesellschafterversammlung Antonopoulos, Das AG- bzw. GmbH-Recht, 2. Auflage 2008, S. 557 ff. Alle Gesellschafter haben ein Teilnahme- bzw. Stimmrecht an der Gesellschafterversammlung. Areopag Entscheidung 1671/2001, CrID 2002, S. 63. Zur Einschränkung des Teilnahme- bzw. Stimmrechts Art. 12 Abs. 2 des Gesetzes 3190/1955.

1218 In der Ladung müssen der Tag, die Zeit, der Gesellschafterversammlungsort und die Tagesordnungsthemen stehen. Zu den Voraussetzungen einer gesetzmäßigen Gesellschafterversammlungseinberufung vgl. Art. 10 Abs. 2 des Gesetzes 3190/1955.

1219 Art. 10 Abs. 4 des Gesetzes 3190/1955.

die Gesellschafterversammlung auch über Fragen außerhalb der Tagesordnung beschließen.[1220]

Bei fehlerhaften Beschlüssen der Gesellschafterversammlung, die gegen die Vorschriften des Gesetzes oder der Satzung verstoßen, ist zwischen nichtigen[1221] und anfechtbaren[1222] Beschlüssen zu unterscheiden.[1223] Das Recht auf Anfechtung eines Beschlusses kann entweder durch die Gesellschafter oder die Geschäftsführer (15 Abs. 1 des Gesetzes 3190/1955)[1224] innerhalb einer dreimonatigen Frist ausgeübt werden.[1225]

Die Geschäftsführer sind das Geschäftsführungs- bzw. Vertretungsorgan einer gr. GmbH. Sie führen im Innenverhältnis die Geschäfte der gr. GmbH und vertreten sie nach außen. Es handelt sich hierbei um eine kollektive Geschäftsführung bzw. Vertretung.[1226] Nach Art. 16 des Gesetzes 3190/1955 steht die Gesellschaftsgeschäftsführung bzw. -vertretung sämtlichen Gesellschaftern zu, wenn nicht eine abweichende Vereinbarung vorhanden ist. Demzufolge wird zur Gesellschaftsvertretung bzw. -geschäftsführung eine Mitwirkung aller Gesellschafter gefordert.[1227] Die Regelung der Gesamtgeschäftsführung und der Gesamtvertretung ist nicht zwingendes Recht. Abweichende Bestimmungen können nach Art. 17 des Gesetzes 3190/1955 in der Satzung vorgeschrieben sein oder durch die Hauptversammlung beschlossen werden.[1228]

Die Vertretungsmacht der Geschäftsführer wurde mit der Präsidialverordnung 419/1986 i. V. m. Art. 18 des Gesetzes 3190/1955 erweitert. Demzufolge ist die Vertretungsmacht der Geschäftsführer gegenüber dem gutgläubigen Dritten *unbeschränkt* und gegenüber jedem Dritten *unbeschränkbar*.[1229] Im Gegensatz zur

1220 Areopag Entscheidung 916/1973, EEmpD 1974, S. 211.

1221 Gericht 2. Instanz von Piraias, Entscheidung 966/1997, ElDik 1998, S. 641.

1222 Vgl. Gericht 2. Instanz von Athen, Entscheidung 2155/1967, EEmpD 1967, S.555; Mehrgliedriges Gericht von Larissa, Entscheidung 743/1981, EEmpD 1982, S. 71.

1223 Dazu auch Markou, Die Nichtigkeit und Anfechtbarkeit der Gesellschafterversammlungsbeschlüsse in der GmbH, DEE 1996, S. 1035 ff.

1224 Areopag Entscheidung 1671/2001, CrID 2002, S. 63.

1225 Mehrgliedriges Gericht von Larissa, Entscheidung 743/1981, EEmpD 1982, S. 71; Gericht 2. Instanz von Athen, Entscheidung 3727/1995, EEmpD 1995, S. 433.

1226 Hierzu ausführlich Rokas, Handelsgesellschaften, 4. Auflage 1996, S. 344 ff; zum Geschäftsführer einer gr. GmbH kann auch der Insolvente berufen werden, Areopag Entscheidung 176/1974, NoV 1974, S. 1058.

1227 Areopag Entscheidung 120/1984, EEmpD 1985, S. 470.

1228 Die Satzungsbestimmung, nach der der Geschäftsführer selbst mit der Berufungsbefugnis zur Geschäftsführung und Vertretung der GmbH einen Dritten beauftragen kann, ist nichtig. Mehrgliedriges Gericht von Athen, Entscheidung 1271/1977, EEmpD 1977, S. 80.

1229 Rokas, Handelsgesellschaften, 4. Auflage 1996, S. 349; Mehrgliedriges Gericht von Athen, Entscheidung 1271/1977, EEmpD 1977, S. 80; Areopag Entscheidung 882/1980, EEmpD 1981, S. 263.

Vertretungsmacht wird die Geschäftsführungsmacht sowohl durch den Gesellschaftszweck als auch durch die Satzungsbestimmungen oder die Gesellschafterversammlungsbeschlüsse eingeschränkt.

Die Geschäftsführenden sind gegenüber der Gesellschaft für jede Pflichtverletzung zum Schadensersatz verpflichtet. Insbesondere im Falle einer kollektiven Vertretung trifft die Geschäftsführer eine gesamtschuldnerische Haftung gegenüber der Gesellschaft (Art. 26 Abs. 1 des Gesetzes 3190/1955).[1230] Die Gesellschaft kann durch einen Beschluss der Gesellschafterversammlung ihre Ansprüche gegen die Geschäftsführer ausüben.[1231] Eine Teilnahme des Geschäftsführenden im Beschlussvorgang zur Freistellung oder Geltendmachung der gesellschaftlichen Ansprüche gegen die Geschäftsführer ist nach Art. 12 Abs. 2 des Gesetzes 3190/1955 verboten.[1232]

Art. 26 Abs. 1 des Gesetzes 3190/1955 sieht auch eine *subsidiäre* Haftung der Geschäftsführer nicht nur gegenüber den Gesellschaftern sondern auch gegenüber den Gesellschaftsgläubigern vor. Diese subsidiäre Haftung wird geltend gemacht, wenn die Gesellschafterversammlung eine Freistellung der Geschäftsführer beschlossen hat[1233] oder ein Versammlungsbeschluss zur Ausübung der gesellschaftlichen Ansprüche unmöglich ist (Art. 26 Abs. 2 des Gesetzes 3190/1955).[1234]

Ein drittes Organ – jedoch nur in bestimmten Formen der GmbH[1235] – sind schließlich nach Art. 23 des Gesetzes 3190/1955 die Abschlussprüfer. Es handelt sich auch in diesem Falle um vereidigte Abschlussprüfer. Die Bestellung des Abschlussprüfers fällt unter die Regelungen des Art. 8 des Gesetzes 3190/1955 hinsichtlich der Publizitätsvoraussetzungen. Die Vorschriften der Art. 36, 37 und 43a Abs. 4 des Gesetzes 2190/1920 sind auch hier *analog* anzuwenden.[1236]

1230 Zur Haftung der Geschäftsführer wegen unerlaubten Handlungen: Gericht 2. Instanz von Thessaloniki, Entscheidung 393/1995, DEE 1995, S. 284; Gericht 2. Instanz von Athen, Entscheidung 8577/1982, EEmpD 1983, S. 614; vgl. auch Areopag Entscheidung 1731/1991, EEmpD 1993, S. 431.

1231 Die Gesellschaft kann auch ihre Ansprüche während der Liquidation ausüben, Gericht 2. Instanz von Thessaloniki, Entscheidung 1117/1976, EEmpD 1977, S. 261; Mehrgliedriges Gericht von Athen, Entscheidung 5444/1977, EEmpD 1978, S. 231; Mehrgliedriges Gericht von Athen, Entscheidung 15011/1984, EEmpD 1986, S. 291.

1232 Vgl. auch Areopag Entscheidung 715/1986, EEmpD 1987, S. 411.

1233 Mehrgliedriges Gericht von Athen, Entscheidung 8783/1976, EEmpD 1976, S. 610; zur Gegenmeinung, Mehrgliedriges Gericht von Thessaloniki, Entscheidung 1929/1979, EEmpD 1980, S. 90.

1234 Rokas, Handelsgesellschaften, 4. Auflage 1996, S. 351. Vgl. Mehrgliedriges Gericht von Athen, Entscheidung 5444/1977, EEmpD 1978, S. 231.

1235 Dieses Organ ist nur für die sog. „große GmbH“ vorgesehen. Als „große GmbH“ wird eine gr. GmbH anerkannt, wenn sie zumindest zwei von drei Kriterien aus Art. 42a Abs. 6 des Gesetzes 2190/1920 erfüllt. Vgl. Art. 23 Abs. 2 des Gesetzes 3190/1955.

1236 Rokas, Handelsgesellschaften, 4. Auflage 1996, S. 352.

Die Auflösungsgründe einer gr. GmbH werden in Art. 44 Abs. 1 des Gesetzes 3190/1955 nicht abschließend aufgezählt. Die wichtigsten davon sind der Zeitablauf, der Auflösungsbeschluss der Gesellschafter,[1237] die Eröffnung des Insolvenzverfahrens oder ein gerichtliches Urteil aufgrund eines wichtigen Grundes wie z. B. der Erreichung des Gesellschaftszweckes oder der Untätigkeit der Gesellschaftsorgane[1238]. In anderen Vorschriften des Gesetzes 3190/1955 können zusätzliche Auflösungsgründe festgelegt werden (z. B. Art. 45 des Gesetzes 3190/1955).

Nach der Auflösung erfolgt, außer im Fall eines Insolvenzverfahrens, die Liquidation der Gesellschaft.[1239] Die Liquidation findet durch die Geschäftsführer statt. Die Liquidation kann jedoch durch entsprechende Regelungen im Gesellschaftsvertrag oder durch Beschluss der Gesellschafter anderen Personen übertragen werden (Art. 47 Abs. 1 des Gesetzes 3190/1955)[1240]. Die Liquidatoren[1241] werden wie die Geschäftsführer einberufen.[1242] Die Liquidatoren haben für den Beginn der Liquidation eine Eröffnungsbilanz und ein Inventar aufzustellen (Art. 48 des Gesetzes 3190/1955). Zu den Aufgaben der Liquidatoren gehört es nach Art. 49 Abs. 2 des Gesetzes 3190/1955, die Verpflichtungen der aufgelösten Gesellschaft zu erfüllen, die Forderungen derselben einzuziehen und das Vermögen der Gesellschaft in Geld umzusetzen. Nach Beendigung dieser Aufgaben sind die Liquidatoren verpflichtet, eine Schlussbilanz aufzustellen. Nach dieser Bilanz wird das Vermögen der Gesellschaft an die Gesellschafter im Verhältnis zu ihrer Stammeinlage verteilt (Art. 50 des Gesetzes 3190/1955). Nach der Vermögensverteilung ist die gr. GmbH als Rechtsperson zu löschen.[1243]

1237 Gericht 2. Instanz von Athen, Entscheidung 7289/1973, EEmpD 1974, S. 380; Gericht 2. Instanz von Athen, Entscheidung 3290/1981, EEmpD 1982, S. 397; Eingliedriges Gericht von Athen, Entscheidung 11633/1985, EEmpD 1985, S. 671.

1238 Gericht 2. Instanz von Thessaloniki, Entscheidung 1224/1979, EEmpD 1980, S. 434; Mehrgliedriges Gericht von Thessaloniki, Entscheidung 1241/1980, EEmpD 1980, S. 254; Mehrgliedriges Gericht von Thessaloniki, Entscheidung 2797/1982, EEmpD 1983, S. 435.

1239 Ausführlich zur Liquidation der gr. GmbH Rokas, Handelsgesellschaften, 4. Auflage 1996, S. 379, 380.

1240 Eingliedriges Gericht von Athen, Entscheidung 11633/1985, EEmpD 1985, S. 671; die Übertragung des Liquidationsverfahrens an andere Personen ohne das Vorliegen eines wichtigen Grundes verstößt gegen die Treupflicht und die Gesellschaft ist zum Schadensersatz verpflichtet. Antonopoulos, Das AG- bzw. GmbH-Recht, 2. Auflage 2008, S. 585.

1241 Die Gesetzesregelungen über die Geschäftsführer sind entsprechend auf die Liquidatoren anzuwenden. Areopag Entscheidung 90/1998, ElDik 1998, S. 841.

1242 Eingliedriges Gericht von Athen, Entscheidung 1422/1987, EEmpD 1987, S. 572.

1243 Falls nach dem Erlöschen der Gesellschaft weiteres verteilbares Gesellschaftsvermögen oder Gläubiger aufgefunden werden, ist eine Nachtragsliquidation erforderlich, Gericht 2. Instanz von Athen, Entscheidung 5452/1995, DEE 1996, S. 53.

III. Andere Kapitalgesellschaftsformen

Außer den oben genannten Kapitalgesellschaften gehören, wie im deutschen Recht, zu den Kapitalgesellschaftsformen nach griechischem Recht auch die griechische Kommanditgesellschaft auf Aktien (KGaA)[1244] und die seit dem 8.10.2004 existierende europäische Aktiengesellschaft (Societas Europaea – SE).

B. Aufbau des griechischen Einkommensteuerrechts juristischer Personen

Die Einkommensteuer juristischer Personen wurde mit der Rechtsverordnung 3843/1958 zum Ersatz des bisher geltenden Gesetzes 1640/1919 geregelt. Heute wird sie gemeinsam mit der Einkommensteuer natürlicher Personen einem einheitlichen Gesetzbuch, dem KFE, zugeordnet.[1245] Die Regelungen des KFE bezüglich der Besteuerung des Einkommens juristischer Personen sind in zwei Gruppen aufgeteilt.[1246]

Zur ersten Gruppe gehören Regelungen, welche die Besteuerung juristischer Personen mit Gewinnerzielungsabsicht betreffen (Art. 101 Abs. 1 KFE). In die zweite Gruppe fallen Regelungen bezüglich der Besteuerung aller juristischen Personen des privaten bzw. öffentlichen Rechts ohne Gewinnerzielungsabsicht (Art. 101 Abs. 2 KFE).[1247]

Im Folgenden wird die Steuerbehandlung juristischer Personen mit Gewinnerzielungsabsicht, zu denen auch die Kapitalgesellschaften gehören, nach den Vorschriften des KFE dargestellt.

1244 Der griechische Begriff dieser Gesellschaftsform lautet „Eterorruthmi kata metohes eteria" und entspricht der deutschen KGaA.

1245 Anastopoulos/Fortsakis, Steuerrecht, 2. Auflage 2003, S. 234; nach einer in der Literatur vertretenen Auffassung sollten die Personengesellschaften im Teil des KFE bezüglich der Einkommensteuer juristischen Personen zugeordnet werden, unter dem Vorbehalt, zu abweichenden Regelungen auf die Vorschriften der Einkommensteuer natürlicher Personen zu verweisen, Finokaliotis/Mparmpas, Finanzwirtschaft, 2001, S. 89 ff.

1246 Diese Unterscheidung spielt für die Steuerpflicht eine bedeutende Rolle. Juristische Personen mit Gewinnerzielungsabsicht werden im Gegensatz zu juristischen Personen ohne Gewinnerzielungsabsicht, die lediglich beschränkt steuerpflichtig sind, von einer unbeschränkten Steuerpflicht erfasst. Hierzu Finokaliotis, Steuerrecht, 3. Auflage 2005, S. 276; vgl. StRE 1145/1998.

1247 Entscheidendes Merkmal der Gewinnerzielungsabsicht ist die Ausübung eines gewerblichen Betriebs. Andererseits wird das Fehlen einer Gewinnabsicht nach dem Gesellschaftszweck oder der tatsächlichen Tätigkeit der Gesellschaft beurteilt. Zu Besonderheiten der Gewinnerzielungsabsicht Finokaliotis, Steuerrecht, 3. Auflage 2005, S. 276; auch StRE 3847/1977; 3668/1984; 1286/1985; 1145/1998.

I. Steuersubjekte

Die Subjekte der griechischen Einkommensteuer juristischer Personen mit Gewinnerzielungsabsicht werden in Art. 101 KFE vorgestellt. Hierbei wird zwischen in- und ausländischen Personen unterschieden. Gem. Abs. 1 unterliegen der Einkommensteuer juristischer Personen, die inländischen Aktiengesellschaften (lit. a), die öffentlichen, bürgerlichen oder gemeinschaftlichen Unternehmen mit Gewinnerzielungsabsicht (lit. β), die gesetzmäßig gegründeten Genossenschaften und ihre Verbände (lit. γ), die ausländischen Unternehmen unter jeder Gesellschaftsform und alle ausländischen Organisationen mit Gewinnerzielungsabsicht (lit. δ), sowie schließlich die inländische GmbH (lit. ε).

Nach Art. 101 Abs. 2 KFE sind derselben Steuer auch die in- und ausländischen juristischen Personen des privaten bzw. öffentlichen Rechts ohne Gewinnerzielungsabsicht unterworfen. Hierzu gehören auch Stiftungen.

Eine entscheidende Rolle im griechischen Steuerrecht spielt auch die Unterscheidung zwischen in- bzw. ausländischen juristischen Personen. Der Begriff „inländische juristische Person" ist nicht steuerlich bestimmt.[1248] Dementsprechend werden die Regelungen des internationalen Privatrechts und besonders des Art. 10 ZGB angewandt.[1249] Nach dieser Vorschrift wurde die Sitztheorie von der griechischen Rechtsordnung bevorzugt.[1250] Die Sitztheorie, nach der zur Bestimmung des anzuwendenden Rechts der tatsächliche Verwaltungssitz der juristischen Person maßgeblich ist,[1251] wird auch von der Rechtsprechung[1252] und der Finanzverwaltung[1253] vertreten.

II. Steuerobjekt

Das Objekt der Einkommensteuer juristischer Personen wird in Art. 99 KFE erfasst. Nach den Regelungen ist Steuergegenstand für die inländischen AG und

1248 Hierzu ausführlich Mparmpas, Besteuerung von Einkommen, 2003, S. 290 ff.

1249 Die Bezeichnung einer ausländischen Körperschaft als inländische juristische Person setzt voraus, dass ihr Sitz in Griechenland ist und ihre Entstehung nach der griechischen Rechtsordnung stattgefunden hat. Totsis, Kommentar zur Einkommensteuer natürlicher und juristischer Personen, 2. Auflage 2003, Band III, S. 1903.

1250 Dagegen zur Gründungstheorie, Eurugenis, Internationales Privatrecht, 1968, S. 214 ff.; Krispis, Juristische Personen und besonders die Aktiengesellschaften im internationalen Privatrecht, 1950, S. 43 ff.; Papasteriou, Der Sitz der juristischen Personen im Privatrecht, 1980, S. 264; Grammatikaki-Alexiou/Papasiopi-Pasia/Basilakakis, Internationales Privatrecht, 3. Auflage 2002, S. 135 ff.

1251 Zur Sitztheorie, Theoharopoulos, Besonderes Steuerrecht, 1999, S. 189 ff.

1252 StRE 38747/1977; Areopag Entscheidung 461/1978.

1253 Runderlass des Finanzministeriums 139/1958, § 5.

GmbH, ausgenommen die Bank- und Versicherungsunternehmen, das gesamte Nettoeinkommen, das im In- bzw. Ausland erzielt wurde. Für Bank- und Versicherungsunternehmen hingegen stellt das nach dem Abzug der steuerfreien Einkünfte und der einer eigenen Besteuerung unterliegenden Sondereinkünfte sich ergebende Nettoeinkommen das Steuerobjekt dar (Art. 99 Abs. 1 lit. a KFE).[1254]

Für die öffentlichen, bürgerlichen oder gemeinschaftlichen Unternehmen mit Gewinnerzielungsabsicht wird das gesamte Nettoeinkommen bzw. der Gewinn (Art. 99 Abs. 1 lit. β KFE) besteuert, während Steuergegenstand für die Genossenschaften und ihre Verbände das gesamte Nettoeinkommen im In- bzw. Ausland vor dem Abzug der vorgesehenen ermäßigten Beträge ihrer Mitglieder ist (Art. 99 Abs. 1 lit. γ KFE).

Darüber hinaus stellt das in Griechenland erzielte Einkommen das Steuerobjekt für die ausländischen Unternehmen dar, wenn das Unternehmen im Inland ansässig ist oder die Einkunftsquelle sich in Griechenland befindet.[1255] Der Begriff der Ansässigkeit ausländischer juristischer Personen in Griechenland wird in Art. 100 KFE definiert.[1256] Diese Vorschrift ist Mangels DBA anzuwenden.[1257]

Dabei ist Steuerobjekt der inländischen juristischen Personen des privaten bzw. öffentlichen Rechts ohne Gewinnerzielungsabsicht das im In- bzw. Ausland aus Vermietung und Verpachtung von unbeweglichem Vermögen oder aus Kapitalvermögen (Art. 99 Abs. 1 lit. ε KFE) sich ergebende Nettoeinkommen.[1258]

1254 Zu Besonderheiten der Besteuerung von Bank- und Versicherungsunternehmen Mparmpas, Besteuerung von Einkommen, 2003, S. 318 ff.; auch Kaldis, Die Gewinnermittlung bei Bank- und Versicherungsunternehmen, DFN 1993, S. 883 ff.; Matsos, Investitionen deutscher Steuersubjekte in griechische Kapitalgesellschaften, 2001, S. 97 ff.

1255 Finokaliotis, Steuerrecht, 3. Auflage 2005, S. 277; StRE 803/1981; 843/1984; 1834/2000.

1256 Zur Entwicklung der Ansässigkeitsvoraussetzungen eines ausländischen Unternehmens im griechischen Steuerrecht, Totsis, Kommentar zur Einkommensteuer natürlicher und juristischer Personen, 2. Auflage 2003, Band III, S. 1891 ff.; zu weiteren Besonderheiten der Ansässigkeit, StRE 2280/1990; 609/1993; 410/1994; 262/1994; 840/1995; 5014/1996; 2610/1997.

1257 Hierzu s. StRE 1313/1980; 2443/1985; 3015/1986; 3016/1986; 421/1989; 3112/1989; die Merkmale der Ansässigkeit und der in Griechenland befundenen Einkunftsquelle sind zu Verankerung der Besteuerung des ausländischen Unternehmens disjunktiv anzuwenden. Anastopoulos/Fortsakis, Steuerrecht, 2. Auflage 2003, S. 236; vgl. StRE 842/1984; 1834/2000.

1258 Nach ständiger Rechtsprechung des StR stellen die Einkünfte aus Vermietung und Verpachtung von unbeweglichem Vermögen und aus Kapitalvermögen das Steuerobjekt der Einkommensteuer juristischer Personen unabhängig davon dar, ob diese Einkünfte nach Erreichung des Zweckes der juristischen Personen erzielt werden. Dazu StRE 1569/1969; 249/1985; 3014/1979; 1505/1981; Anastopoulos/Fortsakis, Steuerrecht, 2. Auflage 2003, S. 237; wenn eine der hierzu erwähnten juristischen Personen mit Gewinnerzielungsabsicht tätig wird, unterliegen dann die erzielten Einkünfte der regelmäßigen Besteuerung. Totsis, Kommentar zur Einkommensteuer natürlicher und juristischer Personen, 2. Auflage 2003, Band III, S. 1888; StRE 3805/1984; auch Runderlass des Finanzministeriums 11/1972.

Darüber hinaus ist das aus allen Einkunftsquellen in Griechenland erzielte Nettoeinkommen der ausländischen juristischen Personen ohne Gewinnerzielungsabsicht als Steuerobjekt zu betrachten (Art. 99 Abs. 1 lit. στ KFE).[1259]

III. Die Bemessungsgrundlage bei Kapitalgesellschaften

Nach Art. 98 KFE wird die Steuer für das gesamte Nettoeinkommen aus allen Einkunftsquellen veranlagt.[1260] Insbesondere ergibt sich das zu versteuernde Einkommen nach den Regelungen des Art. 105 Abs. 1 und 2 KFE aus den Bruttoeinnahmen nach Abzug der Betriebsausgaben i. S. d. Art. 31 KFE.[1261] Insbesondere im Art. 105 Abs. 3 – 5 KFE werden Sonderregelungen vorgesehen, die ausschließlich Bank- und Versicherungsunternehmen betreffen und ihre Bemessungsgrundlage durch die Bildung von Rückstellungen mindern.[1262] Als Bruttoeinnahmen werden alle Einkünfte – nicht nur die Gewerbeeinkünfte – betrachtet, die in Art. 105 Abs. 1 lit. a und β KFE ausdrücklich aufgezählt werden.[1263] In dieser Aufzählung werden aber die Einkünfte aus nichtselbständiger bzw. selbständiger Arbeit nicht erfasst. Rechtfertigungsgrund dafür ist, dass Einkünfte aus nichtselbständiger Arbeit nur von natürlichen Personen erwirtschaftet werden können,[1264] wohingegen Einkünfte aus selbständiger Arbeit i. R. d. Tätigkeit einer Kapitalgesellschaft als gewerbliche Einkünfte umzuqualifizieren sind.[1265]

1259 Ein sich eventuell ergebender Überschuss durch die gewöhnliche Tätigkeit der juristischen Person zur Erreichung ihres Zweckes ist steuerfrei. Vgl. Runderlass des Finanzministeriums 139/1958.

1260 Bemerkenswert ist, dass im Gegensatz zu den vorgesehenen Regelungen für die natürlichen Personen die Sondereinkünfte nach Art. 13 Abs. 1 KFE, wenn diese von juristischen Personen mit Gewinnerzielungsabsicht erzielt werden, keiner Sonderbesteuerung unterliegen, sondern nach den allgemeinen Regelungen für die Besteuerung der juristischer Personen behandelt werden. Vgl. Art. 13 Abs. 1 lit. γ KFE und StRE 59/2001, DEE 1999, S. 538, Anastopoulos/Fortsakis, Steuerrecht, 2. Auflage 2003, S. 240.

1261 Entscheidende Voraussetzung zur Geltendmachung als abziehbare Betriebsausgaben von einem Unternehmen der bezahlten Gehälter ist die vorherige Bezahlung der entsprechenden Arbeitgeberanteile zu den gesetzlichen Sozialversicherungen. Vgl. StRE 2095/1992, DiDik 1994, S. 407; StRE 1484/1994, DiDik 1995, S. 184; StRE 5022/1996, DiDiK 1999, S. 452; StRE 64/1997, DiDiK 1997, S. 767, Anastopoulos/Fortsakis, Steuerrecht, 2. Auflage 2003, S. 241.

1262 Matsos, Investitionen deutscher Steuersubjekte in griechische Kapitalgesellschaften, 2001, S. 84.

1263 Nach Art. 105 Abs. 1 lit. a KFE sind als Bruttoeinnahmen die Gesamteinkünfte aus Warenverkauf und Dienstleistungen zu erfassen. Darüber hinaus gehören zu den Bruttoeinnahmen nach Art. 105 Abs. 1 lit. β KFE auch die Einkünfte aus den dort genannten Quellen.

1264 Vgl. StRE 2261/1970; 2262/1970 für die Einkünfte einer gr. OHG bzw. KG.

1265 Totsis, Kommentar zur Einkommensteuer natürlicher und juristischer Personen, 2. Auflage 2003, Band III, S. 1426 ff.

Weitere abziehbare Beträge der griechischen Aktiengesellschaften werden in Art. 105 Abs. 6 KFE geregelt.[1266] Nach einer Auffassung stellen diese Beträge keine abzugsfähigen Betriebsausgaben, sondern *Gewinnverwendungsfälle* dar, die außerhalb der Gesellschaft im Namen des Empfängers der Vergütungen zur Vermeidung einer gesellschaftlichen Doppelbelastung besteuert werden.[1267]

In Art. 105 Abs. 7 KFE wird vorgeschrieben, dass der nach Abzug der obigen Beträge verbleibende Betrag das zu versteuernde Einkommen der juristischen Personen mit Gewinnerzielungsabsicht i. S. d. Art. 101 Abs. 1 KFE darstellt.

IV. Die Steuersätze

Die Steuersubjekte der griechischen Einkommensteuer juristischer Personen unterliegen einer Steuerbelastung durch einen proportionalen Steuersatz, dessen Höhe aber von der Art der juristischen Person abhängt. Der seit dem 1.1.2007 geltende Steuersatz beträgt 25% nach Art. 109 Abs. 1 KFE für die juristischen Personen des Art. 101 Abs. 1 KFE. Nach dem Inkrafttreten des Gesetzes 3697/2008 wird dieser Steuersatz ab 2010 jährlich um 1% gesenkt (Art. 19 des Gesetzes 3697/2008), damit die juristischen Personen des Art. 101 Abs. 1 KFE ab 2014 mit 20% belastet werden.

Andererseits entsprach der Steuersatz für juristische Personen ohne Gewinnerzielungsabsicht gem. Art. 109 Abs. 2 KFE einer Höhe von 29% für das WJ 2007, während dieser Steuersatz seit dem 1.1.2008 auf 25% gesenkt wurde. Eine Senkung des geltenden Steuersatzes um 1% ist auch für die steuerpflichtigen Personen des Art. 109 Abs. 2 KFE ab 2011 vorgesehen, so dass der geltende Steuersatz im Jahre 2015 auch 20% betragen wird.

Außer den obigen Steuersätzen werden alle juristischen Personen einer zusätzlichen Besteuerung i. H. v. 3% der erzielten Bruttoeinnahmen aus unbeweglichem Vermögen unterworfen.[1268] Hiervon ausgenommen sind nur die steuerbefreiten juristischen Personen von dieser Einkunftsart i. S. d. Art. 103 KFE.

1266 Es handelt sich um die Beträge für die Übernahme von Gründeranteilen (Abs. 6 lit. a), um Zinsen, die von der gr. AG zum Erwerb von Gründeranteilen und Vorzugsaktien geleistet werden (Abs. 6 lit.a letzter Satz und lit. β), und letztlich um die den Vorstandmitgliedern geleisteten Vergütungen und Abfindungen gem. Art. 24 Abs. 2 des Gesetzes 2190/1920 (Abs. 6 lit. γ).

1267 Matsos, Investitionen deutscher Steuersubjekte in griechische Kapitalgesellschaften, 2001, S. 84 ff.

1268 Art. 109 Abs. 3 KFE.

V. Die Steuerbefreiungen

In Art. 103 werden sowohl die steuerfreien juristischen Personen als auch die von der Einkommensteuer befreiten Einnahmen juristischer Personen abschließend aufgezählt.[1269]

Nach Art. 103 Abs. 1 lit. a KFE sind die Gesamteinnahmen aus jeder Einkunftsquelle des griechischen Staates steuerfrei. Hierzu zählen auch die Einnahmen von Gemeinden und Gemeinschaften[1270], deren juristischen Personen[1271] und verschiedener Ämter des öffentlichen Dienstes.[1272] Gem. Art. 103 Abs. 1 lit. β KFE sind die Einkünfte aus unbeweglichem Vermögen der Kirchen, Kathedralen und des Patriarchats und sonstiger Subjekte des Kirchenrechts von einer Besteuerung ausgenommen. Nach der Finanzverwaltung sind diese Steuerbefreiungen auch auf die katholischen Kirchen[1273] sowie die Kirchen jeder weiteren in Griechenland anerkannten Religion anzuwenden.[1274]

Des Weiteren sind die Einnahmen[1275] der inländischen gemeinnützigen Stiftungen[1276] nach Art. 103 Abs. 1 lit. δ KFE von einer Besteuerung befreit. Die Geltendmachung dieser Vorschrift setzt eine Gründung nach den entsprechenden Regelungen des ZGB voraus. Nach Auffassung der Verwaltung kann diese Befreiung nicht für andere gemeinnützige juristische Personen geltend gemacht werden.[1277] Ebenfalls ist es vorgeschrieben, dass Gründer der Stiftung Personen des Privatrechts sein müssen, nicht aber Personen des öffentlichen Rechts.[1278] Als letzte Voraussetzung der Anwendbarkeit der Steuerbefreiung muss der tatsächliche Hauptzweck der Stiftung und nicht nur der im abgeschlossenen Vertrag genannte Zweck gemeinnützig sein.[1279]

1269 Ausführlich Totsis, Kommentar zur Einkommensteuer natürlicher und juristischer Personen, 2. Auflage 2003, Band III, S. 1912 ff.

1270 Zum Begriff der erfassenden Gemeinschaften StRE 909/1939.

1271 Eine Aufzählung der betroffenen juristischen Personen erfolgt im Runderlass des Finanzministeriums E. 4009/1981, pol. 63.

1272 Zu nicht von dieser Regelung erfassten juristischen Personen des öffentlichen Rechts vgl. StRE 301/1977; 425/1982; 833/2001.

1273 Runderlass des Finanzministeriums Σ 2080/1960, pol. 44.

1274 StRE 2513/1980.

1275 Zu den betroffenen Einnahmen gehören die Einkünfte aus Vermietung und Verpachtung von unbeweglichem Vermögen und die Dividendenausschüttung durch Beteiligung an einer ausländischen AG, Art. 6 Abs. 2 des Gesetzes 3296/2004.

1276 Zu Begriff und Besonderheiten von gemeinnützigen Stiftungen StRE 35/1980; 1463/1982.

1277 Runderlass des Finanzministeriums 13/1975.

1278 Totsis, Kommentar zur Einkommensteuer natürlicher und juristischer Personen, 2. Auflage 2003, Band III, S. 1919 ff.; StRE 4033/1988.

1279 StRE 1666/1989; 3805/1984.

Weiterhin sind grundsätzlich die aus der Nutzung von Schiffen unter griechischer Flagge erzielten Einkünfte inländischer Aktiengesellschaften oder Genossenschaften keiner Besteuerung unterworfen (Art. 103 Abs. 1 lit. ζ KFE). Diese Einkünfte werden steuerlich mit Abgeltungswirkung durch das Gesetz 27/1975 belastet. Ebenfalls sind Steuerbefreiungen vorgesehen für die Einkünfte ausländischer Gesellschaften aus der Nutzung von Schiffen oder Flugzeugen unter ausländischer Flagge und unter der Voraussetzung der Gegenseitigkeit[1280] (Art. 103 Abs. 1 lit. η KFE), für die Einkünfte der land- und fortwirtschaftlichen Genossenschaften[1281] (Art. 103 Abs. 1 lit. θ KFE), für die Einkünfte juristischer Personen[1282] aus Kapitalvermögen i. S. d. Art. 6 Abs. 3 KFE (Art. 103 Abs. 1 lit. ι KFE) sowie für die Holding-Gesellschaften unter dem Vorbehalt des Art. 114 Abs. 3 und 5 KFE (Art. 103 Abs. 1 lit. ια KFE) u.a.

C. Die laufende Besteuerung der Kapitalgesellschaften und ihrer Anteilseigner

I. Sondereinkünfte

Wie im Teil der Einkommensteuer natürlicher Personen gibt es auch bei der Einkommensteuer juristischer Personen viele Einkünfte, die einer Quellenbesteuerung mit Abgeltungswirkung unterliegen und demzufolge als Sondereinkünfte zu bezeichnen sind. Die Sondereinkünfte spielen besonders in Ausschüttungsfällen zur Ermittlung des zu versteuernden Einkommens eine bedeutende Rolle (Art. 106 Abs. 1-3 KFE).[1283]

Der persönliche Anwendungsbereich dieser Vorschriften betrifft die inländischen AG, GmbH und Genossenschaften. Von dieser Regelung sind Bank- und Versicherungsunternehmen ausgenommen. Der Sachbereich der Regelung um-

---

1280 Nach Entscheidung des StR genügt nicht nur die formelle, sondern es ist die tatsächliche Gegenseitigkeit erforderlich. Dazu StRE 2280/1990; zur steuerlichen Gegenseitigkeit Runderlass des Finanzministeriums E 6060/1981, pol. 184; Runderlass des Finanzministeriums M 3366/1983, pol. 167.

1281 Zum Begriff der land- und fortwirtschaftlichen Genossenschaften vgl. das Gesetz 602/1915 i. V. m. den Runderlassen des Finanzministeriums 139/1958 und 13/1975; Ausnahmen von der Befreiung dieser Regelung werden in Art. 103 Abs. 1 lit. θ Halbs. αα-δδ KFE vorgesehen.

1282 Berechtigt sind nur die juristischen Personen nach Art. 101 KFE.

1283 Die Sondereinkünfte gehören gemeinsam mit den steuerfreien Einnahmen nicht zur Bemessungsgrundlage einer Kapitalgesellschaft, sofern keine Gewinnausschüttung stattfindet. Andernfalls werden die auszuschüttenden Sondereinkünfte bzw. steuerfreien Einnahmen durch eine zusätzliche Besteuerung belastet (Art. 106 Abs. 2 und 3 KFE).

fasst einheitlich unter dem Begriff *„Sondereinkünfte“* sowohl die oben erwähnten steuerfreien als auch die einer Sonderbesteuerung unterliegenden Einnahmen.[1284]

In Art. 106 Abs. 2 und 3 KFE wird geregelt, dass im Ausschüttungsfall, wenn der sich ergebende Jahresabschlussgewinn Sondereinkünfte beinhaltet, zur Ermittlung des zu versteuernden Einkommens der oben erwähnten juristischen Personen auch diese Einnahmen, die anteilig dem auszuschüttenden Gewinn entsprechen, berechnet werden.[1285]

Insbesondere werden die obigen Einnahmen additiv festgestellt. Die sich ergebende Summe der Sondereinnahmen wird im Anschluss in einen auszuschüttenden und einen thesaurierenden Betrag anhand des Verhältnisses des auszuschüttenden Gewinns zum gesamten Bilanzgewinn aufgeteilt. Durch diese Aufteilung ergibt sich der zu versteuernde Teil der Sondereinnahmen.

Des Weiteren wird *„der oben ermittelte Anteil der Sondereinnahmen um die Höhe der zu zahlenden Steuer erhöht, wenn der zu versteuernde (Brutto-)Betrag dem versteuerten Nettobetrag entspräche (fiktiver Aufstockungsbetrag). Dabei ist der entsprechende Steuersatz anzuwenden. In der Tat handelt es sich um eine fiktive Erhöhung der Bemessungsgrundlage.*

Abschließend wird der um den fiktiven Aufstockungsbetrag erhöhte Betrag zum nach Art. 105 KFE ermittelten Nettogewinn durch Addition hinzugerechnet und auf diese Weise ergibt sich das zu versteuernde Einkommen der juristischen Person“[1286] [1287].

Zur Verdeutlichung wird das folgende Beispiel dargestellt[1288]:

Beispiel: Die gr. AG X hat einen Bilanzgewinn i. H. v. 3.000.000 € erzielt. Der Gewinn nach steuerlicher Korrektur beträgt 3.600.000 €. Die Gewinnausschüttungen sind 1.500.000 €, während als steuerfreie Einnahmen 200.000 € und als einer

1284 Zum Begriff „Sondereinkünfte“ sowie zu Ausnahmen vom Spannungsfeld der Sondereinkünfte des Art. 106 Abs. 2 und 3 KFE s. Matsos, Investitionen deutscher Steuersubjekte in griechische Kapitalgesellschaften, 2001, S. 88 ff.

1285 Im Gewinnausschüttungsfall kommt bei der zusätzlichen Besteuerung die *Fiktion* in Betracht, dass der unternehmerische Gesamtgewinn aus zwei Teilen besteht, nämlich aus den Gesamtsondereinkünften und aus dem betrieblichen Gewinn, Matsos, Investitionen deutscher Steuersubjekte in griechische Kapitalgesellschaften, 2001, S. 89.

1286 Matsos, Investitionen deutscher Steuersubjekte in griechische Kapitalgesellschaften, 2001, S. 92 ff.

1287 Insbesondere aber für die einer Sonderbesteuerung unterliegenden Einnahmen des Art. 106 Abs. 3 KFE ist die veranlagte Sondersteuer endgültig von der ermittelten festgesetzten Steuer abzuziehen. Art. 109 Abs. 4 lit. β KFE.

1288 Hierzu Runderlass des Finanzministeriums 1112918/12.11.1992 pol. 1248.

Sonderbesteuerung unterliegende Einkünfte 400.000 € betrachtet werden. Der regelmäßige Steuersatz ist 25 %.

Nach der obigen Vorstellung wird im Ausschüttungsfall das zu versteuernde Einkommen wie folgt berechnet:

Bilanzgewinn:	3.000.000 €
Gewinn nach steuerlicher Korrektur	3.600.000 €
Abzug:	
a) Steuerfreie Einnahmen	- 200.000 €
b) Einer Sonderbesteuerung unterliegende Einkünfte	- 400.000 €
Gesamtgewinn	*3.000.000 €*

Steuerfreie Einnahmen, die den GA entsprechen: *13.333 €*

a) $\frac{1.500.000\,€ \times 200.000\,€}{3.000.000\,€} = 10.000\,€$

Fiktiver Aufstockungsbetrag:

b) $\frac{10.000\,€ \times 25}{75} = 3.333\,€$

Einer Sonderbesteuerung unterliegende Einkünfte,
die den GA entsprechen: *26.666 €*

a) $\frac{1.500.000\,€ \times 400.000\,€}{3.000.000\,€} = 20.000\,€$

Fiktiver Aufstockungsbetrag:

b) $\frac{20.000\,€ \times 25}{75} = 6.666€$

Zu versteuerndes Einkommen: 3.000.000 € + 13.333€ + 26.666€ = *3.039.999 €*

Zur Rechtfertigung dieser doch recht komplex erscheinenden Vorschriften muss man Rücksicht auf die Zeit, in der das Gesetz zur Einkommensteuer juristischer Personen in Kraft trat, nehmen. Da die Absicht der wirtschaftlichen Entwicklung des Landes bestand, wurden viele Einnahmen von der Besteuerung ausgenommen, deren Umfang nunmehr einzuschränken ist.

Steuertechnisch sind diese Sondereinkünfte, wenn sie sich auf natürliche Personen oder Personengesellschaften beziehen, tatsächlich steuerfrei oder sonderversteuert mit Abgeltungswirkung. Falls aber diese Sondereinnahmen durch eine AG, GmbH oder andere juristische Person des Art. 101 KFE erzielt wurden, erfassen dann nicht den Sinn einer Steuerbefreiung bzw. einer niedrigen Sonderbesteuerung, sondern den Sinn einer *„Vertagung der Steuerbelastung bis dem Zeitpunkt einer GA“*[1289].[1290] Grundlage dieser Sonderbesteuerung ist der Ausschüttungszeitpunkt und nicht der Zeitraum der Gewinnerzielung. Wenn diese Einnahmen ausgeschüttet werden, unterliegen sie in vollem Umfang einer zusätzlichen Besteuerung nach den allgemeinen Vorschriften des KFE.[1291] Bei der Aufstellung der Bilanz sind diese Einnahmen auf einem Sonderkonto unter den Aktivposten in Bezug auf die steuerfreien Rücklagen anzusetzen.[1292] Im Falle eines negativen Ergebnisses auf der Ebene der Gesellschaft oder in Ermangelung eines ausreichenden Gewinnes zur Bildung der gesetzlichen Rücklage kommt eine Vertagung der Besteuerung bis zum Gewinnausschüttungszeitpunkt nicht in Betracht.[1293]

Das Ergebnis der zusätzlichen Besteuerung dieser Einnahmen ist, dass die Sondereinkünfte im Vergleich mit den anderen Einkünften einer höheren steuerlichen Belastung im Ausschüttungsfall unterworfen sind. Im Schrifttum wird diese zusätzliche Besteuerung als „*quasi konfiskatorisch*“ bezeichnet[1294].

Nach Art. 106 Abs. 4 und 5 KFE werden die gebildeten steuerfreien oder einer Sonderbesteuerung unterliegenden Rücklagen im Ausschüttungsfall zu dem Ausschüttungszeitpunkt einer selbstständigen Besteuerung durch Anwendung des entsprechenden regelmäßigen Steuersatzes nach Art. 109 KFE unterworfen.[1295] Ab 2009 unterliegen die Ausschüttungen i. R. d. Art. 106 Abs. 4 KFE außer dem regelmäßigen Steuersatz auch einer zusätzlichen Besteuerung nach den Bestimmungen des Art. 54 Abs. 1 KFE n. F. Ausnahmen hierzu stellen die Sonderrücklagen des Art. 106 Abs. 4 lit. a und β KFE dar.

In Art. 106 Abs. 6 KFE wird schließlich die Steuerbehandlung der sich nach der Auflösung und der Liquidation der Kapitalgesellschaften ergebenden Erträge geregelt. Im Liquidationsverfahren bewahrt die Gesellschaft ihre Rechtspersönlichkeit und unterliegt als Steuersubjekt der Besteuerung. Daher wird der den Gesellschaftern ausgeschüttete Liquidationsertrag, der aus stillen Reserven und Sondereinkünften besteht, die vor der Liquidation steuerfrei oder zum Teil steuerlich

---

1289 Sakellis/Anastasiadis, Besteuerung und Ausschüttung der Gesellschaftsgewinnen, Band I, 8. Auflage 2006, S. 508.

1290 Runderlass des Finanzministeriums 1112918/10736/B0012/pol. 1248/1992.

1291 Diese zusätzliche Besteuerung folgt dem entsprechenden für die Gesellschaft geltenden Steuersatz nach dem Runderlass des Finanzministeriums H 1135901/10637/B0012, pol. 1341/1993.

1292 Sakellis/Anastasiadis, Besteuerung und Ausschüttung der Gesellschaftsgewinnen, Band I, 8. Auflage 2006, S. 508.

1293 Sakellis/Anastasiadis, Besteuerung und Ausschüttung der Gesellschaftsgewinnen, Band I, 8. Auflage 2006, S. 517.

1294 Matsos, Investitionen deutscher Steuersubjekte in griechische Kapitalgesellschaften, 2001, S. 89.

1295 Mparmpas, Besteuerung von Einkommen, 2003, S. 314.

belastet waren, nur auf Ebene der Gesellschaft versteuert und bleibt auf Ebene der Gesellschafter steuerfrei.[1296] Auf die Ausschüttungen des Liquidationsverfahrens sind die Steuersätze des Art. 109 KFE anzuwenden.[1297]

II. Die Gewinnausschüttungen

Die ausgeschütteten Beträge werden von einer Besteuerung ausgenommen, wenn sie auf Ebene der Gesellschaft bereits versteuert wurden. Dies wird ausdrücklich in Art. 106 KFE zur Ermittlung des zu versteuernden Einkommens vorgeschrieben.[1298] Nach Abs. 1 sind diese Einnahmen von der gesellschaftlichen Bemessungsgrundlage zur Ermittlung des zu versteuernden Einkommens abzuziehen, wenn zu den Einkünften der juristischen Personen nach Art. 101 Abs. 1 KFE Gewinnanteile aus der Beteiligung an anderen Gesellschaften gehören und diese Einnahmen auf Ebene der juristischen Person einer Besteuerung nach den Vorschriften des KFE unterlagen.

Im griechischen Steuerrecht sind steuerlich von besonderer Bedeutung die GA an Mitarbeiter der Gesellschaft anhand unterschiedlicher Gesellschaftsverhältnissen zu beachten.

Auf einer ersten Stufe ist eine Gewinnausschüttung (z. B. Tantiemen) an geschäftsführende Personen oder an Gesellschaftsleiter, die nicht zum Vorstand der Gesellschaft gehören, dann zulässig, wenn eine solche Gewinnausschüttung in der Satzung festgelegt ist oder die Hauptversammlung darüber beschlossen hat. Die nicht dessen Gehalt bzw. Lohn zugehörigen Vergütungen an den Geschäftsführenden oder den Leiter einer griechischen Aktiengesellschaft sind als Einkünfte aus Kapitalvermögen gem. Art. 24 Abs. 1 lit. a KFE zu qualifizieren. Der gesellschaftliche Gesamtgewinn wird auf Gesellschaftsebene mit Abgeltungswirkung versteuert.[1299]

Auf einer zweiten Stufe sind die Gewinnausschüttungen an Vorstandsmitglieder zu betrachten.[1300] Im Gesetz 2190/1920 über die gr. Aktiengesellschaften werden verschiedene Vergütungsarten der Vorstandsmitglieder vorgeschrieben. Diese

1296 Matsos, Investitionen deutscher Steuersubjekte in griechische Kapitalgesellschaften, 2001, S. 101.

1297 Totsis, Kommentar zur Einkommensteuer natürlicher und juristischer Personen, 2. Auflage 2003, Band III, S. 1985 ff.

1298 Eine entsprechende Regelung enthält auch Art. 10 Abs. 1 lit. β KFE für Personengesellschaften.

1299 Sakellis/Anastasiadis, Besteuerung und Ausschüttung der Gesellschaftsgewinnen, Band I, 8. Auflage 2006, S. 660.

1300 Ausführlich Sakellis/Anastasiadis, Besteuerung und Ausschüttung der Gesellschaftsgewinnen, Band I, 8. Auflage 2006, S. 663 ff.

werden klassifiziert als i) Vergütungen, deren Höhe von der Höhe des Gesellschaftsgewinns abhängt (Art. 24 Abs. 1 des Gesetzes 2190/1920); ii) Vergütungen, deren Höhe in der Satzung festgelegt ist (Art. 24 Abs. 2 des Gesetzes 2190/1920); iii) Vergütungen, deren Höhe in der Satzung nicht festgelegt ist und über die demzufolge durch die Hauptversammlung beschlossen werden muss (Art. 24 Abs. 2 des Gesetzes 2190/1920); und iv) Vergütungen anhand eines besonderen Arbeits- bzw. Auftragverhältnisses (Art. 24 Abs. 3 des Gesetzes 2190/1920).

Vergütungen, deren Höhe vom Gesellschaftsgewinn abhängt, werden auf der Ebene der Gesellschaft besteuert (Art. 54 Abs. 1 KFE) und mit Abgeltung der Steuerpflicht an die berechtigten Personen ausgeschüttet. Nach dem Inkrafttreten des Gesetzes 3697/2008 werden diese Einkünfte ab 2009 mit einem Steuersatz i.H.v. 10% belastet.

In dem Fall, dass die Vergütungshöhe in der Satzung festgelegt wird, stellen diese Vergütungen Einkünfte aus Kapitalvermögen dar und sind einer Quellenbesteuerung unterworfen, die der laufenden Gesellschaftsbesteuerung nach Art. 109 Abs. 1 KFE entspricht. Dabei sind diese Vergütungen zur Gewinnermittlung der Gesellschaft als Betriebsausgabe zu behandeln (Art. 105 Abs. 6 lit. γ KFE).

Die nicht in der Satzung festgelegten GA, die durch Beschluss der Hauptversammlung ausgeschüttet werden, sind als abziehbare Beträge des Art. 105 Abs. 6 lit. γ KFE zu betrachten. Diese GA sind bis 2008 nach Art. 54 Abs. 4 KFE a. F. zu behandeln. Nach dieser Vorschrift werden diese GA durch eine Quellenbesteuerung i. H. v. 25% mit Abgeltungswirkung belastet, deren Höhe dem laufenden Steuersatz des Gesellschaftsgewinnes entspricht[1301]. Ab 2009 werden diese Einnahmen mit einem Steuersatz i.H.v. 35% besteuert (Art. 54 Abs. 5 S. 2 KFE).

Letztlich ist bei den Vergütungen[1302] anhand eines besonderen Arbeits- bzw. Auftragverhältnisses zwischen Einkünften aus nichtselbständiger Arbeit, Einkünften aus Gewerbebetrieb und Einkünften aus selbstständiger Arbeit zu unterscheiden.[1303]

1301 Sakellis/Anastasiadis, Besteuerung und Ausschüttung der Gesellschaftsgewinnen, Band I, 8. Auflage 2006, S. 666 ff.

1302 Es ist problematisch, dass im KFE für diese Vergütungen der Begriff „Gehälter“ ohne eine eindeutige Bestimmung vorgeschrieben wird (Art. 28 Abs. 3 lit. στ KFE). Zur begrifflichen Abgrenzung dieser Vergütungen Matsos, Investitionen deutscher Steuersubjekte in griechische Kapitalgesellschaften, 2001, S. 104 ff.

1303 Nach Auffassung der Finanzverwaltung spielt hinsichtlich der ersten zwei Einkunftsarten, Einkünfte aus nichtselbständiger Arbeit und gewerbliche Einkünfte, die Versicherungsart der Vorstandsmitglieder eine bedeutende Rolle zur Qualifizierung und demgemäß zur steuerlichen Behandlung des Vorstandsmitgliedsgehalts. Dazu s. Runderlass des Finanzministeriums 1076276, pol. 1141/1992. Nach § 1 des Runderlasses sind die „Gehälter“ einer Aktiengesellschaft für die Vorstandsmitglieder anhand eines besonderen Arbeits- bzw. Auftragverhältnisses als Einkünfte aus Gewerbebetrieb zu qualifizieren, sofern sie in einer Kranken- bzw. Rentenkasse außerhalb der IKA (Renten- und Krankenkasse für Arbeitnehmer) versichert sind. Wenn die Empfänger in der IKA versichert sind, werden dann ihre Gehälter als Einkünfte aus

Im ersten Fall werden die Einkünfte aus nichtselbständiger Arbeit nach den Regelungen der Art. 57 und 59 KFE behandelt, während die als gewerbliche Einkünfte qualifizierten Gehälter des Art. 28 Abs. 3 lit. στ KFE nach ausdrücklicher Bestimmung des Art. 55 Abs. 1 lit. a KFE seit dem 1.1.2007 einer Sonderbesteuerung an der Quelle i. H. v. 25% mit Abgeltungswirkung unterliegen. Ab 2009 sind diese Einkünfte anhand des Gesetzes 3697/2008 mit einem Steuersatz i.H.v. 35% für Vorstandsmitglieder zu besteuern, während die entsprechenden Vergütungen der Gesellschafter einer gr. GmbH mit einem Steuersatz i.H.v. 25% belastet werden (Art. 55 Abs. 1 lit. a KFE n. F.). Ferner sind, wenn zu den Vorstandsmitgliedern Freiberufler gehören, deren Vergütungen als Einkünfte aus selbständiger Arbeit (Art. 48 KFE) zu qualifizieren. Weiterhin werden diese Einkünfte mit einer Sonderquellenbesteuerung i. H. v. 20% ohne Abgeltungswirkung belastet. Die Sonderquellensteuer wird später mit der Einkommensteuer verrechnet.[1304]

Die vGA werden im Rahmen des griechischen Steuerrechts nicht gesondert geregelt und behandelt. Die vGA der Gesellschaft sind grundsätzlich nicht als Betriebsausgaben zu betrachten und führen wieder zu einer Hinzurechnung zur Bemessungsgrundlage der Gesellschaft durch eine steuerliche Gewinnkorrektur.[1305]

---

nicht selbständiger Arbeit betrachtet. Nach § 2 lit. ε desselben Runderlasses sind die Vergütungen anhand eines besonderen Arbeits- bzw. Auftragsverhältnisses als abzugsfähige Beträge von den Bruttoeinnahmen der Gesellschaft zu betrachten.

1304 Sakellis/Anastasiadis, Besteuerung und Ausschüttung der Gesellschaftsgewinnen, Band I, 8. Auflage 2006, S. 676 ff.

1305 Zur Unterscheidung einer vGA zwischen gesellschaftlicher Vermögensminderung und verhinderter Vermögensmehrung sowie zu ihren Besonderheiten im griechischen Steuerrecht s. Matsos, Investitionen deutscher Steuersubjekte in griechische Kapitalgesellschaften, 2001, S. 120 ff.

Kapitel 3. Das Unternehmen im deutschen und griechischen Gewerbesteuerrecht

A. Die Gewerbesteuer in Deutschland

I. Überblick

Die Gewerbesteuer bestand bis 1997 aus zwei Elementen, die Gewerbeertragsteuer und die Gewerbekapitalsteuer. Letztere wurde 1998 abgeschafft und als Ausgleich wurden die Gemeinden am Aufkommen der Umsatzsteuer beteiligt.[1306]

Nach § 1 GewStG ist die Gewerbesteuer als Gemeindesteuer anerkannt.[1307] Durch die Fassung des § 1 GewSt ergibt sich nunmehr eine *Pflicht* der Gemeinden zu Erhebung der GewSt.[1308] Sie gehört zu den Ertragsteuern. Darüber hinaus zählt die Gewerbesteuer nach § 3 Abs. 2 AO zu den Real- oder Objektsteuern.[1309] Sie unterliegt der Ertragskraft der Gewerbebetriebe[1310], während die persönlichen

---

1306 Karthaus, Abschaffung der Gewerbekapitalsteuer ab 1.1.1998, DB 1997, S. 1887.

1307 Zur Gewerbesteuer als Gemeindesteuer Güroff, in: Glanegger/Güroff, GewStG – Kommentar, 6. Auflage 2006, § 1, Rdnr. 1 ff.

1308 Vgl. Art. 2 des Gesetzes zur Änderung des GewSt und anderer Gesetze v. 23.12.2003. BGBl 2003 I, S. 2922; nach der Rechtsprechung gilt, dass wenn die Gemeinden einen verfassungsrechtlich gesicherten Anspruch auf eine finanzielle Mindestausstattung haben sollten, dann könnte dieses Recht nicht durch ein Bundesgesetz beeinträchtigt werden. BVerfGE 26, 172 (181). Nach einer anderen vertretenen Meinung steht dem Bund das Recht für die Gesetzgebung über Realsteuern unter bestimmten Bedingungen zu. Im Bereich der gewerbesteuerlichen Bemessungsgrundlage wird die Zuständigkeit des Bundes verankert, sofern Rechts- und Wirtschaftseinheit geschützt werden müssen. Zudem ist der Bund zur Festlegung des Steuersatzes berechtigt, wenn dies erforderlich ist, um gleichwertige Verhältnisse herzustellen. Hey, Steuerwettbewerb in Deutschland, in: FS für O. H. Solms, 2005, S. 35 (41 ff.).

1309 Zum Begriff der Realsteuern Maunz/Dürig, Grundgesetz, Kommentar, Band VI, Art. 106, Rdnr. 87.

1310 Nach dem Objektsteuerprinzip erfasst die Gewerbesteuer nur den durch den laufenden Betrieb anfallenden Gewinn. BFH – Urteil v. 3.2.1994, III R 23/89, BStBl II 1994, S. 709 (710); Gewinne aus der Veräußerung oder Aufgabe des ganzen Betriebs oder eines Teilbetriebs gehören bei Kapitalgesellschaften als laufende Gewinne zum Gewerbeertrag. Andererseits bleiben Gewinne, die ein Einzelgewerbetreibender oder eine Personengesellschaft aus der Veräußerung eines ganzen Gewerbebetriebs, eines Teilbetriebs oder eines Mitunternehmeranteils erzielt,

Verhältnisse des Gewerbetreibenden außer Betracht bleiben.[1311] In der Literatur wird die Gewerbesteuer als *Sondersteuer für Unternehmen, Arbeitsplätze und Investitionen* bezeichnet.[1312]

In der Rechtswissenschaft besteht keine Einigkeit bezüglich der fiskalpolitischen Legitimation der Gewerbesteuer.[1313]

Ursprünglich wurde die Gewerbesteuer durch das Äquivalenzprinzip finanzpolitisch gerechtfertigt.[1314] Danach wurde die Belastung der Gemeinden durch die Betriebe wieder ausgeglichen.[1315] Dabei ist auch die Theorie des *„fundierten Einkommens"* zu beachten[1316]. Nach einer anderen Ansicht verstößt die Gewerbesteuer gegen das Leistungsfähigkeitsprinzip[1317] und führt gleichheitswidrig zur Zusatzbelastung der gewerblichen Ertragserzielung[1318]. Einer weiteren Auffassung zufolge unterliegt die Gewerbesteuer weder dem Leistungsfähigkeitsprinzip noch dem Äquivalenzprinzip. Hauptzweck der Gewerbesteuer ist die *Finanzierung der Gemeindehaushalte.*[1319] Kritisch dem gegenüber steht die Meinung, dass der

---

bei der Ermittlung des Gewerbeertrags außer Acht gelassen. BFH – Urteil v. 15.6.2004, VIII R 7/01, BStBl II 2004, S. 754 (755).

1311 Zur Gewerbesteuer als verobjektivierte Steuer, Zitzelsberger, Grundlagen der Gewerbesteuer, 1990, S. 109; krit. gegenüber dieser Meinung, Braun, Zweifelsfragen im Gewerbesteuerrecht, BB 1993, S. 1122 (1124).

1312 Pinkwart, Gemeindefinanzreform als Schlüssel für ein modernes Unternehmenssteuerrecht, in: FS für H. O. Solms, 2005, S. 141.

1313 Zur Abschaffung der Gewerbesteuer als *Sollertragsteuer* Kruse, Abschied von den Einheitswerten, BB 1996, S. 717 (720). Die Ersatzvarianten sollten einigen Kriterien entsprechen, die sich in *kommunalpolitische, wirtschaftspolitische und übergeordnete Kriterien* unterscheiden lassen. Strauß, Probleme und Möglichkeiten einer Substituierung der Gewerbesteuer, 1984, S. 9 ff.

1314 Zitzelsberger, Grundlagen der Gewerbesteuer, 1990, S. 146 ff.

1315 BVerfGE 46, 224 (236). Dem Äquivalenzprinzip als Rechtfertigungsgrund der Gewerbesteuer stehen die Vorschriften des § 1 Abs. 2 i. V. m. § 3 Abs. 1 AO entgegen; krit. gegenüber dem Äquivalenzprinzip als Rechtfertigungsgrund der Gewerbesteuer, Clemens/Held/Burg, Gewerbesteuerreform im Spannungsfeld von Unternehmenssteuerbelastung und kommunaler Finanzautonomie, 1986, S. 22 ff.; auch Kruse, Abschied von den Einheitswerten, BB 1996, S. 717 (720); auch besteht eine *unangemessene Differenz* zwischen den von den Gewerbebetrieben verursachten kommunalen Leistungen und dem Anteil der GewSt an den gesamten Steuereinnahmen der Gemeinden. Jachmann, Gewerbesteuer verfassungsgemäß? – Das BVerfG hat noch nicht das letzte Wort gesprochen, NJW 2001, S. 1840 (1841).

1316 BVerfGE 13, 331 (348); krit. Zitzelsberger, Grundlagen der Gewerbesteuer, 1990, S. 164 ff.

1317 Wendt, Zur Vereinbarkeit der Gewerbesteuer mit dem Gleichheitssatz und dem Prinzip der Besteuerung nach der Leistungsfähigkeit, BB 1987, S. 1257 (1259).

1318 Jachmann, Ansätze zu einer gleichheitsgerechten Ersetzung der Gewerbesteuer, BB 2000, S. 1432 (1433 ff.).

1319 Scheffler, Besteuerung von Unternehmen I, Ertrag-, Substanz- und Verkehrsteuern, 10. Auflage 2007, S. 254.

Finanzbedarf keine gegen den Gleichheitssatz verstoßende Besteuerung legitimieren kann und Mangels einer überzeugenden Rechtfertigung sollte daher an die Stelle der Gewerbesteuer und der Körperschaftsteuer eine *einheitliche Unternehmensteuer* treten.[1320]

Die Gewerbesteuer soll Rechtsform-, Finanzierungs- und Gewinnverwendungsneutralität erhoben werden. Nach dem Prinzip der Rechtsformneutralität soll die Unternehmensrechtform im Bereich der Gewerbesteuer unberücksichtigt bleiben. Finanzierungsneutralität bedeutet, dass unerheblich ist, ob der Betrieb durch eine Eigene- oder Fremdfinanzierung tätig ist, Gewinnverwendungsneutralität bedeutet, dass eine Gewinnausschüttung bzw. –thesaurierung außer Betracht bleiben soll.[1321] Seit 2008 ist die Gewerbesteuer nach § 4 Abs. 5 b EStG als abzugsfähige Betriebsausgabe bei Personenunternehmen abgeschafft.

II. Steuergegenstand

Der Gegenstand der Gewerbesteuer[1322] wird in § 2 GewStG bestimmt. Nach Abs. 1 S. 1 unterliegt jeder stehende Gewerbebetrieb[1323] der Gewerbesteuer, soweit er im Inland betrieben wird.[1324] Der Begriff des Gewerbebetriebs richtet sich nach den Vorschriften des EStG. Daraus folgt gem. § 2 Abs. 6 GewStG, dass

---

1320 Tipke, Vom Konglomerat herkömmlicher Steuern zum System gerechter Steuern, BB 1994, S. 437 (442); auch Herzig, Die einheitliche Unternehmensteuer, in: FS für H. O. Solms, 2005, S. 115; vgl. auch die Meinung einer *Wertschöpfungsteuer* und eines *kommunalen Zuschlagsrechts zur Einkommen- bzw. Körperschaftsteuer* als Reformkonzeptionen, Peffekoven, Abschaffung der Gewerbesteuer: Was kann Ersatz sein?, in: FS für H. O. Solms, 2005, S. 133 (137 ff.); zur Wertschöpfungsteuer, Strauß, Probleme und Möglichkeiten einer Substituierung der Gewerbesteuer, 1984, S. 73 ff. Auch zum *Zwei-Säulen Konzept* vorgeschlagen Pinkwart, Gemeindefinazreform als Schlüssel für ein modernes Unternehmenssteuerrecht, in: FS für H. O. Solms, 2005, S. 141. Zu weiteren Reformmodellen, Zitzelsberger, Grundlagen der Gewerbesteuer, 1990, S. 298 ff.

1321 Scheffler, Besteuerung von Unternehmen I, Ertrag-, Substanz- und Verkehrsteuern, 10. Auflage 2007, S. 251.

1322 Das Steuerobjekt (= Steuergegenstand) ist das *Steuergut* mit dem Inhalt und dem Umfang der Tatbestandsverwirklichung. Hierzu Lang, in: Tipke/Lang, Steuerrecht, 19. Auflage 2008, § 7, Rdnr. 23; Begriff und Umfang des Steuergutes „erweist nicht nur über die Besteuerungswürdigkeit, sondern auch über die Gleich- oder Ungleichartigkeit bei Mehrfachbelastungen". Burmester, Begriff und Funktion des Steuergutes im Steuerrecht, StuW 1993, S. 221 (222).

1323 Zum Begriff „Gewerbebetrieb" i. S. d. § 2 GewStG s. Abschnitt 11 GewStR; zur Konkretisierung des „stehenden Gewerbebetriebs" s. § 1 GewStDV.

1324 Vgl. Güroff, in: Glanegger/Güroff, GewStG – Kommentar, 6. Auflage 2006, § 2, Rdnr. 6 ff.; anschliessend Selder, in: Glanegger/Güroff, GewStG, Kommentar 2006, 6. Auflage 2006, § 7, Rdnr. 46.

ausländische Betriebsstätten eines inländischen Gewerbebetriebs von der Gewerbesteuer nicht erfasst werden.[1325]

Die Gewerbesteuerobjekte sind bei gewerblichen Unternehmen unabhängig von ihrer Rechtsform nach dem EStG (§ 2 Abs. 1 GewStG) und bei Gewerbebetrieben anhand ihrer Rechtsform (§ 2 Abs. 2 GewStG) und ihres wirtschaftlichen Geschäftsbetriebs (§ 2 Abs. 3 GewStG) zu unterscheiden. Die gewerblichen Unternehmen im Rahmen des EStG sind in zwei Gruppen zu unterteilen.

Zur ersten Gruppe gehören die Gewerbebetriebe, die die Merkmale des § 15 Abs. 2 EStG erfüllen, nämlich die der Selbstständigkeit, der Nachhältigkeit und der Betätigung am allgemeinen Wirtschaftsverkehr mit Gewinnerzielungsabsicht. Dabei wird vorausgesetzt, dass der Gewerbebetrieb über den Rahmen der Land- und Forstwirtschaft bzw. der selbstständigen Arbeit hinaus gewerblich tätig wird.

Die zweite Gruppe erfasst die gewerblich geprägten Betriebe i. S. d. § 15 Abs. 3 Nr. 2 EStG.[1326]

Für Betriebe, die anhand ihrer Rechtsform eingeordnet werden, ist nicht die Art der Tätigkeit entscheidend, sondern die Rechtsform der Gesellschaft. Der Geltungsbereich dieser Regelung erfasst Kapitalgesellschaften. Die Tätigkeit einer Kapitalgesellschaft gilt auch dann in vollem Umfang als die eines Gewerbebetriebs i .S. d. Gewerbesteuerrechts[1327], wenn sie nicht unter eine der sieben Einkunftsarten des § 2 Abs. 1 EStG fällt.[1328] Falls eine Kapitalgesellschaft an einer Organschaft als Organgesellschaft beteiligt ist, wird sie durch eine Fiktion als Betriebsstätte des Organträgers anerkannt. Somit entfällt die Gewerbesteuerpflicht für sie gem. § 2 Abs. 2 S. 2 GewStG. Die Organgesellschaft und der Organträger bilden kein einheitliches gewerbliches Unternehmen.[1329] Damit eine Organschaft steuerlich anerkannt wird, müssen die Voraussetzungen des KStG erfüllt sein. Die für eine Organschaft maßgebliche Bemessungsgrundlage ergibt sich aus einem zweistufigen Verfahren. Auf der ersten Stufe wird der Gewerbeertrag für jedes Unternehmen des Organkreises ermittelt. Auf einer zweiten Stufe werden die Ergebnisse der ersten Stufe zusammengefasst und dem Organträger zugerechnet. Der sich daraus ergebende Gewerbeertrag ist mit den zusammengefassten Besteuerungsgrundlagen aller zum Organkreis gehörenden Unternehmen Grundlage zur Berechnung der Besteuerung.[1330] Außer den Kapitalgesellschaften kommen als

---

1325 BFH – Urteil v. 2.12.1992 – I R 165/90, BStBl II 1993 – S. 577 (580).

1326 Scheffler, Besteuerung von Unternehmen I, 10. Auflage 2007, S. 259 ff.

1327 BFH – Urteil v. 28.6.1989, I R 124/88, BStBl II 1990, S. 76 (78).

1328 BFH – Urteil v. 22.8.1990, I R 67/88, BStBl II 1991, S. 250.

1329 BFH – Urteil v. 22.1.2004, III R 19/02, BStBl II 2004, S. 515 (517); BFH – Urteil v. 2.2.1994, I R 10/93, BStBl II 1994, S. 768 (769).

1330 BFH – Urteil v. 27.6.1990, I R 183/85, BStBl II 1990, S. 916 (918).

Gewerbebetriebe kraft Rechtsform auch Erwerbs- und Wirtschaftsgenossenschaften sowie Versicherungsvereine auf Gegenseitigkeit in Betracht.

Gewerbebetriebe, die sich durch einen wirtschaftlichen Geschäftsbetrieb auszeichnen, sind ebenso als Gewerbesteuerobjekte zu betrachten. Dazu gehören juristische Personen des Privatrechts, wie Stiftungen und nichtrechtsfähige Vereine, wenn sie einen wirtschaftlichen Geschäftsbetrieb führen (§ 2 Abs. 3 GewStG).[1331] Andernfalls sind Unternehmen von juristischen Personen des öffentlichen Rechts gewerbesteuerpflichtig, wenn sie als stehende Gewerbebetriebe anzusehen sind.[1332]

III. Bemessungsgrundlage

Die gewerbesteuerliche Bemessungsgrundlage[1333] knüpft an den Gewerbeertrag als Ausgangsgröße an (§ 6 GewStG) und wird nach den Vorschriften des § 7 GewStG ermittelt. Nach § 7 S. 1 GewStG bezeichnet Gewerbeertrag den nach allen einkommen- bzw. körperschaftsteuerlichen Vorschriften (i. S. d. §§ 15 Abs. 1 EStG i. V. m. 8 Abs. 1 und 2 KStG) zu ermittelnden Gewinn, der aus dem Gewerbebetrieb stammt[1334]. Dieser Gewinn wird um die in §§ 8, 9 GewStG bezeichneten Beträge[1335] vermehrt bzw. vermindert.

Von besonderem Interesse ist die Regelung des § 16 Abs. 1, 2 GewStDV bezüglich der gewerbesteuerlichen Behandlung in der Abwicklungs- bzw. Insolvenzphase von Unternehmen gem. § 2 Abs. 2 GewStG. Nach diesen Vorschriften ist der sich ergebende Gewinn aus der Abwicklung bzw. Insolvenz auf die Jahre des Abwicklungszeitraums bzw. Insolvenzverfahrens zu verteilen.

Bei einer sich daraus ergebenden negativen Bemessungsgrundlage ist nur ein Verlustvortrag ohne zeitliche Begrenzung gem. § 10a GewStG möglich.[1336] Ein

1331 Montag, in: Tipke/Lang, Steuerrecht, 19. Auflage 2008, § 12, Rdnr. 10.

1332 Vgl. § 2 I GewStDV.

1333 Nach einer Auffassung ist Bemessungsgrundlage der Gewerbesteuer der *Gewerbesteuermessbetrag* (§ 14 GewStG). Die Ermittlung des Gewerbeertrages findet in einem Bemessungszeitraum statt und führt als sog. *Besteuerungsgrundlage* zur Abgrenzung des Umfanges der Bemessungsgrundlage. Vgl. Montag, in: Tipke/Lang, Steuerrecht, 19. Auflage 2008, § 12, Rdnr. 17.

1334 Die einheitliche Gewinnfeststellung gem. § 180 Abs. 1 Nr. 2 Buchst. a AO ist für die Gewerbesteuer nicht bindend. Der Gewerbeertrag ist jedoch selbständig zu ermitteln. Vgl. BFH – Urteil v. 17.12.2003, XI R 83/00, BStBl II 2004, S. 699 (700).

1335 Hinzurechnungen und Kürzungen nach §§ 8, 9 GewStG dienen einem *Ausgleich zwischen Personen- und Objektsteuer*. Scheffler, Besteuerung von Unternehmen I, 10. Auflage 2007, S. 267 ff.

1336 Zum Begriff des Gewerbeverlustes Güroff, in: Glanegger/Güroff, GewStG – Kommentar, 6. Auflage 2006, § 10a, Rdnr. 4 ff.

Verlustabzug setzt voraus, dass Unternehmens- und Unternehmeridentität gegeben sind.[1337] Unternehmensidentität bedeutet, dass der im Anrechnungsjahr bestehende Gewerbebetrieb identisch mit dem Gewerbebetrieb sein muss, der im Jahr der Entstehung des Verlustes bestanden hat.[1338] Ferner setzt die Unternehmeridentität voraus, dass kein Unternehmerwechsel stattgefunden hat. Dies bedeutet, dass derselbe Steuerpflichtige sowohl zur Zeit der Verlustentstehung als auch beim Auftreten des positiven Gewerbeertrags Unternehmensinhaber gewesen sein muss.[1339]

IV. Der Steuertarif

Der Gewerbeertrag ist nach § 11 Abs. 1 S. 3 GewStG auf volle 100 € abzurunden. Die Gewerbesteuer greift bei Einzelunternehmen und Personengesellschaften erst nach dem Freibetrag i. H. v. 24.500 € gem. § 11 Abs. 1 S. 3 Nr. 1 GewStG in den Gewerbeertrag ein. Auf der anderen Seite kommt bei Kapitalgesellschaften grundsätzlich kein Freibetrag in Betracht.[1340] Der Freibetrag, von dem allein Einzelunternehmen bzw. Personengesellschaften profitieren, fungiert als Ausgleichmaßstab gegenüber der Kapitalgesellschaften wegen einer milderen Gewerbesteuerbehandlung der entstandenen Vergütungen anhand der Gesellschaft – Gesellschafter – Verträge.[1341]

Zur Ermittlung des Gewerbesteuermessbetrages ist der sich ergebende Gewerbeertrag mit einer festen Steuermesszahl von 3,5% zu multiplizieren, ohne Berücksichtigung der Bemessungsgrundlage (§ 11 Abs. 2 GewStG) und der Rechtsform des Betriebs.[1342] Anschließend wird die Gewerbesteuerschuld aus dem Gewerbesteuermessbetrag mittels eines Gemeindehebesatzes festgesetzt und gem. § 16 Abs. 1 GewStG erhoben. Der Hebesatz muss für alle in der Gemeinde ansässigen Unternehmen gleich sein und beträgt mindestens 200 %, wenn die Gemeinde keinen höheren bestimmt hat (§ 16 Abs. 4 GewStG).

1337 BFH – Urteil v. 14.9.1993, VIII R 84/90, BStBl II 1994, S. 764 (767); BFH – Urteil v. 14.12.1989, IV R 117/88, BStBl II 1990, S. 436 (437); vgl. auch bei einem Gesellschafterwechsel Scheffler, Besteuerung von Unternehmen I, 10. Auflage 2007, S. 291.

1338 Zum Vorliegen einer Unternehmensidentität muss ein wirtschaftlicher, finanzieller und organisatorischer Zusammenhang vorhanden sein. BFH – Urteil v. 14.9.1993, VIII R 84/90, BStBl II 1994, S. 764 (767).

1339 Hierzu Birk, Steuerrecht, 10. Auflage 2007, S. 385.

1340 Vgl. die Ausnahmen des § 11 Abs. 1 S. 3 Nr. 2 GewStG.

1341 Scheffler, Besteuerung von Unternehmen I, 10. Auflage 2007, S. 291.

1342 Durch die Steuermesszahl von 3,5% wird die effektive GewSt.-Belastung angepasst bzw. gemindert. Zu Auswirkungen des neuen Systems Herzig/Lochmann, Unternehmensteuerreform 2008, DB 2007, S. 1037 ff.

Zudem stellt sich die Frage, ob diese Regelung hinsichtlich eines Mindesthebesatzes gegen Art. 28 Abs. 2 S. 3 und 106 Abs. 6 S. 2 GG verstößt.[1343] Nach einer Auffassung ist die Festsetzung eines Mindesthebesatzes mit der kommunalen Finanzautonomie unvereinbar[1344], während einer anderen Meinung nach die Finanz- und Hebesatzautonomie bewahrt bleibt.[1345]

B. Das Einzelunternehmen

Das Einzelunternehmen kommt i. R. d. Gewerbesteuer nur dann in Betracht, wenn es i. S. v. § 15 Abs. 2 EStG gewerblich tätig ist. Hinsichtlich des Einzelunternehmens als gewerbesteuerlichem Steuerobjekt ist folgendes zu beachten: Zwar ist jeder stehende Gewerbebetrieb Gewerbesteuergegenstand, jedoch kennt das GewStG keinen Betriebsbegriff.[1346] Das ist in dem Fall problematisch, wenn eine Person mehrere Betriebe besitzt. Dann stellt sich die Frage, wann mehrere Betriebe als ein einheitlicher Betrieb angesehen werden können oder voneinander abgegrenzt werden müssen und welche Kriterien hier anzuwenden sind. Ein wichtiges Merkmal besteht in der *sachlichen Selbständigkeit*, die *anhand der wirtschaftlichen Eigenständigkeit* bestimmt wird[1347]. Mehrere Betriebe der gleichen Art im Besitz desselben Steuerpflichtigen können daher eine wirtschaftliche Einheit bilden. Beim Einzelunternehmer wird dieses Kriterium durch das Gesamtbild der Verhältnisse im Einzelfall unter Berücksichtigung der Verkehrsanschauung[1348] und insbesondere durch das Vorliegen eines wirtschaftlichen, finanziellen und organisatorischen Zusammenhanges zwischen den einzelnen Betrieben konkretisiert.[1349] Dabei ist auch zu beachten, ob es sich um eine gleich- oder ungleichartige Betätigung handelt.[1350]

1343 Zum Hebesatzrecht Courage, Die Gewerbesteuer und ihre möglichen Kompensationen – die Vorgaben der deutschen Finanzverfassung für eine Reform, 1991, S. 40 ff.

1344 Otting, Verfassungsrechtliche Grenzen der Bestimmung des Gewerbesteuerhebesatzes durch Bundesgesetz, DB 2004, S. 1222 (1225); Walz/Süß, Verfassungswidrigkeit der gewerbesteuerlichen Änderungen durch das Steuervergünstigungsabbaugesetz?, DStR 2003, S. 1637 ff.

1345 Güroff, in: Glanegger/Güroff, GewStG, Kommentar 2006, 6. Auflage 2006, § 16, Rdnr. 11a.

1346 Siehe oben FN 1320.

1347 Güroff, in: Glanegger/Güroff, GewStG, Kommentar 2006, 6. Auflage 2006, § 2, Rdnr. 9.

1348 BFH – Urteil v. 12.1.1983 – IV R 177/80 – BStBl II 1983, S. 425.

1349 Kriterien hierfür sind die Art der gewerblichen Tätigkeit, der Kunden- und Lieferantenkreis, die Geschäftsleitung, die Arbeitnehmerschaft, die Betriebsstätte, die Zusammensetzung und Finanzierung des Aktivvermögens sowie die Gleichartigkeit der Betätigung. Vgl. BFH – Urteil v. 18.12.1996 – XI R 63/96 – BStBl II 1997, S. 573 (574).

1350 BFH – Urteil v. 13.10.1988 – IV R 136/85 – BStBl II 1989, S. 7 (8).

Ein Kennzeichen für einen organisatorischen Zusammenhang kann gegeben sein, wenn die Unternehmensbereiche in demselben Geschäftslokal untergebracht sind. Darüber hinaus besteht ein wirtschaftlicher Zusammenhang, wenn zwei (oder mehrere) Unternehmensbereiche sich gegenseitig stützen und ergänzen und nur miteinander im Verbund betrieben werden können. Allerdings fehlt ein finanzieller Zusammenhang dann, wenn getrennte Aufzeichnungen geführt werden oder für jeden Betrieb gesonderte GuV bzw. Bilanzen erstellt werden.[1351] Bei enger finanzieller, wirtschaftlicher und organisatorischer Verflechtung können auch verschiedenartige Tätigkeiten einen einheitlichen Gewerbebetrieb bilden.[1352] Die Situation ist besonders dann schwierig zu beurteilen, wenn die gleichartigen Betriebe eines Unternehmers sich in verschiedenen Gemeinden befinden.[1353]

Die Kriterien zur Anerkennung mehrerer Betriebe als eine wirtschaftliche Einheit spielen für die gewerbesteuerliche Pflicht des Einzelunternehmens eine maßgebliche Rolle. Wenn die verschiedenen Betriebe keine wirtschaftliche Einheit bilden, handelt es sich um mehrere Betriebe, von denen jeder für sich einzeln zu besteuern ist.[1354]

Die Gewerbesteuerpflicht beginnt ab dem Zeitpunkt, wenn alle Voraussetzungen eines Gewerbebetriebes erfüllt sind, meistens dann, wenn der Betrieb nach außen hin tätig ist. Gewerbesteuerlich betrachtet die Vorbereitungsphase des Betriebs unerheblich.[1355] Das Ende der Steuerpflicht tritt mit der tatsächlichen Einstellung und der dauerhaften Aufgabe des Betriebs ein. Im laufenden Liquidationsverfahren besteht ebenfalls keine Gewerbesteuerpflicht gem. GewStG.[1356]

Bei der Ermittlung der Bemessungsgrundlage für Einzelunternehmer kommen nur Einkünfte aus der unternehmerischen Tätigkeit in Betracht. Bei der Ermittlung des Gewerbeertrages ist ein Freibetrag nach § 11 Abs. 1 Nr. 1 GewStG abzuziehen. Ferner ist der Gewinn aus der Veräußerung oder Aufgabe des Gewerbebetriebs gem. § 16 EStG nicht zum Gewerbeertrag hinzuzurechnen. Das Gleiche gilt auch für Gewinne aus der Veräußerung der Beteiligung an einer Personengesellschaft, sofern die Beteiligung nicht zum BV zählt[1357].

1351 BFH – Urteil v. 18.12.1996 – XI R 63/96 – BStBl II 1997, S. 573 (574).

1352 Abschnitt 16 Abs. 1 S. 7 GewStR.

1353 Abschnitt 16 Abs. 2 S. 3 GewStR.

1354 Zu den steuerlichen Folgen und zwar in Bezug auf einen Verlustausgleich bzw. -vortrag bzw. den gewerbesteuerlichen Freibetrag, Montag, in: Tipke/Lang, Steuerrecht, 19. Auflage 2008, § 12, Rdnr. 12.

1355 Abschnitt 18 Abs. 1 GewStR.

1356 Woltmann, Das Ende der Gewerbesteuerpflicht des Einzelunternehmens, DB 1987, S. 2008 (2009).

1357 Vgl. Abschnitt 38 Abs. 3 S. 1 i. V. m. Abschnitt 39 Abs. 1 S. 2 Nr. 2 GewStR.

Bei der Ermittlung des Gewerbeertrages von Einzelunternehmen oder Personengesellschaften ist insbesondere zu berücksichtigen, dass Entschädigungen, die gem. § 24 Nr. 1 Buchst. a und b EStG durch einen aufgegebenen Gewerbebetrieb angefallen sind und zur Erhöhung des sich ergebenden Gewinns nach §§ 16, 34 EStG führen, außer Betracht bleiben. Ferner ist die Ausgleichszahlung nach § 24 Nr. 1 Buchst. c EStG auch dann der Gewerbesteuer unterworfen, wenn zugleich eine Betriebsaufgabe erfolgt.[1358]

Bei einem Einzelunternehmen können keine schuldrechtlichen Verträge zwischen dem Unternehmen und dem Unternehmer abgeschlossen werden, weshalb der Gewerbeertrag nicht gemindert wird. Die steuerliche Belastung wird aber durch den Freibetrag des § 11 Abs. 1 S. 3 Nr. 1 GewStG oder durch die vorgesehenen Abschreibungen auf WG gemildert.[1359]

C. Die Personengesellschaft

Anders als im Fall eines Einzelunternehmens gilt bei Personengesellschaften, dass sie tatsächlich oder fiktiv eine gewerbliche Tätigkeit ausüben und deshalb als Gewerbebetrieb anzusehen sind.[1360] Die gesamte Tätigkeit der Gesellschaft bezieht auf einen einheitlichen Betrieb.[1361] Eine Personengesellschaft stellt auch dann einen gewerbesteuerlichen Gegenstand dar, wenn die Gesellschaft durch unterschiedliche Betriebe tätig wird. Ebenso ist im Fall einer Mehrbeteiligung mehrerer Personen an mehreren Personengesellschaften jede Gesellschaft als ein eigenständiger Steuergegenstand zu beachten.[1362]

1358 Selder, in: Glanegger/Güroff, GewStG, Kommentar 2006, 6. Auflage 2006, § 7, Rdnr. 22 ff.

1359 Scheffler, Besteuerung von Unternehmen I, Ertrag-, Substanz- und Verkehrsteuern, 10. Auflage 2007, S. 268 ff.

1360 Montag, in: Tipke/Lang, Steuerrecht, 19. Auflage 2008, § 12, Rdnr. 6.

1361 Nach ständiger Rechtsprechung des BFH bezieht eine KG, zu der sich Angehörige eines freien Berufs zusammengeschlossen haben, nur dann Einkünfte aus selbständiger Arbeit i. S. d. § 18 Abs. 1 Nr. 1 EStG und ist damit nicht gewerbesteuerpflichtig, a) wenn an der Gesellschaft keine berufsfremden Personen als Mitunternehmer beteiligt sind und b) wenn sämtliche Personen, die an der KG als Gesellschafter und Mitunternehmer beteiligt sind, im Rahmen des ihnen innerhalb der Gesellschaft zugewiesenen Aufgabenkreises freiberuflich tätig sind. Fehlt es an diesen Voraussetzungen, so ist die Betätigung der KG insgesamt als gewerblich zu beurteilen und die KG damit gewerbesteuerpflichtig. Vgl. BFH – Urteil v. 17.1.1980 – IV R 115/76 – BStBl II 1980, S. 336 (337).

1362 Güroff, in: Glanegger/Güroff, GewStG, Kommentar 2006, 6. Auflage 2006, § 2, Rdnr. 14; vgl. auch die Aufgabe der sog. *Unternehmenseinheit.* BFH – Urteil v. 20.2.2003 – III R 34/01 – BStBl II 2003, S. 700 (701).

Hinsichtlich des Beginns und der Beendigung der Gewerbesteuerpflicht gilt dasselbe wie bei Einzelunternehmen. Auch im Fall einer gewerblich geprägten Personengesellschaft liegt eine Betriebsbeendigung vor, wenn keine Ausübung einer Tätigkeit nach außen vorliegt[1363]. Gleich wie beim Einzelunternehmen wird auch für die Personengesellschaft der Freibetrag und der Gewinn sowohl aus der Veräußerung oder Aufgabe des Gewerbebetriebs (§ 16 EStG) als auch aus der Veräußerung i. S. d. § 17 EStG behandelt.[1364] Dies setzt voraus, dass die Veräußerung oder die Aufgabe den gesamten Mitunternehmeranteil erfasst. Wenn der Mitunternehmeranteil bruchteilweise veräußert oder aufgegeben wird, dann ist der erzielte Gewinn gewerbesteuerpflichtig.[1365] Ebenfalls gewerbesteuerpflichtig sind die Gewinne nach § 7 S. 2 Nr. 1-3 GewStG, soweit sie nicht auf eine natürliche Person als unmittelbar beteiligter Mitunternehmer, sondern auf eine beteiligte Kapitalgesellschaft entfallen. Nach der Unternehmensteuerreform sind die Dividenden i. H. v. 60 % steuerpflichtig. Dementsprechend sind die zusammenhängenden Betriebsausgaben auch gem. § 3 Abs. 40 i. V. m. § 3c Abs. 2 EStG i. H. v. 60 % abzuziehen.

Die zwischen dem Betrieb und den Gesellschaftern abgeschlossenen Verträge führen nicht zu Minderungen des Gewerbeertrages. Die Belastung wird aber wie beim Einzelunternehmen durch den vorgesehenen Freibetrag und die entsprechenden Abschreibungen erleichtert.[1366]

D. Die Kapitalgesellschaft

Bei einer wirtschaftlich tätigen Kapitalgesellschaft ist die gesamte Tätigkeit einem einheitlichen Gewerbebetrieb zuzuordnen. Demzufolge trägt jede Kapitalgesellschaft eigenständig eine Gewerbesteuerpflicht.[1367] Diese beginnt bei Kapitalgesellschaften mit der Eintragung ins Handelsregister und erlischt mit der

1363 Selder, in: Glanegger/Güroff, GewStG, Kommentar 2006, 6. Auflage 2006, § 7, Rdnr. 13.

1364 Siehe oben den Abschnitt über das Einzelunternehmen.

1365 Einer Auffassung nach ist die gewerbesteuerliche Konsequenz des § 16 Abs. 1 S. 2 EStG zutreffend, so Füger/Rieger, Gewerbesteuer bei Teilanteilsveräußerung und das Verbot der pauschalierten Gewerbesteueranrechnung in § 18 Abs. 4 S. 3 UmwStG, DStR 2002, S. 1021; krit. Neyer, Gewerbesteuer bei Teilveräußerung eines Mitunternehmeranteils, BB 2005, S. 577. Nach einer vertretenen Meinung erfasst der Begriff „Gewinn" den positiven bzw. negativen Gewinn, damit Verluste aus den unter § 7 S. 2 GewStG fallenden Vorgängen gewerbesteuerlich abziehbar sind. Behrens/Schmitt, § 7 Satz 2 n. F. – Neue Gewerbesteuer – Tatbestände für Mitunternehmerschaften und KGaA, BB 2002, S. 860 (862).

1366 Scheffler, Besteuerung von Unternehmen I, 10. Auflage 2007, S. 266 ff.

1367 Im Fall eines Organkreises siehe § 2 Abs. 2 S. 2 GewStG.

Beendigung jeglicher Tätigkeit und zwar zu dem Zeitpunkt, an dem das Vermögen an die Gesellschafter verteilt worden ist.[1368]

Anders als im Fall einer Personengesellschaft oder eines Einzelunternehmens ist bei einer Kapitalgesellschaft *das körperschaftsteuerpflichtige Einkommen vor Verlustabzug* als Gewinn i. R. d. Gewerbesteuer anzusehen. Das bedeutet, dass sowohl *die laufenden Erfolge* als auch *die erzielten Einkünfte während des Liquidationsverfahrens* vom Gewinn erfasst werden.[1369]

Bei Kapitalgesellschaften gehört der Gewinn aus der Veräußerung eines (Teil-) Betriebes oder einer betrieblichen Beteiligung zum Gewerbeertrag, anders als bei Personengesellschaften, bei denen die Veräußerung eines Anteils an einer Personengesellschaft nicht zum Gewerbeertrag zuzurechnen ist.[1370]

Bei der Bemessung des Gewerbeertrages von Körperschaften sind auch die Vorschriften über die verdeckten Gewinnausschüttungen anzuwenden.[1371] Darüber hinaus bleiben die Vorschriften des § 10d EStG über den Verlustabzug, des § 34c Abs. 2 und 3 EStG über die abgezogenen ausländischen Steuern[1372] und die Freibeträge der §§ 24, 25 KStG bei der Ermittlung des Gewerbeertrages außer Ansatz.[1373]

Die Verträge, die auf dem Verhältnis zwischen Unternehmen und Gesellschaftern beruhen, führen zu einer Minderung des Gewebeertrages nach den gesetzlich geregelten Quoten.[1374]

Eine weitere Besonderheit der Kapitalgesellschaft liegt bei der Geltendmachung des Verlustabzuges im Fall eines Gesellschafterwechsels (§ 10a S. 8 GewStG i. V. m. § 8c KStG). Bei Übertragung eines Anteils von mehr als 25% und weniger als 50% an einen Dritten oder an eine ihm nahe stehende Person entfällt der Verlustvortrag der Kapitalgesellschaft in entsprechendem Umfang. Dies wird in der Literatur als *quotaler Untergang des Verlustvortrags* bezeichnet. Bei einer Übertragung eines Anteils von mehr als 50% ist der Verlustvortrag vollkommen ausgeschlossen (*vollständiger Untergang des Verlustvortrags*).[1375]

1368 Abschnitt 18 Abs. 2 S. 1 GewStR i. V. m. Abschnitt 19 Abs. 3 S. 1 und 2 GewStR.

1369 Dies bedeutet, dass die zu versteuernden stillen Reserven bei der Auflösung der Kapitalgesellschaft gewerbesteuerpflichtig sind, Scheffler, Besteuerung von Unternehmen I, 10. Auflage 2007, S. 266.

1370 Abschnitt 40 Abs. 2 GewStR.

1371 Scheffler, Besteuerung von Unternehmen I, 10. Auflage 2007, S. 266.

1372 Vgl. BFH – Urteil v. 16.5.1990 – I R 80/87 – BStBl II 1990, S. 920 (921).

1373 Abschnitt 40 Abs. 1 GewStR.

1374 Scheffler, Besteuerung von Unternehmen I, 10. Auflage 2007, S. 268 ff.

1375 Scheffler, Besteuerung von Unternehmen I, 10. Auflage 2007, S. 291.

E. Die Gewerbesteuer in Griechenland

I. Allgemeines

Derzeit kennt die griechische Steuerrechtsordnung kein gleichwertiges Pendant zur deutschen Gewerbesteuer. Die griechische Regierung orientierte sich seit 2006 an der Abschaffung einer Reihe von Gemeindesteuern, um sie durch eine neue und einheitliche Gemeindesteuer zu ersetzen. Die neue Gemeindesteuer wird der deutschen Gewerbesteuer ähneln.[1376]

Das Gutachten sieht insbesondere die Abschaffung von neun derzeitigen Steuern und Abgaben, die die Gewerbetreibenden zugunsten der Gemeinden belasten, und die Einführung einer einheitlichen Gewerbesteuer für alle Gewerbetreibenden im Sinne der Regelungen des Art. 2 KVS vor.

Der primäre Grund für die Einführung dieser einheitlichen Gewerbesteuer in Griechenland ist der Finanzbedarf der Gemeinden. Bisher wurden die Gemeinden durch Beiträge und Gebühren finanziert. Dieses Verfahren führte aber bezüglich der Festsetzung und Veranlagung der bisherigen Gemeindesteuern zu Schwierigkeiten. Daher wurden die Gemeinden zur Deckung ihres Finanzbedarfs durch den Staathaushalt finanziert, was die Regierungspläne für eine neue Minderung der direkten Besteuerung ab 2009 erschwerte. Ebenfalls verursachte die bisherige Besteuerung Wettbewerbsverzerrungen zwischen den Unternehmen.

Andererseits erwartet die griechische Regierung, dass das erzielte Steueraufkommen der Gemeinden durch die neue Gewerbesteuer steigen wird und dass die Festsetzung und Veranlagung der zu zahlenden Steuer durch die Finanzämter vereinfacht wird. Darüber hinaus wird der griechische Staat von der Finanzierung der Gemeinden durch den Staatshaushalt aufgrund der Steigerung des Gemeindeaufkommens befreit. Als Nachteil des Gesetzentwurfes ist die Steuerbelastung aller Gewerbetreibenden durch einen Mindeststeuerbetrag i. H. v. 50 € zu nennen, der unabhängig davon, ob Gewinne oder Verluste erzielt wurden oder ob diese Gewerbetreibenden bisher von Steuern befreit waren, erhoben wird. Ein weiterer Nachteil ist, dass die vorgeschlagene Steuer als Steigerung der direkten Besteuerung betrachtet werden kann.

II. Aufbau der griechischen Gewerbesteuer

Die neue Gewerbesteuer ist als Jahressteuer vorgesehen. Auf diese Weise soll sichergestellt werden, dass die Gemeinden jährlich mindestens 200-350 Millionen Euro erzielen können.

1376 Gutachten der griechischen Gesellschaft lokaler Entwicklung und Selbstverwaltung von 2006.

Weiterhin werden Gewerbebetriebe, die Gewinne erzielt haben, gewerbesteuerpflichtig sein. Die Gewerbesteuer wird durch die Steuererklärung des Steuerpflichtigen festgesetzt. Der an die Gemeinde bezahlte Betrag ist von der zu zahlenden Gewerbesteuer abzuziehen, während im Fall eines niedrigen Gewinns des Betriebes die Gewerbesteuerpflicht durch den gezahlten Betrag i. H. v. 50 € abgegolten ist. Dieser Betrag kann je nach Unternehmensgröße verdoppelt oder verdreifacht werden. Die Höhe des Gewerbesteuersatzes wird durch die Gemeinden festgesetzt.

In der Tat handelt es sich um eine zweistufige Gewerbesteuer. Auf der ersten Stufe wird die Erhebung eines proportionalen Mindeststeuerbetrages vorgesehen, unabhängig davon, ob der Gewerbetreibende Gewinn oder Verlust erzielt hat. Zudem wird ein progressiver Steuersatz nach dem ermittelten Gewerbeertrag eingreifen.[1377]

1377 Quelle: www.in.gr/news/article.asp?lngEntityID=754556&lngDtrID=244.

Stellungnahme und Schlussfolgerung

Die sich aufgrund verschiedener Rechtsnormen im Hinblick auf die jeweilige Rechtsform und die Qualifikation der erzielenden Einkünfte des Unternehmens ergebenden Unterschiede führen zu Komplikationen bei der Besteuerung und zu Unsicherheit der Steuerpflichtigen. Diese unerwünschten Ergebnisse führen zu Missvertrauen gegen die unternehmerische Tätigkeit und schaden der internationalen Wettbewerbsfähigkeit der Unternehmen.[1378]

Zur effektiven Beseitigung dieser Komplexität der Besteuerung von Unternehmen ist eine Reform der betroffenen Steuerrechtsordnungen notwendig. Die Absicht des Gesetzgebers sollte sich erneut an der Schaffung eines *rationalen* und *rechtsstaatlichen Unternehmensteuerrechts* orientieren[1379]. Es ist notwendig, eine moderne Steuerrechtsordnung, die sich am Prinzip der (*Rechtsform- und Finanzierungs-)Neutralität* des erzielten Einkommens des Steuerpflichtigen ausrichtet, zu schaffen.[1380] Als weitere Bestandteile einer Steuerreform werden *„die spürbare Tarifsenkung bzw. Nettoentlastung der Steuerzahler*" vorgeschlagen[1381].

1378 Das gegenwärtige Einkommensteuerrecht Deutschlands wurde als „seit langem alles andere als verständlich, in seinen Belastungswirkungen einsichtig und in diesem Sinne gerecht" bezeichnet. Wassermeyer, Anmerkungen zum Karlsruher Entwurf zur Reform des EStG, DStR 2001, S. 920 (921). Auch wurde das deutsche Steuerrecht im internationalen Wettbewerb der Steuersysteme als ineffizient gekennzeichnet, Rose, Schutz des Kapitalexistenzminimums, BB 1996, S. 1085 (1090), und die Steuerrechtsordnung wurde als „kompliziert, unfair, systemgefährdend" bezeichnet, Helsper, Die Chaotisierung der Steuerrechtsordnung und die Verantwortung der Führungskräfte, BB 1996, S. 2326 (2327); Schäuble, Steuerpolitik als gesetzgeberische Aufgabe, in: FS für Klein, 1994, S. 241 ff. Das geltende Steuerrecht wurde auch als „*unergiebig*" kritisiert, Papier, Steuerreform und Verfassungsrecht, in: FS für Vogel, 2000, S. 117.

1379 Zum Konzept eines rationalen Steuersystems, Glos, Steuersysteme auf dem Prüfstand, in: FS für H. O. Solms, 2005, S. 293 (294); zur Herausforderung der rechtsstaatlichen Idee im deutschen Steuerrecht Vogel, Der Verlust des Rechtsgedankes im Steuerrecht als Herausforderung an das Verfassungsrecht, DStJG 12 (1989), S. 123; zu Grundsätzen eines gerechten Steuersystems, Suttmann, Die Flat Tax, 2007, S. 29 ff.

1380 Lang, Besteuerung von Einkommen – Aufgabe, Wirkungen und europäische Herausforderungen, NJW 2006, S. 2209 (2211).

1381 Sarrazin, Elemente einer nachhaltigen Reform des Steuersystems, in: FS für H. O. Solms, 2005, S. 301.

Ähnlich wie Kapitalgesellschaften, die sowohl in Deutschland als auch in Griechenland durch einen einheitlichen Spitzensteuersatz besteuert werden, wäre es auch vorstellbar, natürliche Personen und Personengesellschaften einer einheitlichen Besteuerung – *Flat Tax* – zu unterwerfen.[1382]

Die Idee zur Vereinfachung und Erneuerung der Besteuerung wurde in den letzten Jahren besonders in Deutschland weiterentwickelt[1383] und führte 2001 zur Veröffentlichung des Karlsruher Entwurfes.[1384] Dieser Entwurf, der *„eine fast ideale Diskussionsgrundlage bietet“*[1385], diente als Grundlage des Vorschlags zur Reform der Einkommen- und Körperschaftsteuer im EStGB.

Die wichtigsten Punkte dieses Vorschlages sind die Integration der Körperschaftsteuer in die Einkommensteuer[1386], ein einheitlicher Steuersatz[1387], die Zusammenfassung aller Einkünfte zu nur einer Einkunftsart und ihre zweifache Ermittlung[1388] sowie die Progression der Bemessungsgrundlage.[1389]

1382 Zur Vorstellung einer Annäherung der Stellung von Körperschaften und Personenvereinigungen im Steuerrecht Kirchhof, Die Gleichheit der Steuerschuldner vor dem Einkommensteuergesetz,, in: FS für Reiß, 2008, S. 359 (371 ff.); in diesem Sinne auch Frenz, Unternehmensteuerkonzeptionen im Lichte des Eigentumsgrundrechts und des Leistungsfähigkeitsprinzips, StuW 1997, S. 116 (129); darüber hinaus zur Erläuterung der Idee einer einheitlichen Steuer, Hall/Rabushka, Flat Tax, Das Steuermodell der Zukunft, 1998, S. 37 ff. Auch zur Flat Tax als Steuerreformkonzeption, Beise, Wie eine Steuerreform öffentliche Akzeptanz findet, in: FS für H. O. Solms, 2005, S. 325; Lang, Gerechtigkeit und Einfachheit eines neuen Einkommensteuergesetzes, in: FS für H. O. Solms, 2005, S. 89 (92).

1383 Schäuble, Steuerpolitik als gesetzgeberische Aufgabe, in: FS. für Franz Klein, 1994, S. 241 (243); Schöberle, Die Steuerpolitik in der Bundesrepublik Deutschland, in: FS für Klein, 1994, S. 255 (269). Zur Erneuerung des Steuerrechts Kirchhof, Die Erneuerung des Steuerrechts dank und trotz der Politik, in: Wissenschaftliches Symposium für Schmidt-Jortzig, 2007, S. 1. Zur Steuereinfachheit, Isensee, Mehr Recht durch weniger Gesetze?, ZRP 1985, S. 139; ders. Vom Beruf unserer Zeit für Steuervereinfachung, StuW 1994, S. 3; Paqué, Einfachheit als ethisches Prinzip, in: FS für H. O. Solms, 2005, S. 241; Jachmann, Grundlagen einer Steuervereinfachung, in: FS für Offerhaus, 1999, S. 1071; zum griechischen Steuerrecht Koutsikas, „Neuschaffung“ der Besteuerung, DFN 2004, S. 1601.

1384 Siehe unter der Adresse http://www.bundessteuergesetzbuch.de/projekt/projekt.htm.

1385 Wassermeyer, Anmerkungen zum Karlsruher Entwurf zur Reform des EStG, DStR 2001, S. 920 (924).

1386 Im Mittelpunkt des Karlsruher Entwurfes stehen als Steuerpflichtige alle natürlichen und steuerjuristischen Personen, die Subjekte von Rechten und Pflichten sind (§ 1 EStGB).

1387 Zum einheitlichen Steuersatz i. H. v. 25% sowie zu Vermeidung der Nachteilen des progressiven Steuersatzes Kirchhof, EStGB, Ein Vorschlag zur Reform der Einkommen- und Körperschaftsteuer, 2003, S. 44 ff.

1388 Kirchhof, EStGB, Ein Vorschlag zur Reform der Einkommen- und Körperschaftsteuer, 2003, S. 128 ff.

1389 Kirchhof, EStGB, Ein Vorschlag zur Reform der Einkommen- und Körperschaftsteuer, 2003, S. 160 ff. Zu einer Bewertung des indirekten progressiven Tarifs, Suttmann, Die Flat Tax, 2007, S. 349.

Aus den vorangegangenen Überlegungen wird deutlicht, dass ein erfolgreiches Unternehmensteuersystem *„gerecht“*[1390] (d. h. auf nationaler Ebene verfassungskonform und unter Berücksichtigung der internationalen Vorgaben der EU bzw. OECD[1391]), sowie *„ohne Rücksicht auf die Unternehmensform und nach dem Leistungsfähigkeitsprinzip“*[1392] ausgestaltet sein sollte. Zugleich sollte es *„standort- und wettbewerbsneutral, finanzierungs- und verwendungsneutral* sowie *ergiebig* und *praktikabel“* sein.[1393]

Vor diesem Hindergrund sollte sich die Steuerpolitik zwischen *Effizienz* und *Gerechtigkeit* bewegen.[1394]

I.

Aus den vorstehend dargestellten Untersuchungen lässt sich ableiten, dass die Erstellung einer sachgerechten Steuerrechtsordnung immerhin ein Dauerbrenner des modernen Rechtsstaates ist, so dass eine Zusammensetzung der Vorgaben beider Steuerrechtsordnungen zu empfehlen ist.

Ausgangspunkt dieses Zusammenspiels stellt die Bezeichnung des steuerrechtlichen Gefüges dar, dessen Rahmen im Verhältnis zum Gerechtigkeits- sowie Freiheitsgedanken des grundrechtsgebundenen Steuerstaates zu finden ist. Das Steuerrecht als quantifiziertes Eingriffsrecht muss eine entsprechend quantifizierte Ober- bzw. Mindestgrenze in Anlehnung an die verfassungsrechtlichen Leitfäden haben. Beide Rechtsordnungen erkennen ein unantastbares Existenzminimum an, das im Steuerrecht durch den Grundfreibetrag festgestellt wird. Dagegen bleibt sowohl in Deutschland als auch in Griechenland die Frage nach einer quantifizierten Obergrenze nach wie vor offen.

1390 Tipke, Die Steuerrechtsordnung II, 2. Auflage 2003, S. 1192.

1391 Hierzu Meister, Internationale Rahmenbedingungen für ein modernes Ertragsteuerrecht, in: FS H. O. Solms, 2005, S. 273.

1392 Tipke, Die Steuerrechtsordnung II, 2. Auflage 2003, S. 1192.

1393 Tipke, Die Steuerrechtsordnung II, 2. Auflage 2003, S. 1192. Zu einer Unternehmensteuerreform mit Hinblick auf internationale Aspekte, Luttermann, Mitunternehmerschaft, Unternehmensteuerreform und internationale Aspekte – Grenzgänge zwischen Steuerrecht und Zivilrecht zur Steuerrechtsordnung, NZG 1999, S. 635 (639 ff.); zum Begriff der (Wettbewerbs-) Steuerneutralität Neumark, Grundsätze gerechter und ökonomisch rationaler Steuerpolitik, 1970, S. 261 ff; besonders zur Kriterien einer Wettbewerbsneutralität der Besteuerung Maiterth, Wettbewerbsneutralität der Besteuerung, 2001, S. 67 ff.

1394 Zitzelsberger, Das deutsche Steuerrecht zu Beginn des 21. Jahrhunderts – Notwendige Reformen aus Sicht der Finanzpolitik, DStR 2000, S. 2; zur Einkommensteuergerechtigkeit Lang, Gerechtigkeit und Einfachheit eines neuen Einkommensteuergesetzes, in: FS für H. O. Solms, 2005, S. 89.

Im deutschen Steuerrecht diente die Ableitung des verfassungsrangigen Halbteilungsgrundsatzes aus der Eigentumsgarantie des Art. 14 GG dem Zweck der Quantifizierung des erlaubten Steuereingriffs, aber die Rechtsprechung wies auf den Verhältnismäßigkeitsgrundsatz als Bemessungsmittel des Steuereingriffs hin. Das Verhältnismäßigkeitsprinzip muss aber auf ähnliche Weise wie die steuerliche Mindestgrenze quantifiziert werden. Im gleichen Sinne dient auch in Griechenland der in der Verfassung verankerte Verhältnismäßigkeitsgrundsatz (Art. 25 Abs. 1 gr. Verf.) als Prüfungsmaßstab des Steuereingriffes.

Demzufolge ergibt sich in beiden Rechtsordnungen die Notwendigkeit einer Quantifizierung des Verhältnismäßigkeitsprinzips. In diesem Sinne kann von einem Steuerverhältnismäßigkeitsgrundsatz mit quantitativem Inhalt die Rede sein.

Im Ergebnis greift die Besteuerung in verschiedene Formen des Privateigentums des Einzelnen ein, dessen Erwerb auf zwei sich gegenseitig bedingenden und gleichwertigen Prämissen beruht. Als erste Voraussetzung ist die eigene Leistung des Steuerpflichtigen zu erwähnen, während zweitens spielt die Bereitstellung des Marktes eine Rolle. Demzufolge kann der Staat als Mitwirkender gemeinsam mit dem Einzelnen bezüglich des Erwerbsvorgangs verstanden werden. Auf dieser Ebene wird die Besteuerung als das Verteilungsmittel des erworbenen Eigentums zwischen den zwei Mitwirkenden betrachtet. An dieser Stelle stellt sich aber die Frage nach einer gerechten Verteilung des Erworbenen unter Berücksichtigung der Verfassungsordnung.

Darüber hinaus wird nach dem philosophischen Ansatz von Perelman die verteilende Gerechtigkeit als „*Jedem das Gleiche*" angesehen. Dieser Ansatz könnte in einem quantifizierten Sinne zu einer Aufteilung des privatnützigen Eigentums in gleichen Teilen zwischen den zwei Mitwirkenden, nämlich dem Staat und dem Einzelnen, führen. In diesem Rahmen wäre es möglich, für beide Rechtsordnungen die Entwicklung eines Halbteilungsverhältnismäßigkeitsgrundsatzes als verfassungsrechtlich quantifizierte Grenze der Gesamtsteuerlast.

Des Weiteren ist im grundrechtlichen Bereich zu beachten, dass die wörtliche Formel des Gleichheitssatzes des Art. 4 gr. Verf. problematisch ist, soweit er nur für Griechen ausdrücklich gilt. Auf dem Weg zur Modernisierung der griechischen Verfassung und zur Vermeidung von Auslegungsproblemen wäre es angemessen, anstelle von „*alle Griechen*" den Ausdruck „*alle Menschen*" zu verwenden. Ebenfalls wäre es im Rahmen der steuerlichen Gleichheit, die anhand des ausdrücklich vorgesehenen Leistungsfähigkeitsprinzips in Art. 4 Abs. 5 gr. Verf. bestimmt wird, sinnvoller, wenn der Regelungswortlaut den Ausdruck „*für alle steuerpflichtigen Personen*" statt „*griechische Staatsbürger*" enthalten würde.

Darüber hinaus wäre es vorstellbar, in Anlehnung an den Schutz von Ehe und Familie des Art. 21 Abs. 1 gr. Verf. der griechischen Steuerrechtsordnung das sog. *Splittingsystem* nach den Vorgaben des deutschen Steuerrechts einzuführen, so dass eine familienschonende Besteuerung verwirklicht wird.

Im Bereich der deutschen Steuerrechtsordnung wäre es sinnvoll nach dem Vorbild des griechischen Steuersystems und einer seit langem in Deutschland weit vertretenen Meinung die Einzelsteuergesetze durch ein einheitliches Steuergesetzbuch zu ersetzen. Im Sinne der Unterscheidung von natürlichen und juristichen Personen unter einem einheitlichen Gesetzbuch wie bei der griechischen Einkommensteuer könnte auch eine entsprechende Systematisierung im deutschen Steuerrecht in Betracht kommen. Ein einheitliches Steuergesetzbuch würde dem deutschen Steuerrecht mehr Praktikabilität und Übersichtlichkeit verleihen. In diesem Rahmen und nach den Vorgaben des griechischen Steuerrechts wäre auf dem Weg zur Erreichung einer rechtsformunabhängigen Unternehmensbesteuerung eine proportionale Besteuerung der Personengesellschaften vorstellbar. Anders aber als im griechischen Steuersystem wäre es für beide Rechtsordnungen sinnvoll, wenn Personen- und Kapitalgesellschaften demselben proportionalen Steuersatz unterlägen.

Andererseits wird die griechische Steuerrechtsordnung von übermäßigen Sonderregelungen beherrscht, die sich auf Sondereinkünfte beziehen. Die Sondereinkünfte bleiben entweder steuerfrei oder werden durch eigene proportionale Steuersätze belastet. Es ist aber auch möglich, dass diese Einkünfte wie im Fall einer Gewinnausschüttung im Rahmen des Art. 106 Abs. 2 und 3 KFE einer Zusatzbesteuerung mit konfiskatorischer Wirkung unterliegen. Demzufolge ergibt sich eine Besteuerung von Unternehmen, die als alles andere als verlässlich, übersichtlich und sachgerecht charakterisiert werden kann. Damit das griechische Unternehmensteuerrecht wettbewerbsfähig wird, müsste es entkompliziert werden. Demzufolge ist es erforderlich, die die griechische Steuerpraxis seit langem beherrschenden Sondereinkünfte und die entsprechenden Sonderregelungen abzuschaffen. Alle Einkünfte sollten gleichwertig und gleichmäßig belastet werden und dieses Ziel wäre nur durch den Abbau der Sondereinkünfte zu erreichen, die zur weiteren Komplexität und Umgehung der Steuergesetze führen.

II.

Fasst man die vorangegangenen Überlegungen zusammen, ergibt sich die Betrachtung der Steuer als das bedeutendste Instrument zur Erfüllung staatlicher Aufgaben, so dass der moderne Verfassungsstaat unstrittig als Steuerstaat bezeichnet werden kann. Dies bedeutet aber nicht, dass der Staat berechtigt ist, Steuern beliebig zu erheben.

Vor diesem Hintergrund steht die Frage nach einer Steuerrechtfertigung als Legitimierungsaufgabe an erster Stelle. In diesem Zusammenhang spielen sowohl die Freiheitlichkeit des Staates als auch das Leistungsfähigkeitsprinzip als

Verteilungsschlüssel der Steuerlast eine bedeutende Rolle. Die Erfüllung dieser zwei Voraussetzungen dient der Vollziehung der Steuerrechtfertigung im Sinne der Legitimität, während die Gesetzmäßigkeit der Steuererhebung auf die Gewährung der Legalität abzielt. Auch im Bereich des Unternehmensteuerrechts lässt sich die Rechtfertigung der Besteuerung von Unternehmen einerseits aus ihrer Marktabhängigkeit und andererseits aus dem Leistungsfähigkeitsprinzip ableiten.

Darüber hinaus ist die Bedeutung des neuformulierten Reproduktivitätsprinzips zusammen mit dem Leistungsfähigkeitsprinzip zur Bestimmung der geeigneten Distanz zwischen dem Staat und seinen Financiers und zur Gewährleistung der Unbefangenheit des Staates gegenüber den Einzelnen zu betonen.

Des Weiteren stellt die Besteuerung ebenfalls ein staatliches Eingriffsmittel in die Privatsphäre des Einzelnen dar. Aus diesem Grund ist es erforderlich, durch die Verfassung (durch die Grundrechte wie z. B. die Eigentumsgarantie) dem Steuerzugriff des Staates Grenzen zu setzen. Die Grundrechte als Teil des Verfassungsstaates gewähren einen Mindestschutz des Einzelnen gegen den staatlichen Eingriff durch Besteuerung. In diesem Zusammenhang spielt das Leistungsfähigkeitsprinzip als Konkretisierungsmaßstab des Gleichheitssatzes eine etscheidende Rolle. Darüber hinaus stellt die Verteilung der Steuerlasten nach der Leistungsfähigkeit des Einzelnen das Fundamentalprinzip beider Steuerrechtsordnungen dar.

Im Übrigen steht das EStG im Mittelpunkt des deutschen Steuerrechts, dessen Regelungen natürliche Personen, Einzelunternehmen sowie Personengesellschaften, jedoch nicht unmittelbar als Gebilde des Zivil- und Handelsrechts, sondern als Gesellschafter, betreffen. So erzielen die Personengesellschaft, die sog. Mitunternehmerschaft und ihre Mitunternehmer Einkünfte aus gewerblicher Tätigkeit nach § 15 EStG. Das Einkommen unterliegt jedoch der Besteuerung, die sich aus den Einkunftsarten des § 2 EStG durch eine Minderung der abzugsfähigen Beträge ergibt.

Besondere Bedeutung erlangt im Einkommensteuerrecht die Besteuerung von Mischformen als Sonderfälle von Personengesellschaften, die verschiedene Merkmale von Personen- und Kapitalgesellschaften aufweisen. Diese Mischformen sind in das Einkommensteuerrecht eingegliedert. Ihre Einkünfte sind nach den Regelungen des EStG zu qualifizieren. Im Gegensatz dazu sind Kapitalgesellschaften, die nach dem vorherigen Halbeinkünfteverfahren und seit 2008 nach dem eingeführten Teileinkünfteverfahren durch die Regelungen des KStG besteuert werden, Subjekte der Körperschaftsteuer.

Alle Kapitalgesellschaften werden seit 2008 durch einen Steuersatz in Höhe von 15% besteuert. Nach der Einführung des Teileinkünfteverfahrens, das der Vermeidung einer Doppelbelastung dient, wird seit 2008 der verbleibende Gewinn nach Abzug der 15%-igen Körperschaftsteuer beim einkommensteuerpflichtigen Anteilseigner noch zu 60 % belastet. Darüber hinaus unterliegen Gewerbebetriebe einer Objektsteuer, der Gewerbesteuer, die gemeinsam mit der Einkommensteuer und der Körperschaftsteuer zu den Ertragsteuern zählt. Die fiskalpolitische Rechtfertigung der Gewerbesteuer steht in Frage, so dass im Schrifttum die Meinungen darüber auseinander gehen.

Ausgangspunkt und Bemessungsgrundlage der Gewerbesteuer ist der Gewerbeertrag, während die Höhe der Gewerbesteuer von der Gemeinde, in der der Betrieb ansässig ist, festgesetzt wird.

In Griechenland unterliegen sowohl die Einzelunternehmer als auch die Personengesellschaften als selbstständige Steuersubjekte der Einkommensteuer natürlicher Personen. Bis 1992 wurden in Griechenland ebenso wie in Deutschland alle erzielten Einkünfte von Personengesellschaften deren Gesellschaftern zugerechnet und erst danach wurden die Gesellschafter als natürliche Personen der Einkommensteuer unterworfen. Seit 1993 sind die griechischen Personengesellschaften als selbstständige Steuersubjekte anerkannt und werden durch einen Steuersatz i. H. v. 20 % bzw. 25 % (Art. 10 Abs. 1 KFE) für das Jahr 2009 besteuert.

Besonders bedeutsam sind im griechischen Einkommensteuerrecht die zahlreichen Sondereinkünfte, die einer eigenen Sonderbesteuerung unterliegen.

Andererseits werden griechische Kapitalgesellschaften nach den Vorschriften der Einkommensteuer juristischer Personen behandelt. Zur Ermittlung des zu versteuernden Einkommens sind sowohl Regelungen natürlicher als auch juristischer Personen anzuwenden. Anders als im deutschen Steuerrecht gibt es zurzeit in Griechenland die Gewerbesteuer nicht. Die Gewerbebetriebe unterliegen vielen verschiedenen Gemeindesteuern in Form von Beiträgen oder Gebühren. In den letzten Jahren wurde ein Gutachten diskutiert, das die bereits bestehenden Gemeindesteuern zu einer einheitlichen Gewerbesteuer zusammenfassen soll. Das Grundkonzept der neuen Gewerbesteuer beruht auf der Belastung aller Gewerbebetriebe durch eine Mindeststeuerbasis sowie einer Besteuerung des erzielten Gewinns, deren Höhe durch die Gemeinden festgesetzt wird.

Aus dem oben Dargestellten ergibt sich, dass die Rechtsnorm, aus der sich die Besteuerung jedes Unternehmens ergibt, von seiner Rechtsform abhängt. Jedoch ist die Anzahl der einschlägigen Rechtsnormen sowohl in Deutschland als auch in Griechenland dermaßen umfangreich, dass dies zu Komplikationen bei der Besteuerung führt und die Unsicherheit des Steuerpflichtigen dadurch erhöht wird.

Anhand dieser Erkenntnisse ergibt sich die Notwendigkeit einer Reform des geltenden Steuerrechts für beide Rechtsordnungen. Damit ein rationales, wettbewerbsfähiges, verlässliches und vor allem sachgerechtes Steuerrecht erreicht wird, müssen beide Steuerrechtsordnungen von übermäßigen und komplizierten Regelungen befreit werden. Dabei sind aber die Vorgaben und die Anforderungen des Europarechts besonders mit Rücksicht auf die Grundfreiheiten zu beachten, so dass der Steuerreform Nachhaltigkeit bewahrt wird.

Ein erster Schritt auf dem Weg zur Rückkehr des Rechtsgedankens in beiden Steuerrechtsordnungen wäre die Schaffung eines einheitlichen und möglichst einfachen Gesetzbuches für alle steuerpflichtigen Personen unter einem einheitlichen Steuersatz. Zur Vollständigkeit einer verlässlichen und dauerhaften Steuerrechtsordnung genügt aber nicht nur die Vereinfachung des geltenden Unternehmenssteuerrechts, sondern es muss vielmehr auch eine aus der Verfassung abgeleitete Obergrenze mit quantifiziertem Inhalt festgestellt werden.

Vor diesem Hintergrund wäre es besonders wertvoll, wenn aus dem Verhältnismäßigkeitsprinzip als rechtsstaatliche Maxime zur Einschränkung der staatlichen Eingriffe ein quantitativer Steuerverhältnismäßigkeitsgrundsatz abgeleitet werden würde.

Literaturverzeichnis

Ahrenkiel, Björn/Peters, Peter: Wende bei der Beurteilung von verdeckten Gewinnausschüttungen nach der neuen BFH-Rechtsprechung, DStR 1997, Heft 35, S. 1349.

Alexandridou, Elisa: (Αλεξανδρίδου, Ελίζα) Δίκαιο Εμπορικών Εταιριών, Τόμος Β', Κεφαλαιουχικές Εταιρίες, 2η έκδ., Αθήνα/Θεσσαλονίκη 2000, (Gesellschaftsrecht, Band II – Kapitalgesellschaften, 2. Auflage, Athen/Thessaloniki 2000) – *auf Griechisch*, zit.: Alexandridou, Gesellschaftsrecht.

Alexandridou, Elisa: (Αλεξανδρίδου, Ελίζα) Δίκαιο Εμπορικών Εταιριών, Τόμος Α', Προσωπικές Εταιρίες, 2η έκδ., Αθήνα/Θεσσαλονίκη 2007, (Gesellschaftsrecht, Band II – Personengesellschaften, 2. Auflage, Athen/Thessaloniki 2007) – *auf Griechisch*, zit.: Alexandridou, Gesellschaftsrecht.

Althans, Jörg: Sonderbetriebsvermögen in Zusammenhang mit einer Änderung der Beteiligungsverhältnisse, BB 1993, Heft 15, S. 1060.

Anastopoulos, Ioannis/Fortsakis, Theodoros: (Αναστόπουλος, Ιωάννης/Φορτσάκης, Θεόδωρος) Φορολογικό Δίκαιο, 2η έκδ., Αθήνα 2003, (Steuerrecht, 2. Auflage, Athen 2003) – *auf Griechisch*, zit.: Anastopoulos/Fortsakis, Steuerrecht.

Antonopoulos, Vasilis: (Αντωνόπουλος, Βασίλης) Δίκαιο Προσωπικών Εταιριών, 2η εκδ., Αθήνα/Θεσσαλονίκη 2007 (Personengesellschaftsrecht, 2. Auflage, Athen/Thessaloniki 2007) *auf Griechisch,* zit.: Antonopoulos, Personengesellschaftsrecht.

Antonopoulos, Vasilis: (Αντωνόπουλος, Βασίλης) Δίκαιο Α. Ε. και Ε. Π. Ε., 2η έκδ., Αθήνα/Θεσσαλονίκη 2008, (Das AG- bzw. GmbH-Recht, 2. Auflage, Athen/ Thessaloniki 2008) – *auf Griechisch,* zit.: Antonopoulos, Das AG- bzw. GmbH-Recht.

Aravantinos, Ioannis: (Αραβαντινός, Ιωάννης) Ελληνικό Συνταγματικό Δίκαιο, τόμος Β', 1904, (Griechisches Verfassungsrecht, Band B', 1904) – *auf Griechisch*, zit.: Aravantinos, Griechisches Verfassungsrecht.

Arbeitskreis Bilanzrecht der Hochschullehrer Rechtswissenschaft: Stellungnahme zum Entwurf eines BilMoG: Grundkonzept und Aktivierungsfragen, BB 2008, Heft 4, S. 152.

Arens, Wolfgang: Anwaltsformulare – Gesellschaftsrecht, Schriftsätze, Verträge, Erläuterungen, 3. Auflage, Bielefeld 2007.

v. Armin, Hans Heribert: Besteuerung und Eigentum, VVDStRL 39 (1981), S. 286.
Arndt, Hans-Wolfgang: Gleichheit im Steuerrecht, NVwZ 1988, Heft 9, S. 787.
Arndt, Hans-Wolfgang/Schumacher, Andreas: Einkommensbesteuerung und Grundrechte – Zum Einfluss grundrechtlicher Entscheidungen auf die Entwicklung der Einkommensbesteuerung in der Bundesrepublik Deutschland, AöR 118 (1993), S. 513.
Arndt, Hans-Wolfgang/Jenzen, Holger: Verlustverrechnung und Verfassungsrecht – Zu dem Beschluss des BVerfG vom 30.9.1998 und der geplanten Steuerreform 1999/2000, DStR 1998, Heft 47, S. 1818.
Axer, Peter: Die Familie zwischen Privatrecht, Sozialrecht und Steuerrecht, DStJG 29 (2006), S. 175.
Bach, Stefan: Die Perspektiven des Leistungsfähigkeitsprinzips im gegenwärtigen Steuerrecht, StuW 1991, Heft 2, S. 116.
Badura, Peter: Staatsrecht, Systematische Erläuterung des Grundgesetzes, 3. Auflage, München 2003.
Bahrs, Enno: Betriebswirtschaftliche Vorteilhaftigkeit von steuerrechtlich bedingten Reinvestitionsrücklagen, BB 2003, Heft 11, S. 568.
Balser, Heinrich/Bockelmann, Gunther/Meyer, Witold/Piorreck, Karl Friedrich: OHG-KG-Einzelkaufmann, 6. Auflage, Frankfurt am Main 1994.
Balser, Heinrich/Bockelmann, Gunther/Piorreck, Karl Friedrich: Die GmbH, umfassende Erläuterungen, Beispiele und Musterformulare für die Rechtspraxis, 13. Auflage, Frankfurt am Main 2001.
Bareis, Peter: Außerhalb der Steuerbilanz? Vom unklaren Denken zur Besteuerung nach Gutdünken, BB 2005, Heft 7, S. 354.
Barthel, Carl: Unternehmenswert: Die Einzelwirtschaftsgüter-orientierten Bewertungsverfahren – Vergangenheitsbezogene versus zukunftsorientierte Unternehmensbewertung, DStR 1995, Heft 43, S. 1684.
Bartl, Harald/Fichtelmann, Helmar/Schlarb, Eberhard/Schulze, Hans-Jürgen: GmbH-Recht, Heidelberger Kommentar, 5. Auflage, Heidelberg 2002.
Bartmuß, Ralph/Möser, Michael: Die inkongruente Gewinnausschüttung nach dem BMF-Erlass vom 7.12.2000, BB 2001, Heft 26, S. 1329.
Bauer, Klaus: Der Dualismus Betriebsausgaben – Werbungskosten, München 1974.
Baumbach, Adolf/Hopt, Klaus: Handelsgesetzbuch, 33. Auflage, München 2008.
Bäumer, Heike: Die Thesaurierungsbegünstigung nach § 34a EStG – einzelne Anwendungsprobleme mit Lösungsansätzen, DStR 2007, Heft 47, S. 2089.
Becker, Helmut: Der ordentliche Geschäftsleiter – Ist sein Grab schon geschaufelt?, DB 1996, Heft 29, S. 1439.
Becker, Joachim: Transfergerechtigkeit und Verfassung, Berlin 2001.

Behrens, Stefan/Schmitt, Rainer: § 7 Satz 2 n. F. – Neue Gewerbesteuer – Tatbestände für Mitunternehmerschaften und KGaA, BB 2002, Heft 17, S. 860.

Behrens, Stefan: Neuregelung der Besteuerung der Einkünfte aus Kapitalvermögen ab 2009 nach dem Regierungsentwurf eines Unternehmenssteuerreformgesetzes vom 14.3.2007, BB 2007, Heft 19, S. 1025.

Beise, Marc: Wie eine Steuerreform öffentliche Akzeptanz findet, in: FS für H. O. Solms, Hrsg: Paul Kirchhof/Otto Graf Lambsdorff/Andreas Pinkwart, Berlin 2005, S. 325.

Beiser, Reinhold: Entnahmen und Einlagen – Eine systematische Betrachtung zur Trennung von Aufwand und Nutzen, DB 2003, Heft 1, S. 15.

Beisse, Heinrich: Handelsbilanzrecht in der Rechtsprechung des BFH – Implikationen des Maßgeblichkeitsgrundsatzes – BB 1980, Heft 13, S. 637.

Beisse, Heinrich: Normqualität und Normstruktur von Bilanzvorschriften und Standards, BB 1999, Heft 42, S. 2180.

Beisse, Heinrich: Grundsatzfragen der Auslegung des neuen Bilanzrechts, BB 1990, Heft 29, S. 2007.

Bergemann, Achim: Unternehmenssteuerreform 2001: Schwerpunkte des Steuersenkungsgesetzes, DStR 2000, Heft 34, S. 1410.

Bergmann, Reinhard: Die Einheit der Rechtsordnung – nur ein Schlagwort? – Erwiderung zu Kley: Der Bundesfinanzhof, die „Einheit der Rechtsordnung“ und die Schatten der Vergangenheit, FR 1981, S. 81 , FR 1981, Heft 12, S. 292.

v. Bernstorff, Jochen: Pflichtenkollision und Menschenwürdegarantie, Der Staat 47 (2008), Heft 1, S. 21.

Besila-Vika, Euridiki: (Μπέσιλα-Βήκα, Ευρυδίκη) Η συνταγματική κατοχύρωση των δικαιωμάτων σύναψης γάμου και ίδρυσης οικογένειας, Αθήνα/Κομοτηνή 1989, (Die verfassungsrechtliche Sicherung der Ehe- und Familienrechte, Athen/Komotini 1989) – *auf Griechisch* –, zit.: Besila-Vika, Die verfassungsrechtliche Sicherung der Ehe- und Familienrechte.

Best, Michael: Einkünftequalifikation und Gewinnermittlung bei Personengesellschaften – Ein Beitrag zur Personengesellschaft als partielles Steuersubjekt, DStR 1991, Heft 47, S. 1545.

Beußer, Thomas: Die Verlustabzugsbeschränkung gem. § 8c KStG im Unternehmensteuerreformgesetz 2008, DB 2007, Heft 29, S. 1549.

Beuthien, Volker: Die Vorgesellschaft im Privatrechtssystem (Teil I), ZIP 1996, Heft 7, S. 305.

Beuthien, Volker: Gibt es im Gesellschaftsrecht eine gesetzliche Stellvertretung?, in: FS für C. W. Canaris, Band II, Hrsg: Andreas Heldrich/Jürgen Prölss/Ingo Koller, München 2007, S. 41.

Beys, Kostas: (Μπέης Κώστας) Προβλήματα αποδείξεως εις τας σχέσεις των αφανών εταίρων, ΕΕμπΔ 1971, σελ. 623, (Beweisprobleme in den Beziehungen der stillen Gesellschafter, EEmpD 1971, S. 623) – *auf Griechisch* –, zit.: Beys, Beweisprobleme in den Beziehungen der stillen Gesellschafter.

Beys, Kostas: (Μπέης Κώστας) Τα αμάχητα φορολογικά τεκμήρια είναι αντισυνταγματικά, Δ. 9, Δίκη 1978, σελ. 761, (Die unwiderlegbaren Steuerkriterien sind verfassungswidrig, D. 9, Dike 1978, S. 761) – *auf Griechisch*, zit.: Beys, Die unwiderlegbaren Steuerkriterien sind verfassungswidrig.

Biergans, Enno: Einkommensteuer, 6. Auflage, München 1992.

Bippus, Elsa Birgit: Raus aus der Mitunternehmerschaft, rein in die Körperschaft – steuer – Überlegungen zur steuerrechtlichen Konzeption der Personengesellschaften, DStR 1998, Heft 20/21, S. 749.

Birk, Dieter: Steuergerechtigkeit und Transfergerechtigkeit, ZRP 1979, Heft 9, S. 221.

Birk, Dieter: Zum Stand der Theoriediskussion in der Steuerrechtswissenschaft, Erwiderung zu Walter Leisner, Von der Leistung zur Leistungsfähigkeit – Die soziale Nivellierung, StuW 1983, Heft 4, S. 293.

Birk, Dieter: Gleichheit und Gesetzmäßigkeit der Besteuerung – Zum Stellenwert zweier Grundprinzipien in der Steuerreform 1990, StuW 1989, Heft 3, S. 212.

Birk, Dieter: Verfassungskonforme Auslegung im Steuerrecht, StuW 1990, Heft 4, S. 300.

Birk, Dieter: Rechtfertigung der Besteuerung des Vermögens aus verfassungsrechtlicher Sicht, DStJG 22 (1999), S. 7.

Birk, Dieter: Rahmenbedingungen für den Grundrechtsschutz im Steuerrecht in Europa, in: FS für K. Vogel, Hrsg: Paul Kirchhof/Moris Lehner/Arndt Raupach/Michael Rodi, Heidelberg 2000, S. 157.

Birk, Dieter/Wernsmann, Rainer: Der Schutz von Ehe und Familie im Einkommensteuerrecht, JZ 2001, Heft 5, S. 218.

Birk, Dieter: Steuerrecht, 10. neu bearbeitete und erweiterte Auflage, Heidelberg 2007.

Bischoff, Thorsten: Gewillkürtes Betriebsvermögen ist auch bei einer Einnahmeüberschussrechnung möglich, DStR 2004, Heft 31, S. 1280.

Blaurock, Uwe: Handbuch der Stillen Gesellschaft, 6. Auflage, Köln 2003.

Blümich: Kommentar zu EStG, KStG, GewStG und Nebengesetzen.

Blumers, Wolfgang/Beinert, Stefanie/Witt, Christian-Sven: Individuell gesteuerter Gewinnfluss zur Gesellschafterebene bei Kapitalgesellschaften (Teil I), DStR 2002, Heft 14, S. 565.

Böhme, Sybille/Forster, Eduard: Anwendbarkeit der Trennungstheorie i. R. v. Übertragungen i. S. des § 6 Abs. 5 EStG i. d. F. des Unternehmenssteuerfortentwicklungsgesetzes, BB 2003, Heft 38, S. 1979.

Bohnenblust, Peter/Menger, Jörg/Zöchling, Hans: Verlustverrechnung im Ertragsteuerrecht (Teil I) – Rechtsvergleich Deutschland – Österreich – Schweiz, DStR 1991, Heft 14/15, S. 433.

Bolik, Andreas: Der „Halbabzug" im Halbeinkünfteverfahren, BB 2001, Heft 16, S. 811.

Bordewin, Arno: Steuererleichterung durch Investitionen nach § 6b EStG – Neues zu § 6b EStG aus Gesetzgebung, Rechtsprechung und Verwaltung, DStR 1992, Heft 42, S. 1463.

Bordewin, Arno: Umgekehrte Maßgeblichkeit bei ausschließlich steuerlichem Wahlrecht?, DB 1992, Heft 06, S. 291.

Brandenberg, Hermann – Bernwart: Anteile des Kommanditisten an einer Komplementär – GmbH als funktional wesentliche Betriebsgrundlage, DB 2003, Heft 48, S. 2563.

Brandis, Peter: Einkommen als Rechtsbegriff, StuW 1987, Heft 4, S. 289.

Brandis, Peter: Bemessungsgrundlagen im Steuerrecht und im Sozialrecht – Aus der Sicht des Steuerrechts, DStJG 29 (2006), S. 93.

Braun, Leander: Zweifelsfragen im Gewerbesteuerrecht, Unternehmer- und/oder Unternehmensidentität beim Gewerbeverlustabzug? – Betriebsbegriff und Beginn/Ende des Gewerbebetriebs, BB 1993, Heft 16, S. 1122.

Brockmeyer, Hans Bernhard: Typisierungen im Einkommensteuerrecht durch die Rechtsprechung des BFH, in: FS für K. Offerhaus, Hrsg: Paul Kirchhof/ Wolfgang Jakob/Albert Beermann, Köln 1999, S. 13.

Büchele, Ernst: Offene und verdeckte Einlagen im Bilanz- und Gesellschaftsrecht, DB 1997, Heft 47, S. 2337.

Büchele, Ernst: Die verdeckte Einlage im Brennpunkt von Bilanz- und Gesellschaftsrecht, DB 1999, Heft 46, S. 2336.

Buchna, Johannes/Sombrowski, Dirk: Aufwendungen mit Eigenkapitalersatzcharakter als nicht zu berücksichtigenden Gewinnminderungen nach § 8 Abs. 3 KStG n. F., DB 2004, Heft 37, S. 1956.

Bull, Hans Peter: Daseinsvorsorge im Wandel der Staatsformen, Der Staat 47 (2008), Heft 1, S. 1.

Bundesverband Deutscher Volks- und Betriebswirte e. V. (bdvb): Grundlegende Aspekte zur verdeckten Gewinnausschüttung, DStR 1997, Heft 15, S. 562.

Bürkle, Thomas/Knebel, Andreas: Bilanzierung von Beteiligungen an Personengesellschaften, DStR 1998, Heft 28, S. 1067.

Burmester, Gabriele: Begriff und Funktion des Steuergutes im Steuerrecht – Zur Bedeutung der Steuergüter für eine inner- und innerstaatlich sachgerechte Steuerordnung, StuW 1993, Heft 3, S. 221.

Butzer, Hermann: Der Halbteilungsgrundsatz und seine Ableitung aus dem Grundgesetz, StuW 1999, Heft 3, S. 227.

Canaris, Claus-Wilhelm: Die Übertragung des Regelungsmodells der §§ 125-130 HGB auf die Gesellschaft bürgerlichen Rechts als unzulässige Rechtsfortbildung contra legem, ZGR 2004, Heft 1, S. 69.

Campenhausen, Otto von: Steuersubjekt- und -objektgebundene stille Reserven bei Ergänzungsbilanzen nach § 6 Abs. 5 S. 3 EStG und § 24 UmwStG, DB 2004, Heft 24, S. 1282.

Chatziioakeimidou, Eugenia: (Χατζηιωακειμίδου, Ευγενία) Φορολογικές Συμβάσεις – Η εφαρμογή τους στις προσωπικές εταιρίες, Αθήνα 2005 (Besteuerungsabkommen – Ihre Anwendung auf die Personengesellschaften, Athen 2005) – *auf Griechisch*, zit.: Chatziioakeimidou, Besteuerungsabkommen – Ihre Anwendung auf die Personengesellschaften.

Chatzitzanis, Nikolaos: (Χατζητζανής, Νικόλαος) Εγχειρίδιον γενικών αρχών του Φορολογικού Δικαίου, Αθήνα 1991, (Handbuch der allgemeinen Prinzipien des Steuerrechts, Athen 1991) – *auf Griechisch,* zit.: Chatzitzanis, Handbuch der allgemeinen Prinzipien des Steuerrechts.

Chrisogonos, Konstantinos: (Χρυσόγονος, Κωνσταντίνος) Ατομικά και Κοινωνικά Δικαιώματα, Αθήνα/Κομοτηνή 2002, (Individual- und Sozialrechte, Athen/Komotini 2002) – *auf Griechisch,* zit.: Chrisogonos, Individual- und Sozialrechte.

Clemens, Reinhard/Held, Thomas/Burg, Karl-Heinz: Gewerbesteuerreform im Spannungsfeld von Unternehmenssteuerbelastung und kommunaler Finanzautonomie, Stuttgart 1986.

Clemm, Hermann: Ausscheiden eines Gesellschafters aus der Personengesellschaft – Änderung oder Beibehaltung der bisherigen Bilanzierungsgrundsätze, BB 1992, Heft 28, S. 1959.

Clemm, Hermann: Wirtschaftliche versus formalrechtliche Betrachtung im Steuer- und Bilanzrecht, in: FS für F. Klein, Hrsg: Paul Kirchhof/Klaus Offerhaus/ Horst Schöberle Köln 1994, S. 715.

Clemm, Hermann: Steuerbilanz in der Krise, in: FS für K. Offerhaus, Hrsg: Paul Kirchhof/Wolfgang Jakob/Albert Beermann, Köln 1999, S. 631.

Courage, Christoph: Die Gewerbesteuer und ihre möglichen Kompensationen – die Vorgaben der deutschen Finanzverfassung für eine Reform, Bonn 1991.

Crezelius, Georg: Steuerrechtliche Rechtsanwendung und allgemeine Rechtsordnung, Herne/Berlin 1983.

Crezelius, Georg: Steuerrecht II, Besonderes Steuerrecht, München 1991.

Crezelius, Georg: Dogmatische Grundstrukturen der Unternehmensteuerreform, DB 2001, Heft 5, S. 221.

Crezelius, Georg: Zur Thesaurierungsbegünstigung nach § 34a EStG, in: FS für W. Reiß, Hrsg: Paul Kirchhof/Hans, Nieskens, Köln 2008, S. 399.

Dagtoglou, Prodromos: (Δαγτόγλου, Πρόδρομος), Γενικό διοικητικό δίκαιο, 2η έκδ. 1984, (Allgemeines Verwaltungsrecht, 2. Auflage 1984), – *auf Griechisch*, zit.: Dagtoglou, Allgemeines Verwaltungsrecht .

Dagtoglou, Prodromos: (Δαγτόγλου, Πρόδρομος) Συνταγματικό Δίκαιο, Ατομικά Δικαιώματα, τόμος Β', Αθήνα/Κομοτηνή 1991, (Verfassungsrecht, Individuelle Rechte, Band B, Athen/Komotini 1991) – *auf Griechisch*, zit.: Dagtoglou, Verfassungsrecht, Individuelle Rechte.

Dagtoglou, Prodromos: (Δαγτόγλου, Πρόδρομος), Συνταγματικό Δίκαιο, Ατομικά Δικαιώματα, Τόμος Α', Αθήνα/Κομοτηνή 2005, (Verfassungsrecht, Individuelle Rechte, Band A, Athen/Komotini 2005) – *auf Griechisch*, zit.: Dagtoglou, Verfassungsrecht, Individuelle Rechte.

Dietel, Marco: Bilanzierung von Anteilen an Personengesellschaften in Handels- und Steuerbilanz, DStR 2002, Heft 49, S. 2140.

Dieterlen, Joachim/Schaden, Michael: Einige Bemerkungen zu den Regelungen des Steuersenkungsgesetzes zur Besteuerung von Anteilsveräußerungen, BB 2000, Heft 49, S. 2492.

Di Fabio, Udo: Der offene Staat in der Wirtschaftsgesellschaft, in: FS für K. Vogel, Hrsg: Paul Kirchhof/Moris Lehner/Arndt Raupach/Michael Rodi, Heidelberg 2000, S. 3.

Di Fabio, Udo: Der Schutz von Ehe und Familie: Verfassungsentscheidung für die vitale Gesellschaft, NJW 2003, Heft 14, S. 993.

Di Fabio, Udo: Steuern und Gerechtigkeit – das Freiheits- und Gleichheitsgebot im Steuerrecht, JZ 2007, Heft 15/16, S. 749.

Dimitropoulos, Andreas: (Δημητρόπουλος, Ανδρέας) Συνταγματικά Δικαιώματα, ειδ. Μέρος, τόμος ΙΙΙ, ημ. Β', ια'έκδοση, Αθήνα 2005, (Verfassungsrechte, Besonderer Teil, Band III-B, 11. Auflage, Athen 2005) – *auf Griechisch*, zit.: Dimitropoulos, Verfassungsrechte.

Djanani, Christiana/Herbener, Ralf: Trends in der Besteuerung von Kapitalgesellschaften und deren Anteilseigner: Einzel- oder Doppelbesteuerung? Generalthema I des IFA-Kongresses Sydney, IStR 2003, Heft 15, S. 506.

Dölfel, Gerhard/Bilsdorfer, Peter/Weimann, Rüdiger: Steuerrecht – Eine Einführung für Juristen und Ökonomen, 4. Auflage, Bielefeld 2001.

Dörfler, Harald/Graf, Roland/Reichl, Alexander: Die geplante Besteuerung von Personenunternehmen ab 2008 – Ausgewählte Problembereiche des § 34a EStG im Regierungsentwurf, DStR 2007, Heft 15, S. 645.

Dörfler, Oliver/Heurung, Rainer/Adrian, Gerrit: Korrespondenzprinzip bei verdeckter Gewinnausschüttung und verdeckter Einlage, DStR 2007, Heft 12, S. 514.

Doris, Michail: (Δωρής, Μιχαήλ) Ο περιορισμός της έκπτωσης δαπανών από τα ακαθάριστα έσοδα, όταν σε αυτά περιλαμβάνονται απαλλασσόμενα ή κατ' ειδικό τρόπο φορολογούμενα έσοδα, ΔΦΝ 2004, σελ. 438 (Die Begrenzung der abzugsfähigen Betriebsausgaben von Bruttoeinnahmen, wenn zu denen steuerfreie oder Sondereinkünfte erfasst werden, DFN 2004, S. 438) – *auf Griechisch*, zit. Doris, Die Begrenzung der abzugsfähigen Betriebsausgaben von Bruttoeinnahmen, wenn zu denen steuerfreie oder Sondereinkünfte erfasst werden.

Doris, Philippos: Die Geltung von Grundrechten in Privatrechtsbeziehungen, für die sich diese Rechte eignen (Art. 25 Abs. 1 S. 3 gr. Verfassung), in: FS für C.W. Canaris, Band II, Hrsg: Andreas Heldrich/Jürgen Prölss/Ingo Koller, München 2007, S. 535.

Dötsch, Ewald/Pung, Alexandra: § 8b Abs. 1 bis 6 KStG: Das Einführungsschreiben des Bundesfinanzministeriums, DB 2003, Heft 19, S. 1016.

Dötsch, Ewald/Pung, Alexandra: Richtlinien – Umsetzungsgesetz: Die Änderungen des EStG, des KStG und des GewStG, DB 2005, Heft 1, S. 10.

Dötsch, Ewald/Pung, Alexandra: in: *Dötsch, Ewald/Jost, F. Werner/Pung Alexandra/Witt, Georg*: Die Körperschaftsteuer, Kommentar zum Körperschaftsteuergesetz, Umwandlungsgesetz und zu den einkommensteuerrechtlichen Vorschriften der Anteilseignerbesteuerung, § 8b KStG, Stuttgart, 63. Lieferung Juni 2008.

Dötsch, Ewald/Pung, Alexandra: JStG 2007: Die Änderungen des KStG und des GewStG, DB 2007, Heft 1, S. 11.

Dreier, Horst: Grundgesetz, Kommentar, Band I, Artikel 1-19, 2. Auflage, Würzburg 2003.

Drenseck, Walter: Aufteilungs- und Abzugsverbot – § 12 Nr. 1 S. 2 EStG im Wandel, in: FS für K. Offerhaus, Hrsg: Paul Kirchhof/Wolfgang Jakob/Albert Beermann, Köln 1999, S. 497.

Dreyer, Gerhard/Herrmann, Harald: Besteuerung des Eigenhandels nach § 8b Abs. 7 KStG –Auswirkungen des BMF – Schreibens vom 25.7.2002, DStR 2002, Heft 43, S. 1837.

Drillerakis, Ioannis: (Δρυλλεράκης, Ιωάννης) Οι δικηγορικές εταιρίες και το νομικό τους πλαίσιο, ΔΦΝ 2005, σελ. 1078 (Die Anwaltsgesellschaften und ihre juristische Rahmen, DFN 2005, S. 1078) – *auf Griechisch*, zit. Drillerakis, Die Anwaltsgesellschaften und ihre juristische Rahmen.

Drüen, Klaus-Dieter: Zur Rechtsnatur des Steuerrechts und ihrem Einfluss auf die Rechtsanwendung, in: FS für H. W. Kruse, Hrsg: Walter Drenseck/Roman Seer, Köln 2001, S. 191.

Drüen, Klaus-Dieter: Die vermögensverwaltende Personenhandelsgesellschaft, Steuer & Studium 2004, Heft 1, S. 8.

Drüen, Klaus-Dieter: in: *Klaus Tipke/Heinrich Wilhelm Kruse*, Abgabenordnung, Finanzgerichtsordnung Kommentar, § 141, Köln, Lieferung April 2007.

Drüen, Klaus-Dieter: in: *Klaus Tipke/Heinrich Wilhelm Kruse*, Abgabenordnung, Finanzgerichtsordnung Kommentar, § 3, Köln, Lieferung Juli 2007.

Dürrschmidt, Daniel/Friedrich-Vache, Heidi: Materiell und verfahrensrechtliche Aspekte der Einkünfteermittlung bei der Zebragesellschaft, DStR 2005, Heft 36, S. 1515.

Dziadkowski, Dieter: Ist die Maßgeblichkeit noch zu retten? – Eine Rückschau auf das Verhältnis von Handelsbilanz und Steuerbilanz, in: FS für W. Reiß, Hrsg: Paul Kirchhof/Hans Nieskens, Köln 2008, S. 469.

Eisele, Florian/Knobloch, Paul Alois: Zur Maßgeblichkeit der Handels- für die Steuerbilanz bei der Übertragung einer Reinvestitionsrücklage zwischen einer Personengesellschaft und der an ihr beteiligten Kapitalgesellschaft, DB 2005, Heft 25, S. 1349.

Eisenhardt, Ulrich: Gesellschaftsrecht, 13. Auflage, Hagen 2007.

Elicker, Michael: Der Grundsatz der Lastengleichheit als Schranke der Sonderabgaben, Inpflichtnahmen und Dienstleistungspflichten, NVwZ 2003, Heft 3, S. 304.

Elicker, Michael: Der Grundsatz der Verhältnismäßigkeit in der Besteuerung, DVBl 2006, S. 480.

Ensthaler, Jürgen/Fahse, Hermann: OHG – KG – Stille Gesellschaft, Kompakt Kommentar zu den §§ 105-237 HGB, Kaiserslautern 2002.

Ensthaler, Jürgen: HGB, Gemeinschaftskommentar zum Handelsgesetzbuch mit UN-Recht, 7. Auflage, Neuwied 2007.

Eppler, Gerold: Die Beweislast (Feststellungslast) bei der verdeckten Gewinnausschüttung, DStR 1998, Heft 11, S. 339.

Erle, Bernd/Sauter, Thomas: Körperschaftsteuergesetz – die Besteuerung der Kapitalgesellschaft und ihrer Anteilseigner, 2. Auflage, Heidelberg 2006.

Ernst, Christoph/Seidler, Holger: Kernpunkte des Referentenentwurfs eines Bilanzrechtsmodernisierungsgesetzes, BB 2007, Heft 47, S. 2557.

Eurugenis, Dimitrios: (Ευρυγένης, Δημήτριος) Ιδιωτικό Διεθνές Δίκαιο, Θεσσαλονίκη 1968, (Internationales Privatrecht, Thessaloniki 1968) – *auf Griechisch*, zit.: Eurugenis, Internationales Privatrecht.

Felix, Dagmar: Einheit der Rechtsordnung, Tübingen 1998.

Fichtelmann, Helmar: Die GmbH & Co. KG im Steuerrecht, 8. Auflage, Heidelberg 1998.

Finokaliotis, Konstantinos: (Φινοκαλιώτης, Κωνσταντίνος) Η αρχή της φορολογικής δικαιοσύνης και το Σύνταγμα, Θεσ/νίκη 1986, (Das Steuergerechtigkeitsprinzip und die Verfassung, Thessaloniki 1986) – *auf Griechisch*, zit.: Finokaliotis, Das Steuergerechtigkeitsprinzip und die Verfassung.

Finokaliotis, Konstantinos/Mparmpas, Nikolaos: (Φινοκαλιώτης, Κωνσταντίνος/ Μπάρμπας, Νικόλαος), Δημόσια Οικονομικά, Αθήνα/Θεσσαλονίκη 2001, (Finanzwirtschaft, Athen/Thessaloniki 2001) – *auf Griechisch*, zit.: Finokaliotis/ Mparmpas, Finanzwirtschaft.

Finokaliotis, Konstantinos: (Φινοκαλιώτης, Κωνσταντίνος) Φορολογικό Δίκαιο, 3η έκδ., Θεσσαλονίκη 2005, (Steuerrecht, 3. Auflage, Thessaloniki 2005) – *auf Griechisch*, zit.: Finokaliotis, Steuerrecht.

Fischer, Carola: Problemfelder bei der Abgeltungsteuer – Ein Appell für Korrekturen noch vor 2009, DStR 2007, Heft 43, S. 1898.

Fischer Peter: in: *Hübschmann, Walter/Hepp, Ernst/Spitaler, Armin*: Kommentar zur Abgabenordnung und Finanzgerichtsordnung, § 14, Köln, Lieferung August 1998.

Fleischer, Erich/Thierfeld, Rainer: Stille Gesellschaft im Steuerrecht, 7. Auflage, Achim bei Bremen 1998.

Fleischer, Holger: Zum Grundsatz der Gesamtverantwortung im Aktienrecht, NZG 2003, Heft 10, S. 449.

Flockermann, Paul: Gedanken zum Einkommensteuertarif, in: FS für F. Klein, Hrsg: Paul Kirchhof/Klaus Offerhaus/Horst Schöberle, Köln 1994, S. 393.

Förster, Guido/Brinkmann, Lars: Teilentgeltiche Nachfolge in betriebliche Einheiten, BB 2003, Heft 13, S. 657.

Förster, Ursula: Anrechnung der Gewerbesteuer auf die Einkommensteuer nach der Unternehmensteuerreform 2008, DB 2007, Heft 14, S. 760.

Foufopoulos, Georgios: (Φουφόπουλος, Γεώργιος) Το νομιμοποιητικό θεμέλιο της διαφοροποιήσεως του φορολογικού δικαίου από το ιδιωτικό δίκαιο, ΔΦΝ 2005, σελ. 836 (Die rechtliche Grundlage der Unterscheidung des Steuer- vom Zivilrecht, DFN 2005, S. 836) – *auf Griechisch* –, zit. Foufopoulos, Die rechtliche Grundlage der Unterscheidung des Steuer- vom Zivilrecht.

Franz, Christoph: Einkommensbegriffe im Steuer- und Sozialrecht, StuW 1988, Heft 1, S. 17.

Frenz, Walter: Unternehmensteuerkonzeptionen im Lichte des Eigentumsgrundrechts und des Leistungsfähigkeitsprinzips, StuW 1997, Heft 2, S. 116.

Friauf, Karl – Heinrich: Verfassungsrechtliche Anforderungen an die Gesetzgebung über die Steuern vom Einkommen und vom Ertrag, DStJG 12 (1989), S. 3.

Frotscher, Gerrit: EStG – Praxis Kommentar, Hamburg/Freiburg 1998.

Frotscher, Gerrit: Körperschaftsteuer, München 2004.

Füger, Rolf/Rieger, Norbert: Gewerbesteuer bei Teilanteilsveräußerung und das Verbot der pauschalierten Gewerbesteueranrechnung in § 18 Abs. 4 S. 3 UmwStG, DStR 2002, Heft 25, S. 1021.

Füger, Rolf/Rieger, Norbert: Verdeckte Einlage in eine Kapitalgesellschaft zu bewerten, DStR 2003, Heft 16, S. 628.

Fülbier, Rolf Uwe/Gassen, Joachim: Das Bilanzrechtsmodernisierungsgesetz (BilMoG): Handelsrechtliche GoB vor der Neuinterpretation, DB 2007, Heft 48, S. 2605.

Funk, Joachim/Kirchhof, Paul: Notwendigkeit und Grundlinien einer Steuerreform – Verfassungsrechtlich Gebotenes, demokratisch Erwünschtes und politisch Erreichbares in der Steuerpolitik, Institut „Finanzen und Steuern" e. V., Bonn 1998.

Gawel, Erik: Das Steuerstaatsgebot des Grundgesetzes, Der Staat 39 (2000), S. 209.

Gebhardt, Thomas: Besteuerungsfolgen für den GmbH – Gesellschafter nach dem Beschluss des Großen Senats zum Forderungsverzicht, DStR 1998, Heft 7, S. 225.

Gehrlein, Markus: Der Konsortialkredit als Modell einer Innengesellschaft, DStR 1994, Heft 36, S. 1314.

Geiger Otto: in: *Dötsch, Ewald/Jost, F. Werner/Pung Alexandra/Witt, Georg*: Die Körperschaftsteuer, Kommentar zum Körperschaftsteuergesetz, Umwandlungsgesetz und zu den einkommensteuerrechtlichen Vorschriften der Anteilseignerbesteuerung, § 8 KStG, Stuttgart, 47. Lieferung, Februar 2003.

Georgiadis, Apostolos/Stathopoulos, Mixalis: (Γεωργιάδης, Απόστολος/ Σταθόπουλος, Μιχάλης) Ερμηνεία Αστικού Κώδικα, Τόμος VII, Αθήνα 1991, (ZGB Kommentar, Heft VII, Athen 1991), – *auf Griechisch,* zit.: Georgiadis/Stathopoulos, ZGB Kommentar.

Giefers, Hans Werner/Ruhkamp, Martin: Die Gesellschaft bürgerlichen Rechts, Umfassende Erläuterungen, Beispiele und Musterformulare für die Rechtspraxis, 5. Auflage, Köln/Eisenach 2003.

Gießler, Oliver: Der negative Geschäftswert – Bilanzielle Anerkennung und Behandlung – Erwiderung auf Pusecker/Schruff, BB 1996, S. 735 ff., BB 1996, Heft 34, S. 1759.

Glanegger, Peter/Güroff, Georg: Gewerbesteuergesetz, Kommentar, 6. Auflage, München 2006.

Glanegger, Peter/Kirnberger, Christian/Kusterer, Stefan/Ruß, Werner/Selder, Johannes/Stuhlfelner, Ulrich: Handelsgesetzbuch, Handelsrecht – Bilanzrecht – Steuerrecht, 7. Auflage, Heidelberg 2007.

Glos, Michael: Steuersysteme auf dem Prüfstand – Anmerkungen zum Wandel steuerpolitische Konzepte, in: FS für H. O. Solms, Hrsg: Paul Kirchhof/Otto Graf Lambsdorff/Andreas Pinkwart, Berlin 2005, S. 293.

Goette, Wulf: Die GmbH, 2. Auflage, München 2002.

Gosch, Dietmar: Vielerlei Gleichheiten – Das Steuerrecht im Spannungsfeld von bilateralen, supranationalen und verfassungsrechtlichen Anforderungen, DStR 2007, Heft 36, S. 1553.

Graffe, Ingo: in: *Dötsch, Ewald/Jost, F. Werner/Pung Alexandra/Witt, Georg*: Die Körperschaftsteuer, Kommentar zum Körperschaftsteuergesetz, Umwandlungsgesetz und zu den einkommensteuerrechtlichen Vorschriften der Anteilseignerbesteuerung, § 1 KStG, Stuttgart, 54. Lieferung Juli 2005.

Grammatikaki-Alexiou, Anastasia/Papasiopi-Pasia, Zoe/Basilakakis, Euaggelos: (Γραμματικάκη-Αλεξίου, Αναστασία/Παπασιώπη-Πασιά, Ζωή/Βασιλακάκης, Ευάγγελος) Ιδιωτικό Διεθνές Δίκαιο, 3η έκδοση, Αθήνα/Θεσσαλονίκη 2002, (Internationales Privatrecht, 3. Auflage, Athen/Thessaloniki 2002) – *auf Griechisch,* zit.: Grammatikaki-Alexiou/Papasiopi-Pasia/Basilakakis, Internationales Privatrecht.

Groh, Manfred: Nutzungseinlage, Nutzungsentnahme und Nutzungsausschüttung (Teil I), DB 1988, Heft 10, S. 514.

Groh, Manfred: Betriebsschulden aus Privatvermögen?, DB 1992, Heft 9, S. 444.

Groh, Manfred: Ausscheiden eines Gesellschafters in der Bilanz der Personengesellschaft, BB 1994, Heft 8, S. 540.

Groh, Manfred: Ist die verdeckte Einlage ein Tauschgeschäft? – Anmerkungen zum BFH-Beschluss vom 9.6.1997, GrS. 1/94, DB 1997, Heft 34, S. 1683.

Groh, Manfred: Trennungs- und Transparenzprinzip im Steuerrecht der Personengesellschaften, ZIP 1998, Heft 3, S. 89.

Groh, Manfred: Disquotale Gewinnverteilung in Kapitalgesellschaften – Ein Freibrief des BFH?, DB 2000, Heft 29, S. 1433.

Groh, Manfred: Aufnahme eines Gesellschafters in ein Einzelunternehmen: Ende der Ungewissheit?, DB 2001, Heft 41, S. 2162.

Groh, Manfred: Die atypische stille Gesellschaft als fiktive Gesamthandsgemeinchaft, in: FS für H. W. Kruse, 2001, S. 417.

Groh, Manfred: Von Beteiligungshändlern und Unternehmensproduzenten – Anmerkungen zum BFH – Urteil vom 25.7.2001 X R 55/97, DB 2001, S. 2276, DB 2001, Heft 49, S. 2569.

Groh, Manfred: Teilwerteinbringung von betrieblichen Einzelwirtschaftsgütern in Personengesellschaften, DB 2003, Heft 26, S. 1403.

v. Groll, Rüdiger: in: *Kirchhof, Paul/Söhn, Hartmut/Mellinghoff, Rudolf*: Einkommensteuergesetz Kommentar, Band 10, § 10d, Heidelberg, Lieferung Februar 1995.

Grunewald, Barbara: Gesellschaftsrecht, 7. Auflage, Köln 2008.

Gschwendtner, Hubert: Ergänzungsbilanz und Sonderbilanz II in der Rechtsprechung des Bundesfinanzhofes, DStR 1993, Heft 23, S. 817.

Gschwendtner, Hubert: Die Personengesellschaft als Steuerrechtsubjekt im Einkommensteuerrecht nach der Rechtsprechung des Großen Senats des BFH, in: FS für F. Klein, Hrsg: Paul Kirchhof/Klaus Offerhaus/Horst Schöberle, Köln 1994, S. 751.

Gummert, Hans: Personengesellschaften, Münchener Anwalts Handbuch, Düsseldorf 2005.

Habersack, Mathias: Die Anerkennung der Rechts- und Parteifähigkeit der GbR und der akzessorischen Gesellschafterhaftung durch den BGH, BB 2001, Heft 10, S. 477.

Hahn, Hugo: Währungsrecht, Würzburg 1990.

Hall E. Robert/Rabushka Alvin: Flat Tax, Das Steuermodell der Zukunft, Herausgegeben von Kurt Leube, Wien 1998.

Hallerbach, Dorothee: Der Einfluss des Zivilrechts auf das Steuerrecht, DStR 1999, Heft 51-52, S. 2125.

Häuselmann, Holger: Steuerliche Änderungen durch das Jahressteuergesetz 2008 vom 8.11.2007, BB 2008, Heft 1, S. 20.

Heger Karin: in: *Kirchhof, Paul/Söhn, Hartmut/Mellinghoff, Rudolf*: Einkommensteuergesetz Kommentar, Band 7, § 6b, Heidelberg, Lieferung Oktober 2003.

Heider, Karsten: in: Münchener Kommentar zum Aktiengesetz, Hrsg: Wulf Goette/Matthias Habersack/Susanne Kalss, Band I, 3. Auflage, München 2008.

Heintges, Sebastian/Kamphaus, Christine/Loitz, Rüdiger: Jahresabschluss nach IFRS und Zinsscharanke, DB 2007, Heft 23, S. 1261.

Helm, Markus/Krinninger, Markus: Steuerrechtliche Folgen des Gesellschafterverzichts auf Forderungen gegenüber einer Kapitalgesellschaft, DB 2005, Heft 37, S. 1989.

Helsper, Helmut: Die Chaotisierung der Steuerrechtsordnung und die Verantwortung der Führungskräfte – Die Kollision von Praktikerrecht (practised law) und Papierrecht (law in the books) als Mittel zur Wiederherstellung der Lernfähigkeit des Rechtsstaates, BB 1996, Heft 45, S. 2326.

Hennerkes, Brun/Binz, Mark: Zur Ausschließbarkeit von Gesellschaftern einer Personengesellschaft nach freiem Ermessen, NJW 1983, Heft 3, S. 73.

Herzig, Norbert: Steuerorientierte Grundmodelle des Unternehmenskaufs, DB 1990, Heft 3. S. 133.

Herzig, Norbert/Förster, Guido/Förster, Ursula: Gewerbesteuerlicher Verlustvortrag bei Wechseln im Gesellschafterbestand und Umstrukturierung von Personengesellschaften, DStR 1996, Heft 27, S. 1025.

Herzig, Norbert/Briesemeister, Simone: Systematische und grundsätzliche Anmerkungen zur Einschränkung der steuerlichen Verlustnutzung, DStR 1999, Heft 34, S. 1377.

Herzig, Norbert/Hausen, Guido: Steuerliche Gewinnermittlung durch modifizierte Einnahmeüberschussrechnung – Konzeption nach Aufgabe des Maßgeblichkeitsprinzips, DB 2004, Heft 1/2, S. 1.

Herzig, Norbert: Die einheitliche Unternehmensteuer – ein Reformkonzept zur Erlangung internationaler Wettbewerbsfähigkeit, in: FS für H. O. Solms, Hrsg: Paul Kirchhof/Otto Graf Lambsdorff/Andreas Pinkwart, Berlin 2005, S. 115.

Herzig, Norbert/Lochmann, Uwe: Unternehmensteuerreform 2008 – Wirkung des neuen Systems zur Entlastung gewerblicher Personenunternehmen von der Gewerbesteuer, DB 2007, Heft 19, S. 1037.

Hessdörfer, Ludwig: Der Rechtsstaat, Sein Wesen und Wege zu seiner Verwirklichung, Stuttgart 1961.

Hesselmann, Malte/Tillmann, Bert/Mueller-Thuns, Thomas: Handbuch der GmbH & Co. KG, 19. Auflage, Berlin 2005.

Hey, Johanna: Saldierung von Vor- und Nachteilen in der Rechtfertigung von Grundrechtseingriffen und Ungleichbehandlungen, AöR 128 (2003), S. 226.

Hey, Johanna: Steuerwettbewerb in Deutschland, in: FS für O. H. Solms, Hrsg: Paul Kirchhof/Otto Graf Lambsdorff/Andreas Pinkwart, Berlin 2005, S. 35.

Hey, Johanna: Besteuerung von Einkommen – Aufgaben, Wirkungen und europäische Herausforderungen, JZ 2006, Heft 17, S. 851.

Hey, Johanna: Unternehmensteuerreform: das Konzept der Sondertarifierung des § 34a EStG-E, Was will der Gesetzgeber und was hat er geregelt?, DStR 2007, Heft 22, S. 925.

Hey, Johanna: Verletzung fundamentaler Besteuerungsprinzipien durch die Gegenfinanzierungsmaßnahmen des UntStRefG 2008, BB 2007, Heft 24, S. 1303.

Hirsch, Hans: Wirtschaftliches Prinzip und öffentliches Interesse als Leitideen des Steuersystems, FinArch. 27 (1968), S. 5.

Hoffmann, Wolf-Dieter: Der wirtschaftliche Vorteil für die Kapitalgesellschaft als verdeckte Gewinnausschüttung, DStR 1996, Heft 19, S. 729.

Hoffmann, Wolf-Dieter: Die Einlagen in Kapitalgesellschaften als Bilanzierungsproblem beim Einlegenden, BB 1996, Beilage zu Heft 40, S. 1.

Höhn, Ernst: Zweck(e) des Steuerrechts und Auslegung, in: FS für K. Tipke, Hrsg: Joachim Lang, Köln 1995, S. 213.

Homburg, Stefan: Allgemeine Steuerlehre, 4. Auflage, Hannover 2004.

Homburg, Stefan: Die Abgeltungssteuer als Instrument der Unternehmensfinanzierung, DStR 2007, Heft 15, S. 686.

Hopt, Klaus/Wiedemann, Herbert: Aktiengesetz – Großkommentar, 4. Auflage, Berlin 2004.

Hörger, Helmut/Stobbe, Thomas: Die Zuordnung stiller Reserven beim Ausscheiden eines Gesellschafters einer Personengesellschaft – Modifizierte Stufentheorie, DStR 1991, Heft 37, S. 1230.

Horschitz, Harald/Groß, Walter/Fanck, Bernfried: Bilanzsteuerrecht und Buchführung, 11. Auflage, Finanz und Steuern, Band 1, Stuttgart 2007.

Huber, Ulrich: Betriebsführungsverträge zwischen selbständigen Unternehmen, ZHR 152 (1988), S. 1.

Hueck, Götz/Windbichler, Cristine: Gesellschaftsrecht, 21. Auflage, München 2008.

Hüffer, Uwe: Aktiengesetz, 8. Auflage, München 2008.

Hundsdoerfer, Jochen: Beteiligungsaufwendungen im Halbeinkünfteverfahren, BB 2001, Heft 44, S. 2242.

Huster, Stefan: Gleichheit und Verhältnismäßigkeit – Der allgemeine Gleichheitsatz als Eingriffsrecht –, JZ 1994, Heft 11, S. 541.

Intemann, Jens: (Sonder-)Behandlung einbrigungsgeborener Anteile im Halbeinkünfteverfahren aus steuersystematischer Sicht, StB 2004, Heft 2, S. 49.

Intemann, Jens: Einbeziehung von Dividenden in die Abgeltungsteuer verfassungswidrig?, DB 2007, Heft 31, S. 1658.

Isensee, Josef: Steuerstaat als Staatsform, in: FS für H. P. Ipsen, Hrsg: Rolf Stödter/Werner Thieme, Tübingen 1977, S. 409.

Isensee, Josef: Empfiehlt es sich, das Einkommensteuerrecht zur Beseitigung von Ungleichbehandlungen und zur Vereinfachung neu zu ordnen? Sitzungsbericht N über die Verhandlungen der steuerrechtlichen Abteilung, zum 57. Deutschen Juristentag in Mainz, München 1988.

Isensee, Josef: Mehr Recht durch weniger Gesetze?, ZRP 1985, Heft 5, S. 139.

Isensee, Josef: Vom Beruf unserer Zeit für Steuervereinfachung, StuW 1994, Heft 1, S. 3.

Isensee, Josef: Gemeinwohl und Staatsaufgaben im Verfassungsstaat, § 57, in: *Isensee, Josef/Kirchhof, Paul*: Handbuch des Staatsrechts der Bundesrepublik Deutschland. Band III, Das Handeln des Staates, 2. Auflage, Heidelberg 1996.

Jachmann, Monika: Leistungsfähigkeitsprinzip und Umverteilung, StuW 1998, Heft 4, S. 293.

Jachmann, Monika: Grundlagen einer Steuervereinfachung, in: FS für K. Offerhaus, Hrsg: Paul Kirchhof/Wolfgang Jakob/Albert Beermann, Köln 1999, S. 1071.

Jachmann, Monika: Ansätze zu einer gleichheitsgerechten Ersetzung der Gewerbesteuer, BB 2000, Heft 28/29, S. 1432.

Jachmann, Monika: Besteuerung von Unternehmen als Gleichheitsproblem – Unterschiedliche Behandlung von Rechtsformen, Einkunftsarten, Werten und Steuersubjekten im Ertrag- und Erbschaftsteuerrecht, DStJG 23 (2000), S. 9.

Jachmann, Monika: Gewerbesteuer verfassungsgemäß? – Das BVerfG hat noch nicht das letzte Wort gesprochen, NWJ 2001, Heft 25, S. 1840.

Jachmann, Monika: Die Korrespondenz von Sozialrecht und Einkommensteuerrecht, NJS. 2003, Heft 06, S. 281.

Jachmann, Monika: Zur Kumulation von Ertragsteuern und (besonderen) Verbrauchsteuern, in: FS für W. Reiß, Hrsg: Paul Kirchhof/Hans Nieskens, Köln 2008, S. 339.

Jahn, Ralf: Zur steuerlichen Abgrenzung gewerblicher Tätigkeit von freiberuflicher und sonstiger Tätigkeit, DB 2007, Heft 48, S. 2613.

Jakob, Wolfgang: Einkommensteuer, 3. Auflage, München 2003.

Jansen, Bernhard: Die so genannte verdeckte Mitunternehmerschaft, BB 1994, Heft 25, S. 1757.

Jarass, Hans: Bausteine einer umfassenden Grundrechtsdogmatik, AöR 120 (1995), S. 345.

Jauernig, Othmar: Bürgerliches Gesetzbuch – Kommentar, 12. Auflage, München 2007.

Jehke, Christian: Bestimmtheit und Klarheit im Steuerrecht, Berlin 2005.

Jost, Andrea: Gestaltungsüberlegungen zum Ausschüttungsverhalten im Übergangszeitraum, DStR 2001, Heft 24, S. 961.

Jünger, Paul: Liquidation und Halbeinkünfteverfahren, Wurde die Liquidation vergessen? – Ein Diskussionsbeitrag, BB 2001, Heft 2, S. 69.

Jürgens, Günter/Piduch, A. Erwin/Cohrs, Jens: Finanzverfassung Steuern und öffentlicher Haushalt, 1981.

Kai, Oliver: Zweifelsfragen zu § 6 Abs. 3 EStG i. d. F. des UntStFG – Anmerkungen zum BMF – Schreiben vom 3.3.2005 – DB 2005, Heft 15, S. 794.

Kaiser-Plessow, Utta: Bedeutung und Ermittlung des steuerlichen Existenzminimums, FPR 2005, Heft 12, S. 479.

Kaldis, Dimitrios: (Καλδής, Δημήτριος), Ο προσδιορισμός των φορολογητέων κερδών των τραπεζικών και ασφαλιστικών εταιριών, ΔΦΝ 1993, σελ. 883 (Die Gewinnermittlung bei Bank- und Versicherungsunternehmen, DFN 1993, S. 883) – *auf Griechisch*, zit.: Kaldis, Die Gewinnermittlung bei Bank- und Versicherungsunternehmen.

Kaldis, Dimitrios: (Καλδής, Δημήτριος) Συνονθύλευμα ανωμαλιών το ισχύον φορολογικό σύστημα, ΔΦΝ 2004, σελ. 1812 (Konglomerat von Funktionsstörungen das geltende Steuersystem, DFN 2004, S. 1812) – *auf Griechisch*, zit. Kaldis, Konglomerat von Funktionsstörungen das geltende Steuersystem.

Kaminski, Bert: Ertragsteuerliche Konsequenzen bei der Überführung von WG in eine ausländische Betriebsstätte, DStR 1996, Heft 46, S. 1794.

Kanzler, W. Joachim-Hans: Grundfragen der Familienbesteuerung, FamRZ 2004, Heft 02, S. 70.

Karakostas, Velissarios: (Καράκωστας, Βελισσάριος) Περιουσία και υπερνομοθετική προστασία της, ΔΦΝ 2005, σελ. 580 (Eigentum und sein „übergesetzlicher" Schutz, DFN 2005, S. 580) – *auf Griechisch*, zit. Karakostas, Eigentum und sein „übergesetzlicher" Schutz.

Karthaus, Volker: Abschaffung der Gewerbekapitalsteuer ab 1.1.1998, DB 1997, Heft 38, S. 1887.

Kasimatis, Georgios: (Κασιμάτης, Γεώργιος), Τα συνταγματικά όρια της ιδιοκτησίας, 1972, (Die verfassungsrechtlichen Grenzen des Eigentums, 1972), – *auf Griechisch*, zit.: Kasimatis, Die verfassungsrechtlichen Grenzen des Eigentums.

Kasimatis, Georgios: (Κασιμάτης, Γεώργιος), Η συνταγματική έννοια της ιδιοκτησίας και η διεύρυνση αυτής, ΕΔΔΔ 1974, σελ. 205 (Der Verfassungsbegriff des Eigentums und seine Ausweitung, EDDD 1974, S. 205), – *auf Griechisch* –, zit.: Kasimatis, Der Verfassungsbegriff des Eigentums und seine Ausweitung.

Kasimatis, Georgios: (Κασιμάτης, Γεώργιος) Το ζήτημα της τριτενέργειας των ατομικών και κοινωνικών δικαιωμάτων, ΤοΣ 1981, (Das Thema der Drittwirkung der Individual- und Sozialrechte, ToS. 1981,) – *auf Griechisch*, zit.: Kasimatis, Das Thema der Drittwirkung der Individual- und Sozialrechte.

Kempermann, Michael: in: *Kirchhof, Paul/Söhn, Hartmut/Mellinghoff, Rudolf*: Einkommensteuergesetz Kommentar, Band 5, § 5, Heidelberg, Lieferung März 1996.

Kempf, Andreas/Uhlig, Jana: Überlegungen zum Darlehensverzicht in der Krise, DStR 2000, Heft 17, S. 723.

Kessler, Wolfgang/Köhler, Stefan/Knörzer, Daniel: Die Zinsschranke im Rechtsvergleich: Problemfelder und Lösungsansätze, IStR 2007, Heft 12, S. 418.

Kiesel, Lothar: Die „richtige" Betriebsaufspaltung ist sehr zeitgemäß – Erwiderung zu van Randenborgh, DStR Heft 1-2/1998, 20 ff., DStR 1998, Heft 26, S. 962.

Kimminich, Otto: in: Bonner Kommentar zum GG, Art. 14 GG, Hrsg: Dolzel, Rudolf Dolzel/Klaus Vogel/Karin Graßhof, Heidelberg Lieferung August 1992.

Kirchhof, Ferdinand: Sozialversicherungsbeitrag und Finanzverfassung, NZS 1999, Heft 4, S. 161.

Kirchhof, Ferdinand: Der Weg zur verfassungsgerechten Besteuerung – Bestand, Fortschritt, Zukunft, StuW 2002, Heft 3, S. 185.

Kirchhof, Ferdinand: Finanzierungsinstrumente des Sozialstaats, DStJG 29 (2006), S. 39.

Kirchhof, Gregor: Kumulative Belastung durch unterschiedliche staatliche Maßnahmen, NJW 2006, Heft 11, S. 732.

Kirchhof, Paul: Besteuerung und Eigentum, VVDStRL 39 (1981), S. 213.

Kirchhof, Paul: Steuergerechtigkeit und sozialstaatliche Geldleistungen, JZ 1982, S. 305.

Kirchhof, Paul: Die Steuerung des Verwaltungshandelns durch Haushaltsrecht und Haushaltkontrolle, NVwZ 1983, Heft 9, S. 505.

Kirchhof, Paul: Steuerumgehung und Auslegungsmethoden, StuW 1983, Heft 2, S. 173.

Kirchhof, Paul: Die verfassungswidrige Investitionshilfeabgabe im System öffentlicher Abgaben, ZIP 1984, Heft 12, S. 1423.

Kirchhof, Paul: Der verfassungsrechtliche Auftrag zur Besteuerung nach der finanziellen Leistungsfähigkeit, StuW 1985, Heft 4, S. 319.

Kirchhof, Paul: Die Kunst der Steuergesetzgebung, NJW 1987, Heft 51, S. 3217.

Kirchhof, Paul: Empfiehlt es sich, das Einkommensteuerrecht zur Beseitigung von Ungleichbehandlungen und zur Vereinfachung neu zu ordnen?, Gutachten F für den 57. Deutschen Juristentag in Mainz, München 1988.

Kirchhof, Paul: Die Steuer als Ausdruck der Staatsverfassung, in: FS für H. Sendler, Hrsg: Everhardt Franßen/Konrad Redeker/Otto Schlichter/Dieter Wilke, München 1991, S. 65.

Kirchhof, Paul: in: *Kirchhof, Paul/Söhn, Hartmut/Mellinghoff, Rudolf*: Einkommensteuergesetz Kommentar, Band 2, § 2, Heidelberg, Lieferung September 1992.

Kirchhof, Paul: Verfassungsrechtliche Maßstäbe für die Auslegung von Steuergesetzen, in: FS. für 75 Jahre Reichsfinanzhof – Bundesfinanzhof, Hrsg. Der Präsident des Bundesfinanzhofs, Bonn 1993, S. 285.

Kirchhof, Paul: Steuergleichheit, StuW 1994, Heft 4, S. 297.

Kirchhof, Paul: Die Sonderabgaben, in: FS für K. H. Friauf, Hrsg: Rudolf Wendt/Wolfram Höffling/Ulrich Karpen/Martin Oldiges, Heidelberg 1996, S. 669.

Kirchhof, Paul: Die Steuerrechtsordnung als Wertordnung, StuW 1996, Heft 1, S. 3.

Kirchhof, Paul: Die verfassungsrechtliche Rechtferigung der Steuern, in: Steuern im Verfassungsstaat, Symposion zu Ehren von Klaus Vogel, Hrsg: Paul Kirchhof/Dieter Birk/ Moris Lehner, München 1996, S. 27.

Kirchhof, Paul: Steuergleichheit nach Vereinfachung, DStJG 21 (1998), S. 9.

Kirchhof, Paul: Staatliche Einnahmen, § 88, in: *Isensee, Josef/Kirchhof, Paul*: Handbuch des Staatsrechts der Bundesrepublik Deutschland. Band IV, Finanzverfassung – Bundesstaatliche Ordnung, 2. Auflage, Heidelberg 1999.

Kirchhof, Paul: Steuerrechtsprechung und Verfassungsrechtsprechung, in: FS für K. Offerhaus, Hrsg: Paul Kirchhof/Wolfgang Jakob/Albert Beermann, Köln 1999, S. 83.

Kirchhof, Paul: Besteuerung im Verfassungsstaat, Tübingen 2000.

Kirchhof, Paul: Ehe- und familiengerechte Gestaltung der Einkommensteuer, NJW 2000, Heft 38, S. 2792.

Kirchhof, Paul: Besteuerung nach Gesetz, in: FS für H. W. Kruse, Hrsg: Walter Drenseck/Roman Seer, Köln 2001, S. 17.

Kirchhof, Paul: Der Grundrechtsschutz des Steuerpflichtigen, Zur Rechtsprechung des Bundesverfassungsgerichts im vergangenen Jahrzehnt, AöR 128 (2003), S. 1.

Kirchhof, Paul: Einkommensteuer Gesetzbuch, Ein Vorschlag zur Reform der Einkommen- und Körperschaftsteuer, Heidelberg 2003.

Kirchhof, Paul: Maßstäbe für eine familiengerechte Besteuerung, ZRP 2003, Heft 3, S. 73.

Kirchhof, Paul: Die Grundidee der Steuerreform: Freiheit, in: FS für H. O. Solms, Hrsg: Paul Kirchhof/Otto Graf Lambsdorff/Andreas Pinkwart, Berlin 2005, S. 1.

Kirchhof, Paul: Der Vertrag – ein Instrument zur Begründung steuerlicher Ungleichhiet?, in: FS für V. Röhricht, Hrsg: Georg Crezelius/Heribert Hirte/Klaus Vieweg, Köln 2005, S. 919.

Kirchhof, Paul: Die staatsrechtliche Bedeutung der Steuerreform, JöR 54 (2006), S. 1.

Kirchhof, Paul: Das verfassungsrechtliche Maß steuerlicher Belastung, in: FS für D. Merten, Hrsg: Ferdinand Kirchhof/Hans-Jürgen Papier/Heinz Schäfrer, Heidelberg 2007, S. 149.

Kirchhof, Paul: Die Erneuerung des Steuerrechts dank und trotz der Politik – Zum Verhältnis von Politik und Wissenschaft, in: Wissenschaftliches Symposium für Edzard Schmidt-Jortzig, Hrsg: Utz Schliesky/Paul Kirchhof, Köln 2007, S. 1.

Kirchhof, Paul: Die Steuern, § 118, in: *Isensee, Josef/Kirchhof, Paul*: Handbuch des Staatsrechts der Bundesrepublik Deutschland. Band V, Rechtsquellen, Organisation, Finanzen, 3. Auflage, Heidelberg 2007.

Kirchhof, Paul: Menschenbild und Freiheitsrecht, in: FS für Chr. Starck, Hrsg: Rainer Grote/Ines Härtel/Karl – E Hain/Thorsten I. Schmidt/Thomas Schmitz, Tübingen 2007, S. 275.

Kirchhof, Paul: Die Gleichheit der Steuerschuldner vor dem Einkommensteuergesetz, in: FS für W. Reiß, Hrsg: Paul Kirchhof/Hans Nieskens, Köln 2008, S. 359.

Kirchhof, Paul: Die Gleichheit als staatsrechtlicher Auftrag, in: Gleichheit im Verfassungsstaat, Symposion aus Anlass des 65. Geburtstages von Paul Kirchhof, Hrsg: Rudolf Mellinghoff/Ulrich Palm, Heidelberg 2008, S. 1.

Kirchhof, Paul: EStG Kompakt Kommentar Einkommensteuergesetz, 8. Auflage, Heidelberg 2008.

Kirsch, Hanno: IAS – Jahresabschluss für Kommanditgesellschaften, BB 2003, Heft 03, S. 143.

Kischel, Uwe: Gleichheitssatz und Steuerrecht – Gefahren eines dorgmatischen Sonderwegs, in: Gleichheit im Verfassungsstaat, Symposion aus Anlass des 65. Geburtstages von Paul Kirchhof, Hrsg: Rudolf Mellinghoff/Ulrich Palm, Heidelberg 2008, S. 175.

Klein, Alexander: Das neue Verfassungsrecht – Eine Chance für den Steuerzahler?, BB 1996, Heft 35, S. 1807.

Kleineidam, Hans-Jochen/Liebchen, Daniel: Die Mär von der Steuerentlastung durch die Unternehmensteuerreform 2008 – Die Gesamtsteuerbelastung von Personenunternehmen nach dem Entwurf eines Unternehmensteuerreformgesetzes vom 5.7.2007, DB 2007, Heft 8, S. 409.

Kloster, Anja/Kloster, Lars: Einkünfte- und Vermögenszuordnung bei der mitunternehmerischen Betriebsaufspaltung – Die Sicht des Rechtsanwenders, BB 2001, Heft 28/29, S. 1449.

Klunziger, Eugen: Grundzüge des Gesellschaftsrechts, Lehrbücher für Wirtschaft und Recht, 14. Auflage, München 2006.

Knobbe-Keuk, Brigitte: Gleichstellung des Mitunternehmers mit dem Einzelunternehmer? § 15 Abs. 1 Satz 1 Nr. 2 EStG und mittelbar Beteiligte, DB 1990, Heft 18, S. 905.

Knobbe-Keuk, Brigitte: Bilanz- und Unternehmensteuerrecht, 9. Auflage, Köln 1993.

Köhler, Stefan: Erste Gedanken zur Zinsschranke nach der Unternehmensteuerreform, DStR 2007, Heft 14, S. 597.

Kohlhepp, Ralf: Die Korrespondenzprinzipien der verdeckten Gewinnausschüttung, DStR 2007, Heft 35, S. 1502.

Koller, Ingo/Roth, Wulf-Henning/Morck, Winfried: Handelsgesetzbuch – Kommentar, 6. Auflage, München 2007.

Koller, Ingo: „Unvollständige“ Personengesellschaftsverträge des Handelsrechts, in: FS für C.W. Canaris, Band II, Hrsg: Andreas Heldrich/Jürgen Prölss/Ingo Koller, München 2007, S. 147.

Körner, Andreas: Europarecht und Wegzugsbesteuerung – das EuGH – Urteil „Lasteyrie du Saillant“, IStR 2004, Heft 12, S. 424.

Kraft, Alfons: in: *Wolfgang Zöllner*, Kölner Kommentar zum Aktiengesetz, Band I, 2. Auflage, München 1988.

Kraft, Cornelia: Entwicklungstendenzen in der Besteuerungskonzeption für Personengesellschaften, DStR 1995, Heft 24/25, S. 921.

Kratzsch, Alexander: Hinweise auf aktuelles Steuerrecht, Das BMF – Schreiben vom 03.03.2005 zur unentgeltlichen Übertragung von Mitunternehmeranteilen mit Sonderbetriebsvermögen, StB 2005, Heft 09 S. 330.

Krawitz, Norbert: Betriebswirtschaftliche Anmerkungen zum Halbeinkünfteverfahren, DB 2000, Heft 35, S. 1721.

Krispis, Ilias: (Κρίσπης, Ηλίας) Νομικά πρόσωπα και ιδία ανώνυμοι εταιρίαι κατά το ι. δ. δ., Αθήνα 1950, (Juristische Personen und besonders die Aktiengesellschaften im internationalen Privatrecht, Athen 1950) – *auf Griechisch*, zit.: Krispis, Juristische Personen und besonders die Aktiengesellschaften im internationalen Privatrecht.

Kruse, Heinrich Wilhelm: Über die Gleichmäßigkeit der Besteuerung, StuW 1990, Heft 4, S. 322.

Kruse, Heinrich Wilhelm: Abschied von den Einheitswerten, BB 1996, Heft 14, S. 717.

Kruse, Heinrich Wilhelm: Die Einkommensteuer und die Leistungsfähigkeit des Steuerpflichtigen, in: FS für K. H. Friauf, Hrsg: Rudolf Wendt/Wolfram Höffling/Ulrich Karpen/Martin Oldiges, Heidelberg 1996, S. 793.

Kruse, Heinrich Wilhelm: in: *Klaus Tipke/Heinrich Wilhelm Kruse*, Abgabenordnung, Finanzgerichtsordnung Kommentar, § 11, Köln, Lieferung März 2003.

Kube, Hanno/Palm, Ulrich/Seiler, Christian: Finanzierungsverantwortung für Gemeinwohlbelange – Zu den finanzverfassungsrechtlichen Maßstäben quersubventionierenden Preisinterventionen, NJW 2003, Heft 13, S. 927.

Kube, Hanno: Komplementarität und Eigenständigkeit – Zum Verhältnis zwischen Steuerrecht und Sozialrecht am Beispiel von § 33b Abs. 6 EStG, NZS. 2004, Heft 09, S. 458.

Kube, Hanno: Staatsaufgaben und Solidargemeinschaften, DStJG 29, (2006), S. 11.

Kube, Hanno: Rechtliche Gleichheit und tatsächliche Verschiedenheit, in: Gleichheit im Verfassungsstaat, Symposion aus Anlass des 65. Geburtstages von Paul Kirchhof, Hrsg: Rudolf Mellinghoff/Ulrich Palm, Heidelberg 2008, S. 23.

Kubis, Dietmar: in: Münchener Kommentar zum Aktiengesetz, Hrsg: Bruno Kropff/Johannes Semler, Band IV, 2. Auflage, München 2004.

Küffner, Thomas/Haberstock, Gerhard: „Drittaufwand“: Eine Reise ins Ungewisse, DStR 2000, Heft 40, S. 1672.

Kussmaul, Heinz/Klein, Nicole: Maßgeblichkeitsprinzip bei verdeckter Einlage und verdeckter Gewinnausschüttung – Gleichzeitig Analyse der handels- und steuerrechtlichen Wirkungen von verdeckter Einlage und verdeckter Gewinnausschüttung, DStR 2001, Heft 6, S. 189.

Kusterer, Stefan: Imparitätsprinzip in der Sonderbilanz des Mitunternehmers, DStR 1993, Heft 33, S. 1209.

Kypraios, Michail: (Κυπραίος, Μιχαήλ), Ο έλεγχος της συνταγματικότητας των αμάχητων φορολογικών τεκμηρίων, ΔΦΝ 1978, σελ. 454 (Die Kontrolle der Verfassungsmäßigkeit der unwiderlegbaren Steuerkriterien, DFN 1979,

S. 454), – *auf Griechisch*, zit: Kypraios, Die Kontrolle der Verfassungsmäßigkeit der unwiderlegbaren Steuerkriterien.

Kypraios, Michail: (Κυπραίος, Μιχαήλ), Τα αντισυνταγματικά αμάχητα τεκμήρια του Ν. 820/78, ΔΦΝ 1980, σελ. 678 (Die verfassungswidrigen unwiderlegbaren Kriterien des Gesetzes 820/78, DFN 1980, S. 678), – *auf Griechisch*, zit.: Kypraios, Die verfassungswidrigen unwiderlegbaren Kriterien des Gesetzes 820/78.

Lang, Joachim: Verfassungsrechtliche Gewährleistung des Familienexistenzminimums im Steuer- und Kindergeldrecht – Zu den Beschlüssen des Bundesverfassungsgerichts vom 29.5.1990 und vom 12.6.1990, StuW 1990, Heft 4, S. 331.

Lang, Joachim: Reform der Familienbesteuerung, in: FS für F. Klein, Hrsg: Paul Kirchhof/Klaus Offerhaus/Horst Schöberle, Köln 1994, S. 437.

Lang, Joachim: Vom Verbot der Erdrosselungssteuer zum Halbteilungsgrundsatz, in: FS für K. Vogel, Hrsg: Paul Kirchhof/Moris Lehner/Arndt Raupach/ Michael Rodi, Heidelberg 2000, S. 173.

Lang, Joachim: Wider Halbteilungsgrundsatz und BVerfG – Der BFH verbleibt an der Grenze konfiskatotischer Wirkung, NJW 2000, Heft 7, S. 457.

Lang, Joachim: Konkretisierungen und Restriktionen des Leistungsfähigkeitsprinzips, in: FS für H. W. Kruse, Hrsg: Walter Drenseck/Roman Seer, Köln 2001, S. 313.

Lang, Joachim: Gerechtigkeit und Einfachheit eines neuen Einkommensteuergesetzes, in: FS für H. O. Solms, Hrsg: Paul Kirchhof/Otto Graf Lambsdorff/ Andreas Pinkwart, Berlin 2005, S. 89.

Lang, Joachim: Besteuerung von Einkommen – Aufgabe, Wirkungen und europäische Herausforderungen, NJW 2006, Heft 31, S. 2209.

Lange, Joachim: Personengesellschaften im Steuerrecht, 6. Auflage, Herne 2005.

Langohr, G. Thomas: Das Veranlassungsprinzip im Einkommensteuerrecht – dargestellt am Beispiel von Vermögensverluste, Münster 1990.

Larenz, Karl: Richtiges Recht, München 1979.

Lauth, Bernd: Endgültiger Abschied von der Einheitsbilanz?, DStR 2000, Heft 32, S. 1365.

Lazaretou, Theodora: (Λαζαρέτου, Θεοδώρα) Προβληματισμοί για την εφαρμογή του δικαιώματος της προηγούμενης ακρόασης στη φορολογική διαδικασία, ΔΦΝ 2005, σελ. 500 (Die Problematik zur Rechtsanwendung des rechtlichen Gehörs im Steuerverfahren, DFN 2005, S. 500) – *auf Griechisch* –, zit. Lazaretou, Die Problematik zur Rechtsanwendung des rechtlichen Gehörs im Steuerverfahren.

Lehner, Moris: Einkommensteuerrecht und Sozialhilferecht: Bausteine zu einem Verfassungsrecht des sozialen Steuerstaates, Tübingen 1993.

Lehner, Moris: Wirtschaftliche Betrachtungsweise und Besteuerung nach der wirtschaftlichen Leistungsfähigkeit – Zur Möglichkeit einer teleologischen Auslegung der Fiskalzwecknorm, in: FS für K. Tipke, Hrsg: Joachim Lang, Köln 1995, S. 237.

Lehner, Moris/Reimer, Ekkehart: Generalthema I: Quelle versus Ansässigkeit – Wie sind die grundlegenden Prinzipien des internationalen Steuerrechts austariert?, IStR 2005, Heft 16, S. 542.

Leibholz, Gerhard/Rinck, Justus Karl: Grundgesetz, Rechtsprechung des BVerfG, Kommentar, Köln 2006.

Leip, Carsten: Die Veräußerung von Anteilen an Kapitalgesellschaften durch Kapitalgesellschaften – Zur Systematik der Abs. 2-4 des § 8b KStG, BB 2002, Heft 36, S. 1839.

Leipold, Dieter: Einige Bemerkungen zur Rechts- und Parteifähigkeit der BGB-Gesellschaft und des nicht eingetragenen Vereins, in: FS für C.W. Canaris, Band II, Hrsg: Andreas Heldrich/Jürgen Prölss/Ingo Koller, München 2007, S. 221.

Leisner, Walter: Der Steuerstaat – Weg der Gleichheit zur Macht, Stuw 1986, Heft 4, S. 305.

Leisner, Walter Georg: Existenzsicherung im Öffentlichen Recht, Tübingen 2007.

Lenz, Martin/Ribbrock, Martin: Versagung des Verlustabzugs bei Anteilseignerwechsel – kritische Analyse des § 8c KStG in der Fassung des Referentenentwurfs zur Unternehmensteuerreform 2008, BB 2007, Heft 11, S. 587.

Leontaris, Miltiadis: (Λεοντάρης, Μιλτιάδης), Προσωπικές Εταιρείες – ΕΠΕ – Κοινοπραξίες, 8η έκδ., Αθήνα 2003, (Personegesellschaften – GmbH – Konsortien, 8. Auflage, Athen 2003), – *auf Griechisch* –, zit.: Leontaris, Personengesellschaften – GmbH – Konsortien.

Liesenfeld, Andrea: Das steuerfreie Existenzminimum und der progressive Tarif als Bausteine eines freiheitsrechtlichen Verständnisses des Leistungsfähigkeitsprinzips – Schriften zum Steuerrecht, Band 87, Brüssel 2005.

Limmer, Peter: Die identitätswahrende Umwandlung einer BGB-Gesellschaft in eine GmbH und Co. KG, DStR 2000, Heft 29, S. 1230.

List, Heinrich: Gesellschafterdarlehen an Personenhandelsgesellschaften zwischen Handelsrecht und steuerrechtlicher Einheitstheorie, StB 2002, Heft 3, S. 82.

List, Heinrich: Personengesellschaften im Wandel zivil- und steuerrechtlicher Beurteilung – Auswirkungen der zivilrechtlich anerkannten Rechtssubjektivität von Personengesellschaften auf das Verständnis von § 15 Abs. 1 Nr. 2 EStG, BB 2004, Heft 27, S. 1473.

Lutter, Marcus/Hommelhoff, Peter: GmbH-Gesetz, Kommentar, 16. Auflage, Köln 2004.

Lutterbach, Thomas: Sonderbetriebsvermögen II bei Betriebsaufspaltungen – Anmerkung zu den BFH-Urteilen vom 23.9.1998, XI R 72/97, vom 13.10.1998 VIII R 46/95 und vom 10.6.1999 IV R 21/98 – DB 1999, Heft 46, S. 2332.

Luttermann, Claus: Mitunternehmerschaft, Unternehmensteuerreform und internationale Aspekte – Grenzgänge zwischen Steuerrecht und Zivilrecht zur Steuerrechtsordnung, NZG 1999, Heft 14, S. 635.

Lytras, Sotiris: (Λύτρας, Σωτήρης), Η έννοια των διοικητικών προστίμων και η συνταγματικότητα της επιβολής τους, 1986, (Der Begriff der verwaltungsrechtlichen Geldstrafe und die Verfassungsmäßigkeit ihrer Erhebung, 1986) – *auf Griechisch,* zit.: Lytras, Der Begriff der verwaltungsrechtlichen Geldstrafe und die Verfassungsmäßigkeit ihrer Erhebung.

Maiterth, Ralf/Semmler, Birk: Kritische Anmerkungen zur geplanten Substitution des körperschaftsteuerlichen Anrechnungssystems durch das so genannte „Halbeinkünfteverfahren" im Zuge des Steuersenkungsgesetzes, BB 2000, Heft 27, S. 1377.

Maiterth, Ralf: Wettbewerbsneutralität der Besteuerung, Bielefeld 2001.

Maliotis, Vasilios: (Μαλιώτης, Βασίλειος) Η εφαρμογή της συνταγματικής αρχής της φοροδοτικής ισότητας (αρθρ. 4 παρ. 5 Σ.), ΔΦΝ 2008, σελ. 810 (Die Anwendung des verfassungsrechtlichen Prinzips der steuerlichen Gleichheit – Art. 4 Abs. 5 gr. Verf., DFN 2008, S. 810) – *auf Griechisch* –, zit.: Maliotis, Die Anwendung des verfassungsrechtlichen Prinzips der steuerlichen Gleichheit – Art. 4 Abs. 5 gr. Verf.

Maliotis, Vasilios: (Μαλιώτης, Βασίλειος) Η έννοια των όρων ολόκληρη επιχείρηση – υποκατάστημα – κλάδος επιχείρησης/ μεταβίβαση εταιρικών μερίδων ή μεριδίων ή μετοχών ή συμμετοχών/ Υπεραξία επιχείρησης και μέθοδος προσδιορισμού της – φορολογία της υπεραξίας/ άρθρ. 13 Ν. 2238/1994, ΣτΕ 1068/1990, 1517/1990, 3421/1989 και άρθρ. 479 ΑΚ, (Μέρος Α' και Β'), ΔΦΝ 2000, σελ. 617 και 653, (Die Definition der Begriff des ganzen Betriebs, Zweigstelle, Unternehmensbranche, Übertragung von Gesellschaftsanteilen -aktien und -beteiligungen – Betriebsmehrwert und Ermittlungsmethode – Besteuerung des Mehrwertes, Art. 13 des Gesetzes 2238/1994, StRE 1068/1990; 1517/1990; 3421/1989 und Art. 479 ZGB (Teil I und II), DFN 2000, S. 617 und 653) – *auf Griechisch* – zit.: Maliotis, Die Definition der Begriffe des ganzen Betriebs, Zweigstelle, Unternehmensbranche, Übertragung von Gesellschaftsanteilen -aktien und -beteiligungen – Betriebsmehrwert und Ermittlungsmethode.

Mangoldt, Hermann von/Klein, Friedrich/Starck, Cristian: Kommentar zum Grundgesetz, 5. Auflage, Göttingen 2005.

Manitakis, Antonis: (Μανιτάκης, Αντώνης) Το υποκείμενο των συνταγματικών δικαιωμάτων κατά το άρθρ. 25 παρ. 1 του Συντάγματος, 1981 (Das Subjekt der Verfassungsrechte nach Art. 25 Abs. 1 der griechischen Verfassung, 1981), – *auf Griechisch* –, zit.: Manitakis, Das Subjekt der Verfassungsrechte nach Art. 25 Abs. 1 der griechischen Verfassung.

Manitakis, Antonis: (Μανιτάκης, Αντώνης) Κράτος δικαίου και δικαστικός έλεγχος της συνταγματικότητας, Θεσσαλονίκη 1994 (Rechtsstaat und gerichtliche Kontrolle der Verfassungsmäßigkeit, Thessaloniki 1994), – *auf Griechisch*, zit.: Manitakis, Rechtsstaat und gerichtliche Kontrolle der Verfassungsmäßigkeit.

Markou, Ioannis: (Μάρκου, Ιωάννης) Ακυρωσία και ακυρότητα των αποφάσεων της συνέλευσης των εταίρων στην εταιρία περιορισμένης ευθύνης, ΔΕΕ 1996, σελ. 1035 (Die Nichtigkeit und Anfechtbarkeit der Gesellschafterversammlungsbeschlüsse in der GmbH, DEE 1996, S. 1035) – *auf Griechisch*, zit.: Markou, Die Nichtigkeit und Anfechtbarkeit der Gesellschafterversammlungsbeschlüsse in der GmbH.

Marx, Arne: Begriffsmerkmale des Wirtschaftsguts, Steuer & Studium 2002, Heft 11, S. 603.

Mathioudakis, Iakovos: (Μαθιουδάκης, Ιάκωβος) Οι συνταγματικές προϋποθέσεις για την επιβολή ανταποδοτικών τελών, ΔΦΝ 2004, σελ. 773 (Die verfassungsrechtlichen Voraussetzungen zur Erhebung von Abgaben, DFN 2004, S. 773) – *auf Griechisch* –, zit. Mathioudakis, Die verfassungsrechtlichen Voraussetzungen zur Erhebung von Abgaben.

Matsos, Georgios: Investitionen deutscher Steuersubjekte in griechische Kapitalgesellschaften, Bayreuth 2001.

Matsos, Georgios: (Μάτσος, Γεώργιος) Η φορολόγηση του εισοδήματος από μεταβίβαση επιχειρήσεων, εταιρικών μεριδίων και μετοχών, Δογματικά ζητήματα – Β' μέρος, ΔΦΝ 2003, σελ. 744 (Die Besteuerung des Einkommens bei der Übertragung von Betrieben, Gesellschaftsanteilen und Aktien – rechtsdogmatische Fragen (Teil II), DFN 2003, S. 744) – *auf Griechisch*, zit. Matsos, Die Besteuerung des Einkommens bei der Übertragung von Betrieben, Gesellschaftsanteilen und Aktien – rechtsdogmatische Fragen (Teil II).

Maurer, Hartmut: Staatsrecht I, Grundlagen, Verfassungsorgane, Staatsfunktionen, 5. Auflage, München 2007.

Mayer, Lars: Notwendiges Zusammentreffen von § 24 UmwStG und § 6 Abs. 5 EStG, DStR 2003, Heft 37, S. 1553.

Mayer, Lars: Steuerbilanzielle Behandlung von Mehrwerten bei Erwerb einer Beteiligung an einer doppelstöckigen Personengesellschaft – Anwendung der Spiegelbildmethode in der Steuerbilanz, DB 2003, Heft 38, S. 2034.

Meister, Michael: Internationale Rahmenbedingungen für ein modernes Ertragsteuerrecht, in: FS für H. O. Solms, Hrsg: Paul Kirchhof/Otto Graf Lambsdorff/Andreas Pinkwart, Berlin 2005, S. 273.

Mertens, Hans – Joachim: in: *Wolfgang Zöllner*, Kölner Kommentar zum Aktiengesetz, 2. Auflage, München 1996.

Meyer-Scharenberg, Dirk: Die doppelstöckige Personengesellschaft als Rechtsformalternative, DStR 1991, Heft 28, S. 919.

Meyer-Sievers, Jürgen: Der „neue" Begriff der verdeckten Gewinnausschüttung im Verhältnis zum Betriebsvermögens begriff des § 4 Abs. 1 EStG und zum Bestandsvergleich, DStR 1990, Heft 18, S. 543.

Michalski, Lutz: Kommentar zum Gesetz betreffend die Gesellschaften mit beschränkter Haftung (GmbH – Gesetz), München 2002.

Miessl, Gerold/Wengert, Georg: Die Betriebsaufspaltung aus dem Blickwindel der Steuergerechtigkeit, DB 1995, Heft 3, S. 111.

Minoudis, Michail: (Μηνούδης, Μιχαήλ) Διάρκεια και λύση της προσωπικής εταιρείας, Πειρ. Νομ 1983, σελ. 285, (Dauer und Auflösung der Personengesellschaft, Peir. Nom 1983, S. 285) – *auf Griechisch* –, zit.: Minoudis, Dauer und Auflösung der Personengesellschaft.

Minoudis, Michail: (Μηνούδης, Μιχαήλ) Τακτική και έκτακτη καταγγελία προσωπικής εταιρείας, Αρμ. 1984, σελ. 362, (Ordentliche und außerordentliche Kündigung der Personengesellschaft, Arm. 1984, S. 362) – *auf Griechisch* –, zit.: Minoudis, Ordentliche und außerordentliche Kündigung der Personengesellschaft.

Minoudis, Michail: (Μηνούδης, Μιχαήλ), Εταιρικές μεταλλαγές εξαιτίας της απαγόρευσης ή πτώχευσης εταίρου, τιμ. τόμ. Κ. Ρόκα, 1985, (Gesellschaftliche Änderungen aufgrund der Vormundschaft oder der Insolvenz eines Gesellschafters, FS für K. Rokas, 1985) – *auf Griechisch*, zit.: Minoudis, Gesellschaftliche Änderungen aufgrund der Vormundschaft oder der Insolvenz eines Gesellschafters.

Möhrle, Martin: Ökonomische Interpretation und bilanzielle Behandlung eines negativen derivativen Geschäftswertes, DStR 1999, Heft 34, S. 1414.

Mösbauer, Heinz: Zur steuerlichen Buchführungspflicht gewerblicher Unternehmer nach § 140 AO, DB 1996, Heft 51/52, S. 2582.

Möstl, Markus: Verfassungsrechtliche Grenzen der Besteuerung – Dargestellt am Beispiel der Vermögensteuer, Veräußerungsgewinnbesteuerung und Abgeltungssteuer, DStR 2003, Heft 18, S. 720.

Mousoulas, Spilios: (Μούζουλας, Σπήλιος) Ο ελεγκτής, όργανο της ανώνυμης εταιρίας, Αρμ. 1992, σελ. 107 (Der Abschlussprüfer, Organ der Aktiengesellschaft, Arm. 1992, S. 107) – *auf Griechisch*, zit.: Mousoulas, Der Abschlussprüfer, Organ der Aktiengesellschaft.

Moxter, Adolf: Betriebswirtschaftliche Gewinnermittlung, Tübingen 1982.
Moxter, Adolf: Zum Verhältnis von Handelsbilanz und Steuerbilanz, BB 1997, Heft 4, S. 195.
Mparmpas, Nikolaos: (Μπάρμπας, Νικόλαος) Φορολογία Εισοδήματος, Θεσσαλονίκη 2003, (Besteuerung von Einkommen, Thes/niki 2003) – *auf Griechisch*, zit.: Mparmpas, Besteuerung von Einkommen.
Müller-Franken, Sebastian: Das Verbot des Abzugs der „Zuwendung von Vorteilen" nach dem Jahressteuergesetz 1996, Verfassungsprobleme einer Durchbrechung des objektiven Nettoprinzips, StuW 1997, Heft 1, S. 3.
Müller, Welf/Hofmann, Wolf-Dieter: Beck'sches Handbuch der Personengesellschaften; Gesellschaftsrecht – Steuerrecht, 2. Auflage, Freiburg/Frankfurt 2002.
Müller, Welf/Rödder, Thomas: Beck'sches Handbuch der AG; Gesellschaftsrecht – Steuerrecht – Börsengang, München 2003.
Müller, Welf/Hense, Burkhard: Beck'sches Handbuch der GmbH; Gesellschaftsrecht, Steuerrecht, 3. Auflage, München 2002.
Musil, Andreas: Verfassungsrechtliche Vorgaben für Gebühren im Steuerstaat in: FS für J. Isensee, Hrsg: Otto Depenheuer/Markus Heintzen/Matthias Jestaedt, Heidelberg 2007, S. 929.
Mußgnug, Reinhard: Verfassungsrechtlicher und gesetzlicher Schutz vor konfiskatorischen Steuern, JZ 1991, Heft 21, S. 993.
Nabialek, Jaroslaw: Steuerliche Optimierung von grenzüberschreitender Wohnsitzverlegung deutscher Überschussermittler, BB 2005, Heft 22, S. 1194.
Neufang, Bernd: Einstimmigkeits- und Mehrheitsbeschlüsse bei der Betriebsaufspaltung, DB 2004, Heft 14, S. 730.
Neufang, Bernd: Die unentgeltliche Betriebsübertragung – Eine Bestandaufnahme aus einkommen- und schenkungssteuerrechtlicher Sicht, BB 2005, Heft 30, S. 1595.
Neumann, Volker: Menschenwürde und Existenzminimum, NVwZ 1995, Heft 05, S. 426.
Neumark, Fritz: Grundsätze gerechter und ökonomisch rationaler Steuerpolitik, Tübingen 1970.
Neumärker, Karl Justus Bernhard: Finanzverfassung und Staatsgewalt in der Demokratie, Frankfurt am Main 1995.
Neyer, Wolfgang: Gewerbesteuer bei Teilveräußerung eines Mitunternehmeranteils, BB 2005, Heft 11, S. 577.
Neyer, Wolfgang: Verlustnutzung nach Anteilsübertragung: Die Neuregelung des Mantelkaufs durch § 8c KStG n. F., BB 2007, Heft 26, S. 1415.
Nickl, Werner: Wertungsdivergenzen zwischen Steuer- und Unterhaltsrecht, NJW 1986, Heft 41, S. 2544.

Niehus, Ulrich/Wilke, Helmut: Die Besteuerung der Personengesellschaften, 3. Auflage, Stralsund/Berlin 2005.

Odersky, Walter: Das Steuerrecht als Ursache für die Fortbildung des Zivilrechts, in: FS für 75 Jahre Reichsfinanzhof – Bundesfinanzhof, Hrsg. Der Präsident des Bundesfinanzhofs, Bonn 1993, S. 519.

Oho, Wolfgang/Hagen, Alexander/Lenz, Thomas: Zur geplanten Einführung einer Abgeltungsteuer i. R. d. Unternehmensteuerreform 2008, DB 2007, Heft 24, S. 1322.

Ortmann-Babel, Martina/Zipfel, Lars: Unternehmensteuerreform 2008 Teil I: Gewerbesteuerliche Änderungen und Besteuerung von Kapitalgesellschaften und deren Anteilseignern, BB 2007, Heft 35, S. 1869.

Ortmann-Babel, Martina/Zipfel, Lars: Unternehmensteuerreform 2008 Teil II: Besteuerung von Personengesellschaften insbesondere nach der Einführung der Thesaurierungsbegünstigung, BB 2007, Heft 41, S. 2205.

Ossenbühl, Fritz: Ausgleichspflichtige Inhaltsbestimmungen des Eigentums, in: FS für K. H. Friauf, Hrsg: Rudolf Wendt/Wolfram Höffling/Ulrich Karpen/ Martin Oldiges, Heidelberg 1996, S. 391.

Otting, Olaf: Verfassungsrechtliche Grenzen der Bestimmung des Gewerbesteuerhebesatzes durch Bundesgesetz, DB 2004, Heft 23, S. 1222.

Otto, Thomas: Vereinbarkeit des Halbabzugsverbots gemäß § 3c Abs. 2 EStG mit dem Grundgesetz, DStR 2008, Heft 6, S. 228.

Palm, Ulrich: Verfassungsmäßigkeit einer Quellenbezogenen Mindestbesteuerung im Ertragsteuerrecht, DStR 2002, Heft 5, S. 152.

Palm, Ulrich: Die Person als ethische Rechtsgrundlage der Verfassungsordnung, Der Staat 47 (2008), Heft 1, S. 41.

Pampoukis, Konstantinos: (Παμπούκης, Κωνσταντίνος), Περί της συμπληρωματικής εφαρμογής του αστικού δικαίου επί ομορρύθμων και ετερορρύθμων εταιριών, Αρμ. 1973, σελ. 573, (Zur ergänzenden Anwendung des Zivilrechts auf OHG und KG, Arm. 1973, S. 573), – *auf Griechisch*, zit.: Pampoukis, Zur ergänzenden Anwendung des Zivilrechts auf OHG und KG.

Pampoukis, Konstantinos: (Παμπούκης, Κωνσταντίνος), Η αφανής εταιρία και η περιουσία που υπηρετεί το σκοπό της, Επισκ. ΕμπΔ. 1995, σελ. 3, (Die stille Gesellschaft und das dienende den Gesellschaftszweck Vermögen, Episk. EmpD. 1995, S. 3) – *auf Griechisch*, zit.: Pampoukis, Die stille Gesellschaft und das dienende den Gesellschaftszweck Vermögen.

Papadimitriou, Euaggelia: (Παπαδημητρίου, Ευαγγελία) Η συνταγματική αρχή της προστασίας του γάμου και της οικογένειας στο φορολογικό δίκαιο – Α' μέρος, ΔΦΝ 2004, σελ. 107 (Das Verfassungsprinzip des Schützes von Ehe und Familie im Steuerrecht (Teil I), DFN 2004, S. 107) – *auf Griechisch*, zit.:

Papadimitriou, Das Verfassungsprinzip des Schützes von Ehe und Familie im Steuerrecht (Teil I).

Papapetropoulos, Dimitrios: (Παπαπετρόπουλος, Δημήτριος), Τα φορολογικά κριτήρια του Ν. 820/1978 δεν προσκρούουν στις διατάξεις του Συντάγματος, ΔΦΝ 1980, σελ. 965 (Die steuerrechtlichen Kriterien des Gesetzes 820/1978 verstoßen nicht gegen die Regelungen des Verfassungsgesetzes, DFN 1980, S. 965), – *auf Griechisch*, zit.: Papapetropoulos, Die steuerrechtlichen Kriterien des Gesetzes 820/1978 verstoßen nicht gegen die Regelungen der Verfassung.

Papasteriou, Dimitrios: (Παπαστερίου, Δημήτριος) Η έδρα των νομικών προσώπων στο Ιδιωτικό Δίκαιο, Θεσσαλονίκη 1980, (Der Sitz der juristischen Personen im Privatrecht, Thessaloniki 1980) – *auf Griechisch*, zit.: Papasteriou, Der Sitz der juristischen Personen im Privatrecht.

Papier, Hans- Jürgen: Der Bestimmtheitsgrundsatz, DStJG 12 (1989), S. 61.

Papier, Hans-Jürgen: Steuerreform und Verfassungsrecht, in: FS für K. Vogel, Hrsg: Paul Kirchhof/Moris Lehner/Arndt Raupach/Michael Rodi, Heidelberg 2000, S. 117.

Papier, Hans-Jürgen: Ehe und Familie in der neueren Rechtsprechung des BVerfG, NJW 2002, Heft 30, S. 2129.

Papier, Hans-Jürgen: Die Würde des Menschen ist unantastbar, in: FS für Chr. Starck, Hrsg: Rainer Grote/Ines Härtel/Karl – E Hain/Thorsten I. Schmidt/ Thomas Schmitz, Tübingen 2007, S. 371.

Paqué, Karl-Heinz: Einfachheit als ethisches Prinzip – Gedanken zur Zukunft des deutschen Steuersystems, in: FS für H. O. Solms, Hrsg: Paul Kirchhof/Otto Graf Lambsdorff/Andreas Pinkwart, Berlin 2005, S. 241.

Parczyk, Wolfgang: Verdeckte Einlagen sind wegen des Trennungsprinzips das Pendant zu verdeckten Gewinnausschüttungen – Der Beschluss des Großen Senats des BFH vom 9.6.1997 – GrS. 1/94, BB 1997, S. 1735, vermengt durch angebliches Korrespondenzprinzip die Besteuerungsebenen, BB 1998, Heft 18, S. 924.

Patt, Joachim/Rasche, Ralf: Veräußerung des Bruchteils eines Mitunternehmeranteils unter Zurückbehaltung des wesentlichen Sonderbetriebsvermögens als begünstigter Vorgang gem. § 16 Abs. 1 Nr. 2, § 34 EStG?, DStR 1996, Heft 17, S. 645.

Paukstadt, Maik/Luckner, Markus: Die Abgeltungsteuer ab 2009 nach dem Regierungsentwurf zur Unternehmensteuerreform, DStR 2007, Heft 15, S. 653.

Peffekoven, Rolf: Abschaffung der Gewerbesteuer: Was kann Ersatz sein?, in: FS für H. O. Solms, Berlin 2005, S. 133.

Perakis, Euaggelos: (Περάκης, Ευάγγελος), Η ενημέρωση των μελών του διοικητικού συμβουλίου, ΕΕμπΔ 1991, σελ. 1, (Das Auskunftsrecht der Vorstandsmitglieder, EEmpD 1991, S. 1) – *auf Griechisch* –, zit.: Perakis, Das Auskunftsrecht der Vorstandsmitglieder.

Perakis, Euaggelos: (Περάκης, Ευάγγελος), Η «κωδικοποίηση» του καταστατικού, ΔΦΝ 1994, σελ. 35 (Die Kodifizierung der Satzung, DFN 1994, S. 35) – *auf Griechisch* –, zit.: Perakis, Die Kodifizierung der Satzung.

Perakis, Euaggelos: (Περάκης, Ευάγγελος), Η ομόρρυθμη εταιρεία του π. δ. 326/1994: Νέα εταιρική μορφή ή παραλλαγή της ΟΕ? ΔΕΕ 1995, σελ. 157, (Die offene Handelsgesellschaft der Präsidialverordnung 326/1994: Eine neue Gesellschaftsform oder eine Variante der OHG?, DEE 1995, S. 157) – *auf Griechisch* –, zit.: Perakis, Die offene Handelsgesellschaft der Präsidialverordnung 326/1994: Eine neue Gesellschaftsform oder eine Variante der OHG?.

Perakis, Euaggelos: (Περάκης, Ευάγγελος), Το νέο δίκαιο της Ανώνυμης Εταιρίας, Ο κ. ν. 2190/1920 όπως ισχύει μετά τον Ν. 3604/2007, Αθήνα 2007, (Das neue Recht der Aktiengesellschaften, Das Gesetz 2190/1920 nach der Ergänzung durch das Gesetz 3604/2007, Athen 2007) – *auf Griechisch*, zit.: Perakis, Das neue Recht der Aktiengesellschaften, Das Gesetz 2190/1920 nach der Ergänzung durch das Gesetz 3604/2007.

Pezzer, Heinz-Jürgen: Die verdeckte Gewinnausschüttung im Körperschaftsteuerrecht, Erfassung, Voraussetzungen, Rechtsfolgen, Rückgängigmachung, Köln 1986.

Pfalzgraf, Heinrich/Meyer, Bernd: Eintritt neuer Gesellschafter in eine Personengesellschaft – Steueroptimale Gestaltung im Spannungsfeld zwischen Umwandlungssteuerrecht und Anteilsveräußerung, DStR 1995, Heft 34, S. 1289.

Pinkwart, Andreas: Gemeindefinazreform als Schlüssel für ein modernes Unternehmenssteuerrecht, in: FS für H. O. Solms, Hrsg: Paul Kirchhof/Otto Graf Lambsdorff/Andreas Pinkwart, Berlin 2005, S. 141.

Plückebaum, Rudolf: in: *Kirchhof, Paul/Söhn, Hartmut/Mellinghoff, Rudolf*: Einkommensteuergesetz Kommentar, Band 4, § 4, Heidelberg, Lieferung Januar 1987.

Pohl, Carsten: Zweifelsfragen bei der Korrektur von Steuerbescheiden nach § 32a Abs. 1 KStG, DStR 2007, Heft 31, S. 1336.

Pöllath, Reinhard: Veräußerungsgewinn – Besteuerung – was nun? – Besteuerung der Veränderung von Unternehmens– und Kapitalanlagen, DB 2002, Heft 26, S. 1342.

Prokisch, Rainer: Von der Sach- und Systemgerechtigkeit zum Gebot der Folgerichtigkeit, in: FS für K. Vogel, Hrsg: Paul Kirchhof/Moris Lehner/Arndt Raupach/Michael Rodi, Heidelberg 2000, S. 293.

Pyszka, Tillmann/Brauer, Michael: Besteuerung des Eigenhandels nach § 8b Abs. 7 KStG: „Umwidmung" von Anteilen als Gestaltungschance für Finanzunternehmen? – Replik zu Dreyer/Herrmann, DStR 2002, S. 1837, DStR 2003, Heft 8, S. 277.

Pyszka, Tillmann: Einschränkung der Freistellung von Dividenden und Veräußerungsgewinnen gemäß § 8b Abs. 7 KStG bei Zwischenschaltung von Personengesellschaften, BB 2002, Heft 40, S. 2049.

Raiser, Thomas: Gesamthand und juristische Person im Lichte des Umwandlungsrechts, AcP 194 (1994), S. 495.

Rasenack, Christian: Die Theorie der Körperschaftsteuer, Berlin 1974

Raupach Arndt: Darf das Steuerrecht andere Teile der Rechtsordnung stören? Zur Eigenständigkeit des Steuerrechts und deren Grenzen, in: FS für K. Tipke, Hrsg: Joachim Lang, Köln 1995, S. 105.

Rech, Christian: Ausgewählte Steueränderungen im Überblick, BC 2007, Heft 7, S. 189.

Reif, Christian: Reform der Besteuerung des Einkommens: Notwendigkeit, Anforderungen und Möglicheiten, DUV 2005.

Reiß, Wolfram: in: *Kirchhof, Paul/Söhn, Hartmut/Mellinghoff, Rudolf*: Einkommensteuergesetz Kommentar, Band 12, § 16, Heidelberg, Lieferung Mai 1991.

Reiß, Wolfram: in: *Kirchhof, Paul/Söhn, Hartmut/Mellinghoff, Rudolf*: Einkommensteuergesetz Kommentar, Band 11, § 15, Heidelberg, Lieferung November 1997.

Reiß, Wolfram: Die Revitalisierung des Mitunternehmererlasses – keine gesetztechnische Meisterleistung, BB 2000, Heft 39, S. 1965.

Reiß, Wolfram: Fortentwicklung des Unternehmenssteuerrechtes bei Mitunternehmerschaften – Bemerkungen zu den Vorschlägen des BMF, BB 2001, Heft 24, S. 1225.

Reuter, Dieter: in: Münchener Kommentar zum Bürgerlichen Gesetzbuch, Hrsg: Jürgen, Säcker/Roland, Rixecker, Band 1, Allgemeiner Teil, 5. Auflage, München 2006.

Robisch, Martin: Die Umkehrung des Maßgeblichkeitsprinzips – Eine kritische Besatndaufnahme unter besonderer Berücksichtigung der Situation in den neuen Bundesländern, DStR 1993, Heft 27, S. 998.

Rödder, Thomas/Beckmann, Klaus: Ein neues Teilbetriebsverständnis im Umwandlungssteuergesetz tut Not!, DStR 1999, Heft 18, S. 751.

Rödder, Thomas/Schumacher, Andreas: Unternehmenssteuerreform 2001: Wesentliche Änderungen des Steuersenkungsgesetzes gegenüber dem Regierungsentwurf und Regeln zu seiner erstmaligen Anwendung, DStR 2000, Heft 35, S. 1453.

Rödder, Thomas/Schumacher, Andreas: Das BMF-Schreiben zu § 8b KStG, DStR 2003, Heft 23, S. 909.

Rödder, Thomas: Unternehmensteuerreformgesetz 2008, Beihefter zu DStR 40 2007, Heft 40, S. 2.

Rödder, Thomas/Stangl, Ingo: Zur geplanten Zinsschranke, DB 2007, Heft 9, S. 479.
Rogall, Matthias: Sondebetriebsvermögen und der Konflikt zwischen Einbringung eines Teilbetriebs und Einbringung eines Teil – Mitunternehmeranteils nach §§ 20 und 24 UmwStG, DB 2005, Heft 8, S. 410.
Röhrig, Alfred/Doege, Mirko: Das Kapital der Personengesellschaften im Handels- und Ertragsteuerrecht – Begriff, Bedeutung, Gestaltungen, DStR 2006, Heft 12, S. 489.
Rokas, Nikolaos: (Ρόκας, Νικόλαος), Τα όρια της εξουσίας της πλειοψηφίας εις το δίκαιον των ανωνύμων εταιριών, 1971, (Die Machtgrenzen der Mehrheit im Recht der Aktiengesellschaften, 1971) – *auf Griechisch* –, zit.: Rokas, Die Machtgrenzen der Mehrheit im Recht der Aktiengesellschaften.
Rokas, Nikolaos: (Ρόκας, Νικόλαος), Εμπορικές Εταιρείες, 4η έκδ., Αθήνα/ Κομοτηνή 1996, (Handelsgesellschaften, 4. Auflage, Athen/Komotini 1996), – *auf Griechisch*, zit.: Rokas, Handelsgesellschaften.
Römermann, Volker: GmbH – Recht, Münchener Anwalts Handbuch, München 2002.
Rose, Gerd: Der Steuer – Plafondierungsbefehl des BVerfG und seine Durchsetzung, DB 1997, Heft 10, S. 494.
Rose, Gerd: Zur Quantifizierung des verfassungsrechtlichen Verhältnismäßigkeitsgebots im Steuerrecht, DB 2000, Heft 20, S. 993.
Rose, Gerd: Unternehmenssteuerrecht – Eine Einführung, 2. Auflage, Berlin 2004.
Rose, Gerd: Die „Vorteilsgeneigtheit“ als unerlässliche Voraussetzung für die Annahme verdeckter Gewinnausschüttungen, DB 2005, Heft 48, S. 2596.
Rose, Manfred: Schutz des Kapitalexistenzminimums, BB 1996, Heft 21, S. 1085.
Rothkegel, Ralf: in Alexander Gagel, SGB III, Vorbemerkungen zu §§ 19, München 30. Ergänzungslieferung 2007.
Ruban, Reinhild: Zum Begriff der Einlageminderung in § 15a Abs. 3 EStG, in: FS für F. Klein, Hrsg: Paul Kirchhof/Klaus Offerhaus/Horst Schöberle, Köln 1994, S. 781.
Rüd, Eberhard: Kapitalgesellschaft und Liebhaberei, DStR 1994, Heft 51/52, S. 1874.
Rüfner, Wolfgang: in: Bonner Kommentar zum GG, Art. 3 GG, Hrsg: Dolzel, Rudolf Dolzel/Klaus Vogel/Karin Graßhof, Heidelberg Lieferung Oktober 1992
Sachs, Michael: Der Gleichheitssatz als eigenständiges subjektives Grundrecht, in: FS für K. H. Friauf, Hrsg: Rudolf Wendt/Wolfram Höffling/Ulrich Karpen/ Martin Oldiges, Heidelberg 1996, S. 309.
Sachs, Michael: Grundgesetz – Kommentar, 4. Auflage, München 2007.

Sacksofsky, Ute: Steuerung der Familie durch Steuern, NWJ 2000, Heft 27, S. 1896.
Sakellis, Emmanouil: (Σακέλλης, Εμμανουήλ) Ισολογισμός των ΑΕ και ΕΠΕ, Αθήνα 1993, (Jahresabschluss der AG und GmbH, Athen 1993) – *auf Griechisch*, zit.: Sakellis, Jahresabschluss der AG und GmbH.
Sakellis, Emmanouil/Anastasiadis, Ioannis: (Σακέλλης, Εμμανουήλ/Αναστασιάδης, Ιωάννης) Φορολογία και διάθεση των κερδών των εταιρειών, Κίνητρα για ιδιωτικές επενδύσεις, Τόμοι Α' και Β', 8η έκδ., Αθήνα 2006, (Besteuerung und Ausschüttung der Gesellschaftsgewinne – Motivation der privaten Investitionen, Bände I-II, 8. Auflage, Athen 2006), – *auf Griechisch*, zit.: Sakellis/Anastasiadis, Besteuerung und Ausschüttung der Gesellschaftsgewinne.
Saripolos, Nikolaos: (Σαρίπολος, Νικόλαος) Συνταγματικό Δίκαιο, Τόμος Γ', 4η έκδ. 1923, (Verfassungsrecht, Band III, 4. Auflage 1923), – *auf Griechisch*, zit.: Saripolos, Verfassungsrecht, Band III, 4. Auflage 1923.
Saripolos, Nikolaos: Das Staatsrecht des Königreichs Griechenland, Tübingen 1909.
Sarrazin, Thilo: Elemente einer nachhaltigen Reform des Steuersystems, in: FS für H. O. Solms, Hrsg: Paul Kirchhof/Otto Graf Lambsdorff/Andreas Pinkwart, Berlin 2005, S. 301.
Schäfer, Erich: Das Handelsrechtsreformgesetz nach dem Abschluss des parlamentarischen Verfahrens, DB 1998, Heft 25, S. 1269.
Schäuble, Wolfgang: Steuerpolitik als gesetzgeberische Aufgabe, in: FS für F. Klein, Hrsg: Paul Kirchhof/Klaus Offerhaus/Horst Schöberle, Köln 1994, S. 241.
Scheffler, Eberhard: Neue Vorschriften zur Rechungslegung, Prüfung und Offenlegung nach dem Kapitalgesellschaften & Co.-Richtlinie-Gesetz, DStR 2000, Heft 12, S. 529.
Scheffler, Wolfram: Korrektur von unangemessenen Vertragsbeziehungen zwischen einer Kapitalgesellschaft und ihren Anteilseignern, BB 2002, Heft 11, S. 543.
Scheffler, Wolfram: Die Beteiligungsveräußerungen durch Kapitalgesellschaften: Die Steuerbefreiung nach § 8b Abs. 2 KStG ist gerechtfertigt, DB 2003, Heft 13, S. 680.
Scheffler, Wolfram: Besteuerung von Unternehmen II, Steuerbilanz und Vermögensaufstellung, 4. Auflage, Heidelberg 2006.
Scheffler, Wolfram: Besteuerung von Unternehmen I, Ertrag-, Substanz- und Verkehrsteuern, 10. Auflage, Heidelberg 2007.
Schell, Matthias: Realteilung i.S. d. § 16 Abs. 3 S. 2 – 4 EStG – Anmerkung zum BMF – Schreiben v. 28.2.2006, BB 2006, Heft 19, S. 1026.
Schienke-Oletz, Tanja/Selzer, Frank: Abgeltungssteuer und einkommensteuerrechtlicher Spendenabzug, DStR 2008, Heft 4, S. 136.
Schildbach, Thomas: Maßgeblichkeit – Rechtslage und Perspektiven, BB 1989, Heft 21, S. 1443.

Schild, Eugen: Die Abfärberegelung des § 15 Abs. 3 Nr. 1 EStG unter dem Blinkwinkel des BFH-Urteils vom 11.8.1999, XI R 12/98, DStR 2000, Heft 14, S. 576.
Schinas, Ioannis: (Σχινάς, Ιωάννης), Ρύθμισης εταιρίας εις ην εισφέρονται ετεροειδείς παροχαί, ΕΕμπΔ. 1962, σελ. 257 επ., (Regelung einer Gesellschaft, in die Leistungen verschiedener Art eingebracht werden, EEmpD. 1962, S. 257) – *auf Griechisch* –, zit.: Schinas, Regelung einer Gesellschaft, in die Leistungen verschiedener Art eingebracht werden.
Schmidt-Aßmann, Eberhard: Der Rechtsstaat, § 26, in: *Isensee, Josef/Kirchhof, Paul*: Handbuch des Staatsrechts, Band II, Verfassungsstaat, 3. Auflage, Heidelberg 2004.
Schlünder, Rolf/Geißler, Oliver: Ehe und Familie im Erbschaft- und Schenkungssteuerrecht, Teil I, FamRZ 2005, Heft 02, S. 73.
Schmid, Reinhold: Steuerbilanzielle Fragestellungen bei Sonderbetriebsvermögen im Verhältnis von Obergesellschaft zu Untergesellschaft bei doppelstöckigen Personengesellschaften, DStR 1997, Heft 25, S. 941.
Schmidt-Bleibtreu, Bruno/Hofman, Hans/Hopfauf, Axel: Kommentar zum Grundgesetz, 11. Auflage, München 2008.
Schmidt-Liebig, Axel: „Grundstückshandel" – Drei-Objekt-Grenze und Einheit der Personengesellschaft – Anmerkungen zum Beschluss des Großen Senats des BFH vom 3.7.1995 – GrS. 1/93, BB 1996, Heft 35, S. 1799.
Schmidt, Karsten: Zur Vermögensordnung der Gesamthands – BGB – Gesellschaft, JZ 1985, Heft 20, S. 909.
Schmidt, Karsten: HGB – Reform und gesellschaftliche Gestaltungspraxis, DB 1998, Heft 1/2, S. 61.
Schmidt, Karsten: Gesellschaftsrecht, 4. Auflage 2002.
Schmidt, Karsten: Fünf Jahre „neues Handelsrecht" – Verdienste, Schwächen und Grenzen des Handelsreformgesetzes von 1998, JZ 2003, Heft 12, S. 585.
Schmidt, Karsten: Münchener Kommentar, HGB, Band 2, 2. Auflage, München 2006.
Schmidt, Karsten: Münchener Kommentar, HGB, Band 3, 2. Auflage, München 2007.
Schmidt, Karsten/Lutter, Marcus: Aktiengesetz Kommentar, Band I, Köln 2008.
Schmidt, Ludwig: EStG – Einkommensteuer Kommentar, 27. Auflage, München 2008.
Schmitt, Michael/Franz, Roland: Die Umstrukturierung von Personenunternehmen im Lichte des Berichts zur Fortentwicklung des Unternehmenssteuerrechts, BB 2001, Heft 25, S. 1278.
Schneeloch, Dieter/Trockels-Brand, Tanja: Körperschaftsteuerliches Anrechnungsverfahren versus Reformpläne, DStR 2000, Heft 22, S. 907.

Schneider, Uwe: Sollten Leistungsfähigkeitsprinzip und Steuergrenzen in die Verfassung aufgenommen werden?, StuW 1994, Heft 1, S. 58.

Schnorr, Randolf: Die steuerrechtliche Abgrenzung zwischen Gewerbebetrieb und Vermögensverwaltung, NJW 2004, Heft 45, S. 3214.

Schöberle, Horst: Die Steuerpolitik in der Bundesrepublik Deutschland – ein Rückblick, in: FS für F. Klein, Hrsg: Paul Kirchhof/Klaus Offerhaus/Horst Schöberle, Köln 1994, S. 255.

Schön, Wolfgang: Die „Betriebsaufgabe" des Gesellschaftsanteils – ein steuerrechtliches Phantom, BB 1988, Heft 27, S. 1866.

Schön, Wolfgang: Zum Stande der Lehre vom Sonderbetriebsvermögen, DStR 1993, Heft 06, S. 185.

Schön, Wolfgang: Die Kinderbetreuung, das BVerfG und der Entwurf eines Gesetzes zur Familienförderung, DStR 1999, Heft 41, S. 1677.

Schön, Wolfgang: Unternehmerrisiko und Unternehmerinitiative im Lichte der Einkommenstheorien, in: FS für K. Offerhaus, Hrsg: Paul Kirchhof, Köln 1999, S. 385.

Schön, Wolfgang: Zum Merkmal der „Beteiligung am allgemeinen wirtschaftlichen Verkehr" i. S. v. § 15 Abs. 2 EStG, in: FS für K. Vogel, Hrsg: Paul Kirchhof/ Moris Lehner/Arndt Raupach/Michael Rodi, Heidelberg 2000, S. 661.

Schön, Wolfgang: Steuergesetzgebung zwischen Markt und Grundgesetz, in: Erneuerung des Verfassungsstaates, Symposion aus Anlass des 60. Geburtstages von Professor Dr. Paul Kirchhof, Hrsg: Rudolf Mellinghoff/Gerd Morgenthaler/Thomas Puhl, Heidelberg 2003, S. 143.

Schön, Wolfgang: Steuerreform in Deutschland – Anmerkungen zum verfassungsrechtlichen Rahmen, in: FS für H. O. Solms, Hrsg: Paul Kirchhof/Otto Graf Lambsdorff/Andreas Pinkwart, Berlin 2005, S. 263.

Schönwald, Stefan: Überblick über den Anwendungsbereich des Körperschaftsteuergesetzes – Die Körperschaftsteuerpflicht – Darstellung der einzelnen Steuersubjekte, SteuerStud 2004; Heft 9, S. 498.

Schreiber, Ulrich/Rogall, Matthias: Die Besteuerung der Gewinne aus der Veräußerung von Anteilen an Kapitalgesellschaften, BB 2003, Heft 10, S. 497.

Schreiber, Ulrich/Ruf, Martin: Reform der Unternehmensbesteuerung: ökonomische Auswirkungen bei Unternehmen mit inländischer Geschäftstätigkeit, BB 2007, Heft 20, S. 1099.

Schulze zur Wiesche, Dieter: Die GmbH & Co. KG im neuen Umwandlungsrecht, DB 1996, Heft 31, S. 1539.

Schulze zur Wiesche, Dieter: Die mitunternehmerische Betriebsaufspaltung, BB 1997, Heft 24, S. 1229.

Schulze zur Wiesche, Dieter: Freiberufliche Sozietät und Mitunternehmerschaft, StB 1999, Heft 09, S. 329.

Schulze zur Wiesche, Dieter: Die GmbH & Co. KG und verdeckte Gewinnausschüttung, BB 2005, Heft 21, S. 1137.
Schulze zur Wiesche, Dieter: Die Realteilung einer Personengesellschaft unter Berücksichtigung des BMF – Schreibens v. 28.2.2006, DB 2006, Heft 17, S. 921.
Schulze zur Wiesche, Dieter: Folgen der Entlastung des nicht entnommenen Gewinns für die Ertragsbesteuerung der Personengesellschaft, DB 2007, Heft 30, S. 1610.
Schulze zur Wiesche, Dieter: Die Mitunternehmerschaft – Rechtsgrundlagen, Umfang, in: FS für W. Reiß, Hrsg: Paul Kirchhof/Hans Nieskens, Köln 2008, S. 413.
Schwark, Eberhard: Spartenorganisationen in Großunternehmen und Unternehmensrecht, ZHR 142 (1978), S. 203.
Schwarz, Kyrill-A.: „Folgerichtigkeit" im Steuerrecht- Zugleich eine Analyse der Rechtsprechung des BVerfG zu Art. 3 Abs. 1 GG – in: FS für J. Isensee, Hrsg: Otto Depenheuer/Markus Heintzen/Matthias Jestaedt, Heidelberg 2007, S. 949.
Seer, Roman: Der sog. Halbteilungsgrundsatz als verfassungsrechtliche Belastungsobergrenze der Besteuerung, FR 1999, Heft 23, S. 1280.
Seer, Roman/Wendt, Volker: Die Familienbesteuerung nach dem sog. „Gesetz zur Familienförderung" vom 22.12.1999, NJW 2000, Heft 27, S. 1904.
Seer, Roman: Gewerbesteuerliche Merkmalübertragung als Sachgesetzlichkeit der Betriebsaufspaltung, BB 2002, Heft 36, S. 1833.
Segebrecht, Helmut: Die Einnahmeüberschussrechnung nach § 4 Abs. 3 EStG, 11. Auflage, Herne/Berlin 2005.
Seifried, Carola: Unternehmenssteuerreform 2001: Ausgewählte Zweifelsfragen, DStR 2001, Heft 7, S. 240.
Seiler, Christian: Steuer- und Sozialrecht als Ort sozialpolitischer Gestaltung, NZS 2007, Heft 12, S. 617.
Seiler, Christian: Steuerstaat und Binnenmarkt, in: FS für J. Isensee, Hrsg: Otto Depenheuer/Markus Heintzen/Matthias Jestaedt, Heidelberg 2007, S. 875.
Sell, Hartmut: § 3 Nr. 40 Buchst. a EStG/§ 3c Abs. 2 EStG wohl nicht im Gleichklang mit § 8b Abs. 2 und 3 KStG, DB 2004, Heft 43, S. 2290.
Senger, Günter/Schulz, Katrin: Das Rechtsinstitut der verdeckten Gewinnausschüttung – Notwendigkeit einer grundlegenden Reform, DStR 1997, Heft 47, S. 1830.
Sgouritsas, Christos: (Σγουρίτσας, Χρήστος), Συνταγματικό Δίκαιο, Τόμος Β', τεύχος Β', 1966, (Verfassungsrecht, Band B', Heft B', 1966), – *auf Griechisch*, zit.: Sgouritsas, Verfassungsrecht.
Sicherer, Klaus von: Einkommensteuer, 3. Auflage, München 2005.

Sieckmann, Jan-Reinard: Grundrechtliche Abwägung als Rechtsanwendung – Das Problem der Begrenzung der Besteuerung, Der Staat 41, (2002), S. 385.
Siegers, Dirk: in: *Dötsch, Ewald/Jost, F. Werner/Pung Alexandra/Witt, Georg*: Die Körperschaftsteuer, Kommentar zum Körperschaftsteuergesetz, Umwandlungsgesetz und zu den einkommensteuerrechtlichen Vorschriften der Anteilseignerbesteuerung, § 2 KStG, Stuttgart, Lieferung November 2006.
Singhof, Bernd/Seiler, Olivier/Schlitt, Michael: Mittelbare Gesellschaftsbeteiligungen – Stille Gesellschaft, Unterbeteiligung, Treuhand, Frankfurt am Main 2004.
Smparounis, Athanasios: (Σμπαρούνης, Αθανάσιος), Φορολογία καθαρών προσόδων, 1923 (Besteuerung der Nettoeinnahmen, 1923), – *auf Griechisch*, zit.: Smparounis, Besteuerung der Nettoeinnahmen.
Söffing, Günter: Die Angleichung des Werbungskostenbegriffs an den Betriebsausgabenbegriff, DB 1990, Heft 42, S. 2086.
Söffing, Günter: Mitunternehmerische Betriebsaufspaltung, BB 1998, Heft 39, S. 1973.
Söffing, Günter: Die fünf Arbeitszimmer – Beschlüsse des Großen Senats des BFH vom 30.1.995 und 23.8.1999, BB 2000, Heft 8, S. 381.
Söffing, Günter: Überlegungen zum Sonderbetriebsvermögen II, BB 2003, Heft 12, S. 616.
Söffing, Günter: Betriebsaufspaltung: Beherrschung einer GbR durch deren alleinigen Geschäftsführer?, BB 2004, Heft 24, S. 1303.
Söffing, Günter: Aktuelles zur Betriebsaufspaltung, BB 2006, Heft 28/29, S. 1529.
Söffing, Matthias: Gewerblicher Grundstückshandel – Anmerkungen zum BMF – Schreiben vom 26.3.2004, DStR 2004, Heft 19, S. 793.
Söhn, Hartmut: in: *Kirchhof, Paul/Söhn, Hartmut/Mellinghoff, Rudolf*: Einkommensteuergesetz Kommentar, Band 4, § 4, Heidelberg, Lieferung Januar 1991.
Söhn, Hartmut: Steuerliche Berücksichtigung der Minderung der Leistungsfähigkeit durch Kinder, in: FS für F. Klein, Hrsg: Paul Kirchhof/Klaus Offerhaus/Horst Schöberle, Köln 1994, S. 421.
Söhn, Hartmut: Erwerbsbezüge, Markteinkommenstheorie und Besteuerung nach der Leistungsfähigkeit, in: FS für K. Tipke, Hrsg: Joachim Lang, Köln 1995, S. 343.
Söhn, Hartmut: Abzugsbeschränkungen und Abzugsverbote für gemischt veranlasste Aufwendungen – Zur Befristung der Abzugsfähigkeit von Aufwendungen bei doppelter Haushaltsführung, in: FS für K. Offerhaus, Hrsg: Paul Kirchhof/Wolfgang Jakob/Alber Beerman, Köln 1999, S. 477.

Söhn, Hartmut: Kappung des Ehegattensplitting?, in: FS für K. Vogel, Hrsg: Paul Kirchhof/Moris Lehner/Arndt Raupach/Michael Rodi, Heidelberg 2000, S. 639.

Söhn, Hartmut: in: *Hübschmann, Walter/Hepp, Ernst/Spitaler, Armin*: Kommentar zur Abgabenordnung und Finanzgerichtsordnung, §§ 179, 180, Köln, Lieferung November 2004.

Sommer, Michael/Kemper, Nicolas: Einheitswertsabhängige Abfindungen (Teil I) – Auswirkungen der steuerlichen Rechtslage ab 1.1.1993, DStR 1993, Heft 38, S. 1409

Soria, José-Martinez: Das Recht auf Sicherung des Existenzminimums, JZ 2005, Heft 13, S. 644.

Spengel, Christoph/Ernst, Christof: Private Kapitalanlagen vor und nach der Einführung der Abgeltungsteuer – Eine steuerplanerische Analyse, DStR 2008, Heft 17, S. 835.

Spiegelberger, Sebastian/Wälzholz, Eckhard: Die Übertragung und Besteuerung stiller Reserven in der Mitunternehmerschaft – Zugleich eine Stellungnahme zum Bericht des BMF zur Fortentwicklung des Unternehmenssteuerrechts, DStR 2001, Heft 27, S. 1093.

Spindler, Gerald/Stilz, Eberhard: Kommentar zum Aktiengesetz, München 2007.

Spindler, Gerald: in: Münchener Kommentar zum Aktiengesetz, Hrsg: Wulf Goette/ Matthias Habersack/Susanne Kalss, Band II, 3. Auflage, München 2008.

Stahl, Rudolf: Erbschaftsteuerreduzierung nach §§ 13a, 19 ErbStG durch vermögensverwaltende, aber gewerblich geprägte Personengesellschaften, NJW 2000, Heft 42, S. 3100.

Stapperfend, Thomas: Über Betriebsausgaben und Werbungskosten, in: FS für H. W. Kruse, Hrsg: Walter Drenseck/Roman Seer, Köln 2001, S. 533.

Stobbe, Thomas: Das Verhältnis von handels- und steuerrechtlicher Rechnungslegung unter Berücksichtigung der Neuregelung des § 5 Abs. 1 EStG (Teil II), DStR 1991, Heft 5, S. 162.

Stöcker, Ernst Erhard: Die Kappung des Ehegattensplittings ist verfassungswidrig, BB 1999, Heft 5, S. 234.

Stolterfoht, Joachim: Die „Privatsphäre" der Körperschaftsteuersubjekte – unternehmensbezogene oder unternehmensträger – bezogene Sicht?, in: FS für H. W. Kruse, Hrsg: Walter Drenseck/Roman Seer, Köln 2001, S. 485.

Storg, Peter: Qualifizierte Nachfolge in Gesellschaftsanteile nach neuester Rechtslage, DStR 2002, Heft 33, S. 1384.

Strauß, Wolfgang: Probleme und Möglichkeiten einer Substituierung der Gewerbesteuer, Opladen 1984.

Streck Michael: Körperschaftsteuergesetz – Kommentar, 7. Auflage, München 2008.

Streck, Michael: Die Unternehmensteuerreform 2008, NJW 2007, Heft 44, S. 3176.

Sudhoff, Heinrich: Personengesellschaften, 8. Auflage, München 2005.

Suttmann, Christoph: Die Flat Tax – Bemessungsgrundlage und Tarif im Rahmen einer „flachen“ Einkommensteuer: Effizienz, Gerechtigkeit und rechtliche Bewertung, Berlin 2007.

Tachos Anastasios: (Τάχος Αναστάσιος), Ελληνικό διοικητικό δίκαιο, 3η έκδ. 1991, (Griechisches Verwaltungsrecht, 3. Auflage 1991) – *auf Griechisch*, zit.: Tachos, Griechisches Verwaltungsrecht.

Theoharopoulos, Loukas: (Θεοχαρόπουλος, Λουκάς), Δημόσια Οικονομική, Τόμος Α', Θεσσαλονίκη 1975, (Finanzwirtschaft, Band I, Thessaloniki 1975), – *auf Griechisch*, zit.: Theoharopoulos, Finanzwirtschaft.

Theoharopoulos, Loukas: (Θεοχαρόπουλος, Λουκάς), Γενικό Φορολογικό Δίκαιο, Θεσσαλονίκη 1981, (Allgemeines Steuerrecht, Thessaloniki 1981), – *auf Griechisch*, zit.: Theoharopoulos, Allgemeines Steuerrecht.

Theoharopoulos, Loukas: (Θεοχαρόπουλος, Λουκάς), Ειδικό Φορολογικό Δίκαιο, Θεσσαλονίκη 1999, (Besonderes Steuerrecht, Thessaloniki 1999), – *auf Griechisch*, zit.: Theoharopoulos, Besonderes Steuerrecht.

Thiel, Jochen/Eversberg, Horst: Die Privatsphäre der Kapitalgesellschaft – Das Atlantis des Körperschaftsteuerrechts – Zugleich Besprechung des BFH – Urteils vom 24.3.1993 – I R 131/90, DStR 1993, Heft 51/52, S. 1881.

Thiel, Jochen/Sterner, Ingo: Entlastung der Personenunternehmen durch Begünstigung des nicht entnommenen Gewinns, DB 2007, Heft 20, S. 1099.

Tiedtke, Klaus: Zur steuerlichen Bedeutung der bürgerlich-rechtlichen Wirksamkeit von Verträgen zwischen der GmbH und ihrem beherrschenden Gesellschafter, DStR 1993, Heft 26, S. 933.

Tillmann, Bert/Schiffers, Joachim/Wälzholz, Eckhard: Die GmbH im Gesellschafts- und Steuerrecht, 5. Auflage, Köln 2009.

Tillmann, Oliver: Die Heilung verschleierter Sacheinlagen unter besonderer Berücksichtigung des BGH – Beschlusses vom 4.3.1996 II B 8/95, DB 1997, Heft 50, S. 2509.

Tipke, Klaus: Steuerrecht und bürgerliches Recht, JuS 1970, Heft 4, S. 149.

Tipke, Klaus: Steuerrechtswissenschaft und Steuersystem, in: FS. für G. Wacke, Hrsg: Klaus Vogel/Klaus Tipke, Köln 1972, S. 211.

Tipke, Klaus: Das Steuerrecht in der Rechtsordnung, JZ 1975, Nr. 18, S. 558.

Tipke, Klaus: Forum: Das Einkommen als zentraler Begriff des öffentlichen Schuldrechts, JuS 1985, Heft 5, S. 345.

Tipke, Klaus: Einkunftsarten – Kästchendenken versus Systemdenken – Zugleich Besprechung des BFH – Urteils v. 12.1.1990 – VI R 29/86, BStBl. II 1990, 423 –, StuW 1990, Heft 3, S. 246.

Tipke, Klaus: Die Steuerrechtsordnung, Band III, Köln 1993.

Tipke, Klaus: Leistungsfähigkeitsprinzip und Steuergrenzen in der Verfassung?, StuW 1994, Heft 1, S. 58.
Tipke, Klaus: Vom Konglomerat herkömmlicher Steuern zum System gerechter Steuern – Steuerreformen und Gleichheitssatz unter dem Aspekt der Art. 105, 106 GG, BB 1994, Heft 7, S. 437.
Tipke, Klaus: Über die Einheit der Steuerrechtsordnung, in: FS für K. H. Friauf, Hrsg: Rudolf Wendt/Wolfram Höffling/Ulrich Karpen/Martin Oldiges, Heidelberg 1996, S. 741.
Tipke, Klaus: Die Steuerrechtsordnung, Band I, 2. Auflage, Köln 2000.
Tipke, Klaus: Die Steuerrechtsordnung, Band II, 2. Auflage, Köln 2003.
Tipke, Klaus: Steuergerechtigkeit – unter besonderer Berücksichtigung des Folgerichtigkeitsgebots –, StuW 2007, Heft 3, S. 201.
Tipke, Klaus: Das Nettoprinzip – Angriff und Abwehr, dargestellt am Beispiel des Werkstorprinzips, BB 2007, Heft 28/29, S. 1525.
Tipke, Klaus/Lang, Joachim: Steuerrecht, 19. Auflage, Köln 2008.
Töben, Thomas/Fischer, Hardy: Die Zinsschranke – Regelungskonzept und offene Fragen, BB 2007, Heft 18, S. 974.
Totsis, Christos: (Τότσης, Χρήστος), Ερμηνεία Φορολογίας Εισοδήματος φυσικών και νομικών προσώπων, Τόμοι Α'-Δ', Αθήνα 2003, (Kommentar zur Einkommensteuer natürlicher und juristischer Personen, Bände I-IV, Athen 2003), – *auf Griechisch*, zit.: Totsis, Kommentar zur Einkommensteuer natürlicher und juristischer Personen.
Trossen, Nils: Die Neuregelung des § 32a KStG zur Berücksichtigung von verdeckten Ausschüttungen und verdeckten Einlagen, DStR 2006, Heft 51/52, S. 2295.
Tsatsos, Themistokles: (Τσάτσος, Θεμιστοκλής), Η συνταγματική προστασία των ατομικών περιουσιακών δικαιωμάτων, 1928, (Der Verfassungsschutz der individuellen Vermögensrechten, 1928), – *auf Griechisch*, zit.: Tsatsos, Der Verfassungsschutz der individuellen Vermögensrechten.
Tsatsos, Themistokles: (Τσάτσος, Θεμιστοκλής), Η συνταγματική προστασία της ιδιοκτησίας των νομικών προσώπων δημοσίου δικαίου, 1958, (Der verfassungsrechtliche Schutz des Eigentums der juristischen Personen öffentlichen Rechts, 1958), – *auf Griechisch*, zit.: Tsatsos, Der verfassungsrechtliche Schutz des Eigentums der juristischen Personen öffentlichen Rechts.
Uelner, Adalbert: Empfiehlt es sich, das Einkommensteuerrecht zur Beseitigung von Ungleichbehandlungen und zur Vereinfachung neu zu ordnen?, Sitzungsbericht N über die Verhandlungen der steuerrechtlichen Abteilung, zum 57. Deutschen Juristentag in Mainz, München 1988.
Uhländer, Cristoph: Rechtsfortbildung im Steuerrecht durch das BVerfG, StB 1999, Heft 03, S. 91.

Ulmer, Peter: Gesellschaft bürgerlichen Rechts, Systematischer Kommentar, 3. Auflage, Heidelberg 1997.

Ulmer, Peter: Hundert Jahre Personengesellschaftsrecht: Rechtsfortbildung bei OHG und KG, ZHR 161 (1997), S. 102.

Ulmer, Peter/Habersack, Mathias/Winter, Martin: GmbHG – Großkommentar, Band I, Tübingen 2005.

Utescher, Tanja/Blaufus, Kay: Unternehmenssteuerreform 2001: Begrenzung des Betriebsausgabenabzugs bei Beteiligungserträgen, DStR 2000, Heft 38, S. 1581.

Veniselos, Euaggelos: (Βενιζέλος, Ευάγγελος), Τα όρια της αναθεώρησης του Συντάγματος του 1975, 1984, (Die Grenzen einer Änderung der Verfassung des Jahres 1975, 1984), – *auf Griechisch*, zit.: Venizelos, Die Grenzen einer Änderung der Verfassung des Jahres 1975.

Veniselos, Euaggelos: (Βενιζέλος, Ευάγγελος), Το γενικό συμφέρον και οι περιορισμοί των συνταγματικών δικαιωμάτων, 1990 (Das Allgemeininteresse und die Einschränkungen der individuellen Rechte, 1990)), – *auf Griechisch*, zit.: Venizelos, Das Allgemeininteresse und die Einschränkungen der individuellen Rechte.

Vidalis, Takis, (Βιδάλης, Τάκης), Η συνταγματική διάσταση της εξουσίας στο γάμο και την οικογένεια: ατομικές ελευθερίες και θεσμικοί μετασχηματισμοί, Αθήνα/Κομοτηνή 1996, (Die verfassungsrechtliche Dimension der staatlichen Gewalt in der Ehe und der Familie: Individuellfreiheiten und institutionelle Umformungen, Athen/Komotini 1996), – *auf Griechisch*, zit.: Vidalis, Die verfassungsrechtliche Dimension der staatlichen Gewalt in der Ehe und der Familie: Grundfreiheiten und institutionelle Umformungen.

Vinzenz, Klaus: Der Fiskus noch auf dem Boden des Grundgesetzes? – Zur Beurteilung der Gewinnerzielungsabsicht im Einkommensteuerrecht, DStR 1993, Heft 15/16, S. 550.

Vogel, Klaus: Verwaltungsrecht und Allgemeines Abgabenrecht, DVBl. 1962, S. 435.

Vogel, Klaus: Rechtfertigung der Steuer: eine vergessene Vorfrage, Der Staat 25 (1986), S. 481.

Vogel, Klaus: Der Verlust des Rechtsgedankes im Steuerrecht als Herausforderung an das Verfassungsrecht, DStJG 12 (1989), S. 123.

Vogel, Klaus: Der offene Finanz- und Steuerstaat, Ausgewählte Schriften 1964 bis 1990, Hrsg: Paul Kirchhof, Heidelberg 1991.

Vogel, Klaus: Vom Eigentums- zum Vermögensschutz – eine Erwiderung, NJW 1996, Heft 19, S. 1257.

Vogel, Klaus/Waldhoff, Christian: Grundlagen des Finanzverfassungsrechts, Sonderausgabe des Bonner Kommentars zum Grundgesetz (Vorbemerkungen zu Art. 104a bis 115 GG), Heidelberg 1999.

Vogel, Klaus: Der Finanz- und Steuerstaat, § 30, in: *Isensee, Josef/Kirchhof, Paul*: Handbuch des Staatsrechts, Band II, Verfassungsstaat, 3. Auflage, Heidelberg 2004.

Volckens, Hans/Gebert, Daniel: Verschmelzung von Kapitalgesellschaften – Durchbrechung des Maßgeblichkeitsgrundsatzes bei immateriellen WG, IStR 2007, Heft 21, S. 764.

Voß, Reimer: Unternehmenssteuer- und Einkommensteuertarifreform 2000, ZPR 2000, Heft 6, S. 253.

Wagner, Heidemarie/Rux, Hans Joachim: Die GmbH & Co. KG, umfassende Erläuterungen, Beispiele und Musterformulare für die Rechtspraxis, 9. Auflage, Berlin 2001.

Walz, Rainer: Steuergerechtgkeit und Rechtsanwendung, Heidelberg/Hamburg 1980.

Walz, Rainer: „Der Buchstabe tötet, aber der Geist macht lebendig" – 2. Korinther, 3, Vers 6 – Anmerkungen zu BFH GrS 2/82, Beschl. Vom 21.11.1983 – „Geldbußen", StuW 1984, Heft 2, S. 170.

Walz, Simone/Süß, Stefan: Verfassungswidrigkeit der gewerbesteuerlichen Änderungen durch das Steuervergünstigungsabbaugesetz?, DStR 2003, Heft 39, S. 1637.

Wassermeyer, Franz: Die Einkommens- und Vermögensminderung bei einer verdeckten Gewinnausschüttung, DStR 1990, Heft 18, S. 549.

Wassermeyer, Franz: Verdeckte Gewinnausschüttungen und verdeckte Einlagen, DStR 1990, Heft 6, S. 158.

Wassermeyer, Franz: Drittaufwand aus der Sicht des Großen Senats des BFH – Anmerkung zu den Beschlüssen vom 23.8.1999 GrS. 1/97, GrS. 2/97, GrS. 3/97, GrS. 5/97, DB 1999, Heft 49, S. 2486.

Wasseremeyer, Franz: Veranlassung und Fremdvergleich, in: FS für K. Offerhaus, Hrsg: Paul Kirchhof/Wolfram Jakob/Albert Beermann, Köln 1999, S. 405.

Wassermeyer, Franz: Anmerkungen zum Karlsruher Entwurf zur Reform des EStG, DStR 2001, Heft 23, S. 920.

Wassermeyer, Franz: Verdeckte Gewinnausschüttung: Veranlassung, Fremdvergleich und Beweisrisikoverteilung – Zugleich eine Rezension zu zwei Dissertationen und Anmerkungen zu dem BFH – Urteil vom 17.10.2001 I R 103/00, DB 2001, Heft 47, S. 2465.

Wassermeyer, Franz: Neues zur Definition der verdeckten Gewinnausschüttung, DB 2002, Heft 51/52, S. 2668.

Wassermeyer, Franz/Schmidt, Lutz/Hageböke, Jens/Dumler, Sieglinde/Buchna, Johannes/Sombrowski, Dirk: Nochmals: Aufwendungen mit Eigenkapitalersatzcharakter als nicht zu berücksichtigenden Gewinnminderungen nach § 8 Abs. 3 KStG n. F. – Erwiderungen und Replik zu Buchna/Sombrowski DB 2004, S. 1956, DB 2004, Heft 51, S. 2715.

Watrin, Christoph/Benhof, Hanno: Besteuerung langfristiger privater Veräußerungsgewinne: Rechtliche Bedenken und Folgen für den Kapitalmarkt, DB 2007, Heft 5, S. 233.

Weber–Grellet, Heinrich: in: *Kirchhof, Paul/Söhn, Hartmut/Mellinghoff, Rudolf*: Einkommensteuergesetz Kommentar, Band 3, § 4, Heidelberg, Lieferung Januar 1988.

Weber-Grellet, Heinrich: Wo beginnt die Grenze zur „Liebhaberei"? (Teil I), DStR 1992, Heft 17, S. 561.

Weber-Grellet, Heinrich: Die Bedeutung der Rechtsnatur des Steuerrechts für dessen Anwendung und Auslegung, StuW 1993, Heft 2, S. 97.

Weber-Grellet, Heinrich: Das Gestüt im Körperschaftsteuerrecht – Zur Privatsphäre der Körperschaft, DStR 1994, Heft 1, S. 12.

Weber-Grellet, Heinrich: Maßgeblichkeitsschutz und eigenständige Zielsetzung der Steuerbilanz, DB 1994, Heft 6, S. 288.

Weber-Grellet, Heinrich: Handelsrechtliche Bewertungswahlrechte in der Steuerbilanz, DB 1994, Heft 48, S. 2405.

Weber-Grellet, Heinrich: Maßgeblichkeitsgrundsatz in Gefahr? DB 1997, Heft 8, S. 385.

Weber-Grellet, Heinrich: Die verdeckte Einlage, DB 1998, Heft 31, S. 1532.

Weber-Grellet, Heinrich: Liebhaberei im Ertragsteuerrecht, DStR 1998, Heft 24, S. 873.

Weber-Grellet, Heinrich: Der Maßgeblichkeitsgrundsatz im Lichte aktueller Entwicklungen, BB 1999, Heft 51/52, S. 2659.

Weber-Grellet, Heinrich: Lenkungssteuern im Rechtssystem, NJW 2001, Heft 50, S. 3657.

Weber-Grellet, Heinrich: Steuern im modernen Verfassungsstaat, Funktionen, Prinzipien und Strukturen des Steuerstaats und des Steuerrechts, Köln 2001.

Weber-Grellet, Heinrich: Die Abgeltungsteuer: Irritiertes Rechtsempfinden oder Zukunftschance?, NJW 2008, Heft 9, S. 545.

Weber, Klaus: Verlust der Tarifbegünstigung bei Veräußerung eines Personengesellschaftsanteils und gleichzeitiger Buchwertfortführung des Sonderbetriebsvermögens, DB 1991, Heft 50, S. 2560.

Wehrheim, Michael: Die Betriebsaufspaltung im Spannungsfeld zwischen wirtschaftlicher Einheit und rechtlicher Selbstständigkeit, BB 2001, Heft 18, S. 913.

Wehrheim, Michael/Marquardt, Anja: Zur Zuordnung von Gewinnen einer Komplementär – GmbH zum Gesamtgewinn der KG und der Eigenschaft der GmbH als Organgesellschaft zum Zweck der Ergebniskonsolidierung, DB 2002, Heft 33, S. 1676.

Wehrheim, Michael/Brodthage, Sven: Die Abfärbetheorie bei teilweise gewerblich tätigen Personengesellschaften, DStR 2003, Heft 13, S. 485.
Wehrheim, Michael/Nickel, Katrin: Überführungs- und Übertragungsmöglichkeiten nach § 6 Abs. 5 EStG – eine steuersystematische Einordnung, BB 2006, Heft 25, S. 1361.
Weigl, Gerard: Stille Gesellschaft und Unterbeteiligung, 2. Auflage, München 2004.
Wendehorst Christiane: in: Münchener Kommentar zum Bürgerlichen Gesetzbuch, Hrsg: Kurt Rebmann/Franz Jürgen Säcker/Roland Rixecker, Band 10, 4. Auflage, München 2006
Wendt, Rudolf: Zur Vereinbarkeit der Gewerbesteuer mit dem Gleichheitssatz und dem Prinzip der Besteuerung nach der Leistungsfähigkeit, BB 1987, Heft 19, S. 1257.
Wendt, Rudolf: Der Gleichheitssatz, NVwZ 1988, Heft 9, S. 778.
Wendt Rudolf: Empfiehlt es sich, das Einkommensteuerrecht zur Beseitigung von Ungleichbehandlungen und zur Vereinfachung neu zu ordnen?, DÖV 1988, Heft 17, S. 710.
Wendt, Rudolf: Familienbesteuerung und Grundgesetz, in: FS für K. Tipke, Hrsg: Joachim Lang, Köln 1995, S. 47.
Wendt, Rudolf: Spreizung von Körperschaftsteuersatz und Einkommensteuerspitzensatz als Verfassungsproblem, in: FS. für H. K. Friauf, Hrsg: Rudolf Wendt/Wolfram Höffling/Ulrich Karpen/Martin Oldiges, Heidelberg 1996, S. 859.
Wendt, Rudolf: Finanzhoheit und Finazausgleich, § 104, in: *Isensee, Josef/Kirchhof, Paul*: Handbuch des Staatsrechts, Band IV, Finanzverfassung – Bundesstattliche Ordnung, 2. Auflage, Heidelberg 1999.
Werndl, Josef: in: *Kirchhof, Paul/Söhn, Hartmut/Mellinghoff, Rudolf*: Einkommensteuergesetz Kommentar, Band 6, § 6, Heidelberg, Lieferung Oktober 2004.
Wernsmann, Rainer: Die Steuer als Beeinträchtigung?, NJW 2006, Heft 17, S. 1169.
Wesselbaum-Neugebauer, Claudia: Die Übertragung von Einzelwirtschaftsgütern nach dem Unternehmenssteuerfortentwicklungsgesetz (UntStFG), StB 2002, Heft 05, S. 162.
Wiebe, Wolfgang: Die Harmonisierung von Sozialrecht und Steuerrecht als rechtspolitische Aufgabe, ZRP 1981, Heft 2, S. 25.
Wiedemann, Herbert: Gedanken zur Vermögensordnung der Personengesellschaft, in: FS. für W. Odersky, Hrsg: Reinhard Böttcher/Götz Hueck/Burkhard Jähnke, Berlin/New York 1996, S. 925.
Wiedemann, Herbert / Schultz, Oliver: Grenzen der Bindung bei langfristigen Kooperationen, ZIP 1999, Heft 1, S. 1.

Wiedenmann, Kai-Udo: Zur Haftungsverfassung der Vor – AG: Der Gleichlauf von Gründerhaftung und Handelnden – Regress, ZIP 1997, Heft 47, S. 2029.
Wilhelm, Jan: Kapitalgesellschaftsrecht, 2. Auflage, Passau 2005.
Wilhelm, Jan: „Unternehmergesellschaft (haftungsbeschränkt)" – Der neue § 5a GmbHG in dem RegE zum MoMiG, DB 2007, Heft 27/28, S. 1510.
Wilhelm, Sighard: Zuzahlungen bei Gründung einer neuen und beim Beitritt in eine bestehende Personengesellschaft – Zugleich Anmerkung zum Urteil des BFH vom 8.12.1994 – IV R 82/92, BB 1995, 923 = BStBl. II 1995, 599, BB 1996, Heft 2, S. 99.
Winhard, Christoph: Das Ehegattensplitting – Ein Dauerbrenner der steuerpolitischen Diskussion, DStR 2006, Heft 39, S. 1729.
Winkeljohann, Norbert/Stegemann, Dieter: Verbleibende Zweifel nach dem BMF – Schreiben vom 03.03.2005 zu Zweifelsfragen der ertragsteuerlichen Buchwertfortführung bei der Unternehmensnachfolge, BB 2005, Heft 26, S. 1416.
Winnefeld, Robert: Bilanzhandbuch, Handels- und Steuerbilanz, Rechtsformspezifisches Bilanzrecht, Bilanzielle Sonderfragen, Sonderbilanzen, IAS/US-GAAP, 2. Auflage, Hamburg 1999.
Wittmann, Rolf: Besteuerung des Markteinkommens – Grundlinien einer freiheitsschonenden Besteuerung, StuW 1993, Heft 1, S. 35.
Wochinger Peter: *Dötsch, Ewald/Jost, F. Werner/Pung Alexandra/Witt, Georg*: Die Körperschaftsteuer, Kommentar zum Körperschaftsteuergesetz, Umwandlungsgesetz und zu den einkommensteuerrechtlichen Vorschriften der Anteilseignerbesteuerung, § 8 KStG, Stuttgart, 46. Lieferung, Juli 2006.
Woltmann, Albrecht: Das Ende der Gewerbesteuerpflicht des Einzelunternehmers – Einstellung des Betriebs: unkodifizierter Erlöschenstatbestand oder bloße Steuerbefreiung für den Abwicklungsgewinn aus Anlagevermögen?, DB 1987, Heft 40, S. 2008.
Zähle, Kai: Die Umqualifizierung der Einkünfte eines betrieblich an einer Zebragesellschaft beteiligten Gesellschafters – Anmerkung zum Vorlagebeschluss BFH v. 30.10.2002, IX R 80/98, DStR 2003, Heft 32, S. 1328.
Zeidler, Wolfgang: Verfassungsrechtliche Fragen zur Besteuerung von Familien- und Alterseinkkommen, StuW 1985, Heft1, S. 1.
Zenthöfer, Wolfgang/Schulze zur Wiesche, Dieter: Einkommensteuer, Finanz und Steuern, Band 3, 9. völlig neu bearbeitete Auflage, Stuttgart 2007.
Zippelius, Reinhold: Der Gleichheitssatz, VVDStRL 47 (1989), S. 7.
Zippelius, Reinhold: Rechtsphilosophie, 5. Auflage, München 2007.
Zitzelsberger, Heribert: Grundlagen der Gewerbesteuer, eine steuergeschichtliche, rechtsvergleichende, steuersystematische und verfassungsrechtliche Untersuchung, Köln 1990.

Zitzelsberger, Heribert: Das deutsche Steuerrecht zu Beginn des 21. Jahrhunderts – Notwendige Reformen aus Sicht der Finanzpolitik, DStR 2000, Heft 1, S. 2

Zugmaier, Oliver: Umsatzsteuerliche Behandlung von Geschäftsführungsleistungen, Tätigkeitsvergütungen und Gewinnvoraus bei Sozietäten, NJW 2003, Heft 11, S. 801.

Zugmaier, Oliver: Geschäftsführungs- und Vertretungsleistungen der Gesellschafter an die Gesellschaft und Umsatzsteuer – Anmerkung zum BMF – Schreiben vom 23.12.2003 – IV B7 – S. 7100 – 246/03, DStR 2004, Heft 4, S. 124.

Zutt, Jürg: in: *Hermann Staub*, Handelsgesetzbuch, Großkommentar, Hrsg: Claus-Wilhelm Canaris/Wolfgang Schilling/Peter Ulmer, 4. Auflage, Band 2, Berlin 2004.

VERFASSUNGS- UND VERWALTUNGSRECHT UNTER DEM GRUNDGESETZ

Band 1 Jürgen W. Hidien: Die positive Konkretisierung der öffentlichen Zweckbindung kommunaler Wirtschaftsunternehmen. Zugleich ein Beitrag zu Inhalt und Grenzen der unternehmenswirtschaftlichen Betätigung der Kommunen. 1985.

Band 2 Eckhard Schmidtke: Verfassungsrechtliche Anforderungen an die kassen(zahn-) ärztliche Vergütung unter Berücksichtigung der Kostendämpfungsgesetzgebung des Bundes. 1986.

Band 3 Hans-Michael Wolffgang: Interkommunales Zusammenwirken durch Einbeziehung kreisangehöriger Gemeinden in den Vollzug von Kreisaufgaben. 1987.

Band 4 Friedrich D. Bacmeister: Die Reform des deutschen Kommunalverfassungsrechts durch die britische Besatzungsmacht. Wiedereinführung einer demokratischen Stadtverfassung in Lüneburg 1945 und die Neufassung der Deutschen Gemeindeordnung 1946. 1988.

Band 5 Birgit Spießhofer: Der Störer im allgemeinen und im Sonderpolizeirecht. 1989.

Band 6 Wolfgang Richter: Gentechnologie als Regelungsgegenstand des technischen Sicherheitsrechts. Rechtliche Steuerung unter Bedingungen der Ungewißheit. 1989.

Band 7 Peter Engel: Das schleswig-holsteinische Amt bei Erledigung der Selbstverwaltungsangelegenheiten der amtsangehörigen Gemeinden. 1990.

Band 8 Josef Christ: Raumordnungsziele und Zulässigkeit privater Vorhaben. Bindungswirkung nach der Raumordnungsklausel des § 35 Abs. 3 Satz 3 BauGB. 1990.

Band 9 Helmut Albert: Das Grundrecht auf Leben als Schranke für aufenthaltsbeendende Maßnahmen. 1990.

Band 10 Stephan Dewald: Die privatrechtliche Stiftung als Instrument zur Wahrnehmung öffentlicher Zwecke. 1990.

Band 11 Dimitris Triantafyllou: Haftungsrechtliche Probleme der Staatsaufsicht in der Wirtschaft. Für die Geldwirtschaft dargestellt unter Einbeziehung rechtsvergleichender Befunde. 1991.

Band 12 Wolfgang Buschmann: Kooperationspflichten im Versammlungsrecht. Unter besonderer Berücksichtigung sogenannter Großdemonstrationen. 1990.

Band 13 Armin Teschner: Die Amtshaftung der Gemeinden nach rechtswidrigen Beschlüssen ihrer Kollegialorgane. 1990.

Band 14 Biner Kurt Wenkholm Bähr: Verfassungsmäßigkeit des Einsatzes der Bundeswehr im Rahmen der Vereinten Nationen. 1994.

Band 15 Just Georg Ilgner: Die Rechtsordnung des deutschen Seelotswesens. Eine überkommen ständische Organisation eines staatlich gebundenen Berufs. 1993.

Band 16 Nicola Krekeler: Die Genehmigung gentechnischer Anlagen und Arbeiten nach dem GenTG unter Berücksichtigung europarechtlicher Vorgaben. 1994.

Band 17 Jan van Dyk: Kommunale Elektrizitätsversorgung in den fünf neuen Bundesländern. 1994.

Band 18 David Hawkes: Der Faktor Mensch im Gentechnikrecht. Eine Untersuchung zu den Grenzen probabilistisch geprägter Rechtsbegriffe im Umweltrecht. 1995.

Band 19 Iwan Chotjewitz: Die Organisationsgewalt nach den Verfassungen der deutschen Bundesländer. 1995.

Band 20 Christoph Sieger: Die maßgebende Sach- und Rechtslage für die Beurteilung der Rechtswidrigkeit des Verwaltungsaktes im verwaltungsgerichtlichen Anfechtungsprozeß. 1995.

Band 21 Lars-Hendrik Schröder: Das verwaltungsrechtlich organisatorische Verhältnis der strafverfolgenden Polizei zur Staatsanwaltschaft. 1996.

Band 22 Hans-Peter Donoth: Die Bundesländer in der Europäischen Union. Die bundesstaatliche Ordnung in der Bundesrepublik Deutschland bei der Verwirklichung der Europäischen Union - eine Analyse unter besonderer Berücksichtigung des neugefaßten Art. 23 GG. 1996.

Band 23 Philipp v. Hugo: Die Vorgaben des Eckwertes Nr. 1 der Gemeinsamen Erklärung der beiden deutschen Regierungen vom 15.06.1990 für die Enteignungen in den Jahren 1945-1949. Die Gestaltung der gesamtdeutschen Eigentumsordnung durch ein informelles Regierungsabkommen. 1997.

Band 24 Tilman Giesen: Die Vorbereitung der Grundgesetzänderungen nach der deutschen Wiedervereinigung. Zur Rechtmäßigkeit von Organisation und Verfahren der Gemeinsamen Verfassungskommission. 1997.

Band 25 Conrad Friedrich Rumpf: Richterliches Sozialengagement und Befangenheit. Zugleich eine Stellungnahme für die Befangenheitsablehnung von Amts wegen. 1997.

Band 26 Kathrin Misera-Lang: Dogmatische Grundlagen der Einschränkbarkeit vorbehaltloser Freiheitsgrundrechte. 1999.

Band 27 Bettina Böhm: Öffentlich-private Partnerschaften in der kommunalen Stadtentwicklung. Öffentlich-rechtliche Vorgaben und gesellschaftsrechtliche Gestaltungen. 1999.

Band 28 Bernd Köster: Die Privatisierung des Bauleitplanverfahrens und der Einsatz von Mediation in den Beteiligungsverfahren. 2002.

Band 29 Angelika Leppin: Rechtsprobleme bei der Umstrukturierung deutscher Bahnhöfe vor dem Hintergrund der gemeindlichen Planungshoheit, des Fachplanungsrechts sowie des öffentlichen Sachenrechts. 2003.

Band 30 Anke Brenne: Soziale Grundrechte in den Landesverfassungen. 2003.

Band 31 Birgit Tischer: Das System der informationellen Befugnisse der Polizei. 2004.

Band 32 Judith Reuter: Verfassungsrechtliche Grundlagen des bürgerschaftlichen Engagements. 2005.

Band 33 Gero von Daniels: Das Recht auf Auskunft und Gehör in politischen Parteien. Ein Beitrag zur innerparteilichen Demokratie. 2007.

Band 34 Sönke E. Schulz: Änderungsfeste Grundrechte. Die grundrechtsrelevante Ausstrahlungswirkung des Art. 79 Abs. 3 GG i.V.m. der Menschenwürdegarantie, dem Menschenrechtsbekenntnis und den Staatsstrukturprinzipien des Art. 20 GG. 2008.

Band 35 Anika Dorthe Luch: Das Medienpersönlichkeitsrecht – Schranke der „vierten Gewalt". Das Allgemeine Persönlichkeitsrecht im Spannungsverhältnis zur Medienfreiheit unter dem Grundgesetz und der Europäischen Menschenrechtskonvention. 2008.

Band 36 Thilo Rohlfs: Die Gleichwertigkeit der Lebensverhältnisse – ein Verfassungsprinzip des Grundgesetzes? 2008.

Band 37 Carl Christian Voscherau: Parteiverbote in der Bundesrepublik Deutschland und im Königreich Spanien. Ein rechtsvergleichender Beitrag zu Entstehung und Weiterentwicklung der verfassungsrechtlichen und gesetzlichen Grundlagen des Verbots von Parteien. 2009.

Band 38 Dimitrios Gialouris: Die rechtlichen Grundlagen der Steuern auf das Einkommen von Handelsgesellschaften in Deutschland und Griechenland. 2010.